"十三五"国家重点出版物出版规划项目

诺贝尔经济学奖获得者丛书
Library of Nobel Laureates in Economic Sciences

沙普利值

The Shapley Value
Essays in Honor of Lloyd S.Shapley

埃尔文·E. 罗斯（Alvin E. Roth） 编
刘小鲁 译

中国人民大学出版社
·北京·

前　言

本书是为了纪念劳埃德·S.沙普利（Lloyd Shapley）的第1000001个（二进制）生日。

本书20章中的每一章都涉及沙普利值的某些方面。本书的目的是使读者了解在沙普利1953年的开创性论文基础上所形成的大量研究成果。其中三章是"创始性"论文的重印：第2章是沙普利1953年的原创性论文，定义了沙普利值；第3章是沙普利和舒比克（Shubik）于1954年合作发表的论文，将沙普利值应用于投票模型；第19章是沙普利于1969年发表的论文，定义了非转移效用博弈中的沙普利值。其他十七章则是专门为本书编写的。每一章都力图自成一体，在反映文献差异性的同时尽量保证术语和符号的统一。第1章统一介绍了本书的主题和之后各章的内容。这一章还简要介绍了沙普利对博弈论的其他重要贡献。

目　录

第1章　沙普利值简介 ··· 1
  1.1　沙普利值 ··· 4
  1.2　本书的其他论文 ······································· 9
  1.3　对劳埃德·沙普利工作的一些评论 ······················ 19
  注释 ·· 22
  参考文献 ·· 22

第1部分　开创性论文

第2章　一个 n 人博弈的值 ···································· 33
  2.1　引言 ·· 33
  2.2　定义 ·· 34
  2.3　确定值函数 ·· 36
  2.4　值的基本性质 ·· 38
  2.5　例子 ·· 39
  2.6　推导一个讨价还价模型的值 ···························· 41
  注释 ·· 42

参考文献 ……………………………………………………………… 43

第3章 一种评价委员会系统权力分布的方法 …………… 44
    附录 ………………………………………………………………… 50
    注释 ………………………………………………………………… 50

第2部分 重构与一般性拓展

第4章 博弈的期望效用 …………………………………………… 55
    4.1 引言 ……………………………………………………………… 55
    4.2 效用理论 ……………………………………………………… 57
    4.3 博弈位置的比较 ……………………………………………… 58
    4.4 风险态度 ……………………………………………………… 61
    4.5 简单博弈 ……………………………………………………… 65
    4.6 讨论 …………………………………………………………… 68
    注释 ………………………………………………………………… 71
    参考文献 …………………………………………………………… 73

第5章 作为概率的沙普利-舒比克与班扎夫权力指数 …… 75
    5.1 沙普利-舒比克与班扎夫指数 ……………………………… 75
    5.2 指数的比较 …………………………………………………… 77
    5.3 权力指数的一个概率模型 …………………………………… 79
    5.4 例子和计算 …………………………………………………… 81
    5.5 权力指数应用的启示 ………………………………………… 82
    5.6 部分同质性假设：一个政治上的例子 …………………… 83
    5.7 比较权力指数的其他方法 …………………………………… 84
    参考文献 …………………………………………………………… 85

第6章 加权沙普利值 ……………………………………………… 87
    6.1 背景和概述 …………………………………………………… 87
    6.2 基于特定权重系统的加权沙普利值的定义 ……………… 89
    6.3 加权沙普利值的概率定义 …………………………………… 91
    6.4 对加权沙普利值的公理性描述 …………………………… 93
    6.5 对偶性 ………………………………………………………… 96
    6.6 ϕ_ω 和 ϕ_ω^* 的其他公式 ……………………………………… 100
    6.7 合伙制与族的简约化 ………………………………………… 101

参考文献 104

第7章 博弈的概率值 106
7.1 引言 106
7.2 定义和符号 107
7.3 线性与虚拟参与人公理 109
7.4 单调性公理 111
7.5 超可加博弈的值 112
7.6 简单博弈的值 114
7.7 对称的值 116
7.8 非对称性下的有效性：随机排序的值 118
7.9 对沙普利值的证明 122
参考文献 123

第8章 基于平均相对支付的沙普利值的组合表示 125
8.1 引言 126
8.2 主要结论 127
8.3 拓展 130
参考文献 131

第9章 沙普利值的位势 132
9.1 引言 132
9.2 位势 133
9.3 一致性 139
注释 142
参考文献 143

第10章 博弈的多重线性展开 144
10.1 定义 144
10.2 解释 145
10.3 与权力指数间的关系 146
10.4 测度博弈中的应用 149
10.5 组合博弈 151
10.6 一般化 153
10.7 例子：双边垄断 153
参考文献 157

第 3 部分　联　盟

第 11 章　联盟的值 ········· 161
11.1　具有联盟结构的博弈的解 ········· 161
11.2　联盟结构的值 ········· 163
11.3　联盟结构的稳定性 ········· 172
注释 ········· 176
参考文献 ········· 177

第 12 章　参与人与联盟连接的内生化形成：一个沙普利值的应用 ········· 180
12.1　引言 ········· 180
12.2　基于迈尔森值的"前瞻" ········· 183
12.3　正式的模型 ········· 185
12.4　一个示例 ········· 186
12.5　一些加权多数博弈 ········· 187
12.6　一个内部不完备的自然结构 ········· 189
12.7　取决于排序规则的自然结构 ········· 191
12.8　讨论 ········· 192
附录 ········· 194
注释 ········· 195
参考文献 ········· 196

第 4 部分　大型博弈

第 13 章　大型有限博弈的值 ········· 199
13.1　引言 ········· 199
13.2　博弈 ········· 201
13.3　技术 ········· 202
13.4　结论 ········· 204
13.5　例子 ········· 206
注释 ········· 208
参考文献 ········· 209

第 14 章　非原子经济中的支付：一个公理性方法 ········· 212
14.1　引言 ········· 212
14.2　具备可转移、可导效用的非原子经济 ········· 217

14.3 定理的表述 ·················· 219
注释 ······························· 221
参考文献 ·························· 221

第15章 平滑非原子博弈的值：多重线性近似方法 ·· 223
15.1 引言 ························· 223
15.2 准备工作 ······················ 224
15.3 多重线性非原子博弈和有限博弈 ······ 226
15.4 近似定理 ······················ 229
15.5 内部性 ························ 231
15.6 值的唯一性 ····················· 232
15.7 pNA 上的渐近值 ················· 233
15.8 不借助线性公理而对奥曼-沙普利值的刻画 ··· 233
15.9 $pNA\infty$ 上值的界定 ··············· 235
15.10 成本分摊上的应用 ················ 237
15.11 伯恩斯坦多项式 ················· 240
参考文献 ·························· 242

第16章 不可微的TU市场：值 ············ 243
16.1 引言 ························· 243
16.2 模型 ························· 244
16.3 特征函数 ······················ 249
16.4 核 ·························· 256
16.5 值 ·························· 267
附录 ····························· 270
参考文献 ·························· 275

第5部分 成本配置与公正分配

第17章 个体贡献与公正补偿 ············· 279
17.1 引言 ························· 280
17.2 像合作博弈一样分配 ··············· 281
17.3 奥曼-沙普利定价 ················· 285
参考文献 ·························· 290

第18章 奥曼-沙普利价格：一个综述 ········· 292
18.1 引言 ························· 292

18.2　对奥曼-沙普利价格机制的其他描述 …………………………… 296
　18.3　不包含收支平衡假设的价格机制 …………………………… 299
　18.4　非可微成本函数上的奥曼-沙普利价格机制 …………………………… 300
　18.5　具有固定成本项的奥曼-沙普利价格的拓展 …………………………… 305
　18.6　作为激励相容机制的奥曼-沙普利价格机制 …………………………… 307
　18.7　作为需求相容机制的奥曼-沙普利价格机制 …………………………… 307
　18.8　奥曼-沙普利价格和可竞争市场理论 …………………………… 309
　参考文献 …………………………… 314

第6部分　NTU博弈

第19章　效用比较和博弈论 …………………………… 319
　附录：存在性定理 …………………………… 328
　注释 …………………………… 330
第20章　通向纳什集之路 …………………………… 332
　20.1　引言 …………………………… 332
　20.2　概念、定义和初步的结论 …………………………… 334
　20.3　动力系统 …………………………… 335
　20.4　渐近稳定纳什点 …………………………… 339
　注释 …………………………… 340
　参考文献 …………………………… 341

第1章 沙普利值简介

埃尔文·E. 罗斯（Alvin E. Roth）

学术团体的责任之一是向更为广泛的社会群体介绍其重要且有益的发现；另一个相关的责任是不断认识到学术思想的持续创新，并向这些思想的创始者致敬。在本书中我们将部分地履行这两个责任。

本书中收录的论文都是在劳埃德·S. 沙普利1953年发表的经典论文基础上完成的评论或后续研究。沙普利在他的这篇论文里指出，我们或许有可能对博弈的"值"进行一个量化的评估。围绕这一研究目标，他提出了一个被称作沙普利值的函数，而这一概念自此成为合作博弈论的学生们持续关注的焦点。在这段时期里，沙普利值不断地被解释和重新解释，而它的研究领域也得到了拓展和深化。在和最初的假设显著不同的研究设定下，人们推导出了同样的沙普利值函数，而通过放松不同的假设，理论研究也成功提出了一系列相关联的值函数族。

沙普利值之所以引人注目是因为在研究复杂的策略交互问题上它体现出了一种有别于传统博弈论的研究方法。为了说明这一点，我们需要回顾一些博弈论的历史。（即使抛开沙普利值不谈，沙普利的其他研究与博弈论也不可避免地有着这样或那样的联系。为了避免跑题，我们在结论部分再讨论沙普利的其他研究成果。）

尽管博弈论的基本思想可以追溯到更早的时期，但现代博弈论主要起源于约翰·冯·诺依曼（John von Neumann）和奥斯卡·摩根斯坦（Oskar Morgenstern）的里程碑式的著作——《博弈论与经济行为》（*Theory of Games and Economic Behavior*）。用这两位学者的话来说，为了寻找分析复杂策略性行为的方法，他们通过构建策略环境下的简单模型来"分解复杂的问题"。

他们研究的第一步是探寻如何用一个单一的数字来概括每一个决策个体所面临的策略选择。他们提出的解决方法——期望效用理论——是其除博弈论外在经济理论发展中留下不可磨灭印记的学术贡献。简要地说，他们的贡献在于确定了在何种偏好条件下，经济个体面对不确定性事件时的选择行为可以模型化地表述为这个经济个体效用函数期望值的最大化。在这种方法下，任何一个选择集合上的复杂概率分布都可以用一个单独的值来概括。这个值就是我们所关注的随机事件下的期望效用。

在将每个个体的选择进行量化描述后，约翰·冯·诺依曼和奥斯卡·摩根斯坦开始考虑每个联盟（coalition）的选择都可以以单一数字进行描述的（在诸多其他问题中）一类博弈。他们研究的这种特征函数形式（characteristic function form）的合作博弈（有时也被称为"联盟形式"）由一个参与人的有限集合 $N=\{1,\cdots,n\}$ 和一个定义在 N 的所有子集上的实值"特征"函数 $v(v(\phi)=0)$ 来定义。对于 N 的任意一个子集 S，$v(S)$ 是这个联盟的价值，或者说是联盟 S 的每一个成员在达成一致时所能分割的最大"效用"。约翰·冯·诺依曼和奥斯卡·摩根斯坦对这个函数 v 所施加的唯一限制是它具有超可加性（superadditive），即如果 S 和 T 是 N 的两个不相交的子集，则 $v(S\cup T)\geq v(S)+v(T)$。这意味着联盟 $S\cup T$ 的价值至少不小于 S 和 T 分别行动所产生的价值。

特征函数模型对其所描述的博弈做了如下几个方面的假设。首先，效用可以内嵌于某些可以在博弈参与人之间充分交换的媒介——"效用货币"——之中，并使得 1 单位新增的可转移效用总能使任意一个参与人的效用值上升 1 单位。（例如，如果所有参与人对于货币收入都是风险中性的——他们的效用函数是货币的线性函数——则在一个所有结果都能以货币度量，且货币可以自由地在参与人之间转移的博弈里，普通货币就可以成为交换的中介。）其次，可以在不考虑联盟外参与人的前提下确定联盟参与人所面临的所有可能结果。最后，在所有成员意见一致的基础上，联盟可以无成本地将其价值分配给联盟中的每一个人。这一假设意味着没有必要去讨论这些分配协议是如何在参与人的个体行动基础之上达成的。鉴于效用可转移性假设的重要作用，这类博弈有时也被称为可转移效用（transferable utility，TU）博弈。

尽管引入了这样一些很强的假设，特征函数模型仍被证实是刻画策略交互的有力分析工具。例如，考虑由一个卖方和两个买方构成的潜在交互情景。卖方（物品的初始所有者）对交易物品的估价是 10 美元，两个买方的估价分别为 20 美元和 30 美元。如果这三个人都是风险中性的（尽管在许多研究中这一假设并不是必需的），并且可以无成本地在他们之间进行货币的支付和转移，则这个交易情景可以由博弈 $\Gamma_1 = (N, v)$ 来刻画。其中，参与人为 $N = \{1, 2, 3\}$，并且 $v(1) = 10, v(2) = v(3) = v(23) = 0$，$v(12) = 20$，$v(13) = v(123) = 30$。这意味着只有包含卖方（参与人 1）和至少 1 个买方的联盟才能够在交易中改变联盟成员的集体财富。含有参与人 1 的联盟的价值等于被交易物品能够给联盟成员带来的最大价值。

上述模型所使用的合作博弈分析工具反映出了策略交互的一些重要的特征。例如，博弈的核［core，在 TU 模型里等价于使联盟 S 所有成员支付之和不小于 $v(S)$ 的支付分布］对应于如下博弈结果的集合：卖方将商品以 20 美元和 30 美元之间的一个价格出售给具有更高保留支付意愿的买方，并且除此之外没有其他支付的转移。这个核的一个现实例子是它预示了 2 个买方竞拍所可能出现的所有结果。冯·诺依曼和摩根斯坦针对这类博弈提出了一个更为综合性的解。这个博弈的解现今被称作稳定集（stable set）或冯·诺依曼-摩根斯坦解。在我们刚才举的例子里，存在无数多个冯·诺依曼-摩根斯坦解，每一个都包含了博弈的核，以及一个与如下分配规则相对应的连续曲线：每一个都包含了核，以及与 2 个买方之间以不超过 20 美元价格实现财富分配的规则相对应的连续曲线（例如，他们应当能够通过协议的方式避免竞价）。

冯·诺依曼和摩根斯坦对这种解的多重性所给出的解释是：每一个解都反映了理性参与人所可能展示出的行为标准。至于哪种行为标准会出现则通常取决于未被特征函数所捕捉的环境特征——例如，制度、社会或者历史性因素。因此，他们观点的实质在于，许多被特征函数所忽略的策略交互的复杂性通过解的复杂性重新呈现出来。尽管冯·诺依曼和摩根斯坦对这种解的多重性进行了解释，但这种复杂性的确使我们很难通过冯·诺依曼和摩根斯坦解来对博弈进行一个简单的评价。部分由于这一原因的影响，对该类博弈的许多后续研究转而将研究的焦点转移到博弈的核上。然而，虽然核这一概念比冯·诺依曼和摩根斯坦解要简单很多，但它可能在某些博弈中是空集，而在另一些博弈中则包含了大量不同的结果。在"非竞争性"（noncompetitive）模型（例如，在我们之前的例子里，投标人结成卡特尔）中，许多博弈结果甚至在核之外。因此，复杂性仍然大量存在。

这种复杂性在很大程度上是策略交互复杂性的直接体现。很多当前的研究工作都致力于将更多的制度性因素和细节引入博弈模型，以便更加完整和深入地理解这种复杂性。（从某种程度上来说，个体选择模型的发展也呈现出了相同的趋势。近年来一些研究开始考虑效用最大化之外的其他更加复杂的模型。）然而，这种现象背后的复杂性其实使我们更为迫切地需要一种能对博弈进行初步分析的简便方法。

1.1 沙普利值

沙普利 1953 年的论文（收录在本书第 2 章中）即以此为目标。其本质是在冯·诺依曼和摩根斯坦的工作基础上进行进一步的简化。鉴于以期望效用来反映博弈参与人的选择，并以可转移效用来概括一个联盟所面临的全部机会被证明是异常有益的方法，沙普利提议用反映博弈"值"的数值来体现特征函数之外的复杂性。一个包含参与人集合 $N=\{1,\cdots,n\}$ 的博弈的值是由 n 个数值组成的向量。向量中的每一个数值均体现了参与人在 n 中每一个位置上所得到的博弈值。前文提到的对冯·诺依曼和摩根斯坦工作的进一步简化在沙普利的论文的第一段得到了清晰的阐述。他指出:"博弈理论的基础是假设博弈参与人可以通过效用大小来评估每一个可能成为博弈结果的'前景'……通常人们会期望在这些'前景'中包含必须参与一个博弈的'前景'。"

沙普利所采取的方法是考察所有能够潜在地包含很多参与人(以字母 U 来表示,以便突出所有可能的参与人这一全集)的博弈的空间。在一个特定的博弈 v 中,与博弈有关的参与人都被包含于某个载体(carrier)中。这个载体是 U 中的一个子集 N,并使得对于任意参与人的子集 $S{\subset}U$,都有 $v(S)=v(S\cap N)$。如果一个博弈 v 的载体 N 中没有包含某个参与人 i,则 i 是一个多余参与人(null player),因为 i 没有影响任何一个联盟 S 的价值 $v(S)$。因此,任意一个包含载体的集合本身都是博弈的一个载体,而不属于任何载体的参与人就是多余参与人。

沙普利将博弈的值定义为在每个博弈 v 中为每个 U 中的参与人 i 赋值的函数 $\phi_i(v)$。他假设该函数遵循三个公理。对称性(symmetry)公理要求博弈的值只和参与人是否出现在某个联盟中有关,而和具体是哪个参与人无关。特别地,该公理要求在特征函数中的等价博弈参与人在博弈的值上也应该具有等价性。

第二个公理通常被称为载体公理(carrier axiom)。该公理要求将 $\phi_i(v)$ 对任意一个载体 N 中的所有参与人 i 加总的结果等于 $v(N)$。由于这一性质在任意一个载体中都必须成立,因此可以进一步推断,如果 i 是 v 中的一个多余参与人,则 $\phi_i(v)=0$。有时,该公理被理解为由以下两个部分构成:效率性公理[对载体 N 有 $\sum_{i\in N}\phi_i(v)=v(N)$]和多余参与人(有时也被称为"虚拟参与人"[1])公理。

第三个公理现在被称为可加性(additivity)公理。这一公理要求对任意博弈 v 和 w,都有 $\phi(v)+\phi(w)=\phi(v+w)$ {例如,$\phi_i(v)+\phi_i(w)=\phi_i(v+w)$对所有 U 中的 i 都成立,其中博弈 $[v+w]$ 由对任意联盟 S 都成立的等式 $[v+w](S)=v(S)+w(S)$ 界定}。这一公理明确了不同博弈的值之间应该呈现出何种关系。在沙普利论证定义于所有满足上述三项公理基础上的函数 ϕ 存在且唯一的过程中,可加性公理是主要的推动因素。

理解函数 ϕ 存在且唯一的最简单方法是将特征函数 v 视为一个包含 2^U-1 个元素的向量,而每个元素都对应于 U 中的非空子集。(简单起见，将参与人的全集 U 定义为有限的。）这样，所有（不必是超可加的）特征函数博弈所组成的集合 G 将与 2^U-1 维欧几里得空间相一致。可加性公理意味着，对于那些构成 G 的具备可加性的基的博弈集合，如果我们知道定义于这些集合上的一个值函数，则我们可以确定任意一个博弈的值。

一个由博弈 v_R 所组成的集合将满足上述要求。博弈 v_R 的定义是，对于每一个 U 中的子集 R，都有

$$v_R(S)=1 \quad 如果\ R \subset S$$
$$=0 \quad 其他$$

任意一个不属于 R 的参与人都是该博弈的一个多余参与人，而这一博弈有时也被称为 R 中参与人之间的纯讨价还价（pure bargaining）或一致同意（unanimity）博弈，因为这些参与人必须就如何分配财富达成一致。因为 R 中的参与人都是对称的，对称性公理要求对于每个 R 中的 i 和 j 都有 $\phi_i(v_R)=\phi_j(v_R)$。由于多余参与人公理要求，对于每个不属于 R 的 k 都有 $\phi_k(v_R)=0$，因此根据效率公理我们可以判断，对于 R 中的所有 i，都有 $\phi_i(v_R)=1/r$。其中，r 是 R 中参与人的数量。（对于任意有限联盟 S，我们用 s 来定义 S 中的参与人数量。）因此，值函数对于符合形式 v_R 的所有博弈都是唯一的。或者说，对于任意数值 c 和具有形式 cv_R [如果 $R \subset S$，则 $cv_R(S)=c$，否则，$cv_R(S)=0$] 的博弈，值函数都是唯一的。（注意到当 c 非负时，cv_R 是超可加的。）

然而，由于总共有 2^U-1 个这样的博弈，每个都对应于 U 中的一个非空子集 R，并且它们都是线性独立的，博弈 v_R 构成所有博弈集合的一个基。因此，任意一个博弈 v 都可以表示为形如 cv_R 的博弈之和。例如，之前讨论的包含一个卖方和两个买方的博弈 Γ_1 可以表示为 $\Gamma_1=10v_{\{1\}}+10v_{\{12\}}+20v_{\{13\}}-10v_{\{123\}}$。而可加性公理表明存在一个定义在所有博弈的空间上，并满足沙普利公理的值函数。

沙普利揭示了这一唯一的值函数 ϕ 为

$$\phi_i(v)=\sum_{S \subset N} \frac{(s-1)!(n-s)!}{n!}[v(S)-v(S-i)]$$

其中，N 是 v 中的任意一个有限载体，满足 $|N|=n$。这一公式将博弈 v 中参与人 i 的沙普利值表述为 $[v(S)-v(S-i)]$ 的加权平均值。$[v(S)-v(S-i)]$ 是参与人 i 对联盟 S 的边际贡献。[在第 17 章中，

佩顿·扬（Peyton Young）论证了如何能够基于边际贡献将沙普利值公理化。]事实上，$\phi_i(v)$可以解释为特定联盟分布上的参与人i的预期边际贡献。

特别地，假设参与人依照某种顺序进入一个房间，而所有的$n!$种参与人的排列组合都以相同的概率出现。这样，$\phi_i(v)$就是参与人i进入房间时所能产生的期望边际贡献。为了说明这一点，考虑任意一个包含i的联盟S。当第i个参与人进入房间时，他发现第$S-i$个参与人刚好在他之前进入房间的概率是$(s-1)!(n-s)!/n!$。[在N的$n!$种排列组合中，前$s-1$个参与人在第i个参与人之前进入的组合共有$(s-1)!$种，而剩余的$n-s$个参与人进入房间的组合共有$(n-s)!$种。因此，总共有$(s-i)!(n-s)!$个排列组合满足第$S-i$个参与人刚好在第i个参与人之前进入。]

尽管这并不是一个讨论联盟形成的模型（这个问题我们会在本书的其他两篇文章中进行讨论），但是按这种方式来思考博弈的值通常有助于进行计算。在前文包含一个卖方和两个买方的例子中，这三个参与人可以进入六种不同的排列组合。如果他们的进入顺序为1、2、3，则他们的边际贡献为（0，20，10），而他们的沙普利值是这些边际贡献在六种可能的排序上的均值：$\phi(v)=(18.33，3.33，8.33)$。

为了展示一个更有挑战性的例子，考虑一个基于联合国安全理事会的粗略构建的模型。联合国安全理事会有15个成员，其中5个是拥有否决权的常任理事国，而其他10个则是轮值理事国。根据投票规则，一项决议通过的前提是至少得到9票赞成，且没有常任理事国行使否决权。对这个规则的一个模型化表述是，如果S包含了所有的5个常任理事国和其他任意4个或更多的轮值理事国，则$v(S)=1$；在其他情况下，$v(S)=0$。

由于15!是一个达到10^{12}数量级的数值，我们显然不可能通过逐一列举所有可能的排列组合来计算沙普利值。但我们可以使用随机排序性质，以及对称性和效率公理来进行计算。我们注意到根据对称性公理，所有轮值理事国均拥有相同的值$\phi_r(v)$。常任理事国拥有相同的值$\phi_p(v)$，而效率公理要求$10\phi_r(v)+5\phi_p(v)=1$。在随机排序中，为了使1个轮值理事国能够实现正的边际贡献，必须正好有其他3个轮值理事国和全部5个常任理事国在它之前加入联盟。随着所选出的3个轮值理事国的改变，共有9!/3!6!个联盟符合这个要求。正如我们之前所说的一样，每个联盟 S（规模 $s=9$）出现的概率为 $(s-1)!(n-s)!/n!$，而最后一个轮值理事国的边际贡献为 $[v(S)-v(S-i)]=1$。因此，每个轮值理事国的沙普利值为 $\phi_r(v)=(9!/3!6!)(8!6!/15!)=0.00186$，而常任理事国的沙普利值为 $\phi_p(v)=[1-10\phi_r(v)]/5=0.196$，为轮值理事国的 100 倍以上。

1.1.1 沙普利-舒比克指数

根据联合国安全理事会规则所得出的一个相类似的计算结果可以参见第 3 章中沙普利和马丁·舒比克（Martin Shubik）在 1954 年发表的论文。这是第一篇应用沙普利值来研究具有投票规则性质的简单博弈的论文。

简单博弈（simple game）是可以用一个只取 0 或 1 的特征函数来表示的博弈。如果 $v(S)=1$，则联盟获胜；如果 $v(S)=0$，则联盟失败。通常的假设是，获胜联盟所属的联盟同样是一个获胜联盟，而失败联盟的每一个子集都是失败联盟。[如果获胜联盟的补集总是失败联盟，则简单博弈是恰当的（proper）。]对于某集合 N 中参与人之间的简单博弈，则一个等价的表述是列出 N 中的获胜联盟，甚至可以列出最小的获胜联盟（例如，没有任何子集获胜的获胜联盟）。对于某些类型的博弈，即使更加简洁的表述也是可以接受的：例如，包含各投票人的"加权多数博弈"（weighted majority game）的一个具体例子是公司股东间的博弈，而这类博弈可以表述为一个向量 $[q;w_1,\cdots,w_n]$。其中，w_i 表示参与人 i 的投票数量，而 q 则表示成为一个获胜联盟所需要的投票总数。获胜联盟是得到足够票数的联盟 S，即如果 $\sum_{i\in S}w_i\geq q$，则它是一个获胜联盟。

因为简单博弈基本上只需列出获胜联盟，因此在无法完整地确定特征函数博弈的权重时，它们是很自然的选择。例如，我们可能希望对两院制的立法体系进行模型表述。在这一体制中，由两院中多数成员组成的联盟才能获胜，并且我们并不假设成员之间有充分的互投赞成票的机会，以至获胜联盟可以通过可转移效用的途径来分割战利品。当我们将简单博弈解释为可转移特征函数博弈时，我们也希望按另一种方式来解释沙普利值。有鉴于此，简单博弈中的沙普利值通常被称为沙普利-舒比克指数。边界值 $[v(S)-v(S-i)]$ 在简单博弈中总是等于 0 或 1，因此参与人的沙普利-舒比克指数等于全部随机排序中参人处于"关键"位置的比例，即在 i 之前的参与人集合 $S-i$ 中的排序比例是一个失败联盟，但在 i 加入后，则转变为一个获胜联盟 S。（在每个参与人的排序中，只有一个参与人是关键的。）

用简单博弈来分析投票规则抽象掉了特定的投票环境中的个体特征和政治利益，但这种抽象使得我们可以集中研究规则本身，而不是政治环境的其他方面。这种分析似乎就是，例如，当投票决定的特定事项或者所要涉及的派系或个体特征还需要较长时间才能被确定时，在新的制度环境下所要被研究的内容。

遵循有效的体系必须使投票者符合平等代表这一规则（即该体系必须使得"一人一票"），评估一个投票体系给予了每个投票人多大的影响力这一工作假设法律在立法体系中席位的重新分配上处于重要地位。当投票人由行政区域选举所产生的立法者代表时，特别是不同规模的行政区域可能由不同数量的立法者或者拥有不同数量投票权的立法者所代表时，这被证明是一个难以定义的概念。一个与沙普利-舒比克指数相关的对投票人影响力的测度被称为班扎夫指数（Banzhaf index），用于纪念在上述情景下提出这一指数的律师（Banzhaf，1965，1968；Coleman，1971；Shapley，1977）。这个指数测度了司法权威，尤其是在纽约州的与上述事项有关的法庭判决中（Lucas，1983）。班扎夫指数并不考虑参与人的随机排序，而只是简单地计算存在一个"摇摆"参与人的联盟的数量。也就是说，参与人 i 的班扎夫指数是 S 获胜但 $S-i$ 失败的这类联盟的比例。[Dubey 和 Shapley（1979）详细研究了班扎夫指数的数学性质]。尽管班扎夫指数和沙普利-舒比克指数有一些明显的相似之处，但在任意特定的博弈中，它们不仅会给出参与人位置的不同数值的评价结果，而且它们对参与人按不同方式进行排序。因此，在沙普利-舒比克指数中拥有更多影响力的参与人很可能在班扎夫指数中拥有较小的影响力。

1.2 本书的其他论文

第 2 章和第 3 章分别来自沙普利以及沙普利和舒比克的研究成果。它们是本书之后其他论文的"祖先"。第 4 章至第 10 章讨论了对这两篇论文思想的重新表述，其目的在于加深我们的理解。这些重新表述多半会带来一般性拓展，因此，通过以新的方式理解沙普利值和沙普利-舒比克指数，我们还得到了评价博弈的值或测度投票人影响力的不同方法。

1.2.1 重新表述和一般性拓展

第 4 章《博弈的期望效用》严肃地指出了沙普利值可以被解释为一个效用函数。结果表明，在作为博弈位置的效用的沙普利值与作为货币博彩中的效用的期望值之间，存在着很强的相似性，因为它们都是风险中性的效用函数。然而，在将沙普利值解释为效用的过程中，涉及两种风险中性：第一种是在博弈上的博彩（"普通风险"，ordinary risk），而第二种并不一定涉及任何概率上的不确定性，而是仅仅取决于与参与人之间策略互动的未知结果相联系的策略风险（strategic risk）。普通风险中性等价于效用函数的可加性，而策略风险中性与有效性公理紧密相关。代表策略风险非中性的偏好（因此也是"非有效"的值函数）的这类效用函数也被理论所界定，但前提是偏好对于博弈的普通风险仍是中性。（对于非普通风险中性偏好的效用的刻画仍然是一个未解决的问题。）该章通过考虑理论应用来加深沙普利值中所暗含的博弈位置上的比较，并以此作为总结。

菲利普·斯特拉芬（Philip Straffin）的《作为概率的沙普利-舒比克与班扎夫权力指数》考察了简单博弈，并指出沙普利-舒比克与班扎夫权力指数可以视为如下问题的答案："一个特定投票人的投票影响一项提案投票结果的概率是多少？"为了引出这一问题，需要界定一个投票者概率的模型。斯特拉芬注意到，如果我们假设投票者的意见在某种意义上是同质的，沙普利-舒比克指数给出了上述问题的答案，而如果我们假设投票人的意见在特定方式上相互独立，班扎夫指数则成了上述问题的答案。他的研究不仅对这两种指数的相似性和差异进行了新的讨论，还指出，在特定情形下，对投票人进行模型化表述的方法应当做出相应的调整，以便在存在对投票人行为的其他合理性假设时，能够创造出新的指数。

埃胡德·卡莱（Ehud Kalai）和多夫·萨梅特（Dov Samet）在《加权沙普利值》中考虑了满足沙普利公理但并不一定具有对称性的这类值函数。换句话说，他们报告了沙普利值在非匿名参与人情形下的可能拓展。这一研究主线最早开始于沙普利的学位论文（Shapley，

1953b)。其中，他通过赋予参与人不同的位置权重来引入非匿名性。在一个纯谈判博弈 v_R 中，R 中的参与人得到的支付与他们的权重成比例。Owen（1968）通过考虑随机到达的时点来解释加权沙普利值。一个较高的权重意味着有更高的概率以较晚的时间到达。卡莱和萨梅特考察了更为一般的字典式权重系统。用一个新的一致性公理来代替对称性，他们指出所有的这些值都是这种加权值的一种。他们的"合伙制一致性"公理考虑了仅当聚集在一起才对联盟有价值的参与人。他们还讨论了一个在成本分摊问题（Shapley，1983）中有自然解释的对偶加权值的族。这些值反过来由一个包含了合伙制一致性公理的对偶的公理体系来刻画，并且，研究表明，当两个公理共同起作用时，可以得到（对称的）沙普利值。作为这些值的描述与界定的结果，对于一致性的值，参与人之间对称性的缺失可以视为规模上的非对称性，即不同的参与人可以视为代表了不同规模的"街区"。蒙德勒（Monderer）、萨梅特和沙普利最近所得到的一个结论指出，特定博弈的加权沙普利值的集合总是包含博弈的核。当且仅当博弈是凸的时，这两个集合才是一致的。

在《博弈的概率值》一章中，罗伯特·韦伯（Robert Weber）考虑了对称但不一定有效的值，以及有效但不一定对称的值。他细致地考察了将公理应用于不同类型博弈，包括超可加博弈和简单博弈，所会引起的效果，并且观察到，在充分丰富的博弈类型上，通过放弃有效性公理所得到的值都可以被描述为期望的边际贡献。在没有有效性假设的值之间，他找到了与第4章所不同的联系，并且得出了参与人评估博弈时的一种策略性风险规避。

在第8章中，乌列·罗思布卢姆（Uriel Rothblum）考虑了与等概率排序下的期望边际贡献所不同的沙普利值的三个公式。在认识中很重要的一点是，随机排序尽管为人熟知且非常有用，但它在理论中并没有特殊的地位。特别地，沙普利值的重要性并不取决于标准工时中的"联盟形成"过程的模型化表述。罗思布卢姆给出了其他三个等价的沙普利值的公式。这些公式使我们可以像在具有相同规模的联盟上取均值那样来计算沙普利值。正如随机排序被证明在某些类型的计算中可以有效地简化计算工作（就像联合国安全理事会的例子所涉及的计算那样），这三个公式在相应的均值较为容易计算时也能起到类似的作用。

在《沙普利值的位势》一章中，塞尔久·哈特（Sergiu Hart）和安德鲁·马斯-克莱尔（Andreu Mas-Colell）在冯·诺依曼和摩根斯坦以及沙普利的简化工作上更进一步。哈特和马斯-克莱尔并没有为博弈中每个参与人的机会赋予单个数值而将博弈概括为一个向量，而是提出用一个被称为博弈位势（potential）的单个数值 $P(N,v)$ 来概括整个博弈。（我已经谈到了模型的简化工作：效用、特征函数、值以及现在所提及的位势。哈特和马斯-克莱尔在解概念上提及了一个类似的工作：稳定集、核、值和位势。）在位势概念下，参与人的边际贡献是差值 $P(N,v) - P(N-i,v)$，即参与人全集 N 的博弈与不包含参与人 i 的博弈位势上的差异。严格来说，哈特和马斯-克莱尔在仅当每个参与人的边际贡献都等于 $v(N)$ 时，才将博弈上的一个函数定义为位势，并且他们指出，只存在一个使参与人的边际贡献等于他或她的沙普利值的唯一的位势。（因此，位势这一概念的应用与其在标准的数学情形下的含义一样，因为向量值函数 ϕ 的位势是一个梯度为 ϕ 的实值函数 P。）正如值的一致性的相关结论所展示出来的，用位势来反映值被证明是非常有用的技术性工具（至少是很有潜力的）。尽管在避免误解上足够谨慎，作者仍在评论中指出，这种处理技术为将沙普利值视为一个成本分摊（我们稍后还将回到这一话题）的工具提供了一个自然的方法。

该部分的最后一章，吉列尔莫·欧文（Guillermo Owen）的《博弈的多重线性展开》也可以与大型博弈的相关章节放在一起，因为它涉及可以适用于大型博弈的特征函数模型的展开。对于一个 n 人博弈，考虑一个 n 维单位立方体。它的顶点是由 0 和 1 所组成的向量，并且可以被解释为参与人的联盟；如果在与某个联盟相关的顶点的向量中，第 i 个元素的值为 1，则参与人 i 在这个联盟中。欧文将一个特定的特征函数 v 的多重线性展开定义为一个定义在整个立方体上的函数，它与 v 在顶点上是一致的，但以线性的方式穿过立方体的其他部分。欧文指出，这一展开式提供了一个强有力的计算和概念性工具。立方体中除顶点之外的点可以用很多方式来解释。例如，如果我们认为 n 人博弈中的每个参与人代表了一种类型的参与人的连续统，则可以得到大型博弈方面的解释。这样，立方体中的一个点可以解释为与一个参与人的联盟相对应，其中第 i 个坐标表示联盟中类型为 i 的参与人的比例。结果表明，仅在立方体的"主对角线"（即立方体中所有 n 个元素都相等的点）上，沙普利值才取决于多重线性展开的值。这种"对角线"性质在大型博弈的值的研究中扮演了重要角色［例如，参见 Neyman（1977）］，并在沙普利值的随机排序性质的相关方面有一个自然的直觉性的解释。在一个包含有限多个类型的参与人的博弈中，考虑一个规模取决于参与人的随机进入的联盟（为了避免在无限博弈上界定随机排序的困难，设想每个类型的参与人的数量都是很大但有限的数值）。根据大数定律，大部分具有这种规模的联盟中每种类型参与人的比例都将与整个博弈中参与人类型的比例相等。对角线性质是说，在沙普利值的计算中，只需要考虑这样的联盟。

1.2.2 联盟

接下来的两章尝试使用沙普利值及相关概念来构建解释博弈中的参与人将如何组织起来的理论基础，这个问题是博弈理论中最困难但也是最重要的问题之一。传统理论在处理这一问题时一般考虑联盟结构，它是将参与人划入互不相交的联盟的配分。为了研究参与人将如何就加入联盟一事进行组织，必须能够评价任意给定的联盟结构将如何影响每个参与人的支付。莫迪凯·库尔茨（Mordecai Kurz）的《联盟的值》考虑了通过沙普利值来完成这一工作的某些方法，并进一步考虑了这一问题的答案可以通过哪些途径来讨论何种联盟将预期会形成。

罗伯特·奥曼（Robert Aumann）和罗杰·迈尔森（Roger Myerson）所写的一章使用了迈尔森对沙普利值的拓展来进行研究，并提出了一个关于参与人之间的合作如何实现这一问题的新颖的研究方法。他们考察了合作结构，而不是只关注不相交的联盟；这种合作结构由参与人的双边连接组成。他们进一步考察了参与人是否建立连接以及与谁建立连接的连接博弈，并在合作结构中使用拓展后的沙普利值来评估参与人从每个最终的连接集合中所得到的支付。如果合作结构在连接博弈中是子博弈完美均衡的，则他们称这类结构是"自然的"。该章还包含了对博弈论中相关领域问题的示例分析。即使缺少一个完整的理论框架，该章本身也是创造性地应用博弈理论工具进行洞察的一个代表性例子。

1.2.3 大型博弈

第 13 章至第 16 章涉及非常大型的博弈，例如完全竞争下的经济模型，在这种情形中，相对于市场规模而言，经济个体都是微不足道的。在与核有关的文献中（Edgeworth，1881；Shubik，1959；Debreu and Scarf，1963），可以观察到，当交换经济中个体数量增加时，核萎缩至仅包含竞争性配置的极限。Aumann（1964）对由经济个体的非原子连续统所组成的完全竞争经济进行了模型化，并指出，在这个模型中，核和竞争性配置是一致的。大型博弈的沙普利值方面的文献始于一系列由沙普利和其他多名作者所完成的名为《大型博弈的值：Ⅰ～Ⅶ》的论文（Shapley and Shapiro，1960；Milnor and Shapley，1961；Shapley，1961a；Mann and Shapley，1960；Shapley，1961b；Mann and Shapley，1962；Shapley，1964a，b）。它们是奥曼和沙普利的开创性著作《非原子博弈的值》（*Values of Non-atomic Games*）一书的后续研究；除了冯·诺依曼和摩根斯坦的研究外，这部著作似乎对博弈学位论文的写作大有启发，但很少形成后续的博弈论方面的书籍。他们在由经济个体的非原子连续统所组成的经济中揭示了，值配置与核配置是一致的（因此也与竞争性配置一致），即使值配置与核配置在有限市场中可能会毫无关联。

在这一部分的开篇中，默娜·伍德斯（Myrna Wooders）和威廉·赞姆（William Zame）报告了他们关于大型有限博弈的最近的研究成果。在这些博弈中，参与人，而不一定是市场，都是从某些特征的度量空间中选出的。这使得我们可以判断两个参与人在某些特征上是否接近，而博弈将以相似的方式对待相似的参与人。这样，如果对于博弈中的每个参与人都存在足够多的相近替代者，则博弈可以认为是大型的。该论文的主要结论在于，在相当弱的条件下，大型博弈的沙普利值与核相去不远——即在博弈的 ϵ 核中。

普拉迪普·杜贝（Pradeep Dubey）和亚伯拉罕·内曼（Abraham Neyman）的《非原子经济中的支付：一个公理性方法》一文延续了他们在《计量经济学》杂志上的同名论文，并考虑了在非原子经济中，沙普利值与其他相一致的解概念之间有什么共同特征。[唯一得到广泛研究的，在标准连续经济中与竞争性配置不相一致的解概念是冯·诺依曼-摩根斯坦解；参见 Hart（1974）。]他们的关键性公理是一个弱化了的可加性公理。他们的结论可以理解为在一类非原子经济上的值的公理化。

在多夫·蒙德勒和亚伯拉罕·内曼的《平滑非原子博弈的值：多

重线性近似方法》一文中，他们给出了对非原子测度博弈的经典结论的一些新的、简短的证明。为了实现这一证明，他们论证了一个一般性的非原子博弈可以由作为一个测度的有限值的多重线性函数的非原子测度博弈来近似。因此，除其他方面外，该章在无限博弈和第10章欧文所讨论的博弈的多重线性展开之间建立了更加紧密的联系。他们还证明了与第17章扬的一个结论相关的结论。

自从奥曼和沙普利的著作出版以来，在放松他们的研究假设，以及在可以定义和描述值的无限博弈上进行类型的拓展方面，已经得到了许多成果。在最难处理的博弈，以及困难的根源及复杂性的反例中，最极端的情况是拥有非平滑特征函数的无限博弈。在本书的技术性最强的章节中，让-弗朗索瓦·默滕斯（Jean-Francois Mertens）在不具备常见的可导性假设的前提下描述了一类市场博弈上的值。

1.2.4 成本分摊与公正分配

接下来的两章将沙普利值应用于成本分摊问题。这个问题在博弈论学者和会计专家中都引起了极大的兴趣（Moriarity，1983）。最先在论文中明确这一特性用途的学者之一是 Shubik（1962）。在这一应用上，出现了两种概念性方法。第一种是将成本分摊问题视为博弈，并按照通常对沙普利值的解释来理解依据沙普利所进行的成本分摊。基于这一思想，Billera、Heath 和 Raanan（1978）考察了一天中不同时间段上电话成本的分摊，并将其视为奥曼和沙普利的非原子博弈理论的一个应用（其中，电话时点占据了博弈参与人的角色）；Roth 和 Verrecchia（1979）则提出，由一个中央管理机构所实现的沙普利成本分摊可以视为（按第4章的方法）给予风险中性的经理人与允许他们之间就如何分摊成本进行协商相同的效用。第二种方法集中于商品的连续统上，并直接对成本分摊规则进行了公理化；这种方法并不一定需要将所要解决的问题视为一个博弈。因此，举例来说，由这种方法可以得出与商品如何进入生产函数直接相关的公理。

由佩顿·扬撰写的《个体贡献与公正补偿》同时研究了这两种方法。这篇论文同时受到分配的公正性和成本分摊的经济思想的驱动。该章的第一部分关注特征函数形式的有限博弈，这些博弈被解释为向任意经济个体的联盟提供联合产出的生产函数。他证明了沙普利值是唯一能够使收益得到完全分配，并使得每个个体的份额只取决于他或她自身的边际贡献的对称值函数。(正式地说,对沙普利值的描述有如下要求:如果参与人 i 在两个博弈中有相同的边际贡献向量,则他或她的这两个博弈的值必须相等。)该章的第二部分关注一个产出是可以联系变动的投入向量的函数的企业,并考察了应该如何决定利润在生产的每项要素上的归属。他论证了,在这一情景下,单调性(如果在某个生产函数下,要素 i 在每个投入水平上都比在其他生产函数下有更高的边际贡献,则在该生产函数下他应当分得更多利润)、适当的对称性条件以及生产要素间利润的充分分配足以充分地界定奥曼-沙普利价格规则。

接下来的一章来自亚伊尔·陶曼(Yair Tauman)。它对 Billera 和 Heath(1982)以及 Mirman 和 Tauman(1982)所提出的直接公理化、奥曼和沙普利在非原子博弈上的后续研究,以及后续的成本分摊的直接公理化方法进行了全面的综述。该章评述了迄今为止所得到的主要结论,并指出了这些研究与值上的博弈论文献之间的联系。因此,该章与本书的其他许多章节都存在着关联。

1.2.5 NTU 博弈

到目前为止,我们都在关注可转移效用博弈。尽管本书的各章充分展示了为什么可转移效用经常是一个非常有效的分析情景,但也明确指出了为何我们时常需要避免这一强假设。的确,在许多情形中,可转移效用假设将使我们无法清晰地探寻经济环境的重要特征。出于这一原因,许多博弈理论围绕着 NTU(不可转换效用)展开了分析,在这些研究中,效用并没有被假设具有可转移性。在这样的博弈中,联盟 S 所能获得的机会可以通过一个效用向量的集合 $V(S)$,而不是单一的数值 $v(S)$ 来体现。{一个由特征函数 v 所给出的 TU 博弈可以理解为 NTU 的如下一种特殊情形:对于每个联盟 S,$V(S)=\{(x_1,\cdots,x_n)|\sum_{i\in S}x_i\leq v(S)\}$。}例如,在一个交换经济中,集函数 V 由联盟 S 所能完成的交易以及作为交易结果的商品束所能给它们带来的效用决定。按这种方式,而不是 TU 博弈来构建市场模型,可以使得即使经济中存在货币,也能允许模型中存在某些特定种类商品的不可分性,并且可以使我们不必假设所有的商品都像货币那样进入交易者的效用函数。

John Nash(1950,1953)考虑了纯谈判 NTU 博弈。(r 个参与人

间的纯谈判博弈是必须在所有参与人一致同意时才能达成协议的博弈情景。）纳什（Nash）用一个序偶 (S, d) 来体现这种 NTU 博弈，其中，S 是与所有参与人一致同意时所能实现的可行协议相对应的 r 维效用向量的集合，而 d 是博弈以协商失败而告终时（即不存在其他替代性选择时的一致同意协议）参与人将得到的效用支付向量。TU 纯谈判博弈 v_R 仅仅是可行集 S 与参与人可以分割一个固定加总额的所有方式相对应的博弈——它以超平面为边界——并且，在未能达成协议时，每个参与人的效用为 0。纳什提出，一个纯谈判 NTU 博弈的解应当是为每个纯谈判博弈选出唯一可行结果的函数（就像沙普利值）。

纳什使用了一个与沙普利值的相关公理在概念上非常接近的公理性框架，并在此基础上提出了一个特定的解。正如沙普利的公理一样，纳什的公理包含了对称性和有效性，从而决定了 TU 博弈 v_R 的结果为使得每个参与人得到 $1/r$。沙普利通过可加性将这一结论拓展至任意的 TU 博弈，而纳什则通过使用两个独立性公理而将这个结论拓展至任意 NTU 的纯谈判博弈。（第一个公理要求与由解所决定的效用支付相对应的协议应当与谈判者效用的标准化无关。其目的在于体现如下思想：支付通过参与人的冯·诺依曼-摩根斯坦效用函数来表现，而后者的原点和效用单位可以是任意的，并且不允许个体间的相互比较。第二个公理被称作"不相关选择的独立性"公理。它要求，如果两个博弈的谈判破裂点相同，且一个博弈的可行结果包含在另一个博弈的可行结果中，则只要这个较大的博弈的解在另一个博弈中可行，它也是另一个博弈的解。）正如沙普利值一样，放松有效性和对称性假设可以得到保留了原始解概念根本特征的一类新的解［例如，参见 Roth（1979）对这些文献的评述；参见 Roth（1978）关于这些解的描述力强弱的实验性证据的讨论］。

Shapley（1969）的论文被复制作为本书第 19 章。它确立了一种将沙普利值从 TU 博弈拓展至 NTU 博弈的方法（事实上，这篇论文提出了一种可以将任意 TU 博弈的值函数拓展至 NTU 博弈的潜在方法，但大多数后续研究仅关注沙普利值的拓展。）这一拓展与纳什集在纯谈判博弈的集合上是一致的，因此可以被视为将纳什解从谈判博弈向所有 NTU 博弈的拓展。另一个对纳什解的拓展由 Harsanyi（1963）提出，而沙普利写道："这里所发展出的值的定义最初是希望通过在处理具有大量参与人的经济模型方面更易把握的概念来对海萨尼（Harsanyi）

的谈判值进行近似。"

沙普利的论文首先考虑了二人纯谈判 NTU 博弈，并论证了不存在仅依赖于独立进行标准化后的参与人序数效用的非平凡单点解。[对于 $n>2$ 的 n 人纯谈判问题而言，这个结论并不成立；参见 Shapley 和 Shubik（1974）；Shubik（1982）第 5 章。] 其次，这篇论文考察了基数效用，并将纯谈判博弈的纳什解解释为隐含的谈判者效用的比较。这种比较是将值拓展至一般性的 NTU 博弈的基础。其基本的思想在于使用 TU 值去寻找 NTU 值。注意到如果我们通过允许参与人之间无限制的效用转移而将 NTU 博弈转变为 TU 博弈，则我们在扩大结果的集合。因此，这个博弈的 TU 值在原来的 NTU 博弈中或许不是一个可行的结果。然而，沙普利通过一个基于不动点的论证证明了，总可以找到一个权重向量 λ，其中每个元素与一个参与人相对应，并使得当参与人的效用乘以他或她的权重后，所得到的博弈将具备如下性质：TU 值 ϕ 在 NTU 博弈中是可行的。由于"每个由此定义所得到的值向量 ϕ 都伴随着一个向量 λ，即内在的效用比较权重"，沙普利将最终得到的向量 ϕ 称为原始的 NTU 博弈的"λ-转移值"。（在后续的文献中，λ-转移值有时被称作 NTU 值。）这与纳什的不相关选择的独立性公理的联系是很明显的，因为在可行性前提下，λ-转移值将 NTU 博弈的解作为相联系的 TU 博弈（具有更大的可行集）的解（Aumann，1975）。

在如何解释 λ-转移值上，存在着一些争议 [在 Harsanyi（1963）所提出的解上也是如此]。研究者们所提出的问题在于，在定义 NTU 博弈的值的 NTU 博弈上，该值能否支撑对 TU 值的各种各样的解释以及如果这一答案是否定的，我们需要何种解释或何种受限博弈。人们关注的焦点问题在于对效用比较的解释，在可以存在多个重要联盟的博弈中"不相关选择的独立性"的内涵，以及 NTU 博弈不同于 TU 博弈的独特之处在何种程度上影响了 λ-转移值。对这些问题的关注通过对特定博弈，尤其是只有少数参与人的博弈的研究转变成了相关的文献（Owen，1972；Roth，1980，1986；Shafer，1980；Harsanyi，1980；Scafuri and Yannelis，1984）。然而，在将 λ-转移值作为分析博弈和市场，尤其是大型市场的工具的研究中，人们直接（Aumann，1985a，1986，1987）或间接地涉及了这些问题，但对于它们的重要性尚未形成一致意见 [例如，参见 Aumann（1985a）的文献]。迄今为止，λ-转移值都是 NTU 值中最容易计算的，并且，Aumann（1985b）

的与沙普利的 TU 值的公理化极其相似的公理化研究在对它的数学性质的研究上取得了相当显著的进展。一个密切相关的海萨尼的 NTU 值的公理化由 Hart（1985a）给出；也可参见 Hart（1985b）。

本书的最后一章来自迈克尔·马施勒（Michael Maschler）、吉列尔莫·欧文和贝扎雷·皮莱格（Bezalel Peleg）。它重新回到了对纯谈判 NTU 博弈的讨论。该研究考察了可行集不一定为凸集的博弈，在这个背景下，NTU 值-纳什解不一定只选出一个唯一的结果。这篇文章并没有对结果进行公理性描述，而是考察了引向结果的动态调整过程。因此，可以认为这篇论文给出了在纯谈判博弈上理解 NTU 值-纳什解的不同方法。

作为小结，我迫不及待地想表达的是，对于沙普利值的研究从太多的方向上展开，以至本书无法涵盖所有这些问题。近期与沙普利值有关的一个研究领域是使用非合作博弈理论的工具。例如，Harsanyi（1981）提出用非合作谈判模型来研究合作博弈。在使用风险占有这一概念的基础上，他与赖因哈德·泽尔腾（Reinhard Selten）一起寻找到了确定一个唯一均衡的方法。尽管不是所有的博弈都可以按这种方法来进行模型化分析，他仍在一类博弈上界定了与沙普利值相对应的均衡。一篇具有相似研究动机的论文来自 Gul（1986）。他研究了以序贯谈判博弈来体现的特定市场博弈的均衡，并论证了沙普利值对应于一个子博弈完美均衡。汤姆森（Thomson）的论文（即将发表）则提出了一个稍显不同的策略性问题。这篇论文考察了如下的策略博弈：基于参与人（只有每个参与人自己知道他或她的效用函数）所公布的博弈参数，该博弈在沙普利值被作为参与人间的资源分配规则时结束。汤姆森考察了参与人在报告效用函数上的策略性问题，并描述了资源配置机制可被操纵的途径。

1.3 对劳埃德·沙普利工作的一些评论

正如本书中的论文所宣称的一样，即使劳埃德·沙普利的工作仅仅是引入值的概念，以及相关的主要拓展和应用，他对博弈论的贡献也是突出的。然而，由于本书的出版是为了庆祝这位杰出学者的 65 岁生日，似乎至少应该对沙普利在博弈论其他方面所做的贡献的性质和范围进行简要的介绍。

将博弈的核定义为一个独立解概念的工作通常被归功于 Shapley（1953c）和 Gillies（1953a，b）。沙普利对何时博弈的核是非空的后续工作引出了"平衡性"（balancedness）这一概念；在 TU 博弈中，这一概念与线性规划理论相关（Shapley，1967a；Bondareva，1963）。同样的概念可以拓展至有类似效应的 NTU 博弈（Scarf，1967；Shapley，1973），并且这一工作有重要的应用价值，例如 Scarf（1973）所开创的计算性工作。Shapley 和 Shubik（1969a）论证了可以公式化为交换经济（具有连续的凹效用函数）的 TU 博弈就是那些"完全平衡"的博弈，也就是说，就是那些每个参与人的子集的子博弈都是平衡的博弈。凸博弈是另一类具有非空核的博弈。它由 Shapley（1971）提出。Gale 和 Shapley（1962）对一个 NTU 模型（"婚姻"博弈）的研究，以及 Shapley 和 Shubik（1972）对一个 TU 模型（指派博弈，"assignment" game）的研究还提出了另外一个具有非空核的博弈族。这一博弈族在最近的几年中吸引了一批对劳动市场和其他双边匹配过程感兴趣的经济学家［参见例如，Roth（1984）；Roth 和 Sotomayor（即将发表）］。

尽管核体现了博弈论最重要的一个思想，特别是在对市场的研究中，对核这一问题的最初的研究兴趣来自 von Neumann 和 Morgenstern（1944）所确立的研究事项，因为核包含在他们作为博弈的解所提出的每一个结果的稳定集中。尽管稳定集理论并没有像冯·诺依曼和摩根斯坦所预期的那样在现代博弈论中占据中心地位，我们关于稳定集这一研究工具的作用和局限性的大量认识都来自沙普利。一方面，沙普利考察了各种不同类型博弈的稳定集，并展示了它们是如何帮助我们更好地理解联盟参与人的策略可能性的。他写于 1959 年的关于对称的市场博弈的论文，以及他的关于"配给"博弈的解的论文（Shapley，1953d）就属于这个范畴。在一系列关于简单博弈的论文中，受政治和委员会决策模型的驱动，他针对具有空核的博弈类型展示了这类理论的解释力（Shapley 1962a，1963，1964a，1967b）。除去对简单博弈的解的研究外，很多我们对于简单博弈的认识来自 Shapley（1962b）的分类。与此同时，沙普利的研究工作对于澄清稳定集作为分析工具的局限性也起着重要的作用；这种局限性不仅因为稳定集在计算上非常棘手，而且因为许多博弈的解无法支撑起基于博弈特征的任何解释。

一个这部分研究的很好的例子来自 Shapley（1959b）。沙普利的研究为 Lucas（1968，1969）的研究奠定了基础。在卢卡斯（Lucas）的研究中，他展示了一个不存在任何解的特征函数博弈，这给冯·诺依曼和摩根斯坦的一项著名推测提出了否定的答案。

在非合作博弈领域，大量的文献源自沙普利对随机博弈的研究论文（Shapley，1953e）。这篇论文引入了一个参与人不仅交互决定他们的支付，而且共同影响在博弈进入的后续阶段的概率的模型。这是对于运筹学文献中（单人）马尔可夫（Markovian）决策过程的自然拓展，而且是首批多阶段博弈的一个重要例子。沙普利论证了值的存在性，以及贴现后的博弈中的最优稳定策略。后续的一些里程碑式的研究包括 Gillette（1957）在遍历性（ergodicity）假设下将结论向未贴现博弈的拓展，以及 Blackwell 和 Ferguson（1968）对吉勒特所提出的一个博弈的求解。进一步的拓展由 Kohlberg（1974）以及 Bewley 和 Kohlberg（1976）实现。他们用代数方法在状态和行动集合为有限集的随机博弈中论证了渐近值的存在性。Mertens 和 Neyman（1981）证明了一类一般性的无限重复随机博弈中值的存在性。求解随机博弈的运算方法也得到了许多关注；例如，可以参见 Raghavan（无年份）。此外，随机博弈与不完全信息重复博弈有着密切的联系（Kohlberg and Zamir，1974）。

以上对沙普利的研究工作的简单梳理并不完整。然而，即使是一个更加详细的阐述，如果它只集中于沙普利所发表的论文，或者他的未发表的著作和博弈论方面的一些未成文的研究，仍然无法反映出沙普利在博弈论的发展中的关键地位。的确，在冯·诺依曼和摩根斯坦的理论产生之后的岁月里，沙普利成了博弈论的代表人物，并在博弈论研究主题和方向的决定上施加了重要的影响。

我无法根据个人的早期经历来陈述，但当我在 1974 年获得博士学位时，我怀着朝圣般的心情前往圣莫尼卡，并与沙普利就我的工作进行了讨论。我被他的激情和思想上的宽容性所打动，并折服于他百科全书般渊博的知识。自那时起，我发现这是我们那代博弈论学者的共同经历。

所有的博弈论学者对于沙普利的智力贡献都心怀感激，而这也是本书要说明的。

注释

[1] 博弈 v 中的虚拟参与人是指，一个参与人 i 使得在所有包含 i 的联盟 S 中，都有 $v(S)-v(S-i)=v(i)$。当 $v(i)=0$ 时，虚拟参与人是一个多余的参与人。

参考文献

Aumann, Robert J. [1964], "Markets with a Continuum of Traders," *Econometrica*, 32, 39–50.

——[1975], "Values of Markets with a Continuum of Traders," *Econometrica*, 43, 611–646.

——[1985a], "On the Non-transferable Utility Value: A Comment on the Roth-Shafer Examples," *Econometrica*, 53, 667–677.

——[1985b], "An Axiomatization of the Non-Transferable Utility Value," *Econometrica*, 53, 599–612.

——[1986], "Rejoinder," *Econometrica*, 54, 985–989.

——[1987], "Value, Symmetry and Equal Treatment: A Comment on Scafuri and Yannelis," *Econometrica*, 55, 1461–1464.

Aumann, Robert J. and Lloyd S. Shapley [1974], *Values of Non-Atomic Games*, Princeton, Princeton University Press.

Banzhaf, John F. Ⅲ [1965], "Weighted Voting Doesn't Work: A Mathematical Analysis," *Rutgers Law Review*, 19, 317–343.

——[1968], "One Man, 3 312 Votes: A Mathematical Analysis of the Electoral College," *Villanova Law Review*, 13, 303–346.

Bewley, Truman and Elon Kohlberg [1976], "The Asymptotic Theory of Stochastic Games," *Mathematics of Operations Research*, 1, 197–208.

Billera, L. J., D. C. Heath, and J. Raanan [1978], "Internal Telephone Billing Rates: A Novel Application of Non-atomic Game

Theory," *Operations Research*, 26, 956–965.

Billera, L. J. and D. C. Heath [1982], "Allocation of Shared Costs: A Set of Axioms Yielding a Unique Procedure," *Mathematics of Operations Research*, 7, 32–39.

Blackwell, D. and T. S. Ferguson [1968], "The Big Match," *Annals of Mathematical Statistics*, 39, 159–163.

Bondareva, O. N. [1963], "Some Applications of Linear Programming Methods to the Theory of Cooperative Games," *Problemy Kibernetiki*, 10, 119–139. (in Russian)

Coleman, James S. [1971], "Control of Collectivities and the Power of a Collectivity to Act," in *Social Choice*, B. Lieberman, editor, Gordon and Breach, New York, pp. 269–300.

Debreu, Gerard and Herbert Scarf [1963], "A Limit Theorem on the Core of an Economy," *International Economic Review*, 4, 235–246.

Dubey, Pradeep and Lloyd S. Shapley [1979], "Mathematical Properties of the Banzhaf Power Index," *Mathematics of Operations Research*, 4, 99–131.

Edgeworth, F. Y. [1881], *Mathematical Psychics*, London, C. Kegan Paul.

Gale, David and Lloyd Shapley [1962], "College Admissions and the Stability of Marriage," *American Mathematical Monthly*, 69, 9–15.

Gillette, D. [1957], "Stochastic Games with Zero Stop Probabilities," in *Contribution to the Theory of Games*, M. Dresher, A. W. Tucker, and P. Wolfe, editors, vol. III, Ann. Math. Studies, 39, Princeton University Press, Princeton, New Jersey.

Gillies, D. B. [1953a], "Locations of Solutions," in *Report of an Informal Conference on the Theory of N-Person Games*, H. W. Kuhn, editor, Princeton University, mimeo.

[1953b], *Some Theorems on N-Person Games*, Ph. D. dissertation, Department of Mathematics, Princeton University.

Gul, Faruk [1986], "Bargaining Foundations of the Shapley Value," Princeton University, Department of Economics, mimeo.

Harsanyi, John C. [1963], "A Simplified Bargaining Model for the n-Person Cooperative Game," *International Economic Review*, 4, 194-220.

[1977], *Rational Behavior and Bargaining Equilibrium in Games and Social Situations*, Cambridge University Press, Cambridge.

[1980], "Comments on Roth's Paper: Values for Games without Side Payments", *Econometrica*, 48, 477.

[1981], "The Shapley Value and the Risk-Dominance Solutions of Two Bargaining Models for Characteristic-Function Games," in *Essays in Game Theory and Mathematical Economics in Honor of Oskar Morgenstern*, V. Bohn, editor, B. I. Wissenschaftsverlag, Mannheim, pp. 43-68.

Hart, Sergiu [1974], "Formation of Cartels in Large Markets," *Journal of Economic Theory*, 7, 453-466.

[1985a], "An Axiomatization of Harsanyi's Nontransferable Utility Solution," *Econometrica*, 53, 1295-1313.

[1985b], "Nontransferable Utility Games and Markets: Some Examples and the Harsanyi Solution," *Econometrica*, 53, 1445-1450.

Kohlberg, E. [1974], "Repeated Games with Absorbing States," *Annals of Statistics*, 2, 724-738.

Kohlberg, Elon and Shmuel Zamir [1974], "Repeated Games of Incomplete Information: The Symmetric Case," *Annals of Statistics*, 2, 1040-1041.

Lucas, William F. [1968], "A Game with No Solution," *Bulletin of the American Mathematical Society*, 74, 237-239.

[1969], "The Proof That a Game May Not Have a Solution," *Transactions of the American Mathematical Society*, 137, 219-229.

[1983], "Measuring Power in Weighted Voting Systems," in *Political and Related Models*, S. Brams, W. Lucas, and P. Straffin, editors, Springer, Berlin, pp. 183-238.

Mann, I. and Lloyd S. Shapley [1960], *Values of Large Games, Ⅳ: Evaluating the Electoral College by Montecarlo Techniques*, RM-2651, The Rand Corporation, Santa Monica.

第 1 章 沙普利值简介

[1962], *Values of Large Games, VI: Evaluating the Electoral College Exactly*, RM-3158, The Rand Corporation, Santa Monica.

[1964], "The *a priori* Voting Strength of the Electoral College," in *Game Theory and Related Approaches to Social Behavior*, M. Shubik, editor, Wiley, New York, pp. 151–164.

Mertens, Jean-Francois and Abraham Neyman [1981], "Stochastic Games," *International Journal of Game Theory*, 10, 53–66.

Milnor, John W. and Lloyd S. Shapley [1961], *Values of Large Games, II: Oceanic Games*, RM-2649, The Rand Corporation, Santa Monica. (Also *Mathematics of Operations Research*, 3, 1978, 290–307.)

Mirman, Leonard J. and Yair Tauman [1982], "Demand Compatible Equitable Cost Sharing Prices," *Mathematics of Operations Research*, 7, 40–56.

Moriarity, Shane (editor) [1983], *Joint Cost Allocation*, University of Oklahoma Press, Tulsa.

Nash, John F. [1950], "The Bargaining Problem," *Econometrica*, 28, 155–162.

[1953], "Two-Person Cooperative Games," *Econometrica*, 21, 129–140.

Neyman, Abraham [1977], "Continuous Values Are Diagonal," *Mathematics of Operations Research*, 2, 338–342.

Owen, Guillermo [1968], "A Note on Shapley Values," *Management Science*, 14, 731–732.

[1972], "Values of Games without Sidepayments," *International Journal of Game Theory*, 1, 95–108.

Raghavan, T. E. S. [undated], "Algorithms for Stochastic Games: A Survey," Department of Mathematics, University of Illinois at Chicago, mimeo.

Roth, Alvin E. [1979], *Axiomatic Models of Bargaining*, Springer, Berlin.

[1980], "Values for Games without Sidepayments: Some Difficulties with Current Concepts," *Econometrica*, 48, 457–465.

[1984], "The Evolution of the Labor Market for Medical Interns and Residents: A Case Study in Game Theory," *Journal of Political Economy*, 92, 991–1016.

[1986], "On the Non-Transferable Utility Value: A Reply to Aumann," *Econometrica*, 54, 981–984.

[1987], "Bargaining Phenomena and Bargaining Theory," in *Laboratory Experimentation in Economics: Six Points of View*, A. E. Roth, editor, Cambridge University Press, Cambridge, pp. 14–41.

Roth, Alvin E. and Marilda Sotomayor [In press], *Two-Sided Matching: A Study in Game-Theoretic Modelling and Analysis*. Econometric Society Monograph, Cambridge University Press, Cambridge.

Roth, Alvin E. and Robert E. Verrecchia [1979], "The Shapley Value as Applied to Cost Allocation: A Reinterpretation," *Journal of Accounting Research*, 17, 295–303.

Scafuri, Allen J. and Nicholas C. Yannelis [1984], "Non-Symmetric Cardinal Value Allocations," *Econometrica*, 52, 1365–1368.

Scarf, Herbert [1967], "The Core of an N-Person Game," *Econometrica*, 37, 50–69.

[1973], *The Computation of Economic Equilibria*, with the collaboration of Terje Hansen, Yale University Press, New Haven.

Shafer, Wayne J. [1980], "On the Existence and Interpretation of Value Allocations," *Econometrica*, 48, 467–476.

Shapley, Lloyd S. [1953a], "A Value for n-Person Games," in *Contributions to the Theory of Games*, vol. II, H. W. Kuhn and A. W. Tucker, editors, Ann. Math. Studies 28, Princeton University Press, Princeton, New Jersey, pp. 307–317 [reprinted in this volume].

[1953b], *Additive and Non-Additive Set Functions*, Ph. D. thesis, Department of Mathematics, Princeton University.

[1953c], "Open Questions," in *Report of an Informal Conference on the Theory of N-Person Games*, H. W. Kuhn, editor, Princeton University, mimeo.

[1953d] "Quota Solutions of n-Person Games," in *Contributions*

to the *Theory of Games*, vol. Ⅱ, H. W. Kuhn and A. W. Tucker, editors, Ann. Math. Studies 28, Princeton University Press, Princeton, New Jersey, pp. 343–359.

[1953e] "Stochastic Games," *Proceedings of the National Academy of Sciences*, 39, 1095–1100.

[1959a], "The Solutions of a Symmetric Market Game," *Annals of Mathematics Studies*, 40, 145–162.

[1959b], "A Solution Containing an Arbitrary Closed Component," *Annals of Mathematics Studies*, 40, 87–93.

[1961a], *Values of Large Games*, Ⅲ: *A Corporation with Two Large Stockholders*, RM-2650, The Rand Corporation, Santa Monica.

[1961b], *Values of Large Games*, Ⅴ: *An 18-person Market Game*, RM-2860, The Rand Corporation, Santa Monica.

[1962a], "Compound Simple Games. Ⅰ: Solutions of Sums and Products," RM-3192-PR, The Rand Corporation, Santa Monica.

[1962b], "Simple Games: An Outline of the Descriptive Theory," *Behavioral Science*, 7, 59–66.

[1962c], "Values of Games with Infinitely Many Players," in *Recent Advances in Game Theory*, M. Maschler, editor (proceedings of a Princeton University Conference, October 4–6, 1961), Ivy Curtis Press, Philadelphia, Pennsylvania, pp. 113–118. (Also Rand RM-2912.)

[1963], "Compound Simple Games. Ⅱ: Some General Composition Theorems," RM-3643-PR, The Rand Corporation, Santa Monica.

[1964a], "Solutions of Compound Simple Games," *Annals of Mathematics Studies*, 52, 267–305.

[1964b], *Values of Large Games*, Ⅶ: *A General Exchange Economy with Money*, RM-4248, The Rand Corporation, Santa Monica.

[1967a], "On Balanced Sets and Cores," *Naval Research Logistics Quarterly*, 14, 453–460.

[1967b], "On Committees," in *New Methods of Thought and Procedure*, F. Zwicky and A. G. Wilson, editors, Springer, New York, pp. 246–270.

[1969], "Utility Comparison and the Theory of Games," in *La Decision: Aggregation et Dynamique des Ordres de Preference*, Editions du Centre National de la Recherche Scientifique, Paris, pp. 251-263 [reprinted in this volume].

[1971], "Cores of Convex Games," *International Journal of Game Theory*, 1, 11-26.

[1973], "On Balanced Games without Side Payments," in *Mathematical Programming*, T. C. Hu and S. M. Robinson, editors, Academic Press, New York, pp. 261-290.

[1977], "A Comparison of Power Indices and a Nonsymmetric Generalization," Paper P-5872, The Rand Corporation, Santa Monica.

[1983], "Discussant's Comment," in *Joint Cost Allocation*, S. Moriarity, editor, University of Oklahoma Press, Tulsa.

Shapley, Lloyd S. and N. Z. Shapiro [1960], *Values of Large Games, I: A Limit Theorem*, RM-2648, The Rand Corporation, Santa Monica. (Appearing as "Values of Large Games, A Limit Theorem," *Mathematics of Operations Research*, 3, 1978, 1-9.)

Shapley, Lloyd S. and Martin Shubik [1954], "A Method for Evaluating the Distribution of Power in a Committee System," *American Political Science Review*, 48, 787-792 [reprinted in this volume].

[1969a], "On Market Games," *Journal of Economic Theory*, 1, 9-25.

[1969b], "Pure Competition, Coalitional Power, and Fair Division," *International Economic Review*, 10, 337-362.

[1972], "The Assignment Game. I: The Core," *International Journal of Game Theory*, 1, 111-130.

[1974], "Game Theory in Economics—Chapter 4: Preferences and Utility," R-904/4 NSF, The Rand Corporation, Santa Monica.

Shubik, Martin [1959], "Edgeworth Market Games," in *Contributions to the Theory of Games*, vol. IV, Princeton University Press, Princeton, New Jersey, pp. 267-278.

[1962], "Incentives, Decentralized Control, the Assignment of Joint Costs and Internal Pricing," *Management Science*, 325-343.

[1982], *Game Theory in the Social Sciences*, MIT Press, Cambridge.

Thomson, William [in press], "The Manipulability of the Shapley Value," *International Journal of Game Theory*.

von Neumann, John and Oskar Morgenstern [1944], *Theory of Games and Economic Behavior*, Princeton University Press, Princeton, New Jersey.

第1部分
开创性论文

第 2 章　一个 n 人博弈的值*

芬埃德·S. 沙普利

2.1　引言

  博弈论的一个基础性的假设是博弈参与人可以以效用单位来衡量每一个可能成为博弈结果的"前景"(prospect)。在理论的应用尝试中，人们通常会将必须进行某一项博弈纳入这类"前景"。因此，对博弈进行估值的可能性就至关重要。只要理论无法为常见的应用性博弈模型赋值，则只有相对简单的情形——博弈间相互独立——

---

* 根据 *Contributions to the Theory of Games*，vol. 2，eds. H. Kuhn and A. W. Tucker (Princeton：Princeton University Press，1953)，pp. 307-317 重新印刷。该论文的准备工作受到 RAND 公司的部分资助。

才是在分析和求解中可以令人接受的。

在冯·诺依曼和摩根斯坦[1]的有限博弈理论中,博弈估值的困境在"实质性"博弈中是不可避免的。在本章中,我们针对这些"实质性"博弈演绎了一个值,并考察了它的一些基本性质。我们从三个可以以简单的直觉来理解的公理开始,这足以确定博弈的唯一值。

我们的这一研究尽管在数理上是独立的,但仍然建立于冯·诺依曼和摩根斯坦所提出的特征方程这一概念的基础上。因此,我们继承了一些关键性的假设:(a)效用是客观且可以转移的;(b)博弈是合作性的;(c)给定(a)和(b),博弈可以恰当地由它们的特征方程来表示。然而,我们的分析并没有采用冯·诺依曼-摩根斯坦的"解"所包含的理性行为假设。

我们将"博弈"视为一个明确参与人博弈位置的规则的集合。这些规则描述了我们所谓的"抽象博弈"(abstract game)。[2] 抽象博弈是在博弈中的不同"角色"(role)间展开的——如"交易人"或"客队"——而不是表面上的参与人。博弈理论主要针对抽象博弈而展开。这一特质使我们可以在认为博弈值只和其抽象性质有关的基础上展开论述。(见下文的公理2.1。)

2.2 定义

令U表示参与人的全集,并将博弈定义为任意的一个从U的子集到实数的超可加集合函数v。因此:

$$v(O) = 0 \tag{2.1}$$

$$v(S) \geq v(S \cap T) + v(S - T) \quad \text{(对于所有} S, T \subseteq U\text{)} \tag{2.2}$$

而博弈的载体(carrier)是任意集合$N \subseteq U$,并使得

$$v(S) = v(N \cap S) \quad \text{(对于所有} S \subseteq U\text{)} \tag{2.3}$$

任意一个v的载体的扩展集都是v的载体。载体的用途在于使我们不必像通常那样根据参与人的数量来划分博弈类型。任意一个载体之外的参与人对博弈都没有直接的影响,因为他们对任何联盟都没有贡献。我们的研究只局限于拥有有限载体的博弈。

两个博弈的加总["叠加"(superposition)]仍然是一个博弈。直

觉上来说，如果两个博弈有独立的规则，但可能存在参与人上的交集，则当我们将这两个博弈视为一个博弈时，就能得到这一加总后的博弈。如果这些博弈恰好都有分离的（disjunct）载体，则它们的加总是它们的"复合"（composition）。[3]

令 $\Pi(U)$ 表示 U 的排列组合的集合，即从 U 到 U 的一对一的映射。如果 $\pi \in \Pi(U)$，则在将 S 在 π 下的象表述为 πS 的基础上，我们可以将函数 πv 定义为：

$$\pi v(\pi S) = v(S) \quad （对于所有 S \subseteq U） \tag{2.4}$$

如果 v 是一个博弈，则该类博弈 πv，$\pi \in \Pi(U)$，可以被视为对应于 v 的"抽象博弈"。与复合不同，博弈的加总无法拓展至抽象博弈。

博弈 v 的值 $\phi[v]$ 是为 U 中每个 i 赋予一个实数 $\phi_i[v]$ 并符合下文各项公理的函数。该博弈的值将给出一个可加的集合函数［一个非实质性的博弈（inessential game）］$\bar{v}$ 以取代超可加函数 v：

$$\bar{v}(S) = \sum_S \phi_i[v] \quad （对于所有 S \subseteq U） \tag{2.5}$$

公理 2.1 对于每个 $\Pi(U)$ 中的 π，

$$\phi_{\pi i}[\pi v] = \phi_i[v]$$

公理 2.2 对于 v 的每个载体 N，

$$\sum_N \phi_i[v] = v(N)$$

公理 2.3 对于任意两个博弈 v 和 w，

$$\phi[v+w] = \phi[v] + \phi[w]$$

评论：第一个公理（"对称性"）指出，博弈的值本质上是抽象博弈的一个性质。第二个公理（"效率性"）则表明博弈的值体现了博弈全部结果的分布。这排除了诸如 $\phi_i[v] = v((i))$，即参与人悲观地认为其他所有参与人联合起来对付他的情形。第三个公理（"加总法则"）则表明，当两个独立的博弈结合到一起时，它们的值必须在参与人中依次加总。这些公理是将赋值方法应用于互相依存的博弈系统的必要前提。

值得注意的是，博弈值的唯一性不再需要除上述公理外的其他条件来确定。[4]

2.3 确定值函数

引理 2.1 如果 N 是 v 的一个有限载体，则对于 $i \notin N$，

$$\phi_i[v] = 0$$

证明：令 $i \notin N$。N 和 $N \bigcup (i)$ 都是 v 的载体；$v(N) = v(N \bigcup (i))$。因此，由公理 2.2 可知 $\phi_i[v] = 0$。

我们先考虑对称博弈。对于任意 $R \subseteq U, R \neq 0$，定义 v_R：

$$v_R(S) = \begin{cases} 1 & \text{如果 } S \supseteq R \\ 0 & \text{如果 } S \not\supseteq R \end{cases} \tag{2.6}$$

对于任意非负常数 c，函数 cv_R 是一个博弈，而 R 是一个载体。

在下文中，我们将用 $r, s, n, \cdots$ 来表示 $R, S, N, \cdots$ 中的元素数量。

引理 2.2 对于 $c \geq 0, 0 < r < \infty$，我们有

$$\phi_i[cv_R] = \begin{cases} c/r & \text{如果 } i \in R \\ 0 & \text{如果 } i \notin R \end{cases}$$

证明：取 R 中的 i 和 j，并选择 $\pi \in \Pi(U)$ 以使得 $\pi R = R$，$\pi i = j$。这样就有 $\pi v_R = v_R$。而由公理 2.1 可知，

$$\phi_j[cv_R] = \phi_i[cv_R]$$

而由公理 2.2 可得，对于任意 $i \in R$，

$$c = cv_R(R) = \sum_{j \in R} \phi_j[cv_R] = c\phi_i[cv_R]$$

在引理 2.1 的基础上可以进一步完成证明。

引理 2.3[5] 任意拥有有限载体的博弈都是对称博弈 v_R 的线性组合：

$$v = \sum_{\substack{R \subseteq N \\ R \neq 0}} c_R(v) v_R \tag{2.7}$$

N 是 v 的有限载体。系数都与 N 无关，并且都满足

$$c_R(v) = \sum_{T \subseteq R} (-1)^{r-t} v(T) \quad (0 < r < \infty) \tag{2.8}$$

证明：我们必须证明：

$$v(S) = \sum_{\substack{R \subseteq N \\ R \neq 0}} c_R(v) v_R(S) \tag{2.9}$$

对所有 $S \subseteq U$ 和任意 v 的有限载体 N 都成立。如果 $S \subseteq N$，则由式 (2.6) 和式 (2.8) 可以将式 (2.9) 写为：

$$v(S) = \sum_{R \subseteq S} \sum_{T \subseteq R} (-1)^{r-t} v(T) = \sum_{T \subseteq S} \left[\sum_{r=t}^{s} (-1)^{r-t} \binom{s-t}{r-t} \right] v(T)$$

只要不是 $s = t$，中括号中的部分将被消去，故我们将得到 $v(S) = v(S)$。通常，由式 (2.3) 可以得到：

$$v(S) = v(N \cap S) = \sum_{R \subseteq N} c_R(v) v_R(N \cap S) = \sum_{R \subseteq N} c_R(v) v_R(S)$$

证毕。

评论：很容易证明如果 R 不在 v 的每一个载体中，则 $c_R(v) = 0$。

由公理 2.3 很容易得到一个推论：如果 v、w 和 $v-w$ 都是博弈，则 $\phi[v-w] = \phi[v] - \phi[w]$。因此，我们可以通过引理 2.2 和引理 2.3 得到公式：

$$\phi_i[v] = \sum_{\substack{R \subseteq N \\ R \ni i}} c_r(v)/r \quad (\text{所有 } i \in N) \tag{2.10}$$

将式 (2.8) 代入并化简可得：

$$\phi_i[v] = \sum_{\substack{S \subseteq N \\ S \ni i}} \frac{(s-1)!(n-s)!}{n!} v(S) - \sum_{\substack{S \subseteq N \\ S \not\ni i}} \frac{s!(n-s-1)!}{n!} v(S)$$

（所有 $i \in N$） \hfill (2.11)

通过引入

$$\gamma_n(s) = (s-1)!(n-s)!/n! \tag{2.12}$$

我们可以进一步得到如下定理：

定理 对于具有有限载体的博弈，满足公理 2.1～公理 2.3 的值函数 ϕ 存在且唯一；这一函数的表达式为：

$$\phi_i[v] = \sum_{S \subseteq N} \gamma_n(s)[v(S) - v(S-(i))] \quad (\text{所有 } i \in U) \tag{2.13}$$

其中，N 是 v 的任意有限载体。

证明：式（2.13）是在式（2.11）、式（2.12）和引理 2.1 的基础上得到的。注意到式（2.13）和式（2.10）一样，其成立并不依赖于特定有限载体 N；因此，定理中的 ϕ 得到了很好的界定。从其导出过程可以发现，它是唯一能够满足公理 2.1~公理 2.3 的值函数，而通过引理 2.3 可以很容易证明该函数的确满足各公理。

2.4 值的基本性质

推论 1 我们有

$$\phi_i[v] \geqslant v((i)) \quad (\text{所有 } i \in U) \tag{2.14}$$

其中，等号当且仅当 i 是一个虚拟参与人时成立，即当且仅当

$$v(S) = v(S-(i)) + v((i)) \quad (\text{所有 } S \ni i) \tag{2.15}$$

证明：对于任意 $i \in U$，我们取 $N \ni i$，并由式（2.2）得到：

$$\phi_i[v] \geqslant \sum_{\substack{S \subseteq N \\ S \ni i}} \gamma_n(s) v((i))$$

其中，等号仅在式（2.15）成立时成立，因为没有任意一个 $\gamma_n(s)$ 可以被消掉。为完成证明只需注意到：

$$\sum_{\substack{S \subseteq N \\ S \ni i}} \gamma_n(s) = \sum_{s=1}^{n} \binom{n-1}{s-1} \gamma_n(s) = \sum_{s=1}^{n} \frac{1}{n} = 1 \tag{2.16}$$

在本章中，只有这一推论需要建立在函数 v 的超可加性上。

推论 2 如果 v 是可分解的，即如果拥有成对的分离载体 $N^{(1)}$，$N^{(2)}$，…，$N^{(p)}$ 的博弈 $w^{(1)}$，$w^{(2)}$，…，$w^{(p)}$ 存在，并满足：

$$v = \sum_{k=1}^{p} w^{(k)}$$

则对于每一个 $k = 1, 2, \cdots, p$，

$$\phi_i[v] = \phi_i[w^{(k)}] \qquad (\text{所有 } i \in N^{(k)})$$

证明：由公理 2.3 可得。

推论 3 如果 v 和 w 是策略等价的，即

$$w = cv + \bar{a} \tag{2.17}$$

c 为正常数，$\bar{a}$ 为具备有限载体[6] 的 U 上的可加集合函数，则

$$\phi_i[w] = c\phi_i[v] + \bar{a}((i)) \qquad (\text{所有 } i \in U)$$

证明：在公理 2.3 的基础上，将引理 2.1 应用于非实质性博弈 $\bar{a}$，并利用式（2.13）是 v 的线性单调函数这一性质即可完成证明。

推论 4 如果 v 是常和博弈，即

$$v(S) + v(U - S) = v(U) \qquad (\text{所有 } S \subseteq U) \tag{2.18}$$

则它的值满足如下公式：

$$\phi_i[v] = 2\Big[\sum_{\substack{S \subseteq N \\ S \ni i}} \gamma_n(s) v(S)\Big] - v(N) \qquad (\text{所有 } i \in N)$$

其中，N 是 v 的任意有限载体。

证明：对于 $i \in N$，有

$$\phi_i[v] = \sum_{\substack{S \subseteq N \\ S \ni i}} \gamma_n(s) v(S) - \sum_{\substack{T \subseteq N \\ T \not\ni i}} \gamma_n(t+1) v(T)$$

$$= \sum_{\substack{S \subseteq N \\ S \ni i}} \gamma_n(s) v(S) - \sum_{\substack{S \subseteq N \\ S \ni i}} \gamma_n(n-s+1)[v(N) - v(S)]$$

但 $\gamma_n(n-s+1) = \gamma_n(s)$。因此，在式（2.16）和式（2.18）的基础上可以完成证明。

2.5 例子

如果 N 是 v 的一个有限载体，令 A 表示满足如下条件的 n 维向量 (α_i) 的集合：

$$\sum_N \alpha_i = v(N), \ \alpha_i \geq v((i)) \qquad (\text{所有 } i \in N)$$

如果 v 是非实质性博弈，则 A 是一个点；否则 A 是一个 $n-1$ 维的

正则单纯形。根据公理2.2和推论2.1，博弈 v 的值可以视为 A 中的一个点 ϕ。令 θ 表示 A 的矩心：

$$\theta_i = v((i)) + \frac{1}{n}[v(N) - \sum_{j \in N} v((j))]$$

例2.1 对于双人博弈、三人常和博弈以及非实质性博弈，有

$$\phi = \theta \tag{2.20}$$

这一性质对任意对称博弈，即在 N 的排列组合的传递群下保持不变的博弈，也都成立。并且，更为一般的是，对与对称博弈在策略上等价的博弈也都是适用的。这些结论来自对称性，并且并不依赖于公理2.3。

例2.2 对一般性的三人博弈，ϕ 在 A 中所占据的位置覆盖了一个正六边形。这个正六边形与每个一维面相切于中点位置（见下图）。后者是包含一个虚拟博弈参与人的可分解博弈。

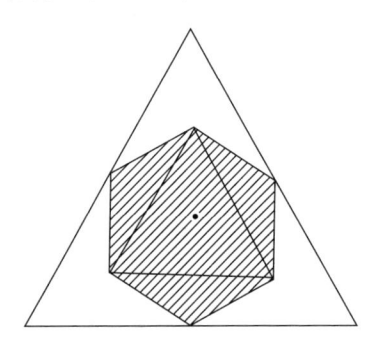

例2.3 配额博弈（quota game）[7] 的特征是存在满足如下条件的常数 ω_i

$$\omega_i + \omega_j = v(i,j) \quad (\text{所有 } i,j \in N, i \neq j)$$
$$\sum_N \omega_i = v(N)$$

对于 $N=3$，有

$$\phi - \theta = \frac{\omega - \theta}{2} \tag{2.21}$$

由于 ω 可以在 A 中的任意一个位置上，ϕ 的覆盖范围是一个三角形，内接在前一个例子中的六边形内（参见上面的图形）。

例2.4 所有的四人常和博弈都是配额博弈。对于这些博弈都有

$$\phi - \theta = \frac{\omega - \theta}{3} \tag{2.22}$$

配额 ω 所在的范围是一个包含 A 的立方体[8]，而值 ϕ 则覆盖了一个平行的内接立方体，并与 A 在每一个二维面的中点上相切。在更高维度的配额博弈中，ϕ 和 ω 并没有如此直接的关联。

例 2.5 加权多数博弈（weighted majority game）[9] 的特征是存在使等式 $\sum_S w_i = \sum_{N-S} w_i$ 始终不成立的权重 w_i，并使得

$$v(S) = n - s, \text{如果} \sum_S w_i > \sum_{N-S} w_i$$

$$v(S) = -s, \text{如果} \sum_S w_i < \sum_{N-S} w_i$$

这个博弈将以符号 $[w_1, w_2, \cdots, w_n]$ 来表示。很容易证明在任意加权多数博弈 $[w_1, w_2, \cdots, w_n]$ 中：

$$\text{由 } \phi_i < \phi_j \text{ 可得到 } w_i < w_j \quad (\text{所有 } i, j \in N) \tag{2.23}$$

因此，"权重"和"值"将参与人按相同的顺序排序。

在特定的博弈中，可以很容易地计算值。例如，对于博弈 $[1, 1, \cdots, 1, n-2]$[10]，有

$$\phi = \frac{n-3}{n-1}(-1, -1, \cdots, -1, n-1)$$

而对于博弈 $[2, 2, 2, 1, 1, 1]$[11]，有

$$\phi = \frac{2}{5}(1, 1, 1, -1, -1, -1)$$

依此类推。

2.6 推导一个讨价还价模型的值

之前的演绎分析方法没能给出一个能够得到博弈值的讨价还价过程。我们以对这一谈判过程的描述作为本章的总结。在忽略参与人的社会组织的基础上，我们模型的形式为最好将博弈值视为一种博弈情形的事前评价提供了支撑。

组成一个有限载体 N 的参与人同意在一个大联盟（grand coalition)里参与博弈 v。这个联盟按如下方式形成:(1)从一个单独的成员开始,每次加入一个新的参与人直到每个人都被允许进入。(2)参与人加入的顺序以相同的概率随机决定。(3)每个参与人,当其被允许进入时,将被承诺以他对联盟价值的贡献作为其支付(由函数 v 决定)。该大联盟成立后将"有效率地"进行博弈以便获得 $v(N)$:刚好足够实现其所承诺要做出的支付。

这一联盟博弈下的期望值是很容易得到的。令 $T^{(i)}$ 为在 i 之前的参与人的集合。对于任意 $S \ni i$,如果 $S-(i)=T^{(i)}$,则他获得的支付为 $v(S)-v(S-(i))$,而这一偶然事件出现的概率为 $\gamma_n(s)$。因此,对 i 的整体预期刚好是他的博弈值,即式(2.13),正如我们想要展示的那样。

注释

[1] 参见本章末的参考文献 von Neumann 和 Morgenstern(1947)。不存在值的无限博弈的例子可以参见 Kuhn 和 Tucker(1950),pp. 58-59,以及 Borel 和 Ville(1938),p. 110。还可以参见 Kuhn 和 Tuker(1950),pp. 152-153。

[2] 在对称性问题上人们发现了一个例外[例如,参见 Kuhn 和 Tucker(1950),pp. 81-83],其中,参与人的角色必须得到区分。

[3] 参见 von Neumann 和 Morgenstern(1947),第 26.7.2 节和第 41.3 节。

[4] 适合作为公理的三个对值的性质的进一步描述将在引理 2.1、推论 2.1 和推论 2.3 中进行论证。

[5] 该引理的使用来自 H. 罗杰斯(H. Rogers)的建议。

[6] 这就是麦肯锡的"S 等价"[参见 Kuhn 和 Tucker(1950),p. 120]。这个概念比冯·诺依曼和摩根斯坦的"策略等价"[von Neumann 和 Morgenstern(1947),第 27.1 节]要更宽泛。

[7] 在 Shapley(1950)中得到了讨论。

[8] 在 Shapley(1950)的图 1(p. 353)得到了展示。

[9] 参见 von Neumann 和 Morgenstern(1947),第 50.1 节。

[10] von Neumann 和 Morgenstern(1947)的第 55 节以大量篇幅

进行了讨论。

[11] von Neumann 和 Morgenstern（1947）的第 53.2.2 节对此进行了讨论。

参考文献

Borel, E. and Ville, J., "Applications aux jeux de hasard," *Traité du Calcul des Probabilités et de ses Applications*, vol. 4, part 2 (Paris, Gauthier-Villars, 1938).

Kuhn, H. W. and Tucker, A. W., eds., *Contributions to the Theory of Games* (Annals of Mathematics Study No. 24), Princeton, 1950.

von Neumann, J. and Morgenstern, O., *Theory of Games and Economic Behavior*, Princeton 1944, 2nd ed. 1947.

Shapley, L. S., "Quota solutions of n-person games," in H. W. Kuhn and A. W. Tucker, eds., *Contributions to the Theory of Games*, vol. II (Annals of Mathematics Study No. 28), Princeton, 1950, pp. 343–359.

第3章　一种评价委员会系统权力分布的方法[*]

劳埃德·S.沙普利和马丁·舒比克

在本章中，我们提出了一种对立法或委员会系统中各种主体和成员权力分布的事前评价方法。这一方法以博弈论中应用于"简单博弈"和"加权多数博弈"[1] 的数学分析技术为基础。我们将这一方法应用于包括美国国会在内的若干说明性的案例，并正式讨论了它的一些性质。

立法主体的规模和类型上的设计可能需要持续数年，其间需要进行多次修订和改进，以便反映出一国社会结构的变化。我们可以以英国的上议院为例。一次修订所产生的效果，通常只能就最粗糙的部分提前进行评价，精准的评估是无法实现的；

---

[*] 根据 *The American Political Science Review* 48（1954），pp. 787-789 重印。

很有可能投票的数学结构隐藏了修订者无法预见的和不希望出现的权力分布偏差。那么，人们应该如何预计所提出的制度体系将为少数人的利益提供多大程度的保护？是否能够找到"公平代表"（fair representation）的一致性标准？[2] 如果不事先进行演绎，我们甚至很难描述诸如美国国会内的双重代表体系（例如，代表各州和代表全体居民）的净效应。我们在本章中所提出的测量"权力"的方法，旨在成为解决这些问题的第一步。

我们对一个个体成员权力的定义取决于他有多大机会能对获胜联盟的成功起关键性作用。例如，很容易发现，在一个包含偶数个成员（包括委员会主席在内）的委员会中，如果委员会主席只是在需要打破平衡时才能进行投票，则他实际上没有权力。当然，他也可能很有威望，以至在某些人缺席的情形下参与投票。然而，在对委员会的抽象分析模型中，他没有任何权力。如果委员会的成员数量是奇数，则他拥有与其他成员相同的权力，因为他的投票具有"关键性"意义——使一个可能失败的方案获胜——的次数与其他成员一样。当然，他可能不会像其他人那样频繁地投票，但其他人的投票大多可能无法必然使得某提案获胜（尽管就公开性或其他目的而言，这些投票是有益的）。如果一个联盟拥有多数投票，那么获取多余的投票就不会改变结果。对于任何投票情形，只有最小获胜联盟是必要的。

如果粗略地以经济学术语进行表述，则上述分析意味着如果参议院的投票都可以出售，则可能值得去购买其中的 49 票，但第 50 票的市场价值是 0。在许多公司中，有可能通过购买普通股的方式来购买选票。如果投票规则是简单多数原则，那么在已经得到比 50% 多出 1 票的基础上，没有任何值得进一步获取的权力。[3]

让我们考虑如下方案：有一群人愿意就某法案进行投票。他们依次进行投票。一旦该法案获得多数票[4]，它就将被通过，而最后一个投票的人将获得通过这一法案的荣誉。让我们随机地排列投票的顺序。这样，我们就能够计算出每个个体属于有效投票组的频率，并且更重要的是，我们能计算出他成为关键投票人的频率。这最后的一个计算结果给我们提供了一个指数。该指数衡量了一个个体对投票结果产生实质性影响的次数。这一正式投票方案的一个结果是，如果每个投票人都有相同数量的选票，且有 n 个人参与投票，则他们每个人都将拥有 $1/n$ 的权力。如果他们拥有的投票数量不同（就像公司的股东），结果会更复杂。根据我们所提出的指标，更多的投票意味着更多的权力，但不意味着就能获得相应比例的权力份额（参见下文）。

当然，现实的投票表决程序通常会与上文的讨论有重大差异。对上面提出的"投票"的正式方案的更好理解是将它视为支持法案的声明；随机性的投票顺序则可以理解为不同成员的相对支持度的一个反映，而最拥护这一法案的人将首先"投票"。关键性投票人是保证这一法案通过所必须获得的最后一个支持者。

从上述角度分析一个委员会主席在打破投票平衡上的作用，使我们发现在一个奇数委员会中，他处于关键地位的次数与其他成员一样多，但在一个偶数委员会中，他永远不可能处于关键地位。然而，当成员数量很多时，有时最好调整对这种正式投票机制的严格解释，并采用如下表述：参与投票的成员数为奇数和偶数的可能性是几乎相当的。在此基础上，委员会主席拥有的权力将是其他成员一半。因此，在美国参议院中，总统的权力指数严格等于 1/97。而在修正的表述中则等于 1/193。（然而，当我们假设决议的形成要求 2/3 多数通过时，这一权力指数将始终是 0，因为投票平衡永远不可能出现。）近期的历史显示"严格"模型可能更接近现实：在现在的参议院中（1953—1954 年），由于 96 是一个偶数，副总统在打破投票平衡上的权力是关键的影响因素。然而，在通过一般性法规时，即使是对很关键问题的投票，全员出席也是很少见的。在这种情况下，修正后的模型表述可能是更为恰当的。

对于国会这个主体，我们必须考察其中影响立法结果的三个独立机构。在总统参与时，参议院和众议院以简单多数规则来通过法案；而在总统不参与时，则采用 2/3 多数规则。我们假设所有成员都参与投票，并考察每一种可能的投票[5]顺序。在每一个投票顺序中，我们都可以观察到在简单多数规则中，来自参议院、众议院和总统中的关键投票人所处的相对位置。同样地，也能观察到在 2/3 多数规则中，来自参议院和众议院的关键投票人所处的相对位置。这五个关键投票人中的某一个将在整个投票中起决定性作用，而这个个体具体是谁，取决于他们出现的顺序。例如，如果总统出现于两个简单多数规则下的关键投票人之后，但至少排在一个 2/3 多数规则下的关键投票人之前，则他对于法案的通过起关键性作用。如果我们考虑所有可能的投票排序（共有 533 人参与），这种情形出现的频率非常接近于 1/6。这是总统的权力指数。(这种指数的计算非常复杂,因此我们不在这里给出具体的计算过程。)众议院和参议院作为一个整体所拥有的权力指数则均近似等于5/12。除总统外,每一类议员将在他们之间平分这些份额。而在我们修正后的模型表述中,总统所得到的权力指数大约是普通投票人的30%,而在严格机制中则大约是60%。简单来说,参议院、众议院和总统的权力指数比例大约是5∶5∶2。而单个众议员、单个参议员和总统之间的权力指数比例为2∶9∶350。

在像我们刚刚所讨论的这类多院制(multicameral)投票体制中,很明显否决一个法案要比通过它容易。[6] 参议员所构成的联盟只要拥有足够数量的成员,就能够阻止任何法案通过。但他们无法单纯依靠自己的力量来通过一个法案。这意味着我们的分析到目前为止是不完整的——我们需要一个"阻塞权力"(blocking power)指数来对我们已经定义的权力指数进行补充。我们可以像之前那样建立一个正式投票机制,即将个体按所有可能的顺序排列,并假设他们都投否决票。在每一个排序中,挑出使法案无法通过的关键个体,并给予其阻塞法案通过的信誉。每个人的"阻塞权力"指数将等于其作为"阻塞人"的相对次数。

我们所定义的新指数与我们之前所定义的权力指数完全相等。我们甚至可以做出一个更强的判断:任何在委员会系统成员间分配权力的投票机制要么最终形成我们之前所定义的权力指数,要么在逻辑上是不一致的。对这一判断的证明,或者是更准确的模型化表述将过分涉及数学符号上的象征主义,而这不是本章的研究目的。[7] 但我们可以认为我们所使用的分析机制(将个体按所有可能的顺序排列等)是一个非常方便的概念性工具;由此所得到的权力指数并不取决于特定的投票制度,而是体现了委员会体制本身的基本特征。

我们现在可以来总结权力指数的一些一般性的性质。在纯粹的采用简单多数规则的两院制(bicameral)体系中,两院各有50%的权力(就像其所表现出来的那样),而这与相对规模无关。如果有超过两个院,则权力和规模之间呈现出反向变化关系。为了说明这一点,假设国会不存在获得2/3票数就能推翻总统投票的条款。而这就使我们得到一个纯粹的三院制系统,其中每院人数分别为1、97和435。总统所获得的权力指数略微低于50%,而参议院和众议院的值则近似等于25%,并且众议院的值要略小。这一例子所涉及的计算非常复杂,因为涉及的成员数目众多。一个更加简单的例子是假设每院的规模分别为 1、3 和 5。在此基础上，权力分布的比重为 32∶27∶25。本章的末尾给出了这一结果的计算过程。

在多院制体制中，权力的分布还取决于通过法案所需要遵循的多数规则。在某个议院中提高多数票所需要达到的标准（从一半提高到三分之二），可以增大它的相对权力。[8] 在所有各个议院中同时提高多数票的标准，会削弱规模较小的议院的权力，提高规模较大的议院的权力。在所有各个议院都必须遵循一致同意原则这一极端情况下，整个立法体系中的每一个人都有关键性的一票，而且每个人拥有的权力都是对等的。因此，每个议院的权力指数与它的规模成比例。

我们可以进一步通过一个包含一个州长和一个委员会的投票体制来考察这一效应。一个法案的通过必须获得州长和部分委员会成员的同意。假设一开始委员会必须遵循一致同意原则，则州长并不比委员会成员拥有更多权力。如果委员会成员数为 N，则这种两院制的权力分配比例是 $1∶N$。如果采用的是简单多数原则，则州长和委员会之间的权力比例变成 $1∶1$，即州长的权力是委员会成员的 N 倍。现在假设法案的通过只需要一个委员会成员的支持。这意味着每个委员会成员发挥关键性作用的可能性是极小的。事实上，权力指数比例将变为 $N∶1$，对州长更为有利。[9] 如果投票可以交易，则在我们的预期中，州长的投票价格将是每一个委员会成员投票价格的 N^2 倍。

我们还可以给出一些其他权力分布的例子。这些权力指数揭示了联合国安全理事会的投票权的实质。这个委员会由 11 个成员组成，其中 5 个有否决权。为了使一个重大决策得以通过，必须至少有 7 票赞成，且没有反对票。依据我们的权力指数，拥有投票权的 5 个成员拥有 76/77，或者说 98.7% 的权力，而其他的 6 个成员拥有 1/77，或 1.3% 的权力。每个拥有否决权的成员和每个只有投票权的成员相比，拥有超过 90∶1 的优势。

通常，保持对一个公司的控制只需要一个很小比例的股权。拥有实际权力的股东团体通常能够召集足够多的代理人来维持它的地位。即使不是这样，股东的权力与他们持有的股票之间也不存在一个直接的比例关系，但通常都会偏向于对大股东更为有利。考虑一个股东拥有 40% 的股份，而其他 600 个人分享剩余股份，每人各占 0.1% 股份的情况。大股东的权力指数是 66.6%，而每个小股东的权力指数甚至小于0.06%。400∶1的股份持有上的优势产生了超过1 000∶1的权力分配结果。[10]

之前我们看到的是一个"加权多数博弈"的例子。在下一个例子中，我们考虑一个包含5个成员的委员会，其中有1个人可以比其他人多进行2次投票。如果实施的是简单多数规则（7票中至少获得4票），拥有多个投票权的个体获得60%的权力，而其余个体每人得到10%的权力。为了说明这一点，注意到如果我们随机排列投票顺序，则能多次投票的董事可能处于5个不同的位置上，而其中的3个对于投票结果能产生至关重要的影响。因此他的权力指数等于3/5。（类似地，在前一个例子里，我们能计算出大股东在601种可能投票位置上，起到关键作用的次数有400次。）

在上述例子里，我们没有考虑任何立法体系或政策委员会中通常都会存在的社会或政治上层建筑。这些例子并不是为了展示我们当前所处的"现实世界"。希望能将现实决策主体所面对的所有习俗和程序的细节都反映在这些例子中将是非常愚蠢的。尽管如此，在制定规范或标准的过程中，这种权力指数的计算方法将是非常有用的，而对这些规范或标准的偏离则可以用来度量诸如政治团结（political solidarity）或者区域或社会派性（regional or sociological factionalism）。为了实现这一点，我们需要一个经验性的权力指数，以便与理论上的指数进行对比。一种可能的选择是个体投票的记录。如果他属于投票失败方，则无法获得得分。如果有 n 个人与他一起投票，且他属于获胜的一方，那么他将以他处于关键位置的概率（或者在否决某一提案时处于阻塞人的位置），即 $1/(n+1)$ 获得相应的奖励。他的这一概率随后在所有投票上进行平均。可以证明的是，与惯例相比，这种度量方法将对处于极端团体间并拥有"平衡权力"的个体赋予更多的权重。例如，考虑一个由9个人组成的委员会。其中有2个各由4人所组成的小团体，且这两个团体总是相互否定对方的提案。这样，剩余的那个不加入任何小团体的成员将始终处于获胜的一方，并且将拥有可以观察到的1/5的权力指数，而理论上的权力指数值则为1/9。

应用上述度量方法的一个困难在于如何对不同的事件赋予正确的权重。在所有投票上按相等的权重进行平均显然是不合适的，因为投票所涉及的问题往往在重要性上有很大的差异。在一个多院制的立法系统（或者任何更加复杂的体系）中，许多重要事项的决定可能无法将每个成员的投票选择记录在案。在现实中，直接应用这种度量方法还将存在很多其他困难。但权力指数却能就议院和政策制定委员会设计的基本问题提供有益的信息。

附录

在三院制的立法体系中，如果三个议院的成员数分别为 1、3 和 5，则权力分布的计算过程如下：

以 X、O 和 φ 表示三个议院的成员，并假设有 5 个 X、3 个 O 和 1 个 φ 且这 9 个成员的顺序是随机排列的。这样，所有成员共有 504 种可能的排序。在下面的图中，( ) 中的数字显示了排在某个对投票结果起关键影响的成员（以星号标注）之前的其他成员的排列组合的数量，[ ] 中的数字显示了在该成员之后的所有其他成员的排列组合总数。图中的点表示三个议院中对投票结果有关键影响的议院。

```
O Ȯ O X X φ̇ Ẋ X X              O Ȯ O X X Ẋ X X φ̇
     (60)    *  [1] ⎫                 (56)        *
                    ⎬ X 有
O Ȯ X X φ̇ Ẋ O X              O Ȯ O X X X X φ̇ X
     (30)  *   [3] ⎭ 150 种             (35)      *  [1]

O X X Ẋ X X φ̇ Ȯ O              O Ȯ X Ẋ X X φ̇ X X
     (42)        * [1]⎫                 (20)      *  [1] ⎫
                      ⎬                                   ⎬ φ 有
O X X φ̇ Ȯ O X                 O Ȯ X Ẋ X X φ̇ O        192 种
   (30)  *  [2] ⎬ O 有                (21)       *  [1]
                ⎬ 162 种
O X X Ẋ φ̇ Ȯ O O X              O Ȯ X X Ẋ φ̇ O X
   (20)      *    [3]⎭               (15)     *  [2]

                                O Ȯ X X Ẋ φ̇ O X X
                                     (12)    *    [3]
```

三个议院所获得的权力指数分别为 192/504、162/504 和 150/504，因此相对的比例为 32∶27∶25，而最小的议院获得最多的权力。每个成员的权力分配比例则为 32∶9∶9∶9∶5∶5∶5∶5∶5。

注释

[1] 参见 J. von Neumann and O. Morgenstern, *Theory of Games*

and Economic Behavior（Princeton，1944，1947，1953），pp. 420 ff。

[2] 参见 K. J. Arrow，*Social Choice and Individual Values*（New York，1951），p.7。

[3] 对股权博弈中某些因素的简单讨论可以参见 H. G. Gothman and H. E. Dougall，*Corporate Financial Policy*（New York，1948），pp. 56-61。

[4] 更一般的是一个最小获胜联盟。

[5] 正如之前所正式描述的那样。

[6] 这一表述可以很容易地转变为数值形式，以便能够对立法机构的"效率"进行定量描述。

[7] 数学公式和证明参见 L. S. Shapley, "A Value for N-Person Games," *Annals of Mathematics Study No. 28*（Princeton，1953），pp. 307-317。简单地说，任何其他替代性的归属机制都将要么与对称性（在给定的规则下，对等位置上的成员有对等的权力指数）相冲突，要么与可加性（包含两个严格独立的政党的委员会系统中的权力分配应当与分别对这两个政党进行评价所得到的权力分配一样）相冲突。

[8] 作为一个一般性的规则，如果一个委员会系统（在该系统中，要求所有组成部分一致同意）的一个组成部分变得不那么"有效"——即更容易受到阻塞策略的影响——那么它占整个权力的比重将增加。

[9] 在一般情况下，这个比例是 $N-M+1:M$，其中 M 表示使提案获得通过的议员人数。

[10] 如果存在两个或更多的大型利益集团，则权力分配与大型利益集团规模之间的关系将更加复杂。然而，一般来说，小股东的利益将比之前有所改善。如果存在两个规模相同的大型利益集团，则从单位股份的权力来看，小股东比大股东更有优势。这意味着这种情形是相当不稳定的。

第 2 部分
重构与一般性拓展

第 4 章　博弈的期望效用

阿尔文·E. 罗斯

4.1　引言

本章将介绍如何将沙普利值解释为一个期望效用函数、这种解释的影响，以及基于反映不同偏好的效用函数所产生的其他值函数。

这些问题在我教授一门研究生博弈论课程时凸显了出来。我介绍了效用理论这一可以被用于充分刻画常规个体偏好的方法，并讨论了在何种情形下效用函数是有意义的。然而，在此之后，我发现虽然沙普利1953年的论文指出沙普利值可以被理解为一个效用函数，但很难解释在何种情形下沙普利值是有意义的。为了清晰地描述这一问题，简要地对效用函数的常见性质进行梳理将是非常有益的。

首先，效用函数代表着偏好，因此效用函数在具有不同偏好的个体之间将是有所差异的。当偏好的测量同时包含了有风险和无风险层面时，在无风险状态下拥有相同偏好的个体在面对风险时可能有不同偏好，进而有不同的期望效用函数。

其次，在设定效用函数时，具体的函数形式的选择可以是多种的，因此，一个个体的效用函数所包含的信息实际上可以通过与之在偏好性质上等价的一类函数来体现。如果是在无风险的情形下定义偏好，且不考虑偏好的相对强度大小，那么与一个特定效用函数 u 所等价的那类效用函数是 u 的所有单调变换。如果偏好的定义同时还考虑了有风险的情形，那么与 u 所等价的效用函数包括 u 的所有正的线性变换。在期望效用函数中，（唯一）可以任意选择的是原点和单位。

从效用函数的角度来说，对偏好所进行的一个有意义的表述必须对所有等价的效用函数都成立。（从这个意义上来说，水的沸点是其冰点的六至七倍不是一个有意义的表述：这个表述在华氏温度下是成立的，但将其转化为摄氏温度后则不成立。）类似地，因为不同个体的期望效用函数有不同的原点和单位，它们之间是无法进行比较的。例如，它们之间相加没有实际意义。也就是说，即使一个结果最大化了博弈参与人的效用之和，我们从中也无法得到偏好的任何信息：如果有一个参与人的效用乘以了 100（这种变换得到的是对这一参与人偏好的等价表述），那么原先最大化参与人效用和的结果通常就无法继续取得最大值。[1]

沙普利值最初的推导直接基于值函数而展开，这与效用函数的导出并没有相似之处。因此，在沙普利值与偏好之间并不存在清晰的联系。因此，我们可以很自然地提出如下问题。

(1) 如果沙普利值能被理解为效用，为什么它是唯一的？具有不同偏好和风险态度的不同个体难道不应具有不同的效用函数吗？如果是这样，对于可以用沙普利值作为效用函数来反映的那些偏好有什么性质？博弈的其他效用函数又具有什么特征？

(2) 能够以沙普利值来反映的偏好有什么有意义的表述？沙普利值作为效用函数时在哪些方面有随意性——这一效用是通过什么来标准化的？在什么情形下，沙普利值可以与其他效用函数进行比较？

(3) 可加性公理意味着什么？将博弈 v 和 w 的效用和与另一个博弈 $v+w$ 相联系的效用函数体现了偏好的何种性质？

(4) 在效用函数情境下，效率公理可做何种解释？这一公理指出，博弈 v 中每一个位置上的值的加总应该等于 $v(N)$；其中是否包含了使博弈个体之间的可比性可实现的隐藏假设，以至效用的加总是有意义的？如果不是这样，那么明确这一加总结果的意义何在？[2]

为了回答这些问题，我们需要考虑博弈上的偏好。我的观点是，上述问题所涉及的偏好是个体在不同博弈中，面对博弈中的不同位置时的偏好。如同沙普利值一样，效用函数可以视为定义于为每个位置赋值的博弈上的函数。这种效用函数是否符合效率公理则依赖于个体对某类特定风险的态度，而它是否满足可加性公理则依赖于个体对另一种风险的态度。如果个体对两类风险都是"风险中性的"，那么他或她的博弈的期望效用将等于沙普利值。对风险的其他态度将产生其他效用函数。

本章将试图整合最早由 Roth（1977a，b，c）所呈现的研究成果。第 4.2 节简要讨论了一个抽象选择集上的期望效用是如何得到的。第 4.3 节和第 4.4 节考察了如何将这种方法拓展并应用至包含博弈中所处位置的选择集。第 4.5 节分析了简单博弈这一特殊的例子。对于只关心主要研究结论的读者来说，这部分内容可以忽略。第 4.6 节在回答前面所提出的问题的基础上总结了全文。

4.2 效用理论

在这一节中，我们简要概括了 Herstein 和 Milnor（1953）所提出的一个期望效用的简洁而优雅的公理。考虑一个选择的集合 M。如果该集合的任意元素 $a, b \in M$ 和任意的一个概率 $p \in [0, 1]$，我们都可以得到 M 中的另一个元素 $[pa;(1-p)b]$（我们称之为抽彩，lottery），则 M 是一个混合集。{下文中 p 和 q 都将被用于表示 $[0, 1]$ 中的元素。} 假设对于所有的 $a, b \in M$，抽彩都具有如下性质：

$$[1a;0b]=a$$
$$[pa;(1-p)b]=[(1-p)b;pa]$$
$$[q[pa;(1-p)b];(1-q)b]=[pqa;(1-pq)b]$$

我们将 M 上的偏好关系（preference relation）定义为一个二元关系 $\geq *$，使得对于任意 $a, b \in M$，均有 $a \geq *b$ 或者 $b \geq *a$ 成立，并且，如果 $a \geq *b$，$b \geq *c$，则 $a \geq *c$。我们用 $a > *b$ 表示 $a \geq *b$ 且 $b \not\geq *a$，用 $a \sim b$ 表示 $a \geq *b$ 且 $b \geq *a$。（因此，$a > *b$ 表示个体在 a 和 b 中偏好于 a；$a \geq *b$ 表示他认为 a 至少和 b 一样好；$a \sim b$ 表示他在这两个选择之间无差异。）定义于混合集 M 上的实函数 u 是偏好 $\geq *$ 的一个期望效用函数的前提是具有保序性[即对于 M 中的任意 a 和 b，$u(a) > u(b)$ 当且仅当 $a > *b$]，并且以期望效用的形式反映了抽彩的效用，即对任意抽彩 $[pa; (1-p)b]$ 有

$$u([pa; (1-p)b]) = pu(a) + (1-p)u(b)$$

如果 $\geq *$ 是混合集 M 上的偏好序，那么下面的条件保证了期望效用函数的存在：

连续性（continuity）：对于任意 $a, b, c \in M$，集合 $\{p \mid [pa; (1-p)b] \geq *c\}$ 和 $\{p \mid c \geq *[pa; (1-p)b]\}$ 都是闭集。

替代性（substitutability）：如果 $a, a' \in M$，且 $a \sim a'$，则对于任意 $b \in M$，$\left[\dfrac{a}{2}; \dfrac{b}{2}\right] \sim \left[\dfrac{a'}{2}; \dfrac{b}{2}\right]$。

上述效用函数在仿射变换下不是唯一的；即如果 u 是偏好 $\geq *$ 的一个期望效用函数，那么 $v = c_1 u + c_2$ 也是该偏好的效用函数。这里 c_1 和 c_2 都是实数，且 $c_1 > 0$。对这一性质的另一种表述是，在设定偏好 $\geq *$ 的一个效用函数 u 时，我们可以随意地选出 M 中的任意 a_1 和 a_0，$a_1 > *a_0$，并令 $u(a_1) = 1$，$u(a_0) = 0$。当这些随意选择的元素都确定下来后，任意其他选择 a 下的效用值 $u(a)$ 都可以完全地通过偏好来确定。[3]例如，如果 a 满足 $a_1 \geq *a \geq *a_0$，那么 $u(a) = p$。其中，p 是使得 $a \sim [pa_1; (1-p)a_0]$ 成立的概率。（该式成立是因为这一抽彩的期望效用是 p。）

4.3　博弈位置的比较

接下来，为简化起见，我们将考虑定义于博弈位置 N 的全集上的超可加特征函数博弈[4] v 所组成的博弈类型 G。这里，N 被定义为有限的。为了在博弈内部和不同博弈之间进行比较，我们将考虑博弈位

置集合 $N \times G$ 上的一个偏好关系。因此，$(i,v) > *(j,w)$ 表示"在博弈 v 的位置 i 上要好于在博弈 w 的位置 j 上"。和之前一样，$\sim$ 表示无差异，$\geq *$ 表示弱偏好。

我们同时还考虑由 $N \times G$ 所产生的混合集 M 上的偏好关系（即包含 $N \times G$ 的最小的混合集），即偏好同样还定义于以博弈位置为结果的抽彩上。令 $[q(i,v);(1-q)(j,w)]$ 表示参与人有 q 的概率处于博弈 v 的位置 i，有 $1-q$ 的概率处于博弈 w 的位置 j。在下面的分析中，我们只考虑偏好在 M 上的连续性和可替代性性质，以及偏好中使得在除原点和单位选择之外具有唯一性的效用函数存在的性质。定义这一函数为 θ，并令 $\theta_i(v) \equiv \theta((i,v))$，$\theta(v) \equiv (\theta_1(v),\cdots,\theta_n(v))$。因为 θ 是一个期望效用函数，$\theta_i(v) > \theta_j(w)$ 当且仅当个体偏好在博弈 v 中的位置 i，而不是在博弈 w 中的位置 j，而抽彩的效用是其效用的期望值；即

$$\theta([p(i,v);(1-p)(j,w)]) = p\theta_i(v) + (1-p)\theta_j(w)$$

注意到我们所考虑的博弈 v 定义在某些反映某些潜在博弈结果下的期望效用的可转移的商品上（例如，注释 2 所讨论的情形）。为了使偏好以及博弈位置的效用函数与博弈定义所基于的潜在效用函数相一致，我们还需要引入另外一些关于偏好的正则性条件。

对于每个位置 i，对博弈 v_i 进行如下界定将使我们的研究变得更加简便

$$v_i(S) = 1 \quad 如果 i \in S$$
$$ = 0 \quad 其他$$

除 i 之外的其他位置都是形如 cv_i 的博弈中的多余参与人，因此位置 i 上的参与人可以确定地得到效用 c。（这一观察将为效用 θ 提供一个恰当的标准化。）令 v_0 表示所有参与人都是多余参与人的博弈［即对于所有 S 都有 $v_0(S) = 0$］，并令 G_{-i} 表示位置 i 是多余的那一类博弈。

第一个关于偏好的正则性条件为：

正则性条件 1：如果 $v \in G_{-i}$，则 $(i,v) \sim (i,v_0)$。此外，$(i,v_i) > *(i,v_0)$。

这一条件是说在一个博弈中成为多余参与人并不比在其他任何博弈中成为多余参与人更好（特别地，在博弈 v_0 中），并且位置 (i,v_i) 比在一个多余的位置上更好。

第二个正则性条件是：

正则性条件 2：对于所有的 $i \in N$，$v \in G$，以及对于任意排列 π，$(i,v) \sim (\pi i, \pi v)$。

该条件是说博弈位置的具体名称并不影响它们的合意性。这一条件的一个直接结果是博弈的效用函数将遵循对称性公理的要求。

引理 4.1 $\theta_{\pi i}(\pi v) = \theta_i(v)$。

根据条件 1，我们可以选择 (i, v_i) 和 (i, v_0) 来作为效用的单位和原点，因此 $\theta_i(v_i) = 1$，$\theta_i(v_0) = 0$。这些都是很自然的标准化选择，反映出在博弈 v_0 中位置 i 上的参与人将确定地得到支付 0（以他的博弈结果的潜在效用函数来度量），而在博弈 v_i 中位置 i 上的参与人将确定地得到 1。

最后一个正则性条件体现出博弈 v 是按一个期望效用函数来定义的。

正则性条件 3：对于任意数值 $c > 1$ 以及每一个 $N \times G$ 中的 (i, v)，

$$(i, v) \sim [(1/c)(i, cv); (1 - 1/c)(i, v_0)]$$

正则性条件 3 体现出博弈 v 和 cv 除了报偿单位之外的相同性。这些报偿通过参与人从博弈结果中所得到的效用体现出来。因此，在参与一个使其有 $1/c$ 概率得到 c 单位效用并有 $1 - 1/c$ 概率得到 0 单位效用的抽彩，或者得到确定的 1 单位效用之间，参与人是无差异的。正则性条件 3 指出，无论参与人对于博弈 v 中位置 i 的预期如何，它都通过某种形式的抽彩与博弈 cv 中位置 i 上的预期相联系。

引理 4.2 对任意 $c \geq 0$ 和任意 $(i, v) \in N \times G$，$\theta_i(cv) = c\theta_i(v)$

证明：不失一般性地，我们可以令 $c \geq 1$ [因为如果 $c = 0$，这一结论可以由正则性条件 1 以及 $\theta_i(v_0) = 0$ 得到，而如果 $0 < c < 1$，我们可以简单地考虑 $c' = 1/c$]。根据正则性条件 3 有

$$(i, v) \sim [(1/c)(i, cv); (1 - 1/c)(i, v_0)]$$

因此

$$\begin{aligned}\theta_i(v) &= \theta([(1/c)(i, cv); (1 - 1/c)(i, v_0)]) \\ &= (1/c)\theta_i(cv) + (1 - 1/c)\theta_i(v_0) \\ &= (1/c)\theta_i(cv)\end{aligned}$$

上述正则性条件，加上 $\theta_i(v_i) = 1$，$\theta_i(v_0) = 0$，为我们将效用函数

θ 理解为界定博弈的隐含效用函数施加了一些限制。[我们可以视选择 (i, cv_i) 为"嵌套"在博弈的混合空间 M 中的博弈的潜在支付，因为处于博弈 cv_i 中位置 i 的机会本质上就是得到效用 c 的机会，而 $\theta_i(cv_i) = c$。] 我们将按照这种方式标准化，并满足正则性条件 1～正则性条件 3 的效用函数称为拓展效用函数（extended utility function），因为它将用于定义博弈的效用函数拓展至博弈的位置空间之中。然而，我们仍然可能得到无数多个拓展效用函数，因为个体在博弈上的偏好仍然有很多自由度。特别地，我们将转而考察个体对不同类型风险的态度。

4.4 风险态度

我们区分两类风险。普通风险（ordinary risk）是指来自抽彩的不确定性，而策略风险（strategic risk）则是指参与人策略互动所产生的不确定性。

4.4.1 普通风险

回忆我们之前在货币上定义的偏好。如果任意抽彩都等同于这些抽彩的货币期望值，则我们说一个个体是"风险中性的"。类似地，如果个体的偏好满足如下条件，我们称这个个体"就博弈的普通风险而言是风险中性的"。

博弈的普通风险上的中性：

$$(i, (qw + (1-q)v)) \sim ([q(i, w); (1-q)(i, v)])$$

这一条件的右侧是一个使参与人处于 w 或 v 中位置 i 上的抽彩，而左侧是在特征方程等于抽彩特征方程期望值的这样一个博弈中，参与人处于位置 i 上的博弈选择。上述条件是说，参与人在这两种情况之间无差异。也就是说，考虑一些联盟 $S \subset N$。它在右侧抽彩中的期望价值为 $qw(S) + (1-q)v(S)$，正好等于它在左侧博弈中的价值。因此，如果参与人在"期望博弈" $qw + (1-q)v$ 中位置 i 与博弈 w 和 v 之间的一个特定概率上的抽彩间无差异，则这个参与人对于博弈的普通风险是中性的。

注意到 $v = (1/c)cv + ((1 - 1/c)v_0)$，因此普通风险中性意味着正则性条件 3 的成立。事实上，这是一个更强的条件，而在第 4.6 节中，我们将讨论为什么个体对于博弈的普通风险可能不是中性的,即使他或她在用于界定这些博弈的可转换商品上是风险中性的。然而,下一个结论展示了这种风险中性正是假设效用函数 θ 具有可加性的基本依据。

定理 4.1(可加性) 对于所有的 $v,w \in G$,$\theta(v+w) = \theta(v) + \theta(w)$,当且仅当偏好对于博弈的普通风险是中性的。

证明: 由引理 4.2 可知,对于每一个 $i \in N$,

$$\theta_i(v+w) = \theta_i\left(2\left(\frac{v}{2}+\frac{w}{2}\right)\right) = 2\theta_i\left(\frac{v}{2}+\frac{w}{2}\right)$$

但是,因为 θ 是期望效用函数,由博弈上的普通风险中性可知,

$$\theta_i\left(\frac{v}{2}+\frac{w}{2}\right) = \theta_i\left(\left[\frac{1}{2}(i,v);\frac{1}{2}(i,w)\right]\right) = \frac{1}{2}\theta_i(v) + \frac{1}{2}\theta_i(w)$$

因此,$\theta_i(v+w) = \theta_i(v) + \theta_i(w)$。在证明拓展效用函数的可加性(以及连续性)可以导出引理 4.2 之后,在另一个方向上的证明也是非常直观的。

即使博弈不涉及抽彩,不确定性也可能存在。在 Roth(1977a,b)中,这种情形被称为策略风险。在给定个体是普通风险中性的前提下,我们将向大家展示,个体对策略风险的态度决定了他或她对于博弈中某个位置的唯一的效用评价。

4.4.2 策略风险

任意包含不止一个策略位置的博弈(即非虚拟的博弈)均涉及因参与人策略性互动所可能引起的一些结果上的潜在不确定性。为了在策略风险的情形下描述一个给定参与人的偏好,最好在定义在 N 的每一个子集 R 上的博弈 v_R 中考虑这一问题。v_R 满足如下定义:

$$v_R(S) = 1 \quad \text{如果 } R \subset S$$
$$= 0 \quad \text{其他}$$

一个 v_R 形式的"纯讨价还价博弈"是 r 个参与人之间所能进行的最简单的博弈。(集合 $R, S, T, \cdots$ 的基数用 $r, s, t, \cdots$ 表示。)

定义博弈 v_R 中一个策略位置的确定性等价(certain equivalent)为一个数值 $f(r)$,使得确定可以得到 $f(r)$ 与处于这一策略位置对于参与人有相同的吸引力。[5] 也就是说,$f(r)$ 使得对于 $i \in R$,有 $(i,v_R) \sim$

$(i, f(r)v_i)$。注意到 $f(1)=1$，且 $f(r)$ 度量了参与人所认为的自己在规模为 r 的纯讨价还价博弈中的谈判能力。

使用 Roth（1977a）中的术语，我们说如果对于 $r=1,\cdots,n$ 有 $f(r)=1/r$，则偏好对于策略风险而言是中性的。如果 $f(r) \leq 1/r$，则偏好是策略风险厌恶的，而如果 $f(r) \geq 1/r$，则是策略风险偏好的。[注意到偏好可能不属于以上任何一种情况；例如，$f(2) > 1/2$ 但 $f(3) < 1/3$。] 在博弈 v_R 中的某一位置上的效用由如下引理给出。

引理 4.3

$$\theta(v_R) = f(r) \quad 如果 \ i \in R$$
$$= 0 \quad 其他$$

证明：由条件 1 可知，如果 $i \notin R$，则 $v_R \in G_{-i}$，且 $\theta_i(v_R) = \theta_i(v_0) = 0$。如果 $i \in R$，则由引理 4.2 可知，$\theta_i(v_R) = \theta_i(f(r)v_i) = f(r)\theta_i(v_i) = f(r)$。

如果偏好对于博弈的普通风险而言是中性的，则定理 4.1 表明效用函数将完全由 $f(r)$ 决定，因为博弈 v_R 是一个具有可加性的基。我们有如下结论。

沙普利值定理 如果一个个体既是普通风险中性的，又是策略风险中性的，那么沙普利值是他的效用函数，即当偏好对于两种风险都具有中性性质时，

$$\theta_i(v) = \phi_i(v) = \sum_{S \subset N} \frac{(s-1)!(n-s)!}{n!} [v(S) - v(S-i)]$$

证明：普通风险中性意味着 θ 是可加的，而策略风险中性意味着在所有具有形式 v_R 的博弈上，θ 和沙普利值 ϕ 是一致的。因为构成了博弈空间的基，因此在所有博弈上 θ 与 ϕ 都是一致的。

随着沙普利值定理和其证明的展开，普通风险中性与其他不同的策略风险偏好 [以 $f(r)$ 表示，$r=2,\cdots,n$] 组合将决定与沙普利值所不同的效用函数。其他效用函数以下面的结论来概括。

代表性公理 当偏好具有普通风险中性时，效用函数 θ 具有如下形式：

$$\theta_i(v) = \sum_{T \subset N} k(t)[v(T) - v(T-i)] \tag{4.1}$$

其中，

$$k(t) = \sum_{r=t}^{n} (-1)^{r-t} \binom{n-t}{r-t} f(r)$$

证明：每一个博弈 v 都是形如 v_R 的博弈的加总。事实上［参见 Shapley (1953) 和本书第 2 章］，$v = \sum_{R \subset N} c_R v_R$，其中 $c_R = \sum_{T \subset R} (-1)^{r-t} v(T)$。由引理 4.2 和定理 4.1 可知，

$$\theta_i(v) = \sum_{\substack{R \subset N \\ i \in R}} c_R \theta_i(v_R) = \sum_{\substack{R \subset N \\ i \in R}} c_R f(r) = \sum_{\substack{R \subset N \\ i \in R}} \sum_{T \subset R} (-1)^{r-t} v(T) f(r)$$

反转加总的顺序，我们得到：

$$\theta_i(v) = \sum_{T \subset N} \{ \sum_{\substack{R \subset N \\ R \supset \{T \cup i\}}} (-1)^{r-t} f(r) \} v(T)$$

如果以 $g_i(T)$ 表示上式中大括号内的部分，则当 $i \in T$ 时有 $g_i(T) = -g_i(T-i)$。因此：

$$\theta_i(v) = \sum_{\substack{T \subset N \\ i \in T}} g_i(T) [v(T) - v(T-i)]$$

但是，总共有 $\binom{n-t}{r-t}$ 个规模为 r 的联盟包含 T，因此：

$$g_i(T) = \sum_{r=t}^{n} (-1)^{r-t} \binom{n-t}{r-t} f(r) = k(t)$$

因为除非 $i \in T$，否则就有 $[v(T) - v(T-i)] = 0$，而由此可以完成证明。

由代表性定理可以马上得到的一个结论是，当偏好是普通风险中性的时（即效用函数是可加的），则处于多余位置的效用为 0，因为这一效用是边际贡献的加权平均。策略风险中性的影响以及沙普利值的特性在于博弈位置的加总等于 $v(N)$。在一个纯粹的公理性框架下 (Roth, 1977d)，这一定理可以重新表述如下：任意使多余参与人取 0 ［或者等价地，对于任意博弈 v 的载体 T 和 S，都有 $\sum_{i \in T} \theta_i(v) = \sum_{i \in S} \theta_i(v)$］的具有对称性和可加性的 θ 值是定理中所描述的边际贡献的加权平均。这些值的加总并不一定等于 $v(N)$。它们后来被称为半值（Dubey, Neyman, and Weber, 1981; Einy, 1987; Weber, Chapter 7 this volume）。

在文献（Banzhaf，1965；Coleman，1971；Owen，1975；Dubey，1975a；Roth，1977b，c；Dubey and Shapley，1979；Straffin，Chapter 5 this volume）中被赋予最多关注的半值可能是班扎夫指数 $\beta' = (\beta'_1, \cdots, \beta'_n)$：

$$\beta'_i(v) = \sum_{S \subset N} \frac{1}{2^{n-1}} [v(S) - v(S-i)]$$

Banzhaf（1965）最早在简单博弈的框架下提出了这一指数的表达式（参见第 1 章和第 5 章），但将其拓展到一般性的博弈是非常直接的：两者最主要区别在于边际贡献 $v(S) - v(S-i)$ 可能会取 0 和 1 之外的其他值。公式中的 $\frac{1}{2^{n-1}}$ 这一项是一个非常简便的标准化，但其他形式也是可以选择的。对于下面的分析来说，重要的一点是标准化的形式不依赖于博弈 v。（在一些使用班扎夫指数对简单博弈展开的研究中，针对上面所定义的 β'，这一指数的标准化后的形式为 $\beta_i = \beta'_i / \sum_{i \in N} \beta'_i$，因此 $\sum \beta_i = 1$。然而，在这种标准化下，每个博弈均使用了不同的除数，所以得到的指数并不满足可加性——指数不是普通风险中性的。）

像上文那样标准化后的班扎夫指数 β' 是一个反映策略风险厌恶和普通风险中性偏好的拓展效用函数。依据 Roth（1977d）的研究，我们在省略证明的同时给出了如下推论。

推论 4.1 如果 $f(r) = \left(\frac{1}{2}\right)^{r-1}$，那么拓展效用函数等于班扎夫指数，即 $\theta(v) = \beta'(v)$。

因此，班扎夫指数是参与人的效用函数。在这一效用函数中，参与人在博弈 v_R 的某个策略性位置上的效用与其他参与人组成联盟的可能性的数量 $r-1$ 成反比。

4.5　简单博弈

正如第 1 章所讨论的，像沙普利-舒比克指数一样，班扎夫指数的提出与简单博弈所描述的投票过程存在联系。然而，像沙普利的描述沙普利值特征的公理一样，沙普利值和班扎夫指数对这里所给出的一般性博弈来说所具有的特征在非简单博弈中有着重要的应用。如果我们所感兴趣的博弈的全集只包含了简单博弈,那么对称性、效率性和可加性并不是只刻画了沙普利值。特别地,加总值为 1 的标准化后的班扎夫指数 β,在仅被用于分析简单博弈时,同样满足这些公理。其原因在于,对于简单博弈而言,可加性(等价地,普通风险中性)完全失去了其作用,因为简单博弈的集合在加总的情形下不是闭集。如果 v 和 w 是非平凡简单博弈,则 $v(N)=w(N)=1$,且博弈 $v+w$ 不是简单博弈,因为 $v(N)+w(N)=2$。在这一节中,我们遵循 Roth (1977c) 的研究来讨论为何沙普利-舒比克指数可以被视为定义在简单博弈上的一个风险中性的效用函数。

通过将可加性替换为以下公理[在第 5 章中,韦伯将之称为转移公理(transfer axiom)],Dubey(1975a,b)在简单博弈上对沙普利-舒比克指数进行了公理化的描述。

转移公理 对于任意简单博弈 v、w,

$$\phi(v \vee w) + \phi(v \wedge w) = \phi(v) + \phi(w)$$

其中,博弈 $v \vee w$ 和 $v \wedge w$ 定义为:

$$(v \vee w)(S) = 1 \quad \text{如果 } v(S) = 1 \text{ 或 } w(S) = 1$$
$$= 0 \quad \text{其他}$$

并且

$$(v \wedge w)(S) = 1 \quad \text{如果 } v(S) = 1 \text{ 或 } w(S) = 1$$
$$= 0 \quad \text{其他}$$

或许理解转移公理的最简单的途径是将其用定义于博弈和博弈上的抽彩的偏好进行重新表述,并使其与简单博弈上的普通风险中性的形式相一致。在这种视角下,这一公理有如下形式。

简单博弈中的普通风险中性:对于所有简单博弈 v 和 w,

$$\left[\frac{1}{2}(v,i); \frac{1}{2}(w,i)\right] \sim \left[\frac{1}{2}((v \vee w),i); \frac{1}{2}((v \wedge w),i)\right]$$

这一条件描述了两项抽彩之间的等价性。其中一个抽彩的结果要么是博弈 v,要么是博弈 w,而另一个抽彩的结果要么是博弈 $v \vee w$,要么是博弈 $v \wedge w$。使这一条件体现出风险中性的原因在于任意一个给定的联盟 S 在任何一个抽彩的博弈中都有相等的成为获胜联盟的概率。如果 θ 是一个普通风险中性的期望效用函数，那么它将服从转移公理，而由此可以得到上述条件。

为了仅在简单博弈中讨论偏好的所有条件，我们同样需要重新表述策略风险中性，因为 $f(r)v_i$ 并不是一个简单博弈。

简单博弈的策略风险中性：对于所有 $R \subset N$ 和 $i \in R$，

$$(v_R, i) \sim \left[\frac{1}{r}(v_i, i); \left(1-\frac{1}{r}\right)(v_0, i)\right]$$

很容易验证，当效用函数像前文那样标准化为 $\theta_i(v_i)=1$ 和 $\theta_i(v_0)=0$ 时，在纯讨价还价博弈中，简单博弈的策略风险中性仍然意味着 θ 与 ϕ 一致。

杜贝（Dubey）证明了以下结论。

定理 沙普利-舒比克指数是简单博弈中唯一服从沙普利的对称性公理和载体公理，以及转移公理的函数 ϕ。

我们可以使用效用的概念将上述定理重新表述如下。

沙普利-舒比克指数定理 沙普利-舒比克指数是与满足正则性条件1和正则性条件2，且具有策略风险和普通风险中性的偏好相对应的唯一的满足标准化 $\theta_i(v_i)=1$ 和 $\theta_i(v_0)=0$ 的效用函数 θ。

证明：我们已经注意到 θ 是对称的（引理4.1），并遵循转移公理，且对每一个 $R \subset N$ 都有 $\theta(v_R) = \phi(v_R)$；即在纯讨价还价博弈 v_R 中，θ 对应于沙普利-舒比克指数。为了完成这里的证明，我们需要进一步证明在每个简单博弈 v 中 θ 都与 ϕ 相一致。

令 $R_1, R_2, \cdots, R_k \subset N$ 为 v 中所有各不相同的最小获胜联盟[6]。我们以 k 表示博弈 v 所属的类型，且 $v = v_{R1} \lor v_{R2} \lor \cdots \lor v_{Rk}$。如果 v 属于 $k=0$，则 $v=v_0$ 且 $\theta(v) = \phi(v) = 0$。如果 v 属于 $k=1$，则 $v = v_{R1}$ 是一个纯讨价还价博弈，且 $\theta(v) = \phi(v)$。

设想对于属于 $k=1, 2, \cdots, m$ 的博弈 v、θ 都是被很好定义的，且与沙普利-舒比克指数一致。考虑 $m+1$ 中的博弈 v，则有

$$v = v_{R1} \lor v_{R2} \lor \cdots \lor v_{Rm} \lor v_R = w \lor v_R$$

其中，w 是 m 中的一个博弈。因此，由简单博弈中的普通风险中性（这意味着效用 θ 服从转移公理）可知：

$$\theta_i(v) = \theta_i(w \lor v_R) = \theta_i(w) + \theta_i(v_R) - \theta_i(w \land v_R)$$

但下面我们将证明 $w \wedge v_R$ 不可能属于比 w 更高等的博弈类型，因此由演绎性假设可知上述公式右侧的表达式是唯一的，并且等于沙普利-舒比克指数。在此基础上，我们将证明对于所有简单博弈 v 都有 $\theta(v) = \phi(v)$。

为了说明 $w' = (w \wedge v_R)$ 不可能属于比 w 更高等的博弈类型，考虑一个博弈 w' 的最小获胜联盟 S'。由 w' 的定义可知，$S' \supset R$ 且 $w(S') = 1$。如果 $S' = R$，则 $w' = v_R$，证明结束（因为除了博弈 v_0 之外，每个博弈都至少有一个最小获胜联盟）。而在其他情形下 $S' = S \cup R$。其中，S 是博弈 w 的一个最小获胜联盟。（当然，S 和 R 不需要拆开。）

下面，考虑一个 w' 中的最小获胜联盟 T'。如果 T 是 w 的最小获胜联盟，则 $T' = T \cup R$。如果 $T' \neq S'$，则 $T \neq S$。因此，每一个 w' 中的最小获胜联盟都可以以 w 中的一个不同的最小获胜联盟来识别，从而 w' 不可能属于比 w 更高等的博弈类型。这就完成了证明。

4.6 讨论

为了说明在将沙普利值视为效用函数这一工作上我们取得了什么成果，可以考虑本章引言部分所提出的那些问题中哪些已经得到了解答。

（1）沙普利值作为博弈的效用函数的"唯一性"与风险中性有关。或许理解这一点的一个很好的方法是将其与货币的效用函数进行类比：风险中性的效用函数在抽彩的期望值处进行评估。尽管我们在进行投资决策时很少只考虑期望值，但知道这一期望值仍然是异常重要的，并且能为我们需要考察的偏好的类型提供一个粗略的指示。同样地，沙普利值使我们可以粗略地观察博弈位置上的偏好是何种类型的，即使我们对于博弈的策略和普通风险都不是中性的。而对于普通风险中性的那些偏好，我们可以描述体现不同策略风险态度的效用函数的特征。然而，对反映不同普通风险偏好的效用函数特征的描述仍是一个需要解决的问题。

（2）我们发现沙普利值"继承"了定义博弈的效用函数的标准化。也就是说，在任何博弈中都暗含着一个以任意原点和单位所构造的效用函数来体现的博弈结果的紧集。一个博弈个体的沙普利值是以相同方式标准化后的这一效用函数的拓展。因此，在沙普利值上的有意义的效用比较刚好就是那些可以基于期望效用函数所进行的对比。例如，在第1章中，我们计算了联合国安全理事会的简单博弈中的沙普利值。一个轮值理事国的沙普利值是0.001 86，而一个常任理事国的沙普利值是0.196。将沙普利值视为期望效用函数后，我们可以判断在关于这些成员国的表述中，哪些是关于偏好的有意义的比较，哪些不是。例如，一个同时具备策略风险中性和普通风险中性的个体在成为一个常任理事国和参与如下抽彩之间是无差异的：有0.196的概率成为一个投票结果的决定性成员，而在其他情况下是一个多余参与人（或者说有0.196的概率得到效用1，否则得到效用0）。类似地，这个个体在成为轮值理事国或以 $p=0.001\,86/0.196=0.009\,5$ 的概率成为常任理事国，否则就成为多余参与人。换一种表述方式，博弈个体在有百分之一机会成为一个常任理事国（并有百分之九十九的概率成为多余参与人）与确定地成为一个轮值理事国之间将偏好于前者。然而，说在某个博弈位置上的效用是其他状态下（既可能是博弈中的一个位置，也可能是博弈奖励上的一个抽彩）的100倍将是没有意义的，因为比较的结果将取决于（任意）选择用于标准化效用函数的形式。

（3）我们已经发现值函数的可加性公理等价于假设它以效用函数形式所反映出的偏好是普通风险中性的。理解这一点的影响的最好办法或许是考虑为什么博弈个体对于这类风险可能**不是**中性的。例如，令 v 为一个三人多数投票博弈，$v(1)=v(2)=v(3)=0$，$v(12)=v(13)=v(23)=v(123)=1$，并令 $w=v_{\{12\}}$ 为两人纯讨价还价博弈（其中，参与人3是一个多余参与人）。在此基础上，博弈 $z=v+w$ 为 $z(1)=z(2)=z(3)=0$，$z(13)=z(23)=1$，$z(12)=z(123)=2$。尽管 v 和 w 在非多余参与人之间都是对称的，z 却并不具有这一性质。特别地，v 的对称性使我们可以合理地假设二人联盟和三人联盟都以相等的概率来形成。因此，$\phi(v)=\left(\dfrac{1}{3},\dfrac{1}{3},\dfrac{1}{3}\right)$ 和 $\phi(v)=\left(\dfrac{1}{2},\dfrac{1}{2},0\right)$ 看上去都是合理的。在我们对两个博弈的评价过程中，博弈 v 中的每一个二人联盟都以相等的概率出现，但在 w 中只有联盟{12}会形成。

因此，在博弈 z 中，联盟{12}将特别容易形成，因为参与人1和参与人2对于博弈取得价值2来说都是很关键的，而参与人3没有任何新的边际贡献。〔这在 z 的核中非常清晰地显示出来。z 的核为一个支

付向量 (1, 1, 0)。] 然而，沙普利值为 $\left(\frac{5}{6}, \frac{5}{6}, \frac{1}{3}\right)$。也就是说，一个博弈个体在处于博弈 z 的位置 3 和博弈 v 的位置 3 之间是无差异的。尽管这一偏好与体现博弈过程的模型之间可能具有很好的一致性（因为在博弈 z 中 3 这个位置相对处于劣势，但有更高的风险收益），但在绝大多数情况下我个人倾向于选择博弈 v 的位置 3 而不是博弈 z 的位置 3。因此，尽管在易处理的（如可加的）效用函数的偏好上，普通风险中性是一个非常容易理解的良好条件，但无论对于博弈的所有个体还是所有博弈上的某个特定个体而言，这都不意味着它对于性质良好的偏好将始终成立。

（4）最后，我们发现，如果偏好是普通风险中性，以至效用函数具有可加性，则当且仅当偏好是策略风险中性的时，每个博弈位置上的效用所组成的向量 θ 是"有效的"。这里引号的含义在于，在这里的解释中，向量 θ 并不是不同博弈参与人之间效用的分布，而仅仅是不同位置上的效用所组成的向量。即使不考虑有效率的效用向量，向量 $(\theta_1(v), \cdots, \theta_n(v))$ 是不是博弈的一个可行结果在我们所讨论的情景下也只能偶尔成立。[7] 风险中性效用——沙普利值——总是对应着博弈的某个结果，但不具备策略风险中性的效用向量没有这一性质。[8] 我们所讨论的各种情形都不涉及个体间的比较，因为所有的对比都发生在某单个参与人对博弈不同位置的评价上。

在是否能够认为个体是策略风险中性的这个问题上，我觉得很多人都不会认为 r 个参与人之间的谈判会和确定得到 $1/r$ 的收益等价，正如许多人并不简单地依赖于期望值来判断货币抽彩的效用那样。一些经验性的证据可以为策略风险规避提供支撑，但同时也产生了不容忽视的不同观点（Roth, 1987），而越来越多的理论研究也有助于我们从信息差异、进行承诺的能力或者长期利益的角度理解为什么会出现这些认识上的不同［例如，可参见 Roth（1985）或者 Binmore 和 Dasgupta（1987）］。因此，正如可加性一样，由偏好假设所得到的有效性尽管是性质良好的，但并不一定会成立。

综上所述，作为博弈的风险中性效用的沙普利值和作为货币的风险中性效用的期望值之间似乎存在着很强的相似性。（需要注意的是，这不是因为沙普利值可以被解释为期望的边际贡献。班扎夫指数和其他的非风险中性效用同样可以被解释为边际贡献；例如，可以参见韦伯所写的本书第 7 章。) 当我们考察一个特定的个体或者博弈间的特定选择时，我们或许可以找到一个更为准确的指标。但当我们只是近似地进行考察时，货币的期望值和可转移效用博弈的沙普利值似乎是基本相似的。即使我们认为多数个体都不是风险中性的，但和一个特定的风险态度上的假设相比，与期望值一样，沙普利值中所隐含的风险中性假设可以更加自然地作为一些非特定个体的效用的更加自然的代理变量。

注释

［1］类似地，效用的算术平均值也没有任何意义。然而，几何平均值相反：这是著名的纳什谈判模型的建模基础（Nash，1950；Roth，1979）。

［2］当然，对于可转移效用博弈也存在类似的问题。在这种博弈中，参与人的"可转移效用"被假设为最多加总为 $v(N)$。在这类博弈分析中，没有必要考虑效用在个体之间的可比性假设。例如，如果支付的都是货币，而参与人都是风险中性的，那么在特征方程基础上对博弈的表述包含了对参与人效用函数的标准化（仍然是任意的）。为了说明这一点，注意到我们可以考虑一个如下博弈的特征方程：参与人得到的是各不相同的商品，而且在他们之间无法进行实际的物品交换。设想有三个博弈参与人，他们在博弈中的支付将分别体现为法国法郎、果篮和葡萄酒。对每个参与人而言，效用函数构建于可能得到的支付之上。每一个效用函数设定中的随意性都与其他参与人无关。定义于 $N=\{1,2,3\}$ 之上的特征博弈 v 可以通过允许每个联盟 $S \subset N$ 中的成员（在必要的时候，他们可以通过电话联系并签订合约）对 $v(S)$ 单位的虚构商品——"效用货币"——进行分割来构建。在这一博弈中，每个参与人都可以根据他自身的效用函数，用他所获得的效用交换能带来同等效用的商品。

［3］通常，对于任意 $x \in M$，x 的效用是

$$u(x) = (p_{ab}(x) - p_{ab}(a_0))/(p_{ab}(a_1) - p_{ab}(a_0))$$

其中 a、b、a_1 和 a_0 都是 M 中的元素，使得 $a \geq *x \geq *b$，$a \geq *a_1 \geq *a_0 \geq *b$，且对于任意 $y \in M$ 有 $a \geq *y \geq *b$，$p_{ab}(y)$ 由 $y \sim [p_{ab}(y)a;$

$(1-p_{ab}(y))b]$ 定义。

可以验证的是 $p_{ab}(\cdot)$ 是良好定义的，且函数 $u(\cdot)$ 并不依赖于 a 和 b 的选择。注意，$u(a_1)=1$，$u(a_0)=1$。

[4] 超可加博弈所构成的博弈类型是足够大的，但我们还可以考察更大的一类博弈而不改变这里的结论。

[5] 我们认为博弈参与人并不知道谁会占据博弈的其他位置。因此，她在博弈 v_R 中的确定性等价仅仅依赖于 r。

[6] 如果 $v(R)=1$，且 $S\subset R$，$S\neq R$ 意味着 $v(S)=0$，则 $R\subset N$ 是 v 中的一个最小获胜联盟。

[7] 需要注意的是，照此类推，货币期望值也不一定是可行的结果：例如，如果在博彩中赢得 1 美元和输掉 1 美元的概率都是 50%，则货币期望值为 0，但这并不是可行的博弈结果。对于可转移效用博弈，可行结果伴随着风险中性，但这对于 NTU（不可转移效用）博弈而言并不成立。这或许是按 TU 博弈中沙普利值的思路来解释 NTU 博弈所要面临的一个困难（参见第 1 章的相关参考文献）。

[8] 这一结论对于策略风险规避和策略风险偏好都是适用的。很容易发现在策略风险偏好下的效用向量并不一定对应于可行的博弈结果：由于 $f(r)>1/r$，这种效用向量在纯讨价还价博弈 v_R 中不是一个可行结果，因为 $rf(r)>v_R(N)=1$。对于风险规避效用，考虑班扎夫指数 β'，且 $f(r)=\left(\dfrac{1}{2}\right)^{r-1}$。在三人多数投票博弈中，$\beta'(v)=\left(\dfrac{1}{2},\dfrac{1}{2},\dfrac{1}{2}\right)$，因此 $\sum \beta'_i > v(N)=1$。为了理解这里的分析过程，注意到 $v=v_{\{12\}}+v_{\{13\}}+v_{\{23\}}-2v_{\{123\}}$，因此 $\beta'_i(v)=\beta'_i(v_{\{12\}})+\beta'_i(v_{\{13\}})+\beta'_i(v_{\{23\}})-2\beta'_i(v_{\{123\}})$。但当 $r=2$ 时，$\left(\dfrac{1}{2}\right)^{r-1}=\dfrac{1}{2}$，因此班扎夫指数在二人纯讨价还价博弈中是一致的。但当 $r=3$ 时，策略风险规避的影响作用开始显现，表现为对每个 $i=1,2,3$，都有 $\beta'_i[v_{\{123\}}]=\dfrac{1}{4}$ [相比之下，沙普利值为 $\phi'_i(v_{\{123\}})=\dfrac{1}{3}$]。因为在三人多数博弈的表达式中，$v$ 的系数符号是负的，这意味着在班扎夫指数下参与人的风险厌恶程度相对更高。这使得他与沙普利值下的参与人相比，对三人纯讨价还价博弈将给予相对较低的评价，但对三人多数投票博弈将给予更

高的评价。因此，即使在普通风险中性（即可加性）下，策略风险规避所带来的结果可能也会截然不同且难以预料。

（至少）有两种方式来理解策略风险规避所造成的这些影响。一方面，这些效应与讨价还价的博弈理论模型中所发现的普通风险厌恶的类似影响相一致。另一方面，它们与普通风险假设和相应的效用函数的可加性性质之间有着紧密的联系，从而使得我们需要更加谨慎地对待可加性假设。

参考文献

Banzhaf, John F. Ⅲ [1965], "Weighted Voting Doesn't Work: A Mathematical Analysis," *Rutgers Law Review*, 19, 317-343.

Binmore, Ken and Partha Dasgupta (editors) [1987], *The Economics of Bargaining*, Oxford, Basil Blackwell.

Coleman, James S. [1971], "Control of Collectivities and the Power of a Collectivity to Act," in *Social Choice*, B. Lieberman, editor, Gordon and Breach, New York, pp. 269-300.

Dubey, Pradeep [1975a], "Some Results on Values of Finite and Infinite Games," Ph. D. thesis, Cornell University.

[1975b], "On the Uniqueness of the Shapley Value," *International Journal of Game Theory*, 4, 131-139.

Dubey, Pradeep, Abraham Neyman, and Robert Weber [1981], "Value Theory without Efficiency," *Mathematics of Operations Research*, 6, 122-128.

Dubey, Pradeep and Lloyd S. Shapley [1979], "Mathematical Properties of the Banzhaf Power Index," *Mathematics of Operations Research*, 4, 99-131.

Einy, Ezra [1987], "Semivalues of Simple Games," *Mathematics of Operations Research*, 12, 185-192.

Harrington, Joseph E., Jr. [1987], "The Role of Risk Preferences in Bargaining for the Class of Symmetric Voting Rules," Department of Political Economy, Johns Hopkins, mimeo.

Herstein, I. N. and J. Milnor [1953], "An Axiomatic Approach to Measurable Utility," *Econometrica*, 21, 291-297.

Nash, John F. [1950], "The Bargaining Problem," *Econometrica*, 54, 155-162.

Owen, Guillermo [1975], "Multilinear Extensions and the Banzhaf Value," *Naval Research Logistics Quarterly*, 22, 741-750.

Roth, Alvin E. [1977a], "The Shapley Value as a von Neumann-Morgenstern Utility," *Econometrica*, 45, 657-664.

[1977b], "Bargaining Ability, the Utility of Playing a Game, and Models of Coalition Formation," *Journal of Mathematical Psychology*, 16, 153-160.

[1977c], "Utility Functions for Simple Games," *Journal of Economic Theory*, 16, 481-489.

[1977d], "A Note on Values and Multilinear Extensions," *Naval Research Logistics Quarterly*, 24, 517-520.

[1979], *Axiomatic Models of Bargaining*, Lecture Notes in Economics and Mathematical Systems, No. 170, Springer-Verlag, New York.

[1985], *Game-Theoretic Models of Bargaining*, Cambridge University Press, Cambridge.

[1987], "Bargaining Phenomena and Bargaining Theory," *Laboratory Experimentation in Economics: Six Points of View*, A. E. Roth, editor, Cambridge University Press, Cambridge, pp. 14-41.

Roth, Alvin E. and Uriel Rothblum [1982], "Risk Aversion and Nash's Solution for Bargaining Games With Risky Outcomes," *Econometrica*, 50, 639-647.

Shapley, Lloyd S. [1953], "A Value for n-Person Games," *Contributions to the Theory of Games*, vol. II, H. W. Kuhn and A. W. Tucker, editors, Ann. Of Math. Studies 28, Princeton University Press, Princeton, New Jersey, pp. 307-317.

Shapley, Lloyd S. and Martin Shubik [1954], "A Method for Evaluating the Distribution of Power in a Committee System," *American Political Science Review*, 48, 787-792.

第5章 作为概率的沙普利-舒比克与班扎夫权力指数

小菲利普·D.斯特拉芬

5.1 沙普利-舒比克与班扎夫指数

1954年，劳埃德·沙普利和马丁·舒比克在《美国政治科学评论》上发表了一篇短文（Shapley and Shubik, 1954），指出在简单博弈中，沙普利值可以作为投票权力的指数。在过去的三十年中，这篇论文是最常被引用的文章之一，而其中的"沙普利-舒比克权力指数"也已经广为人知。沙普利和舒比克对这一指数做出了如下解释：

有一群人都愿意就某提案进行投票。他们依次进行投票。一旦该提案获得多数票，它就将被通过，而最后一个投票的人将获得通过这一提案的荣誉。让我们随机地排列投票的顺序。这样，我们就能够计算出每个个体……成为关键投票人的频率。这最后的一个计算结果给我们提供了一个指数。该指数衡量了一个个体对投票结果产生实质性影响的次数……

当然，现实的投票表决程序通常会与上文的讨论有重大的差异。对上面提出的"投票"的正式方案的更好的理解是将它视为支持提案的声明；随机性的投票顺序则可以理解为不同成员的相对支持度的一个反映，而最拥护这一提案的人将首先"投票"。关键投票人是为保证这一提案得到通过所必须获得的最后一个支持者。

因此，为了计算如下加权投票博弈的沙普利-舒比克指数：

$$[3; 2, 1, 1], \\ A\ B\ C \tag{5.1}$$

我们写下了 A、B、C 三个参与人投赞成票的所有 3! 个排列组合，并圈出了关键投票人：

A⒝C　　A©B　　B⒜C　　BC⒜　　C⒜B　　CB⒜

沙普利-舒比克指数为 $\phi_A = \dfrac{2}{3}$, $\phi_B = \dfrac{1}{6}$ 和 $\phi_C = \dfrac{1}{6}$。

1965 年，约翰·班扎夫（Banzhaf, 1965）否定了沙普利-舒比克指数，并为涉及同票同权问题的法律案例提出了一个新的投票权力指数。纽约上诉法院在 1966 年的两个案例中使用了班扎夫指数，从此之后该指数被陆续应用于其他案件（Imrie, 1973）。班扎夫认为，投票人加入某个支持提案的联盟的顺序不应该是关键性的因素："依据何时以及为何而加入一个特定的投票联盟来评价立法者的投票权力似乎是不合理的。他的加入是在行使他的投票权力——而不是在度量他的权力。"反而（Banzhaf, 1965），

因为立法结果的决定是立法权唯一合理的用途和目的，且通常单个立法者只有在其他人按相近数量分化时才能对投票结果起到决定性作用，立法者权力的一个合理的度量应当仅仅是他能影响投票结果的所有情形的数量。为了更清晰地说明这一点，考虑一个包含 N 个立法者的情形。每个立法者都独立行动，并只能通过他的投票来影响结果。立法者 X 的权力与立法者 Y 的权力之比等于 X 能够通过投票选择而改变投票结果的所有投票组合的数量与 Y 能通过投票选择而改变投票结果的所有投票组合的数量之比。

因此，为了计算加权投票博弈式（5.1）中的班扎夫指数，我们写下了全部的获胜联盟，并将投票选择能将联盟状态从获胜转变为失败的摇摆投票人（swing voter）以圆圈标出：

Ⓐ Ⓑ　Ⓐ Ⓒ　Ⓐ BC

A、B、C 三者的班扎夫指数比值为 $3:1:1$。我们可能会以摇摆投票人的总数来标准化班扎夫指数，从而得到 $\beta_A = \frac{3}{5}$，$\beta_B = \frac{1}{5}$，$\beta_C = \frac{1}{5}$。此外，班扎夫清楚地意识到权力的比值才是最有意义的，而从我们的研究目的来说，更自然的是除以任意投票人可能处于摇摆投票人位置的最大次数——它在 n 个投票人情形下等于 2^{n-1}。如果按这种方法计算，我们得到的是非标准化的班扎夫指数 $\beta'_A = \frac{3}{4}$，$\beta'_B = \frac{1}{4}$，$\beta'_C = \frac{1}{4}$。

对于一个一般性的 n 人简单博弈，投票人 i 的沙普利-舒比克与班扎夫权力指数为：

$$\phi_i = \frac{1}{n!} \sum_{i \text{ swings in } S} (s-1)!(n-s)! \qquad (s=|S|)$$

$$\beta'_i = \frac{1}{2^{n-1}} \sum_{i \text{ swings in } S} 1$$

公式中的表述"i swings in S"意味着加总发生在如下联盟 S 上：i 属于 S，S 是获胜联盟，但 $S-\{i\}$ 未在投票中获胜。班扎夫指数只是计算出了这些联盟的数量。沙普利-舒比克指数则以 i 成为摇摆投票人的排列组合的数量来为这些联盟赋予权重：$(s-1)!$ 是在关键投票人 i 之前的 S 的其他成员投票的排列组合的数量，$(n-s)!$ 是在 i 之后的 S 以外投票者的排列组合数量。如果想了解更多细节和例子，参见 Lucas（1983）和 Straffin（1983）。

5.2　指数的比较

在三人博弈式（5.1）中，沙普利-舒比克与班扎夫权力指数给出了基本一样的结果。即使是对规模适度的博弈而言，这样的结果也不是总能出现。例如，在他们 1954 年的论文中，沙普利和舒比克考虑了一个包括一个总统 P、三个参议员 SSS 和五个众议员 $HHHHH$ 的立法体系。立法只有在得到总统同意,并在参议院和众议院中得到多数票才能得以通过。在这一体系中,沙普利-舒比克权力指数分别为 $\phi_P = 0.381$,$\phi_S = 0.107$,$\phi_H = 0.059$。P、S 和 H 间的权力之比为 6.4∶1.8∶1。相反,班扎夫指数分别为 $\beta'_P = 0.250$,$\beta'_S = 0.125$,$\beta'_H = 0.094$,权力之比为 2.7∶1.3∶1。在下面的八人博弈中:

$$[2;1,1,1] \otimes [3;2,1,1,1],$$
$$\quad AAA \qquad\quad BCCC$$

由 Shapley(1962)所引入的符号 $\otimes$ 表示提案必须**同时**在两个加权投票机构中获得赞成,而沙普利-舒比克与班扎夫权力指数甚至给出了投票人权力的不同排序:

$$\phi_A = 0.093 \qquad \phi_B = 0.314 \qquad \phi_C = 0.105$$
$$\beta'_A = 0.188 \qquad \beta'_B = 0.516 \qquad \beta'_C = 0.172$$

沙普利-舒比克指数指出 C 比 A 拥有更多投票权力,而班扎夫权力指数则给出了相反的结果。

在大型博弈中,这两个权力指数的差异可能是巨大的。例如,在美国的由总统 P、101 个参议员 S(包括副总统)和 435 个众议员 H 所组成的立法体系中,P、S 和 H 间的权力比例为 870∶4.3∶1,而班扎夫权力指数的比例为 27∶2.1∶1。可以考虑的其他例子是拥有 10% 股份的大股东和众多持有剩余 90% 股份的小股东所组成的公司。在沙普利-舒比克指数中,大股东拥有 11% 的权力(Shapiro,1978);而在班扎夫指数中,大股东则几乎拥有 100% 的权力(Dubey and Shapley,1979)。

如果不同权力指数会得到如此不同的结果,那么在实际应用中,有一个帮助我们决定哪种指数在特定情形下更为实用的方法将是非常重要的。对这两个指数差异的早期讨论集中在如下方面:沙普利和舒比克的研究思路涉及以某种顺序组成的获胜联盟,而班扎夫的分析则只集中于最后获胜的联盟。班扎夫自己将这种差异描述为排列和组合间的不同(Banzhaf,1965,p.331)。因此,沙普利-舒比克指数似乎在投票人之间存在广泛交流并建立联盟的立法情形下更为适用。而班扎夫指数则在没有联盟形成且只有最后投票结果可以观察的情形下更为适用。

我在 Straffin(1977)中论证了,并打算在这里继续论证,两个指数间的排列-组合差异上的解释仅仅是貌似正确的,因为两种指数都可以从同一个不强调顺序的投票的简单概率模型中导出。这一概率模型将强调这两种指数间的重要区别来自投票人之间统计上相互独立的程度。

5.3 权力指数的一个概率模型

当一个投票主体中的个体成员考虑他或她的投票权力时,最自然的问题是:"我的投票会对结果产生什么影响?"注意从第一节的引文中可以看出,这一问题是沙普利-舒比克和班扎夫权力指数的基础。因此,我们将定义投票人 i 在投票体系中的权力来作为对他或她的问题的答案,并以此作为分析的起点。

个体效应问题 我的投票会影响某提案投票结果的概率是多少?换句话说,如果我支持一个提案它就将获得通过,而我反对它则它就将无法获得通过的概率是多少?

为了回答这一问题,我们需要建立一项提案的概率模型。因为我们关心的是投票人如何投票,我们将通过它的可接受性向量(acceptability vector)$(p_1, \cdots, p_n)$ 来描述一项提案。其中, n 是投票人的数量,而 $0 \leq p_k \leq 1$ 是投票人 k 会为提案投赞成票的概率。我们的问题转变为基于 p_k 而构建一个联合概率分布。这可以通过很多种途径来实现,但为了使模型的抽象程度适合于分析权力指数,我们很自然地要提出如下两个假设。

独立性假设(independence assumption) 每一个 p_k 都是从 $[0,1]$ 上的均匀分布中独立地产生的。

同质性假设(homogeneity assumption) 一个数值 p 由 $[0,1]$ 上的均匀分布所生成,且对于所有的 k 都有 $p_k=p$。

独立性假设是说投票人之间的行为都是相互独立的。相反地,同质性假设则是说投票决策以某种方式联系在一起。我们可以设想投票人在评估提案时遵循某些统一的标准,而数值 p 反映了由这些标准所决定的提案的可接受程度。如果有必要,上述设定中的均匀分布可以以其他分布形式代替(Straffin, 1978)。然而,在均匀分布下,我们可以得到:

定理 5.1 在同质性假设下,投票人 i 的个体效应问题的答案可以由他的沙普利-舒比克权力指数 ϕ_i 给出。

定理 5.2 在独立性假设下，投票人 i 的个体效应问题的答案可以由他的非标准化的班扎夫权力指数 β'_i 给出。

换句话说，在不同的投票相关性假设下，沙普利-舒比克与班扎夫权力指数表现为投票人影响的概率性问题的答案。特别地，在这里的分析中，沙普利-舒比克指数是在一个没有设定投票人支持某项提案的顺序的情景下界定的。

证明：投票人 i 的投票能够影响提案的结果的前提是，i 是某个联盟 S 中的摇摆投票人，S 中的其他所有成员都投赞成票，且所有不在 S 中的投票人都投反对票。这种情况发生的概率为

$$g_i(p_1,\cdots,p_n) = \sum_{i \text{ swings in } S} \prod_{j \in S-(i)} p_j \prod_{k \in N-S} 1-p_k$$

其中，N 是所有投票人的集合。注意，$p_1, \cdots, p_n$ 中的多项式并不包含 p_i。投票人 i 影响投票结果的概率与他投票的具体内容无关。

在独立性假设下，投票人 i 的权力为

$$\int_0^1 \int_0^1 \cdots \int_0^1 g_i(p_1,\cdots,p_n) dp_1,\cdots,dp_n$$

$$= \sum_{i \text{ swings in } S} \prod_{j \in S-(i)} \int_0^1 p_j dp_j \prod_{k \in N-S} \int_0^1 1-p_k dp_k$$

$$= \sum_{i \text{ swings in } S} \left(\frac{1}{2}\right)^{n-1} = \beta'_i$$

而在同质性假设下，投票人 i 的权力为

$$\int_0^1 g_i(p,\cdots,p) dp = \sum_{i \text{ swings in } S} \int_0^1 p^{s-1}(1-p)^{n-s} dp$$

$$= \sum_{i \text{ swings in } S} \frac{(s-1)!(n-s)!}{n!} = \phi_i$$

在上面这个公式中，关键性的等式推导来自贝塔函数的特性：

$$\int_0^1 x^a(1-x)^b dx = \frac{a!b!}{(a+b+1)!}$$

证明完毕。

为了便于计算，可以定义 $f_i(p) = g_i(p,\cdots,p)$。我将 $f_i(p)$ 称为投票人 i 的权力多项式（power polynomial）(Straffin, 1977, 1979, 1983)。注意到：

$$\phi_i = \int_0^1 f_i(p)dp \text{ 且 } \beta'_i = f_i\left(\frac{1}{2}\right)$$

(参见本书第 10 章。)

5.4 例子和计算

在如下加权投票博弈中：

$$[3;2,1,1]$$
$$A\ B\ C$$

权力多项式是非常容易计算的。例如，B 的投票只有在 A 投赞成票（否则无论 B 如何投票，提案都无法获得通过）而 C 投反对票（否则，给定 A 投赞成票，无论 B 如何投票，提案都将获得通过）时才会起作用。因此：

$$f_B(p) = p(1-p) = p - p^2$$
$$A\ 赞成；C\ 反对$$

当然，C 的权力多项式和 B 一样。除非 B 和 C 投反对票，否则 A 的投票就将影响投票结果，因此：

$$f_A(p) = 1 - (1-p)^2 = 2p - p^2$$

在 0 和 1 之间积分可以得到 $\phi_A = \frac{2}{3}$，$\phi_B = \phi_C = \frac{1}{6}$。在 $p = \frac{1}{2}$ 上计算则得到 $\beta'_A = \frac{3}{4}$，$\beta'_B = \beta'_C = \frac{1}{4}$。

随着投票博弈规模的扩大，权力多项式变得越来越难以计算，但对于中等规模的博弈来说，手动计算仍然是可取的。例如，在沙普利和舒比克的九人立法博弈中，权力多项式为：

$$f_P(p) = [3p^2(1-p) + p^3][10p^3(1-p)^2 + 5p^4(1-p) + p^5]$$
$$2\ 或\ 3\ 个\ S\ 的赞成票；3、4\ 或\ 5\ 个\ H\ 的赞成票$$
$$f_S(p) = p[2p(1-p)][10p^3(1-p)^2 + 5p^4(1-p) + p^5]$$
$$P\ 赞成；S\ 有分歧；3、4\ 或\ 5\ 个\ H\ 赞成$$
$$f_H(p) = p[3p^2(1-p) + p^3][6p^2(1-p)^2]$$
$$P\ 赞成；2\ 或\ 3\ 个\ S\ 赞成；其他\ H\ 有分歧$$

可以验证的是，在 0 至 1 之间进行积分可以得到沙普利-舒比克指数，而在 $\frac{1}{2}$ 处可以计算得到班扎夫指数。

5.5 权力指数应用的启示

对权力指数的许多早期研究都旨在从宪法层面考察公平问题。投票规则是否赋予了代表与某些独立准则要求所相似的权力？例如，权力指数被用于分析纽约市委会（Imrie, 1973）、美国选举团（Lucas, 1983）和加拿大宪法修正案（Miller, 1973；Straffin, 1977）中投票方法的公平性。

在这种体制层面，投票间的相关性数据可能是无法获得的，而且即使能够获取，是否应当使用这些数据也值得商榷。我们所设计的体制的公平性不应当依赖于投票者。正如约翰·罗尔斯（John Rawls）可能会指出的，正式的公正性应在无知的面纱下实现。尽管如此，即使在宪法层面，关于社会是一系列独立行动的个体的集合，还是以共同标准来评价福利的团体，可能仍然存在着哲学层面上的明示。至少在这些层面上，班扎夫指数或沙普利-舒比克指数在相应情景下都将是更为合适的。

如果我们用权力指数来分析一个实际存在的投票主体，我们将可能获得投票特征的历史信息。由于成员和偏好会随时间而变化，我们不应当过分地依赖于这些历史信息，但从它至少可以判断独立性假设和同质性假设的适用性。例如，我在 Straffin（1977）中主张同质性假设，以及相应的沙普利-舒比克指数在美国立法体系或者大多数公司的投票研究中更为适用。此外，独立性假设似乎更加适用于加拿大省际的投票。我的观点是，独立性和同质性假设的一般性可能能够很好地满足对现存投票主体的政治研究的需要。

还有另一种有趣的可能性。在假设的一般性问题上，我们可能会认为某些投票人群体之间的行为符合同质性特征，但在其他群体之间则存在着独立性。这种现象在我们的概率模型框架下可以通过一个恰当的部分同质性（partial homogeneity）假设来描述，并产生出一个调整后的同时结合沙普利-舒比克指数和班扎夫指数特性的权力指数。

5.6 部分同质性假设：一个政治上的例子

假设在沙普利和舒比克的 $PSSSHHHHH$ 立法体系中存在着两个政党，共和党（R）和民主党（D）。近似地，我们假设每个党内成员之间都是同质的（符合同质性假设），但和另一个党派成员的投票行为之间是独立的。接下来，我们就可以通过在部分同质性假设下回答个体效应问题来计算这一系统中的投票人的权力。我将考虑两种情形。

在第一种情形下，我们假设总统是共和党人，但在两院中民主党占多数：共和党成员为 $PSHH$；民主党成员为 $SSHHH$。每一类投票人的权力是多少？这一计算涉及 p（一个共和党成员投赞成票的概率）和 q（一个民主党成员投赞成票的概率）的多项式的双重积分。例如，一个共和党众议员的权力为：

$$\int_0^1 \int_0^1 p[2pq(1-q)+(1-p)q^2+pq^2]3pq(1-q)^2 \\ +3(1-p)q^2(1-q)]dpdq$$

P 赞成；2 个或 3 个 S 赞成；2 个 H 赞成，2 个 H 反对

计算得到 48/720，或者 0.067。完整的计算结果在表 5.1 第 2 列中给出。

表 5.1　在不同部分同质性假设下沙普利-舒比克立法体系示例中的（非标准化）权力指数

投票人类型	共和党总统，民主党占多数	共和党总统，共和党占多数	同质性 (ϕ)	独立性 (β')
P	0.350	0.350	0.381	0.250
共和党 S	0.100	0.162	0.107	0.125
民主党 S	0.132	0.100	0.107	0.125
共和党 H	0.067	0.108	0.059	0.094
民主党 H	0.078	0.073	0.059	0.094

在第二种情形下，我们假设总统仍然是共和党人，且共和党在两院中也占多数：共和党成员为 $PSSHHH$；民主党成员为 SHH。部分

同质性假设下的计算与上文是类似的，相应的结果呈现在表 5.1 的第 3 列。为了进行比较，第 4 列和第 5 列给出了沙普利-舒比克指数和非标准化的班扎夫指数。给定合适的同质性——独立性假设，表 5.1 中的所有数字都可以直接解释为特定类型的投票人能够影响投票结果的概率。

表 5.1 的一个有趣的结果是，与直觉一致，占多数的党派成员比占少数的党派成员有更多投票权力。无论总统属于哪个党派，这个结论都将成立，但如果总统也属于占多数的党派，那么其成员的权力将提高两倍。只要总统属于某个党派，那么该党派的议员就肯定会获得权力。

此外，注意到哪个党派占多数并不影响总统的投票权力。即使总统所在党派获得多数席位，总统也无法获得更多权力。即使这看起来与政治直觉相悖，但它仍然是我们所引入的权力定义下的直接结果。总统的投票能起作用的概率正好是一项提案能同时通过两院的概率，而如果我们假设提案赞成票的分布与党派无关，那么这种概率就和哪个党派占多数席位无关。

一种实现理论完美性的方法——如同投票结果——是放弃个体效应问题，转而考虑如下问题：

团体-个体一致性问题　团体对一项提案的决议与我个人的投票相一致的概率是多少？换句话说，我赞成一项将被通过的提案，或者反对一项将被否决的提案的概率是多少？

对这一问题的回答将得到被称为满意指数（satisfaction index）的指标。这些指数以有趣的方式与权力指数产生联系（Brams and Lake, 1978; Straffin, 1978; Straffin, Davis, and Brams, 1981）。

理想化经典权力指数的下一步逻辑性工作或许是在独立性之外引入意识形态上的对立。换句话说，给定共和党和民主党内部的同质性，当共和党以概率 p 支持一项提案时，民主党以 $1-p$ 的概率投赞成票。这种方法在 Straffin、Davis 和 Brams（1981）中得到了研究。对其他替代型方法的讨论可以参见 Owen（1971）和 Shapley（1977）。

5.7　比较权力指数的其他方法

沙普利-舒比克权力指数是由沙普利公理所刻画的沙普利值在简单

博弈中的一个特殊形式。这些公理在特征方程形式下的一般性博弈中是非常有吸引力的，而 Shapley 和 Shubik（1954）宣称"在委员会系统中，任意一个在成员间分配权力的方案要么产生如上所定义的权力指数（沙普利-舒比克权力指数），要么导致逻辑上的不一致"。然而，沙普利值的关键性公理是线性公理，而简单博弈的加总并不一定还是简单博弈。因此，这一公理性的方法在简单博弈的范畴外去肯定一个仅在简单博弈上有良好性质的指数的合理性，从而弱化了这一论断的合理性。

在 20 世纪 70 年代，在完全限定在简单博弈的前提下，杜贝为沙普利-舒比克指数和班扎夫指数提出了一个可以进行对比的公理（Dubey，1975；Dubey and Shapley，1979；Straffin，1983）。杜贝的公理性方法非常优美，但在为何种投票环境下适宜采用哪个权力指数这一问题提供清晰的启发式建议问题上，我认为它没有概率方法那样有效。

参考文献

Banzhaf, J. F., "Weighted voting doesn't work: a mathematical analysis," *Rutgers Law Review* 19 (1965), 317–343.

Brams, S. J. and M. Lake, "Power and satisfaction in a representative democracy," pp. 529–562 in P. Ordeshook, ed., *Game Theory and Political Science*, NYU Press, 1978.

Dubey, P., "On the uniqueness of the Shapley value," *International Journal of Game Theory* 4 (1975), 131–140.

Dubey, P. and L. S. Shapley, "Mathematical properties of the Banzhaf power index," *Mathematics of Operations Research* 4 (1979), 99–131.

Imrie, R. W., "The impact of the weighted vote on representation in municipal governing bodies in New York state," *Annals of the New York Academy of Sciences* 219 (1973), 192–199.

Lucas, W. F., "Measuring power in weighted voting systems," pp. 183–238 in Brams, S., Lucas, W., and Straffin, P., eds.,

Political and Related Models, Springer-Verlag, 1983.

Miller, D. R. , "A Shapley value analysis of the proposed Canadian constitutional amendment scheme," *Canadian Journal of Political Science* 6 (1973), 140–143.

Owen, G. , "Political Games," *Naval Research Logistics Quarterly* 18 (1971), 345–355.

Shapiro, N. Z. and L. S. Shapley, "Values of large games. I : a limit theorem," *Mathematics of Operations Research* 3 (1978), 1–9.

Shapley, L. S. , "Simple games: an outline of the descriptive theory," *Behavioral Science* 7 (1962), 59–66.

"A comparison of power indices and a non-symmetric generalization," RAND Corporation, Santa Monica, Paper P-5872, 1977.

Shapley, L. S. and M. Shubik, "A method for evaluating the distribution of power in a committee system," *American Political Science Review* 48 (1954), 787–792.

Straffin, P. D. , "Homogeneity, independence, and power indices," *Public Choice* 30 (1977), 107–118.

"Probability models for power indices," pp. 477–510 in P. Ordeshook, ed. , *Game Theory and Political Science*, NYU Press, 1978.

"Using integrals to evaluate voting power," *Two-Year College Mathematics Journal* 10 (1979) 179–181.

"Power indices in politics," pp. 256–321 in Brams, Lucas, and Straffin, eds. , *Political and Related Models*, Springer-Verlag,1983.

Straffin, P. D. , M. Davis, and S. Brams, "Power and satisfaction in an ideologically divided voting body," pp. 239–255 in M. Holler, ed. , *Power, Voting, and Voting Power*, Physica-Verlag, 1981.

第 6 章　加权沙普利值

埃胡德·卡莱和多夫·萨梅特

6.1　背景和概述

描述沙普利值的一个最重要的公理是对称性公理。然而，除了就博弈参数而言的参与人间的对称性，在很多应用中，这一假设似乎都是不合实际的。因此，在这些情形下，出现了对沙普利值的非对称性拓展。

加权沙普利值最早在 Shapley（1953a）的博士学位论文中得到了讨论。Owen（1968, 1972）用概率方法研究了加权沙普利值。Weber（本书第 7 章）、Shapley（1981）、Kalai 和 Samet（1987）以及 Hart 和 Mas-Colell（1987）实现了非对称沙普利值的公理化研究。

考虑一个诸如二人博弈的场景。如果二人合作共同参与一个项目，他们可以产生 1 单位能够在二人之间分配的利润。如果他们单独行动则没有任何利润。沙普利值将这种情形视为对称的，并会将合作产生的利润在二人之间平均分配。然而，在一些应用中，对称性可能是缺失的。例如，为了让合作项目能够成功，参与人 1 需要比参与人 2 付出更多的努力。另一个例子是参与人 1 代表了许多个体，而参与人 2 只代表少数个体〔例如，可以参见 Kalai（1977）；Thomson（1986）〕。其他不存在对称性的例子可以很容易地由成本分摊问题来得到〔例如，参见 Shapley（1981）〕。此外，对称性的缺失可能还来自参与人有不对等的讨价还价能力〔例如，参见 Roth（1977）〕。

加权沙普利值族由 Shapley（1953a）提出。每个加权沙普利值都为所有参与人赋予正的权重。这些权重是参与人在一致同意博弈中的比重。对称的沙普利值是其中所有权重都相等的特殊情形。"加权"这一概念被 Kalai 和 Samet（1987）拓展至"加权系统"，并使得某些参与人的权重可以为 0。第 6.2 节将定义基于一个特定权重系统的加权沙普利值，并在不存在单边转移支付的博弈中将其与 Harsanyi（1959）所提出的红利分配程序相联系〔也可以参见 Owen（1982）〕。在第 6.3 节中，我们基于随机顺序给出了加权沙普利值的等价性定义，并将随机顺序方法拓展至对称性的沙普利值。在第 6.4 节中，遵循 Kalai 和 Samet（1987）的研究，我们给出了加权沙普利值族的公理化表述——我们给出了一系列只可能由加权沙普利值所满足的解的性质。

Shapley（1981）同样提出了一系列加权的成本分摊方案，并就外生给定的权重，讨论了权重设定方案的公理性表述。这一解的族通过对偶性与加权沙普利值相联系。在第 6.5 节中，遵循 Kalai 和 Samet（1987）的研究，我们阐述了这两个族之间的关系，并对后一个进行了公理化（在这一过程中，它并未像沙普利公理那样明确地使用权重）。这一研究使我们在未使用对称性公理的基础上得到了对称沙普利值的公理化表述。

Owen（1968，1972，以及本书第 10 章）论证了加权沙普利值可以通过一个"对角线公式"来计算，从而为赋予参与人的权重提供了另一种解释。在第 6.6 节中我们以 Kalai 和 Samet（1987）的对角线公式为基础对权重系统和成本分配方案进行了拓展。

最后，我们注意到，如果人们接受了第 6.4 节的公理，那么他们就必须使用加权沙普利值,但这些公理本身并没有涉及应选择什么样的权重。这种权重的设定必须考虑到诸如谈判能力、耐心或者历史经验等因素。在第 6.7 节中,遵循 Kalai 和 Samet (1987) 的研究,我们展示了一些参与人的"规模"适合于作为权重的例子(在这些例子中,参与人本身是许多个体组成的团体)。这些研究表明,任何非对称解(满足本章的公理,但不满足对称公理)都始终可以在数理上被视为源自参与人代表的个体规模上的非对称性。

6.2 基于特定权重系统的加权沙普利值的定义

令 N 表示 n 个参与人所组成的有限集。N 的子集被称为联盟,而 N 被称为大型联盟。对于每个联盟 S,我们令 E^S 表示以 S 的参与人所标识的 $|S|$ 维欧氏空间。一个博弈 v 是为每个联盟赋予一个实数的函数。特别地,$v(\varnothing)=0$。N 上的所有博弈的集合以 Γ 表示。Γ 中两个博弈 v 和 w 的加总定义为对每一个 S,$(v+w)(S)=v(S)+w(S)$;博弈 v 和标量 α 的乘积定义为对每一个 S,$(\alpha v)(S)=\alpha v(S)$。因此,$\Gamma$ 是一个向量空间。对于每个联盟 S,联盟 S 的一致同意博弈 u_S,被定义为当 $T \supseteq S$ 时,$u_S(T)=1$,而在其他情况下 $u_S(T)=0$。众所周知的是,博弈族 $\{u_S\}_{S \subseteq N}$ 是 Γ 的基。

沙普利值是线性函数 $\phi: \Gamma \to E^N$。对于每个一致同意博弈 u_S,它均被定义为当 $i \in S$ 时,$\phi_i(u_S)=1/|S|$,而在其他情况下 $\phi_i(u_S)=0$。直觉上说,在博弈 u_S 中,任何包含 S 的联盟均可以在其成员间分配 1 单位收益,因此 S 之外的参与人并未为他们所加入的联盟做出实质性贡献。因此,$i \notin S$ 对应有 $\phi_i(u_S)=0$。此外,S 的成员在他们之间平均地分配这 1 单位收益。由于 $\{u_S\}_{S \subseteq N}$ 是 Γ 的基,且 ϕ 是线性的,因此 ϕ 定义在所有博弈之上。一个加权沙普利值通过在博弈 u_S 中允许 S 的成员按不同方式来分配 1 单位的收益而实现对沙普利值的一般性拓展。我们引入一个正权重向量 $\lambda=(\lambda_i)_{i \in N}$,而在每个博弈 u_S 中,参与人都按他们各自的权重参与分配。我们希望能够允许一些参与人的权重为 0。这意味着如果他们和具有正权重的参与人一起参与分配,则他们的支付为 0。但接下来的问题是,我们必须界定清楚当没有正权重参与人参与分配时,这些 0 权重参与人之间是如何分配 1 单位收益的。

这就把我们引向了如下的字典式定义的权重系统。

一个权重系统（weight system）ω 是一个序对 (λ, Σ)，其中 $\lambda \in E_{++}^N$（E^N 的严格正象限），$\Sigma = (S_1, \cdots, S_m)$ 是 N 的一个有序配分。如果 $\Sigma = (N)$，则权重系统 $\omega = (\lambda, \Sigma)$ 被称为简单系统。权重系统 ω 之上的加权沙普利值是一个线性映射 $\phi_\omega : \Gamma \to E^N$。该映射对于每一个 u_S 都符合下述定义。

令 $k = \max\{j \mid S_j \cap S \neq \varnothing\}$，且 $\bar{S} = S \cap S_k$。则有

$$(\phi_\omega)_i(u_S) = \lambda_i \Big/ \sum_{j \in S} \lambda_j \qquad \text{对于 } i \in \bar{S}$$
$$= 0 \qquad \text{其他}$$

换句话说，S_i 中参与人的权重相对于 S_j 中的参与人来说是 0，其中 $j > i$。S_i 中参与人的正权重仅在 S 中不包含来自 S_j（$j > i$）的参与人时才在博弈 u_S 中起作用。注意到，当且仅当 $\omega = (\lambda, (N))$，且 λ 与向量 $(1, 1, \cdots, 1)$ 成一定比例时，ϕ_ω 才是（对称的）沙普利值。

另一种 $\phi_\omega(v)$ 的计算过程由 Harsanyi（1959）提出。在这一过程中，每个联盟 S 在所有子联盟分红后，向其成员分配收益。这一分红过程如下。我们先把每个参与人 i 的价值 $v(\{i\})$ 分配给他自己。设想所有规模为 k 或小于 k 的联盟都已经完成了收益分配，并令 S 为一个规模为 $k+1$ 的联盟。令 $z(S)$ 表示在所有 S 的子联盟分红中，S 的成员所得到的支付之和。这样，$v(S) - z(S)$（可能取 0 或负值）就是 S 将向其成员分配的收益。为了研究这一收益是如何分配的，我们像之前那样定义 $\bar{S}$（是 S 的一个子集）。$\bar{S}$ 的成员将根据他们的权重来分配 $v(S) - z(S)$，而 S 中剩余的成员得到 0。在这一分配过程结束时（即 N 完成了它的收益分配），每个参与人所得到的收益总和正好是 $(\phi_\omega)_i(v)$。为了说明这一点，我们可以很容易地通过演绎来证明如果 $v = \sum_{S \subseteq N} \alpha_S u_S$，则对于每个联盟 S，$v(S) - z(S) = \alpha_S$，而收益分配实际上是对与 ϕ_ω 定义相一致的系数 α_S 的分配。

为计算沙普利值而对这一程序所进行的一般化拓展由 Maschler（1982）提出。这一一般化拓展同样适用于 ϕ_ω。我们选择一个 $v(S) \neq 0$ 的联盟 S 作为起点，并根据 ω 来分配 $v(S)$。在计算的下一步中，我们选择任意的 $v(S) - z(S) \neq 0$ 的联盟 S 进行收益分配。其中，$z(S)$ 表示在所有 S 的子联盟分红中，S 的成员所得到的支付之和（注意在这

一过程中，一个联盟可能会被选中多次）。这一计算过程在对于所有联盟都有 $v(S)-z(S)=0$ 时结束。关于这一计算过程总会结束并得到 ϕ_ω 的证明与 Maschler（1982）的证明相同。

Harsanyi（1959）还针对不存在单边支付的博弈定义了另外一种加权的收益分配。由这些计算过程所得到的一族被称为平等主义（egalitarian）解的解由 Kalai 和 Samet（1985）进一步公理化。已经被证明的是，包含单边支付的博弈的每一个受限的平等主义解都是一个加权沙普利值。

在下一节中，我们给出了一个加权沙普利值的概率方法。这一方法一般化了（对称）沙普利值的概率公式。

6.3 加权沙普利值的概率定义

令 $R(S)$ 表示联盟 S 成员所有排序 R 所组成的集合。对于一个 $R(N)$ 中的排序 R，我们令 $B^{R,i}$ 表示 R 中在 i 之前的参与人的集合。对于 N 的一个有序配分 $\Sigma=(S_1,\cdots,S_m)$，R_Σ 是所有 S_i 中的成员均排列在 S_{i+1} 成员之前的 N 的排序集合，$i=1,\cdots,m-1$。每一个 R_Σ 中的 R 都可以表述为 $R=(R_1,\cdots,R_m)$，其中，$R_i\in R(S_i)$，$i=1,\cdots,m$。

令 $|S|=s$，并令 $\lambda\in E_{++}^S$。我们在 $R(S)$ 上将一个概率分布 P_λ 与 λ 相关联。对于 $R(S)$ 中的 $R=(i_1,\cdots,i_s)$，我们定义：

$$P_\lambda(R)=\prod_{j=1}^s \lambda_{i_j} \Big/ \sum_{k=1}^j \lambda_{i_k}$$

一种计算这一概率分布的方法是将 S 的参与人按某种顺序排列，并从末尾开始，使得在部分形成的队列的开始加入一个参与人的概率等于在这个参与人的权重和不在这个队列中的 S 的参与人的总权重之间的比率。

在每一个权重系统 $\omega=(\lambda,\Sigma)$ 下，其中 $\Sigma=(S_1,\cdots,S_m)$，按如下方式在 $R(N)$ 上生成一个概率分布 P_ω。P_ω 不存在于 R_Σ 之外，并且对于 R_Σ 中的 $R=(R_1,\cdots,R_m)$，$P_\omega(R)=\prod_{i=1}^m P_{\lambda S_i}(R_i)$。其中，$\lambda_{S_i}$ 是 λ 在 E^{S_i} 上的投影。

对于一个给定的博弈 v 和 $R(N)$ 中的排序 R，参与人 i 的贡献为

$C_i(v, R) = v(B^{R,i} \bigcup \{i\}) - v(B^{R,i})$。我们现在证明:

定理 6.1 对于每个参与人 $i \in N$、权重系统 ω,以及博弈 v,

$$(\phi_\omega)_i(v) = E_{P_\omega}(C_i(v, \bullet))$$

其中,等号右边为与概率分布 P_ω 相对应的参与人 i 的期望贡献。

证明: 如果 $i \in S$ 且 $S \in B^{R,i} \bigcup \{i\}$,则我们称 i 在排序 R 中是 S 的最后一个。对于一个给定的排序 R 和参与人 i,联盟 $N \setminus (B^{R,i} \bigcup \{i\})$ 被称为 i 在 R 中的尾部。如果对于某些 i,T 是 i 在 R 中的尾部,则 T 被称为 R 的尾部。

令 $\omega = (\lambda, (S_1, \cdots, S_m))$ 为一个权重系统,并令 S 为一个联盟。现在,令 $k = \max\{j \mid S \bigcap S_j \neq \varnothing\}$,且 $\overline{S} = S \bigcap S_k$。我们将证明对每个 $i \in S \setminus \overline{S}$,$P_\omega(i$ 是 S 中最后一个$) = 0$;对于每个 $i \in \overline{S}$,$P_\omega(i$ 是 S 中最后一个$) > 0$;且对于每个 $j, i \in \overline{S}$ 有

$$\frac{P_\omega(i \text{ 是 } S \text{ 中最后一个})}{P_\omega(j \text{ 是 } S \text{ 中最后一个})} = \frac{\lambda_i}{\lambda_j} \tag{6.1}$$

如果 $i \in S \setminus \overline{S}$,则为了成为 S 中的最后一个,i 必须排在 S_k 的参与人之后,而这个事件发生的概率为 0。现在,假设 $i, j \in \overline{S}$。令 $A = (\bigcup_{t \geq k} S_t) \setminus S$。则有

$$P_\omega(i \text{ 是 } S \text{ 中最后一个}) = \sum_{T \subseteq A} P_\omega(T \text{ 是 } i \text{ 的一个尾部})$$

$$= \sum_{T \subseteq A} P_\omega(T \text{ 是 } i \text{ 的一个尾部} \mid T \text{ 是一个尾部}) P_\omega(T \text{ 是一个尾部})$$

$$= \sum_{T \subseteq A} \lambda_i \Big/ \Big(\sum_{r \in S_k \setminus T} \lambda_r\Big) P_\omega(T \text{ 是一个尾部})$$

$$= \lambda_i h \quad h \text{ 是一个正数}$$

类似地,$P_\omega(j$ 是 S 中最后一个$) = \lambda_j h$,这样就可以得到式 (6.1)。

接下来考虑博弈 u_S。$i \notin S$ 在每一个排序中的贡献都是 0,因此 $E_{P_\omega}(C_i(u_S, \bullet)) = 0 = (\phi_\omega)(u_S)$。如果在 R 中 i 是 S 的最后一个,则在排序 R 中,$i \in S$ 的贡献为 1,而在其他情形下,其贡献为 0。如果 $i \in S \setminus \overline{S}$,则有

$$E_{P_\omega}(C_i(u_S, \bullet)) = P_\omega(i \text{ 是 } S \text{ 中最后一个}) = 0 = (\phi_\omega)_i(u_S)$$

如果 $i, j \in \overline{S}$,则有

$$\frac{E_{P_\omega}(C_i(u_S,\cdot))}{E_{P_\omega}(C_j(u_S,\cdot))} = \frac{P_\omega(i \text{ 是 } S \text{ 中最后一个})}{P_\omega(j \text{ 是 } S \text{ 中最后一个})} = \frac{\lambda_i}{\lambda_j}$$

但是，

$$\sum_{i \in N} E_{P_\omega}(C_i(u_S,\cdot)) = E_{P_\omega}(\sum_{i \in N} C_i(u_S,\cdot)) = E_{P_\omega}(1) = 1$$

此外，正如我们的分析所指出的，

$$\sum_{i \in N} E_{P_\omega}(C_i(u_S,\cdot)) = \sum_{i \in S} E_{P_\omega}(C_i(u_S,\cdot))$$

因此对于每个 $i \in \bar{S}$，有

$$E_{P_\omega}(C_i(u_S,\cdot)) = \lambda_i \Big/ \sum_{j \in S} \lambda_j = (\phi_\omega)_i(u_S)$$

$E_{P_\omega}(C_i(u_S,\cdot))$ 很明显是 Γ 到 E 的一个线性映射，$(\phi_\omega)_i(v)$ 也是一样；因此，由于它们在由一致同意博弈所组成的基上是一致的，它们在 Γ 上也是一致的。证明完毕。

6.4 对加权沙普利值的公理性描述

Γ 的一个解是一个从 Γ 到 E^N 的函数 ϕ。对于一个联盟 S，我们用 $\phi(v)(S)$ 表示加总项 $\sum_{i \in S} \phi_i(v)$。如果对每一个 $T \subsetneq S$，以及每一个 $R \subseteq N \setminus S$，都有 $v(R \cup T) = v(R)$，则称联盟 S 是博弈 v 的一个合伙制联盟（partnership）。

下面，考虑 ϕ 的如下公理。对于所有博弈 $v, w \in \Gamma$：

公理 6.1：有效性 $\phi(v)(N) = v(N)$。

公理 6.2：可加性 $\phi(v+w) = \phi(v) + \phi(w)$。

公理 6.3：正值性   如果 v 是单调的 [即对于每一个满足 $T \supseteq S$ 的 T 和 S 都有 $v(T) \geq v(S)$]，则 $\phi(v) \geq 0$。

公理 6.4：虚拟参与人   如果 i 是 v 的一个虚拟参与人 [即对每一个 S，$v(S \cup \{i\}) = v(S)$]，则 $\phi_i(v) = 0$。

公理 6.5：合伙制一致性   如果 S 是 v 中的一个合伙制联盟，则对于每个 $i \in S$，$\phi_i(v) = \phi_i(\phi(v)(S) u_S)$。

公理 6.1～公理 6.4 是各种沙普利值标准化表述中的标准内容。公理 6.5 从如下方面表述了 ϕ 的一个一致性特征。令 S 为 v 中的一个合伙制联盟。如果我们用 ϕ 来分配 $v(N)$，则 S 的成员总共能获得 $\phi(v)(S)$。注意 S 的每一个合适的子联盟是没有影响力的，而在博弈 $\phi(v)(S)u_S$ 中通过 ϕ 来分配 $\phi(v)(S)$ 也是很自然的选择。公理 6.5 指出，在这样重新分配之后，每个 S 中参与人所得的支付和之前的分配结果完全一样。在近期的研究中，Hart 和 Mas-Colell（1987）通过要求 ϕ 在所有联盟（不一定是合伙制联盟）中的一致性而强化了公理 6.5。在他们的公理中，$\phi(v)(S)$ 通过将 ϕ 应用于由 v 和 S 所界定的简化博弈而重新分配。我们注意到对于一个合伙制联盟，这一简化博弈正好是这里公理 6.5 中所采用的一致同意博弈 $\phi(v)(S)u_S$。

定理 6.2 当且仅当存在一个权重系统 ω 使得 ϕ 等于加权沙普利值 ϕ_ω，解 ϕ 满足公理 6.1～公理 6.5。

证明： 我们先说明对于 $\omega = (\lambda, (S_1, \cdots, S_m))$，$\phi_\omega$ 满足公理 6.1～公理 6.5。为了证明有效性，注意到对于每个 v 和 R，$\sum_{i \in N} C_i(v, R) = v(N)$，因此

$$\phi_\omega(v)(N) = \sum_{i \in N} (\phi_\omega)_i(v) = \sum_{i \in N} E_{P_\omega}(C_i(v, \cdot))$$
$$= E_{P_\omega}(\sum_{i \in N} C_i(v, \cdot)) = v(N)$$

ϕ_ω 的可加性来自 E_{P_ω} 和 C_i 的可加性。而由此可以容易得到正值性和虚拟参与人公理。为了论证合伙制一致性公理，假设 S 是博弈 v 中的一个合伙制联盟。应先注意到，因为 S 是一个合伙制联盟，S 中的一个参与人 i 仅在 R 中排在 S 的最后一个时才能够在排序 R 中做出非零贡献。令 $k = \max\{j \mid S_j \cap S \neq \emptyset\}$，且 $\bar{S} = S \cap S_k$。对于 $i \in S \setminus \bar{S}$，在排序中 i 是 S 的最后一个的概率为零，因此 $(\phi_\omega)_i(v) = 0$。对于 $i \in \bar{S}$，

$$(\phi_\omega)_i(v) = E_{P_\omega}(C_i(v, \cdot))$$
$$= \sum_{T \subseteq N \setminus S} E_{P_\omega}(C_i(v, \cdot) \mid T \text{ 是 } i \text{ 的一个尾部}) P_\omega(T \text{ 是 } i \text{ 的一个尾部})$$

然而，由于 S 是一个合伙制联盟，$E_{P_\omega}(C_i(v_j, \cdot) \mid T \text{ 是 } i \text{ 的一个尾部})$ 对于每个 $i \in \bar{S}$ 都是一样的。此外，正如定理 6.1 的证明中所展示的，$P_\omega(T \text{ 是 } i \text{ 的一个尾部})$ 的形式是 $\lambda_i h(T)$，而 $h(T)$ 对于每个 i

$\in \bar{S}$ 也都是一样的。

因此,存在一个常数 K 使得对于每一个 $i \in S$,$(\phi_\omega)_i(v) = \lambda_i K$,而这意味着 ϕ_ω 满足合伙制一致性性质。

下面,令 ϕ 为一个满足公理 6.1~公理 6.5 的解,而我们要证明的是对某些权重系统 ω,$\phi = \phi_\omega$。我们先按如下方式定义一个权重系统 $\bar{\omega} = (\lambda, (\bar{S}_1, \cdots, \bar{S}_m))$。联盟 $\bar{S}_1$ 包含了所有满足 $\phi_i(u_N) \neq 0$ 的参与人(由有效性公理可知,$\bar{S}_1 \neq \varnothing$)。对每个 $i \in \bar{S}_1$,我们定义 $\lambda_i = \phi_i(u_N)$。假设已定义联盟 $\bar{S}_1, \cdots, \bar{S}_k$,令 $T = N \setminus (\bar{S}_1 \cup \cdots \cup \bar{S}_k)$,并令 $\bar{S}_{k+1}$ 包含所有满足 $\phi_i(u_T) \neq 0$ 的参与人 i,并针对所有 $i \in \bar{S}_{k+1}$ 定义 $\lambda_i = \phi_i(u_T)$。(由有效性公理和虚拟参与人公理可知 $\bar{S}_{k+1}$ 不是空集。)由正值性公理可知,$\lambda > 0$。现在,对于 $i = 1, \cdots, m$,我们定义 $S_i = \bar{S}_{m-i+1}$,$\omega = (\lambda, (S_1, \cdots, S_m))$。

下面,我们证明 ϕ 是齐次的;即对于每个博弈 v 和标量 t 都有 $\phi(tv) = t\phi(v)$。由于每个博弈都是两个单调博弈之差,由可加性公理可知,仅仅考虑单调博弈就足够了。在合适的标量下,可加性公理意味着齐次性。令 v 为一个单调博弈。选择分别向上和向下收敛于 t 的序列 $\{r_k\}$ 和 $\{s_k\}$。由可加性公理和正值性公理可得,$\phi(r_k v) - \phi(tv) = \phi((r_k - t)v) \geq 0$ 和 $\phi(tv) - \phi(s_k v) \geq 0$。然而,当 $k \to \infty$ 时,$\phi(r_k v) - \phi(s_k v) = (r_k - s_k)\phi(v) \to 0$,因此 $\phi(r_k v) \to \phi(tv)$,$\phi(r_k v) = r_k \phi(v) \to t\phi(v)$,而这就证明了 ϕ 的齐次性。由于 ϕ 和 ϕ_ω 都是 Γ 上的线性映射,正如我们将要证明的那样,ϕ 和 ϕ_ω 在一致同意博弈上是一致的。

在一个一致同意博弈 u_S 中,定义 $k = \max\{j \mid S \cap S_j \neq \varnothing\}$,并令 $\bar{S} = S \cap S_k$。令 $T = \bigcup_{j=1}^k S_j$。联盟 S 是 u_T 中的一个合伙制联盟(正如每一个 T 的子集那样),而由合伙制一致性公理可得,对每一个 $i \in S$,

$$\phi_i(u_T) = \phi_i(\phi(u_T)(S)u_S) = \phi(u_T)(S)\phi_i(u_S)$$

由 T 的定义可知,在 T 中,只有 S_k 的成员在 u_T 中有非零支付;因此 $\phi(u_T)(S) = \sum_{j \in \bar{S}} \lambda_j > 0$,且

$$\phi_i(u_S) = \phi_i(u_T) \bigg/ \sum_{j \in \bar{S}} \lambda_j$$

而对 $i \in \bar{S}$ 可以进一步得到，

$$\phi_i(u_S) = \lambda_i \Big/ \sum_{j \in S} \lambda_j$$

且对 $i \notin \bar{S}$，$\phi_i(u_S) = 0$；即 $\phi(u_S) = (\phi_\omega)(u_S)$。证明完毕。

简单权重系统 ω 下的所有加权沙普利值 ϕ_ω 的族还可以通过略微改变正值性公理来刻画。我们现在将公理 6.3 替换为如下形式。

公理 6.3′：正值性 如果 v 是单调的，且没有虚拟参与人，则 $\phi(v) > 0$。

定理 6.3 当且仅当存在一个简单权重系统 $\omega = (\lambda, (N))$ 使得 $\phi = \phi_\omega$ 时，解 ϕ 满足公理 6.1、公理 6.2、公理 6.3′、公理 6.4 和公理 6.5。

证明：如果 ω 是一个简单权重系统，那么对于每个 $R(N)$ 中的排序 R，$P_\omega(R) > 0$。如果 v 满足公理 6.3′，则对于每个参与人 i，$C_i(v, \cdot) \geq 0$，且对于一些 R，$C_i(v, R) > 0$，而这表明 $\phi_\omega(v) > 0$。

另一个方向上的证明与定理 6.2 的证明类似。唯一的区别在于，由于公理 6.3′，$\phi(u_N) > 0$，因此在定理 6.2 的证明中所构造的配分只包含 N。证明完毕。

在下一个定理中，我们将指出，加权沙普利值可以由简单加权沙普利值来近似。

定理 6.4 对于每个权重系统 $\omega = (\lambda, (S_1, \cdots, S_m))$，存在一个简单权重系统的序列 $\omega^t = (\lambda^t, (N))$，使得对于每个博弈 v 都有 $t \to \infty$ 时，$\phi_{\omega^t}(v) \to \phi_\omega(v)$。

证明：令 $0 < \varepsilon < 1$，并对每一个 t，定义 $1 \leq l \leq m$，且 $i \in S_l$，$\lambda_i^t = \varepsilon^{t(m-l+1)} \lambda_i$，$\omega^t = (\lambda^t, (N))$。很容易验证对于每个 S，$\phi_{\omega^t}(u_S) \to \phi(u_S)$，并且由于 ϕ_ω 和 ϕ_{ω^t} 都是线性的，$\phi_{\omega^t}(v) \to \phi_\omega(v)$ 对每个 v 都成立。

6.5 对偶性

令 v^* 表示博弈 v 的对偶。将 v^* 定义为：

$$v^*(S) = v(N) - v(N \setminus S) \quad \text{对于每个 } S \subseteq N$$

$v \to v^*$ 是一个由 Γ 到其自身的一对一的线性映射。特别地，集合

$\{u_S^*\}_{S\subseteq N}$ 是 Γ 的一个基。注意到对于每个满足 $T\cap S=\emptyset$ 的 T 均有 $u_S^*(T)=0$,而当 $T\cap S\neq\emptyset$ 时,则有 $u_S^*(T)=1$。我们称博弈 u_S^* 为联盟 S 的代表性博弈(representation game for the coalition S)。博弈 $-u_S^*$ 的一个自然解释是成本博弈,其中 $u_S^*(T)$ 是由 T 所承担的成本。T 中的 S 内任何一个数量的联盟成员的出现都将引起 1 单位的成本〔与 Shapley (1981) 相对照〕。对于一个权重系统 $\omega=(\lambda,(S_1,\cdots,S_m))$,我们通过将 ϕ_ω^* 在基 $\{u_S^*\}_{S\subseteq N}$ 上进行如下设定来定义一个线性映射 $\phi_\omega^*:\Gamma\to R^N$。对一个给定的 S,令 $k=\max\{j\mid S_j\cap S\neq\emptyset\}$,并令 $\bar{S}=S\cap S_k$。这样就有

$$(\phi_\omega^*)_i(u_S^*)=\lambda_i/\sum_{j\in\bar{S}}\lambda_j \quad 如果\ i\in\bar{S}$$
$$=0 \quad 如果\ i\notin\bar{S}$$

对于 ϕ_ω^*,可以引入一个等价的随机排序方法。对于一个排序 R,令 R^* 表示相反的排序。针对 $\mathbf{R}(N)$ 上的一个自然给定概率分布 P,我们定义 P^* 为 $P^*(R)=P(R^*)$。这样,我们就可以得到如下等价性结论。

定理 6.1* 对于每个参与人 i、权重系统 ω 和博弈 v,

$$(\phi_\omega^*)_i(v)=E_{P_\omega^*}(C_i(v,\bullet))$$

这里的证明与定理 6.1 的证明相类似,只是将表述"在 R 中,i 是 S 的最后一个"替换为"在 R 中,i 是 S 的第一个",即 $S\cap B^{R,i}=\emptyset$。解 ϕ_ω 与 ϕ_ω^* 可以通过一个很简单的方法联系起来。

定理 6.5 对于每个博弈 v 和权重系统 ω,

$$\phi_\omega^*(v)=\phi_\omega(v^*)$$

证明:考虑博弈 $v=u_S^*$。这样,$v^*=(u_S^*)^*=u_S$,而根据 ϕ_ω 与 ϕ_ω^* 的定义,$\phi_\omega^*(v)=\phi_\omega(v^*)$。接下来,令 $v=\sum_{S\subseteq N}\alpha_S u_S^*$。此时有

$$\phi_\omega^*(v)=\sum_{S\subseteq N}\alpha_S\phi_\omega^*(u_S^*)=\sum_{S\subseteq N}\alpha_S\phi_\omega(u_S)$$
$$=\phi_\omega\left(\sum_{S\subseteq N}\alpha_S u_S\right)=\phi_\omega(v^*)$$

证明完毕。

通过替换公理 6.5,可以得到集合 $\{\phi_\omega^*\}$ 的公理性描述。如果对每一个 $R\supset S$ 和 $T\subsetneqq S$,有 $v(R\setminus T)=v(R)$,则我们称联盟 S 是博弈

v 中的一个族。与合伙制联盟的情形一样，族可以视为一个被多个代理人代表的个体。但在"族"的情形中，任意一个代理人的非空子联盟的影响与所有代理的联盟一样，而在"合伙制"情形下，所有代理人的子联盟都是没有影响力的。族和合伙制的共同点在于这些联盟内部的结构是不重要的。公理 6.5* 类似于公理 6.5；它要求如果 S 是 v 中的一个族，那么每个成员所分享的利润应当与族在其内部分配总支付 $\phi^*(v)(S)$ 时这个成员所得到的利润。显然，由族的性质可知，这一谈判过程由博弈 $\phi^*(v)(S)u_S^*$ 所体现。

公理 6.5*（族的一致性） 如果 S 是一个族，那么对于每个 $i \in S$，都有 $\phi_i(v) = \phi_i(\phi(v)(S)u_S^*)$。

定理 6.2* 当且仅当存在一个权重系统 ω 使得 $\phi = \phi_\omega^*$ 时，解 ϕ 满足公理 6.1～公理 6.4 和公理 6.5*。

定理 6.3* 当且仅当存在一个简单权重系统 $\omega = (\lambda,(N))$ 使得 $\phi = \phi_\omega^*$ 时，解 ϕ 满足公理 6.1、公理 6.2、公理 6.3'、公理 6.4 和公理 6.5*。

这两个定义的证明与定理 6.2 和定理 6.3 的证明类似。

人们或许会认为通过恰当地变换权重系统的形式，可以从 ϕ 中得到 ϕ_ω^*。为了说明这其实是无法实现的，我们先从简单权重系统开始。

定理 6.6 令 $|N| \geq 3$。如果 $\omega = (\mu,(N))$ 和 $\omega' = (\lambda,(N))$ 是两个简单权重系统，且对于每个博弈 v 有 $\phi_\omega^*(v) = \phi_{\omega'}(v)$，则 μ 和 λ 是向量 $(1,1,\cdots,1)$ 的倍数，而 ϕ_ω^* 和 $\phi_{\omega'}$ 都是沙普利值。

证明： 假设 $\phi_{\omega'} = \phi_\omega^*$。这样，对任意联盟 $\{i,j\} \subseteq N$，$(\phi_{\omega'})_i(u_{\{i,j\}}) = (\phi_\omega^*)_i(u_{\{i,j\}})$。然而，

$$(\phi_{\omega'})_i(u_{\{i,j\}}) = \frac{\lambda_i}{\lambda_i + \lambda_j}$$

并且

$$(\phi_\omega^*)_i(u_{\{i,j\}}) = (\phi_\omega)_i(u_{\{i,j\}}^*) = (\phi_\omega)_i(u_{\{i\}} + u_{\{j\}} - u_{\{i,j\}})$$
$$= \frac{\mu_j}{\mu_i + \mu_j}$$

因此，对于每个 N 中的 i 和 j，有

$$\frac{\lambda_i}{\lambda_i + \lambda_j} = \frac{\mu_j}{\mu_i + \mu_j}$$

第6章 加权沙普利值

由此我们可以推断对于每个 $i,j \in N$,$\lambda_i\mu_i=\lambda_j\mu_j$。而这意味着对每个 $i \in N$ 都存在一个正数 C 使得 $\lambda_i=C/\mu_i$。下面,考虑一个联盟 $\{i,j,k\}$。我们发现:

$$(\phi_{\omega'})_i(u_{\{i,j,k\}})=\frac{\lambda_i}{\lambda_i+\lambda_j+\lambda_k}=\frac{C/\mu_i}{C/\mu_i+C/\mu_j+C/\mu_k}$$

$$=\frac{\mu_j\mu_k}{\mu_j\mu_k+\mu_i\mu_j+\mu_i\mu_k} \tag{6.2}$$

使用 ϕ_ω^* 的概率性定义计算可得

$$(\phi_\omega^*)_i(u_{\{i,j,k\}})=\frac{\mu_k}{\mu_i+\mu_j+\mu_k}\frac{\mu_j}{\mu_i+\mu_j}+\frac{\mu_j}{\mu_i+\mu_j+\mu_k}\frac{\mu_k}{\mu_i+\mu_k} \tag{6.3}$$

让式(6.2)和式(6.3)相等,并除以 $\mu_j\mu_k$,乘以 $\mu_i+\mu_j+\mu_k$,可以得到

$$\frac{1}{\mu_i+\mu_j}+\frac{1}{\mu_i+\mu_k}=\frac{\mu_i+\mu_j+\mu_k}{\mu_j\mu_k+\mu_i\mu_j+\mu_i\mu_k} \tag{6.4}$$

我们可以针对 $(\phi_{\omega'})_j$ 和 $(\phi_\omega^*)_j$ 得到应用于博弈 $u_{\{i,j,k\}}$ 的与式(6.4)相类似的公式。由对称性可知,这一公式的右边将与式(6.4)完全一样,而将左边用等号联结可得

$$\frac{1}{\mu_i+\mu_j}+\frac{1}{\mu_i+\mu_k}=\frac{1}{\mu_j+\mu_i}+\frac{1}{\mu_j+\mu_k}$$

由此可以判断 $\mu_i=\mu_j$,$\lambda_i=\lambda_j$。因为这对于所有 $i,j \in N$ 都成立,这就完成了证明。证明完毕。

换句话说,定理6.6表明,当 $|N|\geq 3$ 时,$\{\phi_\omega|\omega$ 是简单权重系统$\} \cap \{\phi_\omega^*|\omega$ 是简单权重系统$\} = \{$沙普利值$\}$。由这一定理我们可以得到:

推论6.1 当 $|N|\geq 3$ 时,对于任意简单权重系统 ω 和 $\omega_0=((1,\cdots,1),(N))$,分布族 $\{P_\omega\}$ 和 $\{P_\omega^*\}$ 所共同包含的分布为 $P_{\omega 0}$。

根据定理6.3、定理6.3^* 和定理6.6,我们在不使用对称性公理的基础上刻画了(对称的)沙普利值。

定理6.7 当 $|N|\geq 3$ 时,当且仅当 ϕ 是沙普利值时,ϕ 满足公理6.1、公理6.2、公理$6.3'$、公理6.4、公理6.5和公理6.5^*。

当 $|N|=2$ 时，有 $\{\phi_\omega \mid \omega$ 是简单权重系统$\}=\{\phi_\omega^* \mid \omega$ 是简单权重系统$\}$；此外，存在一个简单权重系统的转移 $\omega \to \omega^*$ 使得 $\phi_\omega^* = \phi_{\omega^*}$。的确，很容易验证对于 $\omega=(\lambda,(N))$，$\lambda^*=(\lambda_2,\lambda_1)$，如果我们设定 $\omega^*=(\lambda^*,(N))$，则 $\phi_\omega^* = \phi_{\omega^*}$。下面，我们将定理 6.6 拓展至一般权重系统，并省略了证明过程。

定理 6.8 如果 $\omega=(\mu,(S_1,\cdots,S_m))$ 和 $\omega'=(\lambda,(T_1,\cdots,T_k))$ 是使得 $\phi_\omega^* = \phi_{\omega'}$ 成立的权重系统，那么：

(1) $m=k$。

(2) 对于 $i=1,\cdots,m$，$S_i=T_{m+1-i}$。

(3) 如果 $|S_i|>3$，则 μ_{S_i} 和 $\lambda_{T_{m+1-i}}$ 都与 $(1,1,\cdots,1)$ 成特定比例。

(4) 如果 $|S_i|=2$，则 μ_{S_i} 与 $\lambda_{T_{m+1-i}}^*$ 成特定比例。

6.6 ϕ_ω 和 ϕ_ω^* 的其他公式

Owen（1972，本书第 10 章）已经证明了 $\omega=(\lambda,(N))$ 下的 $\phi_\omega(v)$ 可以用某些路径上的多重线性拓展的梯度上的积分来计算。我们现在就一般的权重系统给出这一结果（Kalai and Samet, 1987）的一般性表述，并导出一个 $\phi_\omega^*(v)$ 的积分公式。博弈 v 的多重线性拓展是定义在单位立方体 $[0,1]^n$ 上的如下函数 F_v：

$$F_v(x_1,\cdots,x_n)=\sum_{S\subseteq N}\prod_{i\in S}x_i\prod_{j\notin S}(1-x_j)v(S)$$

坐标 x_i 可以解释为参与人 i 将加入博弈而组成一个联盟的概率，而 $F_v(x_1,\cdots,x_n)$ 是相应的期望支付。对于一个给定的 $\omega=(\lambda,(S_1,\cdots,S_m))$，针对 $i\in S_k$ 定义，有

$$\begin{aligned}\xi_i(t)&=0 & &\text{如果 } t\leq\frac{k-1}{m}\\ &=\left[m\left(t-\frac{k-1}{m}\right)\right]^{\lambda_i} & &\text{如果 } \frac{k-1}{m}\leq t\leq\frac{k}{m}\\ &=1 & &\text{如果 } \frac{k}{m}\leq t\end{aligned}$$

直觉上，$\xi_i(t)$ 是参与人 i 到时期 t 为止将加入博弈的概率。我们可以

证明

$$(\phi_\omega)_i(v) = \int_0^1 \frac{\partial F_v}{\partial x_i}\bigg|_{\xi(t)} \frac{d\xi_i(t)}{dt} dt$$

完成这一证明只需注意到 $v = u_S$，因为右侧是 v 的线性函数 [注意到 $F_{u_S}(x) = \prod_{i \in S} x_i$]。很容易验证如果参与人加入的时间的分布取决于 ξ_i，那么这些参与人按一个特定排序 R 加入的概率为 $P_\omega(R)$。

下面，定义 F_v^* 为

$$F_v^*(x_1, \cdots, x_n) = v(N) - F_v(1 - x_1, \cdots, 1 - x_n)$$

很容易验证 $F_{v^*} = F_v^*(x)$。因此，

$$(\phi_\omega^*)_i(v) = (\phi_\omega)_i(v^*) = \int_0^1 \frac{\partial F_v^*}{\partial x_i}\bigg|_{\xi(t)} \frac{d\xi_i(t)}{dt} dt$$

设定 $\eta_i(t) = 1 - \xi_i(t)$，并注意到：

$$\frac{\partial F_v^*}{\partial x_i}\bigg|_{\xi(t)} = \frac{\partial F_v}{\partial x_i}\bigg|_{\eta(t)} \quad \text{和} \quad \frac{d\xi_i}{dt} = -\frac{d\eta_i}{dt}$$

而这意味着：

$$(\phi_\omega^*)_i(v) = \int_0^1 \frac{\partial F_v}{\partial x_i}\bigg|_{\eta(t)} \frac{d\eta_i(t)}{dt} dt$$

可以解释为 i 在时点 t 后加入的概率。

6.7 合伙制与族的简约化

合伙制一致性公理成立的部分原因是一个合伙制联盟可以在某种程度上被视为一个个体。在这一部分中，遵循 Kalai 和 Samet（1987）的研究，我们将证明如何能实际地将合伙制联盟定义为一个博弈个体，从而减少博弈的规模。让我们固定一个含有不止一个参与人的联盟 S_0。将 N 中属于 S_0 的参与人替换为单个参与人 s，并令这一新的参与人集合为 $\overline{N}$；即，$\overline{N} = (N \setminus S_0) \cup \{s\}$。对于任意 N 上的博弈 v，如果 $s \notin S$，则定义 $\overline{N}$ 上的博弈 $\overline{v}$ 为 $\overline{v}(S) = v(S)$；而如果 $s \in S$，则定义 $\overline{v}(S) = v(S \setminus \{s\} \cup S_0)$。令 $\omega = (\lambda, (S_1, \cdots, S_m))$ 为 N 的一个权重系

统,并令 k 为满足 $S_k \cap S_0 \neq \emptyset$ 的下标的最高取值。$\overline{N}$ 的权重系统 $\overline{\omega} = (\overline{\lambda}, (\overline{S}_1, \cdots, \overline{S}_m))$ 按如下方式定义。对于每一个 $i \neq s$,$\overline{\lambda}_i = \lambda_i$,且 $\overline{\lambda}_s = \sum_{i \in S_0} \lambda_i$。对于每个 $j \neq k$,$\overline{S}_j = S_j \setminus S_0$,且 $\overline{S}_k = (S_k \setminus S_0) \cup \{s\}$。下面,我们可以正式阐述如下定理。

定理 6.9 如果 S_0 是 v 中的一个合伙制联盟,那么对于每个 $i \neq s$,

$$(\phi_{\overline{\omega}})_i(\overline{v}) = (\phi_\omega)_i(v) \quad \text{且} \quad (\phi_{\overline{\omega}})_s(\overline{v}) = \sum_{i \in S_0} (\phi_\omega)_i(v)$$

类似地,如果 S_0 是一个族,则对于每个 $i \neq s$,

$$(\phi_{\overline{\omega}}^*)_i(\overline{v}) = (\phi_\omega^*)_i(v) \quad \text{且} \quad (\phi_{\overline{\omega}}^*)_s(\overline{v}) = \sum_{i \in S_0} (\phi_\omega^*)_i(v)$$

证明这一定理需要使用以下引理。

引理 6.1 如果 i 是 v 中的一个虚拟参与人,且 $v = \sum_{S \subseteq N} \alpha_S u_S$,则对于每个包含 i 的 S 都有 $\alpha_S = 0$。

证明: 由 S 的规模可知,如果 $S = \{i\}$,$0 = v(\{i\}) = \alpha_{\{i\}}$。假设我们已经证明该引理对所有包含 i 的规模为 k 的联盟都成立,并令 S 为使得 $i \in S$ 的规模为 $k+1$ 的联盟。这样就有

$$0 = v(S) - v(S \setminus \{i\}) = \sum_{T \subseteq S} \alpha_T - \sum_{T \subseteq S \setminus i} \alpha_T = \sum_{i \in T \subseteq S} \alpha_T$$

但对于 $i \in T \subsetneq S$,$\alpha_T = 0$,因此 $\alpha_S = 0$。证明完毕。

引理 6.2 令 S_0 为 v 中的一个合伙制联盟,并令 $v = \sum_{S \subseteq N} \alpha_S u_S$。则对于每个满足 $S \cap S_0 \neq \emptyset$ 和 $S \cap S_0 \neq S_0$ 的 S,$\alpha_S = 0$。

证明: 对于一个联盟 T 和一个博弈 v,令 v^T 表示博弈 v 对联盟 T 施加的限制。由于 $v \to v^T$ 是一个从 N 上的博弈空间到 T 上的博弈空间的线性映射,并且 $S \not\subseteq T$ 时,$u_S(T) = 0$,可以得到

$$v^T = \sum_{S \subseteq N} \alpha_S u_S(T) = \sum_{S \subseteq T} \alpha_S u_S(T) \tag{6.5}$$

如果 T 满足 $T \cap S_0 \neq \emptyset$ 且 $T \cap S_0 \neq S_0$,则所有 $T \cap S_0$ 中的参与人在博弈 v^T 中都是虚拟参与人。特别地,由引理 6.1 和式(6.5)可知 $\alpha_T = 0$。证明完毕。

定理 6.9 的证明: 由引理 6.2 很容易得到,如果 $v = \sum \alpha_S u_S$,则

$$\bar{v} = \sum_{s \in S} \alpha_S u_S + \sum_{s \notin S} \alpha_S u_S$$

如果 S_0 是一个合伙制联盟，则由引理 6.2 可得

$$v = \sum_{s \notin S} \alpha_S u_S + \sum_{s \in S} \alpha_S u_S$$

因此，对于 $i \neq s$，

$$(\phi_w)_i(\bar{v}) = \sum_{s \notin S} \frac{\bar{\lambda}_i}{\sum_{j \in S} \bar{\lambda}_j} \alpha_S + \sum_{s \in S} \frac{\bar{\lambda}_i}{\sum_{j \in S} \bar{\lambda}_j} \alpha_S$$

$$= \sum_{S \subseteq N \setminus S_0} \frac{\lambda_i}{\sum_{j \in S} \lambda_j} \alpha_S + \sum_{S \supseteq S_0} \frac{\lambda_i}{\sum_{j \in S} \lambda_j} \alpha_S = (\phi_w)_i(v)$$

对于 $i = s$，

$$(\phi_w)_s(\bar{v}) = \sum_{s \in S} \frac{\bar{\lambda}_s}{\sum_{j \in S} \bar{\lambda}_j} \alpha_S = \sum_{S \supseteq S_0} \frac{\sum_{i \in S_0} \lambda_i}{\sum_{j \in S} \lambda_j} \alpha_S = \sum_{i \in S_0} (\phi_w)_i(v)$$

如果 S_0 是 v 中的一个族，则 S_0 是 v^* 中的一个合伙制联盟。为了证明定理的剩余部分，只需注意到 $(\bar{v})^* = \overline{v^*}$，并使用定理 6.5 中的等式。证明完毕。

下一个推论来自定理 6.9。这一推论对于参与人本身是一个群体或者代表了个体所组成的群体的情形来说是非常重要的。这种情形的一些现实例子诸如参与人是政党、城市或者管理委员会。在这些情形下，使用对称的沙普利值似乎是不合理的，因为参与人代表了不同规模的群体。一个解的自然选择是加权沙普利值，其中，参与人以他们所代表的团体的规模来进行加权。下面的推论说明，只要参与人像下述博弈 v_1 和 v_2 所展示的那样是群体的代表，这样处理就是合理的。

推论 6.2 令 v 为 $N(|N|=n)$ 上的博弈，该博弈中的每个参与人 i 是一个由个体 M_i 组成的拥有 m_i 个成员的集合。考虑博弈个体的集合 $\bar{N} = \bigcup_{i \in N} M_i$，以及如下文所示的定义在 $\bar{N}$ 上的博弈 v_1 和 v_2。对于每个 $S \subseteq \bar{N}$，有

$$v_1(S) = v(\{i \mid M_i \subseteq S\})$$
$$v_2(S) = v(\{i \mid M_i \cap S \neq \varnothing\})$$

令 ω 为简单权重系统 $((m_1, \cdots, m_n), (\overline{N}))$。这样，对于每个 i 有

$$(\phi_\omega)_i(v) = \phi(v_1)(M_i) \quad 并且 (\phi_\omega^*)_i(v) = \phi(v_2)(M_i)$$

其中，ϕ 是对称沙普利值。

参考文献

Harsanyi, J. C. [1959], "A Bargaining Model for Cooperative n-Person Games," in *Contributions to the Theory of Games* Ⅳ (Annals of Mathematics Studies 40), A. W. Tucker and R. D. Luce (eds.), pp. 325–355. Princeton: Princeton University Press.

Hart, S. and A. Mas-Colell [1987], "Potential, Value and Consistency," *Econometrica*, forthcoming.

Kalai, E. [1977], "Non-Symmetric Nash Solutions and Replications of 2-Person Bargaining," *International Journal of Game Theory*, Vol. 6, No. 3, pp. 129–133.

Kalai, E. and D. Samet [1985], "Monotonic Solutions to General Cooperative Games," *Econometrica*, Vol. 14, No. 11, pp. 307–327.

[1987], "On Weighted Shapley Values," *International Journal of Game Theory*, Vol. 16, Issue 3, pp. 205–222.

Maschler, M. [1982], "The Worth of a Cooperative Enterprise to Each Member," in *Games, Economic Dynamics and Time Series Analysis*, IHS-Studies No. 2, M. Deister, E. Furst and G. Schwodiauer (eds), pp. 67–73, Physica-Verlag.

Owen, G. [1968], "A Note on the Shapley Value," *Management Science*, Vol. 14, No. 11, pp. 731–732.

[1972], "Multilinear Extensions of Games," *Management Science*, Vol. 18, No. 5, pp. 64–79.

[1982], *Game Theory*, 2nd Edition. New York: Academic Press.

Roth, A. E. [1977], "Bargaining Ability, the Utility of Playing a Game, and Models of Coalition Formation," *Journal of Mathematical Psychology*, Vol. 16, No. 2, pp. 153–160.

Shapley, L. S. [1953a], "Additive and Non-Additive Set Functions," Ph. D. Thesis, Department of Mathematics, Princeton University.

[1953b], "A Value for n-Person Games," in *Contributions to the Theory of Games* Ⅱ (Annals of Mathematics Studies 28), H. W. Kuhn and A. W. Tucker (eds.), pp. 307–317. Princeton: Princeton University Press.

Shapley, L. S. [1981], "Discussant's Comment," in *Joint Cost Allocation*, S. Moriarity (ed.). Tulsa: University of Oklahoma Press.

Thomson, W. [1986], "Replication Invariance of Bargaining Solutions," *The International Journal of Game Theory*, Vol. 15, No. 1, pp. 59–63.

第 7 章　博弈的概率值*

罗伯特·詹姆斯·韦伯

7.1　引言

  对衡量一个 n 人博弈中某个特定角色的"值"的方法的研究受许多因素的驱动。其中一个是通过参与博弈而将参与人可以获得的财富公平地分配。另一个则是帮助个体去评价参与博弈的前景。

  当某种评价方法被用于决定分配的公平性，一个自然的性质界定是"有效性"：个体值的加总应当等于所有参与人合作创

---

  * 本研究受到来自美国海军研究办公室 NOOO14-77-C-0518 和美国国家科学基金会 SOC77-27401 的资助。在此表示感谢。

  同时感谢与普拉迪普·杜贝和劳埃德·沙普利的交流（及友谊）带来的有益影响。

造的支付总额。然而，当参与人独立地评价他们在博弈中的位置时，没有理由认为这些分散的评价结果（可能依赖于主观的或私人的信息）会共同满足有效性。

本章对一个固定有限集合的参与人间的博弈的值进行了公理性的拓展。我们主要寻求评估个体参与人博弈前景的方法，并且我们的结论以"概率"值（定义在下一节给出）为核心。在得到结论的过程中，我们将检查沙普利所提出的公理对于值函数集合所施加的限制，并且我们将详细地探寻（偶尔会偏离这一主题）导出沙普利值的逻辑路径。

7.2 定义和符号

出于我们的研究目的，我们固定在一个特定的参与人集合 $N = \{1, 2, \cdots, n\}$ 上。N 中联盟（子集）的集合用 2^N 表示。N 上的博弈是一个实值函数 $v: 2^N \to R$，它为每个联盟赋予一个"价值"，并且 $v(\varnothing) = 0$。令 $\mathscr{G}$ 为 N 上所有博弈的集合 [注意 $\mathscr{G}$ 是一个 $(2^n - 1)$ 维向量空间]，并令 v 为 $\mathscr{G}$ 中的任意博弈。如果对于所有 $S \supset T$，$v(S) \geq v(T)$，则博弈 v 是单调的；如果只要 $S \cap T = \varnothing$，就有 $v(S \cup T) \geq v(S) + v(T)$，则 v 是超可加的。所有具有单调性的博弈类型用 $\mathscr{M}$ 表示，而所有具有超可加性的博弈类型以 $\mathscr{S}$ 表示。出于之后研究的需要，注意到 $\mathscr{M}$ 和 $\mathscr{S}$ 都是 $\mathscr{G}$ 中的锥体；即两者在相加和相乘下都由非负实数所闭合。此外，注意在上述两个类型的博弈间，每一类都不包含另外一类。

[博弈 v 的零标准化是博弈 $v_{(z)}$。对于所有的 $T \subset N$，它被定义为 $v_{(z)}(T) = v(T) - \sum_{i \in T} v(i)$。如果 $v_{(z)}$ 是单调的，则博弈 v 是零单调的。用 $\mathscr{L}$ 表示所有的零单调博弈。每个超可加博弈都是零单调的；然而，$\mathscr{M}$ 和 $\mathscr{L}$ 均互不包含。本章中的结论都是针对超可加博弈提出的。所有这些结论也可以在 $\mathscr{L}$ 类博弈下得到。]

如果博弈 v 的值只为 0 或 1，则 v 是简单博弈。如果 $v(S)=1$，则 S 是一个获胜联盟；否则，S 是一个失败联盟。$\mathscr{G}^*$、$\mathscr{M}^*$ 和 $\mathscr{S}^*$ 分别表示 N 上的所有简单博弈、单调的简单博弈，以及超可加的简单博弈。对于简单博弈，超可加性意味着单调性；因此，$\mathscr{M}^* \supset \mathscr{S}^*$。（一些学者倾向于将简单博弈这个概念局限于 $\mathscr{M}^*$ 的元素之中；更为一般性的博弈

$\mathcal{G}^*$ 则被称为 0-1 博弈。)

在我们的研究中，存在着两种非常重要的特殊博弈。对于任意非空联盟 T，定义 v_T，当 $S \supset T$ 时，$v_T(S) = 1$，而在其他情况下为 0。此外，定义 $\hat{v}_T$ 满足当 $S \underset{\neq}{\supset} T$ 时 $\hat{v}_T(S) = 1$，并在其他情况下为 0。令 $\mathcal{C} = \{v_T: \varnothing \neq T \subset N\}$，且 $\hat{\mathcal{L}} = \{\hat{v}_T: \varnothing \neq T \subset N\}$。每个 $\mathcal{C}$ 或 $\hat{\mathcal{C}}$ 中的博弈都是单调的、超可加的和简单的。对于所有非空联盟 S，我们将经常提到定义为 $\hat{v}_\varnothing(S) = 1$ 的博弈 $\hat{v}_\varnothing$。这个博弈是单调的简单博弈，但不具备超可加性。

对于任意的博弈集合 $\mathcal{T} \subset \mathcal{G}$ 和任意参与人 $i \in N$，i 在 $\mathcal{T}$ 上的值是一个函数 $\phi_i: \mathcal{T} \to R$。正如我们之前所提到的那样，特定博弈 v 的值 $\phi_i(v)$ 代表了 i 对他或她参与博弈的前景的评价。这一定义与赋予每个博弈一个 n 维向量的集合值 $\phi = (\phi_1, \phi_2, \cdots, \phi_n)$ 这一传统定义之间多少存在着相冲突的地方。由个体值来构建集体值将在后面的章节进行讨论。

固定一个参与人 i，并令 $\{p_T^i: T \subset N \setminus i\}$ 为一个不包含 i 的联盟的集合上的概率分布。（在写出只包含单个参与人的联盟 $\{i\}$ 时，我们将经常省略括号。）如果对于每个 $v \in \mathcal{T}$，

$$\phi_i(v) = \sum_{T \subset N \setminus i} p_T^i [v(T \cup i) - v(T)]$$

则 i 在 $\mathcal{T}$ 上的值 ϕ_i 是一个**概率值**。令 i 在参与博弈的过程中只需考虑加入某些联盟 S，而其回报是为联盟带来的边际贡献 $v(S \cup i) - v(S)$。如果，对于每个 $T \subset N \setminus i$，p_T^i 是他加入联盟 T 的（主观）概率，则 $\phi_i(v)$ 就是他从博弈中得到的期望支付。

沙普利值和班扎夫值都是概率值的具体例子。（个体参与人 i 的）班扎夫值来自参与人以相等的概率加入任意一个联盟这一主观信念；即对于所有 $T \subset N \setminus i$，$p_T^i = 1/2^{n-1}$。沙普利值所基于的信念则认为参与人所加入的联盟取任意规模 t（$0 \leq t \leq n-1$）的概率都相等，并且所有规模为 t 的联盟都以相等的概率出现；即

$$p_T^i = \frac{1}{n}\binom{n-1}{t}^{-1} = \frac{t!\,(n-t-1)!}{n!} \quad 对于所有的 T \subset N \setminus i$$

其中 $t = |T|$。

在下一节中，我们将研究一个值预计可能满足的一些合理的条件。

我们将发现，只有满足这些条件的值才与概率值之间有着紧密的关联。

7.3 线性与虚拟参与人公理

给定一个博弈 v 和任意常数 $c>0$，考虑针对所有 $S\subset N$ 而定义为 $(cv)(S)=c\cdot v(S)$ 的博弈 cv。我们似乎可以很合理地假设，这种对原始博弈的换算也将对参与人对博弈前景的评价进行换算。类似地，令 v 和 w 都是博弈，并考虑针对所有 $S\subset N$ 而定义为 $(v+w)(S)=v(S)+w(S)$ 的博弈 $v+w$。面对后一个博弈，理性的参与人将预计他的博弈的支付是两个原始博弈的支付之和。

考虑一个 $\mathscr{G}$ 中的锥体 $\mathscr{T}$。$\mathscr{T}$ 上的一个线性函数是，对于所有 v，$w\in\mathscr{T}$ 和 $c>0$，满足 $f(v+w)=f(v)+f(w)$ 和 $f(cv)=c\cdot f(v)$ 的函数。令 ϕ_i 为 i 在 $\mathscr{T}$ 上的一个值。之前的讨论概括如下。

线性公理 ϕ_i 是 $\mathscr{T}$ 上的一个线性函数。

因为 $\mathscr{G}$、$\mathscr{M}$ 和 $\mathscr{S}$ 都是 $\mathscr{G}$ 中的锥体，在这些域内，值将满足下述定理。

定理 7.1 令 ϕ_i 为 i 在博弈锥体 $\mathscr{T}$ 上的值。假设 ϕ_i 满足线性公理。这样，存在一个常数的集合 $\{a_T: T\subset N\}$，使得对于所有的 $v\in\mathscr{T}$，

$$\phi_i(v)=\sum_{T\subset N}a_T v(T)$$

证明： 在由 $\mathscr{T}$ 所遍及的线性子空间 $\mathscr{L}\subset\mathscr{G}$ 中，ϕ_i 有唯一的线性展开式。反过来，通过在 $\mathscr{L}$ 的正交补的基上随意地定义一个 ϕ_i^{ext}，我们可以将这一展开式拓展至 $\mathscr{G}$ 上的线性函数 ϕ_i^{ext}。对于任意非空 $T\subset N$，定义一个博弈 w_T 满足 $S=T$ 时，$w_T(S)=1$，而在其他情况下为 0。这样，$\{w_T:\varnothing\neq T\subset N\}$ 就是 $\mathscr{G}$ 的一个基，而在这一基上，ϕ_i^{ext} 由它的值唯一地决定。任意 $v\in\mathscr{G}$ 可以写作 $v=\sum_{\varnothing\neq T\subset N}v(T)w_T$；因为 ϕ_i^{ext} 是线性的，

$$\phi_i^{\text{ext}}(v)=\sum_{\varnothing\neq T\subset N}v(T)\phi_i^{\text{ext}}(w_T)$$

然而，ϕ_i 仅仅是对 $\mathscr{T}$ 施加的限制。因此，对所有非空的 $T\subset N$ 取 $a_T=\phi_i^{\text{ext}}(w_T)$，并定义一个任意的 $a_\varnothing$，我们就得到了需要证明的结果。

如果对于每个 $S\subset N\setminus i$，$v(S\bigcup i)=v(S)+v(i)$，则参与人 i 是

博弈 v 的虚拟参与人。该术语来自如下观察：该类参与人在博弈中所扮演的角色没有策略性的含义；无论在何种情形下，他的贡献都是 $v(i)$。因此，下面的判断应该是合理的。令 ϕ_i 为 i 在博弈的集合 $\mathscr{T}$ 上的值。

虚拟参与人公理　如果 i 在 $v \in \mathscr{T}$ 中是一个虚拟参与人，则 $\phi_i(v) = v(i)$。

这一公理实际上有两个层面的含义。在确定了虚拟参与人在博弈 v 中的预期收益的同时，它还隐含地指出，ϕ_i 和 v 是在同一个标准化下以相同的单位来度量的。这两个方面的结论将在如下结论的证明中分别予以考察。注意 $\mathscr{C}$ 表示集合 $\{v_T\}$。

定理 7.2　令 ϕ_i 为博弈集合 $\mathscr{T}$ 上 i 的值；对于每个 $v \in \mathscr{T}$，它被定义为 $\phi_i(v) = \sum_{T \subset N} a_T v(T)$。假设 ϕ_i 满足虚拟参与人公理，且 $\mathscr{T}$ 包含 $\mathscr{C}$。那么，存在一个常数的集合 $\{p_T: T \subset N \setminus i\}$ 满足 $\sum_{T \subset N \setminus i} p_T = 1$，并且，对于每个 $v \in \mathscr{T}$，使得

$$\phi_i(v) = \sum_{T \subset N/i} p_T [v(T \cup i) - v(T)]$$

证明：注意到对于每个非空 $T \subset N \setminus i$，参与人 i 在 $v_T \in \mathscr{C}$ 中是一个虚拟参与人。因此，$\phi_i(v_T) = v_T(i) = 0$。而这就表明 $\phi_i(v_{N \setminus i}) = a_N + a_{N \setminus i} = 0$。出于归纳证明的需要，假设对于每个满足 $|T| \geq k \geq 2$ 的 $T \subset N \setminus i$，均有 $a_{T \cup i} + a_T = 0$。（$k = n-1$ 的情形已经讨论过了。）取任意满足 $|S| = k-1$ 的固定的 $S \subset N \setminus i$。这样就有

$$\phi_i(v_S) = \sum_{T \supset S} a_T = \sum_{\substack{T \subset N/i \\ T \supsetneq S}} (a_{T \cup i} + a_T) + (a_{S \cup i} + a_S)$$
$$= a_{S \cup i} + a_S = 0$$

其中，倒数第二个等式的成立来自之前的归纳假设，而最后一个等式的成立是因为虚拟参与人公理。

因此，对于所有满足 $0 < |T| \leq n-1$ 的 $T \subset N \setminus i$，$a_{T \cup i} + a_T = 0$。对于每个这样的 T，定义 $p_T = a_{T \cup i} = -a_T$。此外，定义 $p_\varnothing = a_i$。这样，对于每个 $v \in \mathscr{T}$，

$$\phi_i(v) = \sum_{T \subset N} a_T v(T) = \sum_{T \subset N \setminus i} p_T [v(T \cup i) - v(T)]$$

考虑 $v_i \in \mathscr{C}$。在该博弈中，参与人 i 是一个虚拟参与人；事实上，每

个参与人在 v_i 中都是虚拟参与人。因此，$\phi_i(v_i)=v_i(i)=1$。然而，由于对于每个 $T \subset N \setminus i$，$v_i(T \cup i) - v_i(T) = 1$，由前一段中的表达式可得 $\phi_i(v_i) = \sum_{T \subset N \setminus i} p_T$。证明完毕。

将定理 7.2 与定理 7.1 相结合，我们可以进一步得到以下结论。

定理 7.3 令 ϕ_i 为 $\mathcal{G}$、$\mathcal{M}$ 或 $\mathcal{S}$ 上 i 的值。如果满足线性和虚拟参与人公理，则存在一个常数集合 $\{p_T : T \subset N \setminus i\}$ 满足 $\sum_{T \subset N \setminus i} p_T = 1$，并且，对于每个 ϕ_i 的定义域中的博弈 v，

$$\phi_i(v) = \sum_{T \subset N \setminus i} p_T [v(T \cup i) - v(T)]$$

7.4 单调性公理

令 v 为任意的单调博弈。参与人 i 在预期博弈前景时，可能在最终的支付上面临不确定性。然而，对于每个 $T \subset N \setminus i$，$v(T \cup i) - v(T) \geqq 0$；因此，参与人 i 至少知道，他的出现不会"损害"联盟。这就产生了如下判断。令 ϕ_i 为 i 在博弈的集合 $\mathcal{T}$ 上的值。

单调性公理 如果 $v \in \mathcal{T}$ 是单调的，则 $\phi_i(v) \geqq 0$。

下面，我们就博弈的值提出了如下命题。

命题 令 ϕ_i 为 i 在博弈的集合 $\mathcal{T}$ 上的值。假设存在一个常数集合 $\{p_T : T \subset N \setminus i\}$，使得对于所有的 $v \in \mathcal{T}$，

$$\phi_i(v) = \sum_{T \subset N \setminus i} p_T [v(T \cup i) - v(T)]$$

进一步假设对于某些 $T \subset N \setminus i$（注意到 T 可能是空集），$\mathcal{T}$ 包含博弈 $\hat{v}_T$，并假设 ϕ_i 满足单调性公理。在上述条件下，$p_T \geqq 0$。

证明：博弈 $\hat{v}_T$ 是单调的。因此，$\phi_i(\hat{v}_T) = p_T \geqq 0$。证明完毕。

博弈的集合 $\mathcal{G}$ 和 $\mathcal{M}$ 包含 $\hat{\mathcal{C}}$ 和 $\hat{v}_\varnothing$。此外，$\mathcal{S}$ 包含 $\hat{\mathcal{C}}$，但不包含 $\hat{v}_\varnothing$。因此，我们有如下定理。

定理 7.4 令 ϕ_i 为 i 在博弈的集合 $\mathcal{G}$ 或 $\mathcal{M}$ 上的值。假设 ϕ_i 满足线性公理、虚拟参与人公理和单调性公理，则 ϕ_i 是一个概率值。此外，每个 $\mathcal{G}$ 或 $\mathcal{M}$ 上的概率值均满足上述三个公理。

定理 7.5 令 ϕ_i 为 i 在博弈的集合 $\mathcal{S}$ 上的值。假设 ϕ_i 满足线性公理、虚拟参与人公理和单调性公理。则对于所有非空的 $T \subset N \setminus i$，

存在一个常数集合 $\{p_T : T \subset N \setminus i\}$ 满足 $\sum_{T \subset N \setminus i} p_T = 1$，$p_T \geqq 0$，并且使得对于每个博弈 $v \in \mathscr{S}$，有

$$\phi_i(v) = \sum_{T \subset N \setminus i} p_T [v(T \cup i) - v(T)]$$

此外，每个 $\mathscr{S}$ 上的这样的值满足上述三个公理。

因此，对于 $\mathscr{G}$ 或 $\mathscr{M}$ 上的值，我们完成了对概率值的自然的公理性描述。然而，对于 $\mathscr{S}$ 上的值，我们无法排除 $p_\varnothing < 0$ 的可能。这一现象将在下一节中予以讨论。

7.5 超可加博弈的值

很自然地，我们希望寻求对之前结论的解释。从一组博弈的值可以得到参与人在不同博弈之间的相对评价。如果博弈的类型是足够丰富的，那么唯一满足特定合理标准的估值函数就是概率值。如果我们只局限于超可加博弈，那么为何合理的估值函数类型按我们指定的方式拓宽了？我们将试图给出一个合理的解释。

考虑一个特定的博弈 v。参与人 i 在预期博弈前景时会考虑他的"有保证"的收益，即对于任意一个他所加入的联盟，他的贡献至少会达到这一水平。当 v 是超可加的时，这一预期的下限正好是 $v(i)$，因为对于所有 $T \subset N \setminus i$，$v(T \cup i) - v(T) \geqq v(i)$〔并且，因为当 $T = \varnothing$ 时，他的边际贡献正好是 $v(i)$〕。考虑到这一确定可以得到的数量，参与人将试图在如下的新博弈 $v^{(i)}$ 中尽其所能得到更高支付：

$$v^{(i)}(S) = \begin{cases} v(S) & \text{如果 } i \notin S \\ v(S) - v(i) & \text{其他} \end{cases}$$

〔这是他所认为的，在从原博弈中"取走"支付 $v(i)$ 后所要进行的博弈。〕然而，这个新博弈的所有支付都是不确定的，并且取决于诸如参与人的谈判能力之类的因素。因此，目前我们所考虑的两个数量，$v(i)$ 和参与人在 $v^{(i)}$ 中的支付，分别以"确定"和"不确定"单位度量。

假设参与人的风险态度使得对他来说，1 单位的不确定的收益与 γ 单位的确定性收益间是等价的。（因此，$\gamma < 1$ 对应于风险厌恶，而 $\gamma =$

1 对应于风险中性。）进一步假设，他根据一个概率值 $\phi_i(v)$ 来评价任意满足 $v(i)=0$ 的博弈 v。这样，如果以确定的收益单位来度量，他对任意超可加博弈 v 的估值为：

$$\xi_i(v) = \gamma \phi_i(v^{(i)}) + v(i)$$

人们一般会预期风险厌恶将限制参与人的选择。下面的定义肯定了这一推断。令 P 为 $\mathscr{S}$ 上的概率值的集合，并且，对于任意 $\gamma \geqq 0$，令 $V(\gamma) = \{\xi_i : \xi_i$ 是 $\mathscr{S}$ 上的值，并且对于某些 $\phi_i \in P$, $\xi_i(v) = \gamma \phi_i(v^{(i)}) + v(i)$ 在所有的 $v \in \mathscr{S}$ 上都成立$\}$。这是基于之前讨论所产生的 $\mathscr{S}$ 上的所有估值函数的集合，而 γ 体现了参与人 i 对不确定收益的态度。

定理 7.6 当且仅当 $\xi_i \in V = \bigcup_{\gamma \geqq 0} V(\gamma)$，$\mathscr{S}$ 上的值 ξ_i 满足线性公理、虚拟参与人公理和单调性公理。如果 $0 \leqq \gamma' < \gamma$，则 $V(\gamma') \subsetneqq V(\gamma)$。此外，$V(1) = P$。

证明：令 ξ_i 满足 $\mathscr{S}$ 上的上述公理。这样，就像定理 7.5 一样，ξ_i 就与常数集合 $\{p_T^i : T \subset N \setminus i\}$ 密切相关。令 $\gamma = 1 - p_\varnothing^i \geqq 0$。如果 $\gamma > 0$，定义概率 $\{q_T^i : T \subset N \setminus i\}$ 分布满足当 $T = \varnothing$ 时，$q_T^i = p_T^i / \gamma$，并且 $q_\varnothing^i = 0$；如果 $\gamma = 0$，则取任意概率分布 $\{q_T^i\}$。这样，如果 ϕ_i 是与 $\{q_T^i\}$ 相关的概率值，则对于所有的 $v \in \mathscr{S}$, $\xi_i(v) = \gamma \phi_i(v^{(i)}) + v(i)$。因此 $\xi_i \in V(\gamma) \subset V$。

反过来，很容易验证 $\xi_i \in V$ 满足 $\mathscr{S}$ 上的公理。[对这一证明很重要的一点是，对于每个单调的 $v \in \mathscr{S}$, $v^{(i)}$ 是一个单调博弈；因此 $\xi_i(v) = \gamma \phi_i(v^{(i)}) + v(i) \geqq v(i) \geqq 0$。]

如果 $0 \leqq \gamma' < \gamma$，则任意 $\xi_i \in V(\gamma')$ 对应于某些 $\phi_i' \in P$，而后者又与一个概率分布 $\{p_T : T \subset N \setminus i\}$ 相关。接下来，令 $\phi_i \in P$ 与概率分布 $\{q_T : T \subset N \setminus i\}$ 相关，这里，对于所有非空的 $T \subset N \setminus i$, $q_T = (\gamma'/\gamma) p_T$，并且 $q_\varnothing = 1 - \sum_{T \neq \varnothing} q_T$。这就意味着对于所有的 $v \in \mathscr{S}$, $\xi_i(v) = \gamma \phi_i(v^{(i)}) + v(i)$，从而有 $\xi_i \in V(\gamma)$。因此 $V(\gamma') \subset V(\gamma)$。

考虑使得 $p_\varnothing = 0$ 的任意概率分布 $\{p_T : T \subset N \setminus i\}$。如果 ϕ_i 是 $\mathscr{S}$ 上与之相关的概率值，则 $\xi_i(v) = \gamma \phi_i(v^{(i)}) + v(i)$ 定义了一个对于任意 $\gamma' < \gamma$ 均不在 $V(\gamma')$ 中的值。因此，我们所强调的包含关系是严格的。

最后，注意当 $\gamma = 1$ 时，每个 $V(\gamma) = V(1)$ 中的值 ξ_i 具有如下形式：

$$\begin{aligned}\xi_i(v) &= \phi_i(v^{(i)}) + v(i) \\ &= \Big\{ \sum_{T \subset N \setminus i} p_T [v(T \cup i) - v(i) - v(T)] \Big\} + v(i)\end{aligned}$$

$$= \sum_{T \subset N \setminus i} p_T [v(T \cup i) - v(T)]$$
$$= \phi_i(v)$$

因此 $V(1) = P$。证明完毕。

我们可以从好几个方面来审视这一定理。人们或许会关注，加入一些其他自然公理是否会产生结论 $p_\emptyset \geqq 0$。例如，Milnor（1952）指出，任意参与人 $i \in N$ 希望得到比 $b_i(v) = \max_{S \subset N \setminus i}[v(S \cup i) - v(S)]$ 更多是不合理的。如果要求对于所有 $v \in \mathscr{S}$，$\phi_i(v) \leqq b_i(v)$，则

$$\phi_i(\hat v_{(i)}) = \sum_{\emptyset \neq T \subset N \setminus i} p_T = 1 - p_\emptyset \leqq b_i(\hat v_{(i)}) = 1$$

因此，$p_\emptyset \geqq 0$。

另一个观点是，如果参与人希望评估他在超可加博弈中的前景，那么他在满足我们所提出的理性标准的同时，仍可以部分地将他的评价建立在其风险偏好之上。然而，同样的这些标注在被应用到更宽泛的博弈类型时，参与人只能是风险中性的。

7.6 简单博弈的值

简单博弈，尤其是单调的简单博弈，经常被用来描述政治情形中的博弈。在这些情形中，参与人的值经常体现出他们所感知到的政治权力。在这种解释下，虚拟参与人公理和单调性公理仍然是合理的。然而，线性公理似乎不再适用；确实，简单博弈的加总通常并不是简单博弈。

一个替代性的公理由 Dubey（1975）提出［参见 Roth（本书第 4 章）］。对于任意博弈 v 和 w，以及所有的 $S \subset N$，定义 $v \vee w$ 为 $(v \vee w)(S) = \max(v(S), w(S))$，并定义 $v \wedge w$ 为 $(v \wedge w)(S) = \min(v(S), w(S))$。如果 v 和 w 都是简单博弈，那么 $v \vee w$ 和 $v \wedge w$ 也都是简单博弈。如果联盟在 v 或 w 中是获胜联盟，那么它在 $v \vee w$ 中也是获胜联盟；如果它在 v 和 w 中都是获胜联盟，则它在 $v \wedge w$ 中也是获胜联盟。因此，每个联盟在 v 和 w 中获胜的总频率与它在 $v \vee w$ 和 $v \wedge w$ 中获胜的总频率一样。令 ϕ_i 为 i 在博弈的集合 $\mathscr{T}$ 上的值。

转移公理 如果 v、w、$v \vee w$ 和 $v \wedge w$ 都在 $\mathscr{T}$ 中，则 $\phi_i(v) +$

$$\phi_i(w)=\phi_i(v\vee w)+\phi_i(v\wedge w)\text{。}$$

这个公理的名称来自以下观察。如果要让所有仅在 v 中获胜的联盟失败,我们就得到了博弈 $v\wedge w$;如果同样的联盟仍然获胜,那我们就得到了博弈 $v\vee w$。因此,当获胜联盟由一个博弈"转移"至另一个博弈时,我们就由 v 和 w 得到了 $v\wedge w$ 和 $v\vee w$。

我们还需要一些定义。令 v 为一个简单博弈。v 中的最小获胜联盟是子集中不存在获胜联盟的获胜联盟;v 中的洞是一个子集中包含获胜联盟的失败联盟。注意到这些洞在单调的简单博弈中是不存在的。

令 $\mathcal{T}$ 为简单博弈的集合,并令 v 为 $\mathcal{T}$ 中的任意博弈。我们定义 v 上两种可以实施的操作。令 T 为 v 中的一个最小获胜联盟。对所有 $S\neq T$,定义博弈 v^{-T} 为 $v^{-T}(S)=v(S)$,$v^{-T}(T)=0$;v^{-T} 由在 v 中删除一个最小获胜联盟而得到。此外,令 T 为 v 中的一个洞,并针对所有 $S\neq T$,定义博弈 v^{+T} 为 $v^{+T}(S)=v(S)$,$v^{+T}(T)=1$;v^{+T} 由在 v 中加入一个(新的)获胜联盟而得到。如果这些操作在应用于 $\mathcal{T}$ 中的任意博弈时,都只产生 $\mathcal{T}$ 中的其他博弈,则它在这种删除和插入联盟下是闭合的。特别地,在删除和加入联盟的操作下,$\mathcal{G}^*$、$\mathcal{M}^*$ 和 $\mathcal{S}^*$ 都是闭合的。

下面的结论与定理 7.1 类似。

定理 7.7 令 $\mathcal{T}$ 为包含 $\mathcal{C}$ 的简单博弈的集合,并令它在删除和插入联盟的操作下是闭合的。令 ϕ_i 为 i 在博弈的集合 $\mathcal{T}$ 上的值,并假设 $\phi_i(\hat{v}_N)=0$。最后,假设 ϕ_i 满足转移公理。在上述条件下,存在一个常数集合 $\{a_T:T\subset N\}$,使得对于所有博弈 $v\in\mathcal{S}$,

$$\phi_i(v)=\sum_{T\subset N}a_Tv(T)$$

证明: 我们认为,ϕ_i 由 $\mathcal{T}$ 在 $\mathcal{C}$ 上的值决定。为了证明这一点,先考虑 $\mathcal{T}$ 中的单调博弈的集合 $\mathcal{T}_M$。$\mathcal{T}$ 的这一子集在删除和插入联盟的操作下也是闭合的,并且还包含 $\mathcal{C}$。由于 $v_N\in\mathcal{C}$,上述判断对于这一博弈是成立的。假设这一论题在所有 $\mathcal{T}_M$ 中至多有 k 个获胜联盟的博弈(在 $\mathcal{T}_M$ 中,只有一个获胜联盟的博弈仅为 v_N)上都已经得到了论证,并令 $v\in\mathcal{T}_M$ 为包含 $k+1$ 个获胜联盟的任意博弈。令 T 为 v 中的任意最小获胜联盟,并考虑博弈 v_T、v^{-T} 和 $v_T\vee v^{-T}$。第一个博弈在 $\mathcal{C}$ 中,而后两个博弈在 $\mathcal{T}_M$ 中,并且包含的获胜联盟的数量不超过 k。因为 $v_T\vee v^{-T}=v$,我们由转移公理可知 $\phi_i(v)=\phi_i(v_T)+\phi_i(v^{-T})-\phi_i(v_T\wedge v^{-T})$。而由归纳性假设可知，$\phi_i(v)$ 仅取决于 ϕ_i 在 $\mathscr{C}$ 上的值。这就在 $\mathscr{T}_M$ 上验证了我们的判断。（注意到对博弈 $\hat{v}_N$ 需要进行专门的讨论；因为它没有获胜联盟，从而不在这里的归纳证明的范围内。）

下面，假设我们的论断对于 $\mathscr{T}$ 中的所有至多有 k 个洞的博弈成立（$k=0$ 的情形已经讨论过了），并令 $v \in \mathscr{T}$ 为一个有 $k+1$ 个洞的博弈。令 T 为任意具有最大基数的洞，并考虑博弈 v_T、$v \wedge v_T = \hat{v}_T$ 和 $v \vee v_T = v^{+T}$。其中，第一个博弈在 $\mathscr{C}$ 中，第二个在 $\mathscr{T}_M$ 中，而第三个在 $\mathscr{T}$ 中，并且只有 k 个洞。因为 $\phi_i(v) = \phi_i(v \vee v_T) + \phi_i(v \wedge v_T) - \phi_i(v_T)$，所以（由归纳可知）$\phi_i(v)$ 仅取决于 ϕ_i 在 $\mathscr{C}$ 上的值，这就完成了证明。

我们刚刚论证了，ϕ_i 仅取决于 ϕ_i 在 $\mathscr{C}$ 上的值。因为 $\mathscr{C}$ 是 $\mathscr{G}$ 的一个基，所以在 $\mathscr{G}$ 上，只存在唯一的一个线性函数 ϕ_i^{lin} 与 $\mathscr{C}$ 上的 ϕ_i 相对应。因为对于所有 $\mathscr{G}$ 中的 v 和 w，$(v \vee w) + (v \wedge w) = v + w$，因此该线性函数必须满足转移公理。因此，在 $\mathscr{T}$ 上，ϕ_i^{lin} 和 ϕ_i 必须是一致的。由于 ϕ_i^{lin} 可以以它在 $\mathscr{G}$ 的基 $\{w_T : \varnothing \neq T \subset N\}$ 上的值来表示（参见定理 7.1 的证明），因此 ϕ_i 具备我们希望得到的形式。证明完毕。

下面，我们可以使用定理 7.2 以及与单调性有关的命题来得到与定理 7.4 和定理 7.5 相似的结论。

定理 7.8 令 ϕ_i 为 i 在 $\mathscr{G}^*$ 或 $\mathscr{M}^*$ 上的值。假设 ϕ_i 满足转移公理、虚拟参与人公理和单调性公理。在此条件下，ϕ_i 是一个概率值。此外，每个 $\mathscr{G}^*$ 或 $\mathscr{M}^*$ 上的概率值均满足这三个公理。

定理 7.9 令 ϕ_i 为 i 在 $\mathscr{S}^*$ 上的值。假设 ϕ_i 满足转移公理、虚拟参与人公理和单调性公理。在此条件下，对于所有的非空 $T \subset N \setminus i$，存在一个常数集合 $\{p_T : T \subset N \setminus i\}$ 满足 $\sum_{T \subset N \setminus i} p_T = 1$ 和 $p_T \geqq 0$，并且使得对于每个博弈 $v \in \mathscr{S}^*$，有

$$\phi_i(v) = \sum_{T \subset N \setminus i} p_T [v(T \cup i) - v(T)]$$

此外，每个 $\mathscr{S}^*$ 上的这样的值均满足上述三个公理。

前一节对 $\mathscr{S}$ 上值的类型的讨论在 $\mathscr{S}^*$ 上也是同样有效的。

7.7 对称的值

值衡量了在各种博弈中成为某个特定参与人的相对诉求程度。有

第 7 章 博弈的概率值

时，人们还希望能够在特定博弈的不同角色间进行比较。这种对比可以通过一个值的集合 $\phi=(\phi_1,\phi_2,\cdots,\phi_n)$ 来实现。其中，$\phi_i(v)$ 表示在博弈 v 中处于 i 这个参与人位置上的值。这类集合是一个组值 (group value)。

令 $\pi=(\pi(1),\cdots,\pi(n))$ 为 N 的任意排列。对于任意 $S\subset N$，定义 $\pi S=\{\pi(i):i\in S\}$。对于所有的 $S\subset N$，博弈 πv 被定义为 $(\pi v)(\pi S)=v(S)$。[通过将参与人 $1,\cdots,n$ 重新标识为 $\pi(1),\cdots,\pi(n)$，可以得到 πv。] 令 $\mathscr{T}$ 为满足如下性质的博弈集合：如果 $v\in\mathscr{T}$，则每个 $\pi v\in\mathscr{T}$；这种集合是对称的。

令 $\phi=(\phi_1,\cdots,\phi_n)$ 为 $\mathscr{T}$ 上的一个组值。为了使博弈中角色间的对比有意义，对特定博弈位置的评价应该取决于博弈的结构，而不是参与人的标识。

对称性公理 对于每个 $v\in\mathscr{T}$，N 的每个排列 π，以及每个 $i\in N$，都有 $\phi_i(v)=\phi_{\pi i}(\pi v)$。

注意到每个类型 $\mathscr{G}$、$\mathscr{M}$、$\mathscr{S}$、$\mathscr{G}^*$、$\mathscr{M}^*$ 和 $\mathscr{S}^*$ 都包含 $\mathscr{C}$ 和 $\widehat{\mathscr{C}}$；此外，每个这样的博弈类型都是对称的。因此，定理 7.10 适用于所有这些类型中的值。

定理 7.10 令 $\mathscr{T}$ 为一个包含 $\mathscr{C}$ 和 $\widehat{\mathscr{C}}$ 的对称的博弈集合。令 $\phi=(\phi_1,\cdots,\phi_n)$ 为 $\mathscr{T}$ 上的一个组值，使得对于每个 $i\in N$ 和 $v\in\mathscr{T}$，均有

$$\phi_i(v)=\sum_{T\subset N\setminus i}p_T^i[v(T\cup i)-v(T)]$$

如果 ϕ 满足对称性公理，则存在常数 $\{p_t\}_{t=0}^{n-1}$，使得对于所有的 $i\in N$ 和 $T\subset N\setminus i$，$p_T^i=p_{|T|}$。

证明： 对于任意 $i\in N$，令 T_1 和 T_2 为两个 $N\setminus i$ 中的满足 $0<|T_1|=|T_2|<n-1$ 的联盟。考虑使 T_1 进入 T_2 的 N 上的排列 π，但将 i 固定。这样，$p_{T_1}^i=\phi_i(\hat{v}_{T_1})=\phi_i(\hat{v}_{T_2})=p_{T_2}^i$。其中，中间一个等号的成立来自对称性公理。

下面，令 i 和 j 为 N 上不同的参与人，并令 T 为 $N\setminus\{i,j\}$ 中的非空联盟。考虑将 i 和 j 交换，但保持其他参与人不变的排列 π。这样，$\pi\hat{v}_T=\hat{v}_T$，且 $p_T^i=\phi_i(\hat{v}_T)=\phi_j(\hat{v}_T)=p_T^j$。其中，中间的等号的成立来自对称性公理。将这一结论与之前的结论结合在一起可以发现，对于每个 $0<t<n-1$，存在一个 p_t，使得对于每个 $i\in N$ 和满足

$|T|=t$ 的每个 $T \subset N \setminus i$，$p_T^i = p_t$。

对 N 中的不同参与人 i 和 j，再一次令 π 为互换 i 和 j，但保持其他参与人不变的排列。这样，$p_{N\setminus i}^i = \phi_i(v_N) = \phi_j(v_N) = p_{N\setminus j}^j$。令 p_{n-1} 为这一共同值。这样，对于所有 $i \in N$，$p_{N\setminus i}^i = p_{n-1}$。

最后，对于每个 $i \in N$，

$$p_\emptyset^i = \phi_i(v_i) - \sum_{\substack{T \subset N\setminus i \\ T \neq \emptyset}} p_T^i = \phi_i(v_i) - \sum_{t=1}^{n-1} \binom{n-1}{t} p_t$$

根据对称性，$\phi_i(v_i) = \phi_j(v_j)$。因此，对于所有 $i, j \in N$ 有 $p_\emptyset^i = p_\emptyset^j$。令 p_0 为这一共同值即可完成定理的证明。证明完毕。

7.8 非对称性下的有效性：随机排序的值

考虑一个 $\mathcal{T}$ 上的值的集合 $\phi = (\phi_1, \cdots, \phi_n)$，其中每个元素对应于 N 中的一个参与人。取决于我们所研究的博弈，每个参与人与博弈前景的预期的集合既可能是乐观的，也可能是悲观的；即 $\sum_{i \in N} \phi_i(v)$ 既可能大于也可能小于 $v(N)$。然而，如果这种群体评价既不是乐观的，也不是悲观的，支付向量 $\phi(v) = (\phi_1(v), \cdots, \phi_n(v))$ 就可以作为一个分配大型联盟 N 可得资源的公平分配方案。因此，有必要研究满足下述要求的值的集合 $\phi = (\phi_1, \cdots, \phi_n)$。

效率公理 对于每个 $v \in \mathcal{T}$，$\sum_{i \in N} \phi_i(v) = v(N)$。

满足这一公理的一组值被认为是有效的，并且为 T 中的博弈提供了一个公平的分配方案。下一个定理描述了所有这样的组值。

定理 7.11 令 $\phi = (\phi_1, \cdots, \phi_n)$ 为 $\mathcal{T}$ 上的一组值。对于所有的 $i \in N$ 和 $v \in \mathcal{T}$，$\phi = (\phi_1, \cdots, \phi_n)$ 由下式所定义：

$$\phi_i(v) = \sum_{T \subset N\setminus i} p_T^i [v(T \cup i) - v(T)]$$

假设 $\mathcal{T}$ 包含 $\mathcal{C}$ 和 $\hat{\mathcal{C}}$。这样，当且仅当 $\sum_{i \in N} p_{N\setminus i}^i = 1$，且 $\sum_{i \in T} p_{T\setminus i}^i = \sum_{j \notin T} p_T^j$ 对于每个非空的 $T \subseteq N$ 都成立，ϕ 满足效率公理。

证明：对于任意 $v \in \mathcal{T}$，令 $\phi_N(v) = \sum_{i \in N} \phi_i(v)$。这样，

$$\phi_N(v) = \sum_{i \in N} \sum_{T \subset N \setminus i} p_T^i [v(T \cup i) - v(T)]$$
$$= \sum_{T \subset N} v(T) \left(\sum_{i \in T} p_{T \setminus i}^i - \sum_{j \notin T} p_T^j \right)$$

很容易就可以发现，满足定理中条件的 ϕ 是有效的；即 $\phi_N(v) = v(N)$。

对于任意非空的 $T \subset N$，考虑博弈 v_T 和 $\hat{v}_T$。因为对于所有 $S \neq T$, $v_T(S) = \hat{v}_T(S)$，且 $v_T(T) = 1$，但 $\hat{v}_T(T) = 0$，所以由前一个公式可以得到：

$$\phi_N(v_T) - \phi_N(\hat{v}_T) = \sum_{i \in T} p_{T \setminus i}^i - \sum_{j \notin T} p_T^j$$

然而，如果 $T = N$，则 $v_T(N) - \hat{v}_T(N)$ 为 1，而在其他情况下，$v_T(N) - \hat{v}_T(N)$ 为 0。因此，如果 ϕ 满足效率公理，则定理中的条件也将成立。证明完毕。

不难发现，组值的有效性是人为构造的，并且尽管参与人总体上来说可能有不同的世界观，这种有效性仍然存在。然而，我们可以定义有效率的组值的族，使得其中的每个组值都符合所有参与人的共同视角。令 $\{r_\pi : \pi \in \Pi\}$ 为 N 的 $n!$ 个排序的集合 Π 上的概率分布。对于任意排序 $\pi = \{i_1, \cdots, i_n\}$，令 $\pi^{i_k} = \{i_1, \cdots, i_{k-1}\}$ 为 π 中在 i_k 之前的参与人的集合。对于所有的 $i \in N$ 和 $v \in \mathcal{T}$，$\mathcal{T}$ 上的随机排序值 $\xi = \{\xi_1, \cdots, \xi_n\}$ 定义为：

$$\xi_i(v) = \sum_{\pi \in \Pi} r_\pi [v(\pi^i \cup i) - v(\pi^i)]$$

为了对这一定义进行解释，假设参与人的最终目标是形成大型联盟 N。进一步假设他们将联盟的形成视为一个序贯过程：给定参与人的任意排序，每个参与人 i 在 π 中与在他之前的参与人组成联盟，并在博弈 v 中产生边际贡献 $v(\pi^i \cup i) - v(\pi^i)$。如果参与人对各种排序的可能性有相同的推断 $\{r_\pi : \pi \in \Pi\}$，那么参与人的期望边际贡献就是随机排序值中与他对应的那一项。

定理 7.12 令 $\xi = \{\xi_1, \cdots, \xi_n\}$ 为 $\mathcal{T}$ 上的一个随机排序值。这样，ξ 的每个元素是 $\mathcal{T}$ 上的一个概率值，并且 ξ 满足效率公理。

证明：令 $\{r_\pi : \pi \in \Pi\}$ 为界定 ξ 的任意概率分布。对于任意 $i \in N$ 和 $v \in \mathcal{T}$，有

$$\xi_i(v) = \sum_{\pi \in \Pi} r_\pi [v(\pi^i \cup i) - v(\pi^i)]$$
$$= \sum_{T \subset N \setminus i} \Big(\sum_{\pi \in \Pi: \pi^i = T} r_\pi \Big) [v(T \cup i) - v(T)]$$

因此，ξ_i 是一个概率值。

进一步地，对于任意 $v \in \mathcal{T}$，

$$\sum_{i \in N} \xi_i(v) = \sum_{i \in N} \sum_{\pi \in \Pi} r_\pi [v(\pi^i \cup i) - v(\pi^i)]$$
$$= \sum_{\pi \in \Pi} r_\pi \sum_{i \in N} [v(\pi^i \cup i) - v(\pi^i)]$$
$$= \sum_{\pi \in \Pi} r_\pi v(N) = v(N)$$

证明完毕。

定理 7.13 令 $\phi = (\phi_1, \cdots, \phi_n)$ 为 $\mathcal{T}$ 上的概率值的集合。假设 $\mathcal{T}$ 包含 $\mathcal{C}$ 和 $\hat{\mathcal{C}}$，并且满足效率公理。在这些条件下，ϕ 是一个随机排序值。

证明： 对于所有 $i \in N$ 和 $v \in \mathcal{T}$，令 ϕ 的定义为：

$$\phi_i(v) = \sum_{T \subset N \setminus i} p_T^i [v(T \cup i) - v(T)]$$

对于任意 $i \in N$ 和 $T \subset N \setminus i$，定义 $A^d(T) = \sum_{j \notin T} p_T^j$，且 $A(i;T) = p_T^i / A^d(T)$。[如果 $A^d(T) = 0$，则设定 $A(i;T) = 0$。] 考虑任意排序 $\pi = \{i_1, \cdots, i_n\} \in \Pi$，并定义：

$$r_\pi = p_\emptyset^{i_1} A(i_2; \{i_1\}) A(i_3; \{i_1, i_2\}) \cdots A(i_n; \{i_1, \cdots, i_{n-1}\})$$

通过反复加总很容易验证：

$$\sum_{\pi \in \Pi} r_\pi = \sum_{i_1} \sum_{i_2 \notin \{i_1\}} \sum_{i_3 \notin \{i_1, i_2\}} \cdots \sum_{i_n \in \{i_1, \cdots, i_{n-1}\}} r_{i_1 \cdots i_n} = \sum_{i \in N} p_\phi^i = 1$$

其中，最后一个等号的成立来自定理 7.11 结论部分的归纳。（更一般地，对于每个 $0 \leq t \leq n-1$，定理 7.11 意味着 $\sum_{|T|=t} \sum_{i \notin T} p_T^i = 1$；这里，我们使用到了 $t=0$ 的情形。）因此，$\{r_\pi : \pi \in \Pi\}$ 是 Π 上的一个概率分布。

令 ξ 为与 $\{r_\pi : \pi \in \Pi\}$ 相联系的随机排序值。因为

$$\xi_i(v) = \sum_{T \subset N \setminus i} \Big(\sum_{\pi \in \Pi: \pi^i = T} r_\pi \Big) [v(T \cup i) - v(T)]$$

对于所有的 $i \in N$ 和 $T \subset N \setminus i$，可以很充分地证明：

$$p_T^i = \sum_{\langle \pi : \pi^i = T \rangle} r_\pi$$

注意到

$$\sum_{\langle \pi : \pi^i = T \rangle} r_\pi = \sum_{i_t \in T} \sum_{i_{t-1} \in T \setminus \{i_t\}} \cdots \sum_{i_1 \in T \setminus \{i_t, \cdots, i_2\}} \sum_{i_{t+2} \notin T \cup \{i\}} \sum_{i_{t+3} \notin T \cup \{i, i_{t+2}\}}$$

$$\cdots \sum_{i_n \notin T \cup \{i, i_{t+2}, \cdots, i_{n-1}\}} r_{\langle i_1, \cdots, i_n \rangle}$$

$$= \frac{p_T^i}{A^d(T)} \sum_{i_t \in T} \frac{p_{T \setminus \{i_t\}}^{i_t}}{A^d(T \setminus \{i_t\})} \sum_{i_{t-1} \in T \setminus \{i_t\}} \frac{p_{T \setminus \{i_t, i_{t-1}\}}^{i_{t-1}}}{A^d(T \setminus \{i_t, i_{t-1}\})}$$

$$\cdots \sum_{i_1 \in T \setminus \{i_t, \cdots, i_2\}} p_\varnothing^{i_1} \sum_{i_{t+2} \notin T \cup \{i\}} A(i_{t+2}; T \cup \{i\})$$

$$\cdots \sum_{i_n \notin T \cup \{i, i_{t+2}, \cdots, i_{n-1}\}} A(i_n; T \cup \{i, i_{t+2}, \cdots, i_{n-1}\})$$

这一加总可以很明确地展开。从右至左，前 $n-(t+1)$ 个加总中每一个的值都为 1。继续向左，我们发现每个形如 $\sum_{i_k \in T_k} p_{T_k \setminus i_k}^{i_k}$ 的项之前都有一个以 $A^d(T_k) = \sum_{j \notin T_k} p_{T_k}^j$ 为分母的因子。每两个这样的加总是相等的；这来自本定理所假设的前提以及定理 7.11 的假设前提。因此，整个表达式可以简化为 p_T^i。证明完毕。

将定理 7.12 和定理 7.13 结合在一起，我们发现，当参与人对博弈的概率推断都是一致的时候，即各种各样的 $\{p_T^i : T \subset N \setminus i\}$ 都来自同一个分布 $\{r_\pi : \pi \in \Pi\}$ 时，个体概率值的集合在所有博弈的定义域上都是有效的。

随机排序值的集合为每个博弈赋予了一个填补（有效率的群体分配）集合。该集合显然包含博弈的沙普利值；下面，我们将说明它同时还包含了博弈的核。

对于参与人集合 N 上的任意博弈 v，以及任意排序 $\pi \in \Pi$，边际价值向量 $a^\pi(v)$ 是在所有 $i \in N$ 上满足 $a_i^\pi(v) = v(\pi^i \cup i) - v(\pi^i)$ 的分配方案。令 $W(v)$ 为集合 $\{a^\pi(v) : \pi \in \Pi\}$ 的凸包；$W(v)$ 是通过某些随机排序值与 v 相联系的分配的集合。参与人集合 N 上的博弈的核是集合：

$$C(v) = \{x \in R^N : x(N) = v(N), x(S) \geqq v(S) \text{ 对于所有 } S \subset N\}$$

其中，对于任意 $S \subset N$，定义 $x(S) = \sum_{i \in S} x_i$。

定理 7.14 令 v 为 N 上的任意博弈。则 $W(v) \supset C(v)$。

证明：我们通过 N 中参与人的数量 n 上的归纳来证明。在 $n=1$

时，定理显然是成立的。假设该定理在所有参与人数量少于 n 的博弈中都成立。

因为博弈的核是凸的，很容易证明 $C(v)$ 的边界内的点都属于 $W(v)$。令 x 为 $C(v)$ 的边界点。这样，对于某些非空的 $S \subsetneq N$，$x(S) = v(S)$。对于所有的 $T \subset S$，定义 S 上的博弈 u 为 $u(T) = v(T)$；对于 $T \subset N \setminus S$，定义 $N \setminus S$ 上的 w 为 $w(T) = v(T \cup S) - v(S)$。令 x^S 为 x 在 R^S 上的投影。显然，$x^S \in C(v)$。此外，对于任意 $T \subset N \setminus S$，

$$x(T) = x(T \cup S) - x(S) \geq v(T \cup S) - v(S) = w(T)$$

因此，$x^{N \setminus S} \in C(w)$。

将 $x^S = \sum \alpha_\sigma a^\sigma(u)$ 表示为 $\{a^\sigma(u): \sigma \in \Pi_S\}$ 中的边际价值向量的凸组合，其中，Π_S 为 S 的排序的集合。（由归纳假设，这是可能的。）类似地，将 $x^{N \setminus S} = \sum \beta_\tau a^\tau(w)$ 表示为 $\{a^\tau(w): \tau \in \Pi_{N \setminus S}\}$ 中的向量的凸组合。对于任意 $\sigma \in \Pi_S$ 和 $\tau \in \Pi_{N \setminus S}$，令 (σ, τ) 为通过在 σ 后插入 τ 所得到的 Π 中的排序。这样，$x = \sum (\alpha_\sigma \beta_\tau) a^{(\sigma, \tau)}(v)$，并且 $x \in W(v)$，正如定理中所说的那样。证明完毕。

该定理与其他几个结论有关。如果博弈 v 是凸的 [即对于所有的 S，$T \subset N$，$v(S \cup T) + v(S \cap T) \geqq v(S) + v(T)$]，则 $W(v) = C(v)$。[该结论由 Shapley（1971）提出；逆命题则可以参见一石（Ichiishi）的研究。] 此外，Monderer、Samet 和 Shapley（1987）最近对定理 7.14 进行了强化：v 的加权值（参见本书第 6 章）的集合是 $W(v)$ 的子集，并且是 $C(v)$ 的超集。

7.9　对沙普利值的证明

对沙普利值的经典描述认为它是满足线性公理、虚拟参与人公理、对称性公理和效率公理的唯一的（组）值（Shapley，1953）。由我们之前的结论可知，我们可以很容易地证明沙普利值的唯一性，并能够就沙普利值得到一个简单的衍生性的表达式。传统的证明以 $\mathscr{C}$ 中的博弈为中心。而我们对 $\hat{\mathscr{C}}$ 中的博弈的分析简化了论证过程。

定理 7.15　令 $\phi = (\phi_1, \cdots, \phi_n)$ 为 $\mathscr{G}$、$\mathscr{M}$ 或 $\mathscr{S}$ 上的组值。假设每个 ϕ_i 都满足线性公理和虚拟参与人公理，并且 ϕ 满足对称性公理和效率

公理。在这些条件下，对于每个 ϕ 的定义域中的 v 和每一个 $i \in N$，

$$\phi_i(v) = \sum_{T \subset N \setminus i} \frac{t!\,(n-t-1)!}{n!} [v(T \cup i) - v(T)]$$

其中，t 表示 T 的基数。

证明：由定理 7.3 和定理 7.10 可知，存在一个序列 $\{p_t\}_{t=0}^{n-1}$，使得每个 $\phi_i(v) = \sum_{T \subset N \setminus i} p_t [v(T \cup i) - v(T)]$。将定理 7.11 局限在对称性的情形下，则对于所有的非空 $T \subseteq N$，必须有 $\sum_{i \in N} p_{N \setminus i}^i = np_{n-1} = 1$，$\sum_{i \in T} p_{T \setminus i}^i = tp_{t-1} = \sum_{j \notin T} p_T^j = (n-t) p_t$。这就表明，

$$p_{n-1} = \binom{n-1}{n-1} p_{n-1} = \frac{1}{n}$$

并且，对于所有 $1 \leqq t \leqq n-1$，

$$\binom{n-1}{t} p_t = \binom{n-1}{t-1} p_{t-1}$$

这意味着，对于每个 t 有，

$$\binom{n-1}{t} p_t = \frac{1}{n}, \text{ 因此，} P_t = \frac{t!\,(n-t-1)!}{n!}$$

证明完毕。

如果将线性公理替换为转移公理，则可以得到刻画 $\mathscr{G}^*$、$\mathscr{M}^*$ 和 $\mathscr{S}^*$ 上的沙普利值的类似结论。

评论：通过这篇论文，我们在固定的有限参与人集合上研究了博弈的值。沿着相类似的路径，Dubey、Neyman 和 Weber（1981）研究了无限参与人全局中的定义在有限参与人博弈上的值，以及无限参与人（非原子）博弈的值。

其他相关研究可以参见 Blair（1976）、Roth（1977a，b）、Weber（1979）、Dubey 和 Shapley（1979）以及 Roth（本书第 4 章）。

参考文献

Blair，Douglas [1976]，"Essays in Social Choice Theory," Ph. D.

thesis, Yale University.

Dubey, Pradeep [1975], "On the Uniqueness of the Shapley Value," *International Journal of Game Theory*, 4, 131-139.

Dubey, Pradeep, Abraham Neyman, and Robert J. Weber [1981], "Value Theory without Efficiency," *Mathematics of Operations Research*, 6, 122-128.

Dubey, Pradeep and Lloyd S. Shapley [1979], "Mathematical Properties of the Banzhaf Power Index," *Mathematics of Operations Research*, 4, 99-131.

Milnor, John [1952], "Reasonable Outcomes for n-Person Games," RAND Memorandum RM-916.

Monderer, Dov, Dov Samet, and Lloyd S. Shapley [1987], "Weighted Values and the Core," manuscript.

Owen, Guillermo [1972], "Multilinear Extensions of Games," *Management Science*, 18, Part 2, 64-79.

Roth, Alvin E. [1977a], "Bargaining Ability, the Utility of Playing a Game, and Models of Coalition Formation," *Journal of Mathematical Psychology*, 16, 153-160.

[1977b], "A Note on Values and Multilinear Extensions," *Naval Research Logistics Quarterly*, 24, 517-520.

Shapley, Lloyd S. [1953], "A Value for n-Person Games," *Annals of Mathematics* Study, 28, 307-318.

[1971], "Cores of Convex Games," *International Journal of Game Theory*. 1, 11-26.

Weber, Robert J. [1979], "Subjectivity in the Valuation of Games," *Game Theory and Related Topics* (ed. O. Moeschlin and D. Pallaschke), North-Holland Publishing Company, 129-136.

第8章 基于平均相对支付的沙普利值的组合表示[*]

乌列·G. 罗思布卢姆

摘　要

沙普利所提出的沙普利值的组合表示包含于一个令参与人所得支付与他为之前所有参与人的集合所做的期望边际贡献相等的公式。这一期望值是基于参与人所有可能排序的集合上的均匀分布所得到的。我们找到了另一种基于向每个参与人分配联盟平均相对支付的组合表示方法。其中，参与人先在包含他自身的具有固定基数的集合进行平均，然后再在其他不同的基数进行平均。形成相对支付的比较基准的改变

---

[*] 这篇论文的研究得到了技术研究促进基金的支持。

将产生不同的组合公式。

8.1 引言

我们所熟悉的沙普利值的表述方法将每个参与人的"对排在他之前的参与人所做的平均边际贡献"作为这个参与人的博弈的值,而这种平均是在所有参与人可能出现的排序上进行的;具体可以参见 Shapley(1953)。本章考察了沙普利值的其他三种表示方法,每一个都体现了参与人得到"在包含该参与人的联盟中的平均相对支付"。这三种表示方法的共同特征是计算平均值的方法,而不同之处在于相对支付计算所依据的基准水平。具体而言,在这三种表示方法中,我们先在具有特定基数的联盟间进行平均,然后再在其他不同基数上进行平均。而在这些沙普利值的表示方法中,计算超出值的基准支付都是不同的。在第一种沙普利值的表示方法中,基准值被设定为排除某特定参与人的联盟的支付,因此相对支付对应于沙普利在表述博弈值时所采用的边际支付;在第二种表示方法中,基准支付是 Harsanyi(1963,p.203,equation 4.1)所讨论的特定联盟的补集的支付;在第三种表示方式中,基准支付是与给定联盟基数相等,但不包括特定参与人的其他联盟的平均支付,就像 Rothblum(1985,equation 3)所讨论的那样。

在 Kleinberg 和 Weiss(1985)所提出的表示方法中,沙普利值被视为一种他们称为相对价值的加权和。这种相对价值可以被看成与我们所考虑的表示方式具有不同基准水平的相对博弈支付。然而,克莱因伯格(Kleinberg)和韦斯(Weiss)没有就他们所使用的权重进行解释,而且他们的公式并没有在任何符合直觉的分布上表述平均相对支付。因此,他们的公式可以看成是平均相对支付的一种定性的而非定量化的表述。

令 $N=\{1,\cdots,n\}$ 为包含所有参与人的大型联盟,并以 $v(N)$ 表示 N 的支付。在我们提出的三种表示方法中,被用于计算大型联盟相对支付的基准支付为 0,而这在我们的公式中将体现为 $v(N)/n$ 这一项。该项可以被视为一个"公平分配",而公式中的其他剩余项可以看成是在这种公平分配上的调整,"以便体现出参与人所属联盟的相对

第 8 章　基于平均相对支付的沙普利值的组合表示

价值。例如，如果一个参与人始终属于一个高于平均价值的联盟，那么他将得到一个超过他的公平份额的博弈值"（Kleinberg and Weiss，1985）。

我们的主要结论将在第 8.2 节中展示；第 8.3 节将给出一些拓展。

8.2　主要结论

当 $v(\varnothing)=0$ 时，一个在 $N \equiv \{1,\cdots,n\}$ 上具有特征方程形式的博弈是 N 的子集上的实值函数 v。和通常的表述一样，N 中的元素被称为参与人，而 N 的子集被称为联盟。并且，对于每一个联盟 S，$v(S)$ 为联盟成员不必通过与他人合作就能得到的支付。令 G^N 为 $N=\{1,\cdots,n\}$ 上具有特征方程形式的博弈的集合。沙普利值（Shapley，1953）是将 G^N 映射到 R^n 的函数 ϕ。该函数的具体表达式为：

$$(\phi v)_i = \sum_{\substack{S \subseteq N \\ i \in S}} \frac{(|S|-1)!(n-|S|)!}{n!}[v(S)-v(S\setminus\{i\})], i \in S \tag{8.1}$$

其中，$|S|$ 表示集合 S 的基数。

对于 $\varnothing \neq S \subseteq N$ 以及 $i \in S$，令

$$e_1(S,i) \equiv v(S)-v(S\setminus\{i\}) \tag{8.2}$$

$$e_2(S,i) \equiv v(S)-v(N\setminus S) \tag{8.3}$$

并且

$$e_3(S,i) \equiv v(S)-\binom{n-1}{|S|}^{-1}\sum_{\substack{i \notin R \\ |R|=|S|}}v(R) \tag{8.4}$$

其中，式（8.4）的最后一项在 $S=N$ 时被定义为 0。式（8.2）～式（8.4）中的每一个都可以分别被视为与基准支付 $v(S\setminus\{i\})$、$v(N\setminus S)$ 和 $\binom{n-1}{|S|}^{-1}\left[\sum_{\substack{i \notin R_i \\ |R|=|S|}}v(R)\right]$ 相比较所得到的联盟 S 的相对支付。特别地，$\binom{n-1}{|S|}^{-1}\left[\sum_{\substack{i \notin R_i \\ |R|=|S|}}v(R)\right]$ 是不包含参与人 i，并具有规模 $|S|$ 的联盟的平均支付。$e_1(S,i)$ 是参与人 i 对 S 的边际

贡献，而 $e_2(S, i)$ 是 Harsanyi（1963）所采用的度量指标。

定理 8.1 对于 $t=1, 2, 3, v \in G^N$，以及 $i \in N$，有

$$(\phi v)_i = n^{-1} \sum_{k=1}^{n} \binom{n-1}{k-1}^{-1} \sum_{\substack{i \in S \\ |S|=k}} e_t(S, i) \tag{8.5}$$

评论：因为包含参与人 i 且规模为 k 的联盟的数量为 $\binom{n-1}{k-1}$，$\binom{n-1}{k-1}^{-1} \left[\sum_{i \in S; |S|=k} e_t(S, i) \right]$ 是相应基准支付上这类博弈的平均相对支付，并且式（8.5）基于 $t=1$、$t=2$ 和 $t=3$ 的三种变化在 k 上取平均值。因此，式（8.5）右边在三种不同的相对支付计算的基准水平上，以包含特定参与人的联盟的平均相对支付给出了博弈 v 中参与人 i 的沙普利值的三种表示方法。

定理 8.1 的证明：考虑将 G^N 映射到 R^n 的函数 ψ_1、ψ_2 和 ψ_3。对于每个 $v \in G^N$ 以及 $i \in N$，都有

$$(\psi_1 v)_i = n^{-1} \sum_{k=1}^{n} \binom{n-1}{k-1}^{-1} \sum_{\substack{i \in S \\ |S|=k}} [v(S) - v(S \setminus \{i\})] \tag{8.6}$$

$$(\psi_2 v)_i = n^{-1} \sum_{k=1}^{n} \binom{n-1}{k-1}^{-1} \sum_{\substack{i \in S \\ |S|=k}} [v(S) - v(N \setminus S)] \tag{8.7}$$

以及

$$(\psi_3 v)_i = n^{-1} \sum_{k=1}^{n} \binom{n-1}{k-1}^{-1} \sum_{\substack{i \in S \\ |S|=k}} \left[v(S) - \binom{n-1}{k}^{-1} \sum_{\substack{i \notin R \\ |R|=k}} v(R) \right] \tag{8.8}$$

我们的任务是证明对于 $v \in G^N$ 以及 $i \in N$，有

$$(\phi v)_i = (\psi_1 v)_i = (\psi_2 v)_i = (\psi_3 v)_i \tag{8.9}$$

通过将非空集 N 排序，G^N 可以通过 R^{2^n-1} 来识别，而在此基础上，ϕ、ψ_1、ψ_2 和 ψ_3 都是线性函数。因此，有充分的理由认为式（8.9）在 G^N 的任意基上对 v 都成立。与 R^{2^n-1} 中单位向量集合相对应的基是集合 $\{W_T : \emptyset \neq T \subseteq N\}$，其中

$$W_T(S) = \begin{cases} 1 & \text{如果 } S = T \\ 0 & \text{如果 } S \neq T \end{cases}$$

第8章 基于平均相对支付的沙普利值的组合表示

而我们将在这一基中证明式（8.9）对每一个 v 都成立。

令 $\varnothing \neq T \subseteq N$ 是给定的。我们将区分 $i \in T$ 和 $i \notin T$ 的情形。先假设 $i \in T$。在这种情形下，对于所有包含 i 并与 T 不同的子集 $S \subseteq N$，都有 $W_T(S) = 0$；对于所有包含 i 的子集 $S \subseteq N$，都有 $W_T(S \setminus \{i\}) = W_T(N \setminus S) = 0$。同样地，对于所有不包含 i 的子集 $R \subseteq N$，都有 $W_T(R) = 0$。因此，由式（8.1）、式（8.6）、式（8.7）和式（8.8）可知：

$$(\phi W_T)_i = \frac{(|T|-1)!(n-|T|)!}{n!} W_T(T)$$
$$= \frac{(|T|-1)!(n-|T|)!}{n!}$$

以及

$$(\psi_1 W_T)_i = (\psi_2 W_T)_i = (\psi_3 W_T)_i = n^{-1} \binom{n-1}{|T|-1}^{-1} W_T(T)$$
$$= \frac{(|T|-1)!(n-|T|)!}{n!}$$

因此，对于 $v = W_T$ 和 $i \in T$，式（8.9）成立。

接下来假设 $i \notin T$。对于每一个包含 i 的子集 $S \subseteq N$ 均有 $W_T(S) = 0$。并且，除非 $S = T \cup \{i\}$，否则有 $W_T(S \setminus \{i\}) = 0$；除非 $S = N \setminus T$，否则有 $W_T(N \setminus S) = 0$。同样地，除了 $R = T$ 以外，对于每个不包含 i 的子集 $R \subseteq N$，都有 $W_T(R) = 0$。因此，由式（8.1）、式（8.6）、式（8.7）和式（8.8）可知：

$$(\phi W_T)_i = -\frac{(|T \cup \{i\}|-1)!(n-|T \cup \{i\}|)!}{n!}$$
$$\times W_T[(T \cup \{i\}) \setminus \{i\}]$$
$$= -\frac{|T|!(n-|T|-1)!}{n!}$$

$$(\psi_1 W_T)_i = -n^{-1} \binom{n-1}{|T \cup \{i\}|-1}^{-1} W_T[(T \cup \{i\}) \setminus \{i\}]$$
$$= \frac{|T|!(n-|T|-1)!}{n!}$$

$$(\psi_2 W_T)_i = -n^{-1} \binom{n-1}{|N \setminus T|-1}^{-1} W_T[(N \setminus (N \setminus T)]$$

$$= -\frac{|T|!(n-|T|-1)!}{n!}$$

以及

$$(\psi_3 W_T)_i = n^{-1} \sum_{k=1}^{n} \binom{n-1}{k-1}^{-1} \sum_{\substack{i \in S \\ |S|=k}} \left[W_T(S) - \binom{n-1}{k}^{-1} \sum_{\substack{i \notin R \\ |R|=k}} W_T(R) \right]$$

$$= n^{-1} \binom{n-1}{|T|-1}^{-1} \sum_{\substack{i \in S \\ |S|=|T|}} \left[0 - \binom{n-1}{|T|}^{-1} \sum_{\substack{i \notin R \\ |R|=|T|}} W_T(T) \right]$$

$$= -n^{-1} \binom{n-1}{|T|-1}^{-1} \binom{n-1}{|T|-1} \binom{n-1}{|T|}^{-1}$$

$$= -n^{-1} \binom{n-1}{|T|}^{-1}$$

$$= -\frac{|T|!(n-|T|-1)!}{n!}$$

而式 (8.9) 在 $v = W_T$，$i \notin T$ 时成立。这就完成了对定理 8.1 的证明。证明完毕。

8.3 拓展

定理 8.1 给出了将沙普利值表示为平均相对支付的三个公式。其中，平均值首先在包含特定参与人并具有固定基数的联盟上展开，其次在第二阶段中，在具有不同基数的联盟上展开。特别地，这些公式对所有可能的基数均采用了相等的权重。对这些公式的一个可能的拓展是对不同的基数赋予不同的权重。具体而言，对于 $q \in R^n$，我们可以考虑将 G^N 映射至 R^n 的函数 ψ_i^q，$t = 1, 2, 3$。该函数由下式定义：

$$(\psi_i^q v)_i = \sum_{k=1}^{n} q_k \binom{n-1}{k-1}^{-1} \sum_{\substack{i \in S \\ |S|=k}} e_t(S, i), \quad i \in N \quad (8.10)$$

其中，函数 $e_1(\cdot, \cdot)$、$e_2(\cdot, \cdot)$ 和 $e_3(\cdot, \cdot)$ 分别由式 (8.2) ～式 (8.4) 定义。式 (8.10) 定义了由 v 所决定的参与人参与某个博弈的权力的参数度量方式。Dubey (1976)，Dubey 和 Weber (1977)，Roth (1977a, b, c) 以及 Dubey、Neyman 和 Weber (1981) 也曾考虑了其

第8章 基于平均相对支付的沙普利值的组合表示

他参数化的度量方法。具体地，他们使用了如下形式的表达式

$$(\zeta^p v)_i \equiv \sum_{\substack{S \subseteq N \\ i \in S}} p(i,S)[v(S) - v(S \setminus \{i\})], \quad i \in N \quad (8.11)$$

其中，p 是对 (i, S) 上的一个实值函数，$i \in S$，$S \subseteq N$。Dubey、Neyman 和 Weber 将相应的函数 ξ^p 称为半值（semivalue）。

参考文献

Dubey, P. [1976], "Probabilistic generalization of the Shapley value," Cowles Foundation Discussion Paper No. 440, Cowles Foundation for Research in Economics, Yale University, New Haven, Connecticut.

Dubey, P., A. Neyman, and R. J. Weber [1981], "Value theory without efficiency," *Mathematics of Operations Research* 6, pp. 122–128.

Dubey, P. and R. J. Weber [1977], "Probabilistic values for games," Cowles Foundation Discussion Paper No. 471, Cowles Foundation for Research in Economics, Yale University, New Haven, Connecticut.

Harsanyi, J. C. [1963], "A simplified bargaining model for the *n*-person cooperative game," *International Economic Review* 4, pp. 194–220.

Kleinberg, N. L. and J. H. Weiss [1985], "A new formula for the Shapley value," *Economic Letters* 18, pp. 311–315.

Roth. A. E. [1977a], "The Shapley value as a von Neumann-Morgenstern utility," *Econometrica* 45, pp. 657–664.

[1977b], "A note on values and multilinear extensions," *Naval Research Logistics Quarterly* 24, pp. 517–520.

[1977c], "Bargaining ability, the utility of playing a game and models of coalition formation," *Journal of Mathematical Psychology* 16, pp. 153–160.

Rothblum, U. G. [1985], "A representation of the Shapley value and other semivalues," unpublished manuscript.

Shapley, L. S. [1953], "A value for *n*-person games," *Annals of Mathematical Studies* 28, pp. 307–312.

第9章 沙普利值的位势[*]

塞尔久·哈特和安德鲁·马斯-克莱尔

9.1 引言

我们将研究具有可转移效用的特征方程型的多人博弈。我们所关注的问题是求解这样的博弈（即找到博弈中所有参与人的支付结果）。

主要的博弈解概念有如下三种。第一种由冯·诺依曼和摩根斯坦提出：一个给定的博弈的"稳定集"是一个支付向量的集合；这一集合如果存在，不必是唯一的。第

---

[*] 带着崇高的敬意献于劳埃德·S.沙普利的65岁生日。本章基于论文《位势、值和一致性》（1987）和它之前的两个版本（1985，1986）。国家科学基金会和美国－以色列两国科学研究基金会提供了资金支持，在此表示感谢。

二种是沙普利和吉利斯所提出的"核"。它是一个唯一的支付向量集合。第三种是沙普利值，它只包含一个支付向量。因此，在解的结构上，存在着很明显的由"复杂"到"简单"的历史趋势。[1][2]

这里，我们将呈现一个更加简单的解：每个博弈在这一解下表现为一个数值！这样，所有参与人的支付是如何决定的？通过"边际贡献"这一具有悠久传统（尤其是在经济学中）的原则来实现。因此，我们根据上述博弈的数值为每个参与人赋予他或她的边际贡献。令人吃惊的是，由此形成的支付向量是"有效的"（即支付总和等于大型联盟的价值）这唯一的要求决定了这一程序的唯一性。

显然，通常而言，无法将参与人对大型联盟的直接边际贡献作为每个参与人的支付（根据给定的博弈的特征方程）。这是因为这些边际贡献的加总并不一定等于大型联盟的价值；即它们要么是不可行的，或者，即使是可行的，也不是帕累托最优的（像往常一样，这种"加总"要求指的是"有效性"）。使这两个原则——边际贡献和效率——相一致的方法是引入一个为每个博弈赋予一个实数的函数，并根据它来计算边际贡献。这个实数被称作博弈的位势（potential）。下面，我们可以给出主要的结论。

结论 存在被称作位势函数（potential game）的博弈上的唯一的[3] 实函数，使得由它所得到的所有参与人的边际贡献满足有效性的要求。这些边际贡献正好就是沙普利值（Shapley，1953）。

因此，被视为博弈上的向量值函数的沙普利值正好就是位势函数的（离散）梯度（这解释了我们为什么会选用位势函数这个名称）。这样，沙普利值就是唯一与位势相容的有效的解概念。更详细的讨论以及其他一些结论和解释，是第 9.2 节的讨论主题。

尽管位势这一定义仅仅是一个分析工具，但它非常有建设性并富有成效。更多的细节可以参见 Hart 和 Mas-Colell（1987）。在第 9.3 节中，我们将展示一个由位势方法所得到的结论：由一个内在的"一致性"性质来界定沙普利值。

9.2 位势

在这一节里，我们将正式地描述之前所讨论的内容，并研究位势的各种性质。

一个具有单边支付（或者具有可转移效用）的合作博弈——简称为一个博弈——由序偶 (N,v) 组成，其中 N 是参与人的有限集合，并且[4] $v: 2^N \to \mathbf{R}$ 是特征方程，满足 $v(\emptyset)=0$。子集[5] $S \subset N$ 被称作联盟，而 $v(S)$ 是联盟 S 的价值。给定一个博弈 (N,v) 和一个联盟 $S \subset N$，我们用 (S,v) 表示将 v 限制在 S（的子集）上所得到的子博弈；即函数 v 的定义域被限制为 2^S。

令 Γ 表示所有博弈的集合。给定一个为每个博弈 (N,v) 赋予一个实数[6] $P(N,v)$ 的函数 $P: \Gamma \to \mathbf{R}$，参与人 i 在博弈 (N,v) 中的边际贡献定义为：

$$D^i P(N,v) = P(N,v) - P(N \setminus \{i\}, v)$$

其中，$i \in N$；博弈 $(N \setminus \{i\}, v)$ 是将 (N,v) 限制在 $N \setminus \{i\}$ 上所得到的结果。

如果对于所有博弈 (N,v)，满足[7] $P(\emptyset,v)=0$ 的函数 $P: \Gamma \to \mathbf{R}$ 满足下述条件，则它被称作一个位势函数：

$$\sum_{i \in N} D^i P(N,v) = v(N) \tag{9.1}$$

因此，位势函数使得它的边际量总是有效的；即它们的加总总是等于大型联盟的价值。下面的定理概括了主要的结论。

定理 A 存在一个唯一的位势函数 P。对于每个博弈 (N,v)，$(D^i P(N,v))_{i \in N}$ 作为博弈结果的边际贡献的支付向量与沙普利值一致。此外，仅在博弈和它的子博弈上应用式 (9.1) [即对于所有的 $S \subset N$，例如应用于 (S,v)]，博弈 (N,v) 的位势就可以唯一地由式 (9.1) 决定。

证明：将式 (9.1) 重新写为[8]：

$$P(N,v) = \frac{1}{|N|} \left[v(N) + \sum_{i \in N} P(N \setminus \{i\}, v) \right] \tag{9.2}$$

从 $P(\emptyset,v)=0$ 开始，式 (9.2) 递归地决定了 $P(N,v)$。这证明了位势函数 P 的存在性和唯一性，并且，对于所有的 $S \subset N$，$P(N,v)$ 是通过仅将式 (9.1)[或式 (9.2)]应用于 (S,v) 而唯一地决定的。

剩下需要证明的是，对于所有博弈 (N,v) 和所有参与人 $i \in N$，$D^i P(N,v) = Sh^i(N,v)$。其中，P 是（唯一的）位势函数，而

第 9 章 沙普利值的位势

$Sh^i(N,v)$ 表示参与人 i 在博弈 (N,v) 中的沙普利值。我们将证明 D^iP 满足[9]所有用来唯一地决定沙普利值的公理。有限性就是式（9.1）；其他三个公理——虚拟（多余）参与人公理、对称性公理以及可加性公理——都可以通过式（9.2）来归纳性地证明。令 i 为博弈中的多余参与人[即对于所有 S，$v(S)=v(S\setminus\{i\})$]。这意味着 $P(N,v)=P(N\setminus\{i\},v)$；因此 $D^iP(N,v)=0$。假设这一论断对于参与人人数少于 $|N|$ 的所有博弈都成立；特别地，对于所有 $j\neq i$，$P(N\setminus\{j\},v)=P(N\setminus\{j,i\},v)$。下面，将 N 代入式（9.2），减去将 $N\setminus\{i\}$ 代入后的式（9.2），可以得到：

$$|N|[P(N,v)-P(N\setminus\{i\},v)]=[v(N)-v(N\setminus\{i\})]$$
$$+\sum_{j\neq i}[P(N\setminus\{j\},v)-P(N\setminus\{j,i\},v)]=0$$

下面，假设参与人 i 和 j 在博弈 (N,v) 中是相互替代的。这意味着 $P(N\setminus\{i\},v)=P(N\setminus\{j\},v)$[使用式（9.2），注意到对于所有 $k\neq i,j$，i 和 j 在 $(N\setminus\{k\},v)$ 中是相互替代的]；因此，$D^iP(N,v)=D^jP(N,v)$。最后，基于式（9.2）的另一个归纳论证说明 $P(N,v+w)=P(N,v)+P(N,w)$，这意味着可加性公理的成立。证明完毕。

评论 9.1 位势方法可以视为对沙普利值的一种新的公理性描述。它的重要性有两个方面：首先，只有式（9.1）这一公理是必需的（尽管可以将它视为两个假设的综合："有效性"和"边际贡献"；然而，注意到我们并没有假设可加性、对称性等）。其次，只需要考虑给定的博弈；仅将式（9.1）应用于给定的博弈及其子博弈（因此，只需要考虑一个特征方程），位势和沙普利值就可以由式（9.1）唯一地决定。这在应用中是非常重要的，因为通常我们只会考虑一个特定的问题。相反，为了针对任意单个博弈唯一地决定沙普利值，沙普利值的所有标准的公理化方法要求在很大的范围内（例如，所有博弈或所有简单博弈）应用多种不同的公理（可加性公理、对称性公理等）。[10]

评论 9.2 式（9.2）给出了一个计算博弈及其子博弈的位势和沙普利值的简单直观的递归方法。这似乎是沙普利值的最有效率的计算方法[注意到式（9.2）在 $2^{|N|}-1$ 个非空联盟上都应当只应用一次]。

下面，我们给出位势的另一个视角。给定一个博弈 (N,v)，基于边际贡献的分配[即参与人 i 得到 $v(N)-v(N\setminus\{i\})$]通常不是有效的。一个解决这个问题的办法是加入一个新的参与人 0，并将博弈拓展至 $N_0 = N \cup \{0\}$，以便使得基于边际贡献的分配在这个拓展后的博弈中是有效的。正式地，令 (N_0, v_0) 为 (N, v) 的一个拓展 [即对于所有 $S \subset N$，$v_0(S) = v(S)$]。则上述要求可以表述为：

$$\begin{aligned} v_0(N_0) &= \sum_{i \in N_0} [v_0(N_0) - v_0(N_0 \setminus \{i\})] \\ &= [v_0(N_0) - v(N)] \\ &\quad + \sum_{i \in N} [v_0(N_0) - v_0(N_0 \setminus \{i\})] \end{aligned} \tag{9.3}$$

而这可以简化为：

$$v(N) = \sum_{i \in N} [v_0(N_0) - v_0(N_0 \setminus \{i\})] \tag{9.4}$$

将上式与式（9.1）相对比，可以得到如下对定理 A 的重新表述。

推论 9.1 存在一个 v 的唯一的拓展 v_0，使得参与人对大型联盟的边际贡献总是符合有效性的要求 [更准确地说，对于拓展后的博弈及其子博弈，式（9.3）总是成立]；对于所有的 $S \subset N$，该博弈由 $v_0(S \cup \{0\}) = P(S, v)$ 给出，其中 P 是位势函数。

注意到原始参与人（在 N 中）得到的支付的加总正好等于 $v(N)$ [参见式（9.4）；它们是沙普利值]。得到剩余支付 $P(N, v) - v(N)$ 的参与人 0 可以被视为一个"隐藏参与人"（hidden player）。这与麦肯齐（McKenzie）[11] 在生产函数的研究中为了解释剩余利润（或损失）时引入的"隐藏要素"是相似的。[12]

在式（9.1）和式（9.2）中，位势仅仅是隐含在公式中。下面我们将给出两个显性公式。T——致同意博弈（T 是一个非空有限集）u_T 被定义为当 $S \supset T$ 时，$u_T(S) = 1$，而在其他情形下 $u_T(S) = 0$。广为人知的是，这些博弈构成了 Γ 的一个线性基：每个博弈都有一个唯一的表达式 [例如，可参见 Shapley（1953）]。

$$v = \sum_{T \subset N} \alpha_T u_T$$

对于所有的 $T \subset N$，

$$\alpha_T \equiv \alpha_T(N, v) = \sum_{S \subset T} (-1)^{|T| - |S|} v(S) \tag{9.5}$$

命题 9.1 对于所有博弈 (N, v)，位势函数 P 满足：

第 9 章 沙普利值的位势

$$P(N,v) = \sum_{T \subset N} \frac{1}{|T|} \alpha_T$$

其中 α_T 由式（9.5）给出。

证明：令 $Q(N,v)$ 表示命题中公式的右边。这样，$Q(\emptyset,v)=0$ 且 $Q(N,v)-Q(N\setminus\{i\},v)=\sum_{T\ni i}\alpha_T/|T|$，并在 i 上加总可知 Q 满足式（9.1）。因此，根据定理 A，Q 对应于唯一的位势函数 P。证明完毕。

数值 $\delta_T = \alpha_T/|T|$ 被称为联盟 T 的每个成员的红利，并且 $Sh^i(N,v) = \sum_{T\ni i}\delta_T$（Harsanyi，1963）。

命题 9.2 位势函数 P 满足：

$$P(N,v) = \sum_{S \subset N} \frac{(s-1)!\,(n-s)!}{n!} v(S)$$

其中，$n=|N|$，且 $s=|S|$。

证明：很容易可以验证，公式右边的边际贡献可以导出沙普利值。证明完毕。

为了解释最后一个公式，考虑如下选择一个随机非空联盟 $S\subset N$ 的概率模型：首先，均匀地选择规模 $s=1,2,\cdots,n=|N|$（即每个的概率是 $1/n$）。其次，再一次均匀地选择规模 s 的一个子集 S [即 $\binom{n}{s}$ 中的每一个子集都有相等的概率]。等价地，选择 N 的 n 个元素的一个随机排序（每个的概率是 $1/n!$）和一个切入点 s（$1\le s\le n$），并令 S 为这一排序的前 s 个元素。选择一个满足 $|S|=s$ 的子集的概率为：

$$\pi_S = \frac{s!(n-s)!}{n\cdot n!} = \frac{s}{n}\frac{(s-1)!(n-s)!}{n!}$$

因此，命题 9.2 的公式可以重新写为：

$$P(N,v) = \sum_{S\subset N}\pi_S \frac{n}{s}v(S) = E\left[\frac{|N|}{|S|}v(S)\right] \tag{9.6}$$

其中，E 表示基于之前的概率模型所产生的 S 上的期望。对式（9.6）的解释是位势是期望的标准化的联盟价值，或者等价地，人均位势 $P(N,v)/|N|$ 等于平均的人均价值 $v(S)/|S|$。这说明位势可以被

视为以一个数值（在此基础上进一步计算边际贡献）对特征函数所进行的恰当"概括"。[13]

为了进一步研究位势函数的性质，我们将它视为博弈上的一个算子。固定 N，并令 Γ_N 为参与人集合 N 的所有博弈的集合。对于所有的 $S\subset N$，令 **P** 为从 Γ_N 到其自身的将博弈 v 与 $\mathbf{P}v$ 相联系的算子，$\mathbf{P}(v)(S)=P(S,v)$。

命题 9.3 算子 $\mathbf{P}:\Gamma_N\to\Gamma_N$ 具有如下性质（对于所有 $v,w\in\Gamma_N$，以及所有标量 α,β）：

（i）**P** 是线性的：$\mathbf{P}(\alpha v+\beta w)=\alpha\mathbf{P}v+\beta\mathbf{P}w$。

（ii）**P** 是对称的：$\mathbf{P}(\theta v)=\theta(\mathbf{P}v)$ 对于每个到其自身的一对一的映射都成立［即参与人的一个排列；对于博弈 w 和所有的 $S\subset N$，"排列"后的博弈 θw 被定义为 $(\theta w)(S)=w(\theta S)$］。

（iii）**P** 是正的：$v\geq 0$ 意味着 $\mathbf{P}v\geq 0$ ［其中 $w\geq 0$ 表示对于所有 $S\subset N,w(S)\geq 0$］。

（iv）**P** 是一对一的，并且是满映射。

（v）**P** 的不动点是非实质性博弈［或可加性博弈——对于所有的 $S\subset N$，博弈 v 满足 $v(S)=\sum_{i\in S}v(\{i\})$］。

证明：命题 9.1 意味着如果我们将 v 分解为 $v=\sum\alpha_T\mu_T$，则 $\mathbf{P}v=\sum(\alpha_T/|T|)\mu_T$ ［这些加总都发生在 $T\subset N$ 上，而 α_T 由式 (9.5) 给出］。由此结论，(i)、(ii)、(iv) 和 (v) 的成立都很容易被证明，而 (iii) 的成立则来自命题 9.2。证明完毕。

由以上基本性质，我们可以得到其他的一些结论。例如：

推论 9.2 如果 (N,v) 的核是非空的［即 (N,v) 为平衡的］，则 $P(N,v)\leq v(N)$。如果 (N,v) 是一个市场博弈（即为完全平衡的），则 $\mathbf{P}v\leq v$。

证明：令 $x=(x^i)_{i\in N}$ 为 (N,v) 的核中的一个支付向量，并考虑如下非实质博弈 (N,w)：对于所有 $S\subset N,w(S)=\sum_{i\in S}x^i$。这样 $v\leq w$，这说明 $\mathbf{P}v\leq\mathbf{P}w=w$ ［应用命题 9.3 的 (i)、(iii) 和 (iv)］；因此，$P(N,v)=\mathbf{P}v(N)\leq w(N)=v(N)$。在市场博弈中，这一论证也适用于所有的子博弈。证明完毕。

9.3 一致性

这一节将展示一个由位势方法所得到的结论。它表明，与大多数解概念类似，沙普利值满足一个内部一致性性质（Hart and Mas-Colell，1987，sec. 4）。

"一致性"要求可以非正式地表示如下：令 ϕ 是一个为每个博弈中的每个参与人赋予支付结果的"解函数"。对于博弈中的任意一组参与人，可以在将 ϕ 所产生的支付赋予其余参与人之后，以剩余的支付和该组参与人为基础定义一个"简化博弈"。在此基础上，如果将 ϕ 应用于任意简化博弈所产生的结果总是与原博弈中的支付一样，则称 ϕ 是一致的。

正式地，一个解函数 Γ 是定义于所有博弈 ϕ 的集合上的函数，它给每个 $(N, v) \in \Gamma$ 赋予一个支付向量 $\phi(N, v) = (\phi^i(N, v))_{i \in N} \in \mathbf{R}^N$。给定一个解函数 ϕ、一个博弈 (N, v) 以及一个联盟 $T \subset N$，简化型博弈 (T, v_T^ϕ) 定义为，对于所有的 $S \subset T$,

$$v_T^\phi(S) = v(S \cup T^c) - \sum_{i \in T^c} \phi^i(S \cup T^c, v) \tag{9.7}$$

其中，$T^c = N \setminus T$。如果对于每个博弈 (N, v)，每个联盟 $T \subset N$，以及所有的 $j \in T$，下式成立，则解函数 ϕ 是一致的：

$$\phi^j(T, v_T^\phi) = \phi^j(N, v) \tag{9.8}$$

这些定义可以解释如下。固定 ϕ、(N, v) 和 $T \subset N$。T 的成员——更准确地说，每个（子）联盟 $S \subset T$——需要考虑 T^c 中的参与人按照 ϕ 得到支付之后所剩下的总支付。为了计算（在这一简化博弈中）S 的价值，需要假设作为补集所存在的联盟 $T \setminus S$ 没有出现。因此，需要考虑的博弈是 $(S \cup T^c, v)$，其中的支付都按照 ϕ 来分配。对于 S 来说，剩余的支付由式（9.7）给出。最后，注意到如果 ϕ 是有效的，则：

$$v_T^\phi(S) = \sum_{i \in S} \phi^i(S \cup T^c, v) \tag{9.9}$$

存在一些一致性的替代性定义（应用于不同的解概念）。它们的区别仅仅表现在简化博弈的定义上。定义式（9.7）的适宜性取决于模型所涉及的具体情景，特别是决定特征方程的基础性假设。

一个式（9.7）定义的适合的例子是在不同项目（或部门、任务等）之间分摊联合成本；这些项目在这里表现为"参与人"。我们并不会将成本归属问题解释为某种用于进行最优项目选择的"效率价格"，而是将其理解为项目集合固定以后的一个正好公正分摊总成本的机制。

这个例子所对应的场景可以是出于税收原因而必须将总成本（或收益）在不同国家分配的跨国公司。作为这个公司的一个例子，比如田纳西分公司，假设 T 是田纳西的项目集合。对于每个田纳西项目的子集 $S \subset T$，如果该集合是田纳西地区唯一将被实施的项目的子集，"该地区会计人员"需要弄清楚它的成本。此外，还存在着除田纳西之外的所有项目的集合 T^c（这并不在该地区的"思想实验"范围内）。因此，S 的成本是当将要实施的项目集合为 $S \cup T^c$ 时，根据我们所讨论的"会计程序"（=解函数）所要归属于 S 的数量。这由式（9.9）精确地给出。一致性要求，对于 T，由该地区会计人员所得出的成本归属量与总部（全国性）会计人员的计算结果一样。

结果表明，一致性要求是沙普利值所满足的性质。此外，在二人博弈中，与适当的初始条件相结合，一致性唯一地界定了沙普利值。

如果对于所有的 v 和所有的 $i \neq j$，

$$\phi^i(\{i,j\}, v) = v(\{i\}) + \frac{1}{2}[v(\{i,j\}) - v(\{i\}) - v(\{j\})]$$

则解函数 ϕ 对于二人博弈是标准的；因此，在二人博弈中，每个参与人先得到他自己确定可以得到的支付，接下来，"剩余"的再被均等地分配。大多数解都满足这一条件。下面，我们可以阐述主要的结论。

定理 B 令 ϕ 为一个解函数。当且仅当 ϕ 是沙普利值，ϕ 将满足：（ⅰ）一致性；（ⅱ）对于二人博弈是标准的。

证明：首先，我们论证沙普利值是一个一致的解函数。令 (N, v) 为一个博弈，而 $T \subset N$ 为一个非空联盟。对于每个 $S \subset T$，简化博弈 $v_T = v_T^\phi$（其中，ϕ 为沙普利值）由下式给出 [参见式（9.9）和定理 A]：

$$v_T(S) = \sum_{i \in S} [P(S \cup T^c, v) - P(S \cup T^c \setminus \{i\}, v)] \quad (9.10)$$

由定理 A 可知，博弈 (T, v_T) 的位势可以通过将式（9.1）应用于该

函数及其子集来唯一地得到。与式（9.10）对比可知，对于所有 $S \subset T$，有

$$P(S, v_T) = P(S \cup T^c, v) + c$$

其中，c 是一个合适的常数[使得 $P(\varnothing, v_T) = 0$]。因此，对于每个 $i \in T$ 有

$$\begin{aligned}\mathrm{Sh}^i(T, v_T) &= P(T, v_T) - P(T \backslash \{i\}, v_T) \\ &= P(N, v) - P(N \backslash \{i\}, v) = \mathrm{Sh}^i(N, v)\end{aligned}$$

这就证明了简化博弈中的沙普利值与原博弈中的沙普利值是一致的。

反过来，我们将证明如果 ϕ 满足（ⅰ）和（ⅱ），则 ϕ 必然包含一个位势函数[参见 Hart 和 Mas-Colell（1987）中定理 B 的证明]。[14] 这里，我们提供一个替代性的直接证明[参见 Hart 和 Mas-Colell（1987）中的引理 6.8]。

首先，我们证明（ⅰ）和（ⅱ）意味着 ϕ 是有效的；即对于所有博弈 (N, v)，

$$\sum_{i \in N} \phi^i(N, v) = v(N)$$

由（ⅱ）可知，这对于 $|N| = 2$ 是成立的，并且，它对于 $|N| = 1$ 也是成立的[加入一个虚拟参与人，并将（ⅱ）和（ⅰ）应用于所得到的二人博弈]。下面，考虑 $|N| \geqslant 3$ 的博弈 (N, v)。令 $T \subset N$ 为一个二人联盟；由一致性可得：

$$\sum_{j \in N} \phi^j(N, v) = \sum_{j \in T} \phi^j(T, v_T^\phi) + \sum_{i \in T^c} \phi^i(N, v)$$

因为 $|T| = 2$，第一个加总等于 $v_T^\phi(T)$；简化博弈的定义式（9.7）意味着等号右边为 $v(N)$。

其次，假设 ϕ 和 ψ 是两个满足（ⅰ）和（ⅱ）的解函数，并根据归纳法假设它们在所有参与人少于 n 的博弈上都是一致的（当 $n = 3$ 时，这是成立的）。令 (N, v) 为一个 n 人博弈，并令 $i, j \in N$，$i \neq j$。考虑两个简化博弈 $(\{i, j\}, v_{\{i,j\}}^\phi)$ 和 $(\{i, j\}, v_{\{i,j\}}^\psi)$，我们分别用 v^ϕ 和 v^ψ 来表示这两个博弈。它们在单元集上是一致的（由归纳法可知，因为只有 $n - 1$ 个参与人是起作用的）；因此，由（ⅱ）可知，当且仅当 $\phi^j(v^\phi) \gtreqless \phi^j(v^\psi)$ [当且仅当 $v^\phi(\{i,j\}) \gtreqless v^\psi(\{i,j\})$]，$\phi^i(v^\phi) \gtreqless$

$\phi^i(v^\psi)$。这样，对于二人博弈，$\phi = \psi$；并且 ϕ 和 ψ 都是一致的；因此，类似地，当且仅当

$$\phi^j(N,v) \gtreqless \psi^j(N,v)$$

下式成立：

$$\phi^i(N,v) = \phi^i(v^\phi) \gtreqless \phi^i(v^\psi) = \psi^i(v^\psi) = \psi^i(N,v)$$

这对于任意参与人 i 和 j 都是适用的；因为 ψ 和 ϕ 都是有效的，因此对于所有 i，必须有 $\phi^i(N,v) = \psi^i(N,v)$。证明完毕。

关于一致性和沙普利值（及其拓展——加权沙普利值和不可转移效用的情形）的更多结论可以参见 Hart 和 Mas-Colell (1987)。

注释

[1] 其他解概念（例如，谈判集、内核、核仁等）也符合这一描述。

[2] 更简单的解将更容易研究和应用，而这增强了解概念的实用性。然而，有必要对不同假设基础上的不同解概念进行考察，因为它们体现了分析问题的不同角度。

[3] 直到加上一个常数（这并不改变边际贡献）。

[4] **R** 表示实数集合，$\varnothing$ 为空集，而符号 \ 表示集合相减。

[5] 所有的子集包含关系都是弱的（即可能出现相等的情况）。

[6] 我们写作 $P(N, v)$，而不是 $P((N, v))$。

[7] 只存在一个"空博弈"$(\varnothing, v)$，因为总有 $v(\varnothing) = 0$。

[8] $|A|$ 表示有限集 A 的元素个数。

[9] 另一个证明可以参见 Hart 和 Mas-Colell (1987)。

[10] 注意到沙普利值（＝平均边际贡献）的表达式也仅适用于一个博弈。然而，这一公式太过复杂，以至不应被视为一个"基础性假设"（特别地，需要对特定的概率模型形式的合理性进行解释）。

[11] McKenzie, L. (1959), "On the Existence of General Equilibrium for a Competitive Market," *Econometrica* 27, 54–71.

[12] 一个类似的构造可以用下面的故事来体现：一位酋长死后留下了遗嘱，要求他的三个儿子按如下方式分割财产：最年长的儿子得

到一半，老二得到三分之一，最小的儿子得到九分之一。遗产共计 17 只骆驼。这个遗产分配问题被一个智者解决了。他把他自己的一只骆驼与 17 只骆驼放在一起，而三兄弟按照遗嘱中各自的比例分配这 18 只骆驼，并分别得到 9 只、6 只和 2 只。分配完后，还剩 1 只骆驼，正好可以归还给智者。

[13] 式（9.6）的结论并不令人吃惊。沙普利值是期望的边际贡献；在这里我们将它表述为与恰当的期望——位势——相对应的边际贡献。

[14] 另一个证明由迈克尔·马希勒（Michael Maschler）独立地完成。

参考文献

Harsanyi, J. C. [1963], "A Simplified Bargaining Model for the n-Person Cooperative Game," *International Economic Review* 4, 194–220.

Hart, S. and A. Mas-Colell [1987], "Potential, Value and Consistency," forthcoming in *Econometrica*.

Shapley, L. S. [1953], "A Value for n-Person Games," *Contributions to the Theory of Games*, vol. Ⅱ (*Annals of Mathematics Studies* 28), H. W. Kuhn and A. W. Tucker (eds.), Princeton University Press, Princeton, pp. 307–317.

第 10 章　博弈的多重线性展开

吉列尔莫·欧文

10.1　定义

令 v 是一个博弈，该博弈的参与人集合为 $N=\{1,2,\cdots,n\}$；即 v 是一个定义域为 2^N 的实函数。v 的多重线性展开（multilinear extension，MLE）定义为如下 n 元实变量函数：

$$f(q_1,\cdots,q_n) = \sum_{S\subseteq N}\prod_{j\in S}q_j\prod_{j\notin S}(1-q_j)v(S) \quad (10.1)$$

通常，式（10.1）定义在 q_j 的所有实数值上。然而，在这里，我们仅在如下单位立方体上考虑 f 的值：

$$Q_n = [0,1]^n = \{(q_1,\cdots,q_n) \mid 0 \leqslant q_j \leqslant 1 \text{对于所有的} j\}$$

Q_n 有 2^n 个顶点（端点），即所有分量的元素要么是 0 要么是 1。在这些顶点和 N 的 2^n 个子集之间，存在一个自然的对应 $\alpha^S \leftrightarrow S$，其中

$$\alpha_j^S = \begin{cases} 1 & \text{如果} j \in S \\ 0 & \text{如果} j \notin S \end{cases}$$

我们称这种对应为 Q_n 中的 2^N 自然嵌套（natural embedding）。从这个意义上来说，2^N 是 Q_n 的一个子集。

对于任意 $T \subset N$，

$$f(\alpha^T) = \sum_{S \subset N} \prod_{j \in S} \alpha_j^T \prod_{j \notin S} (1 - \alpha_j^T) v(S)$$

并且，比较容易可以验证上式能简化为

$$f(\alpha^T) = v(T)$$

从这个意义上讲，f 与 v 在 v 的定义域（Q_n 的顶点）上一致，而我们可以合理地认为 f 是 v 的一个展开。此外，因为 f 是每个变量 q_j 的线性函数，f 是一个多重线性函数。最后，可以验证的是，f 是 Q_n 上唯一在顶点上能够与 v 一致的多重线性函数。因此，f 是 v 的多重线性展开。

一个等价性的表述是

$$f(q_1,\cdots,q_n) = \sum_{S \subset N} \prod_{j \in S} q_j \Delta(S) \tag{10.2}$$

其中，$\Delta(S)$ 是博弈 v 中 S 的收益，其表达式为

$$\Delta(S) = \sum_{T \subset S} (-1)^{s-t} v(T) \tag{10.3}$$

s 和 t 分别为 S 和 T 的基数。

10.2 解释

MLE 的重要性可以更好地从它的应用中体现出来。尽管如此，相应的解释总是必要的。我们考虑两种解释途径。第一种是将 MLE 解释为一个插值公式。事实上，函数 f 是（由 v）在 Q_n 的角上给出的。为

了在立方体的其他地方得到 f 的值,我们可能需要使用插值法。运用线性插值(针对 f 的 n 个变量中的每一个)将得到式(10.1)。

这一点在 $n=2$ 的情形下最容易得到展示。在这种情况中,函数 $f(x,y)$ 定义于四个点 $(0,0)$、$(0,1)$、$(1,0)$ 和 $(1,1)$ 上。为了在某个任意的点 (x,y) 上给出 f 的近似值,我们首先通过线性插值得到 $f(0,y)$ 和 $f(1,y)$:

$$f(0,y) = (1-y)f(0,0) + yf(0,1) \qquad (10.4)$$

$$f(1,y) = (1-y)f(1,0) + yf(1,1) \qquad (10.5)$$

在此基础上,我们可以进一步插值得到:

$$f(x,y) = (1-x)f(0,y) + xf(1,y) \qquad (10.6)$$

将式(10.4)和式(10.5)代入式(10.6)得到:

$$f(x,y) = (1-x)(1-y)f(0,0) + x(1-y)f(1,0)$$
$$+ (1-x)yf(0,1) + xyf(1,1) \qquad (10.7)$$

很容易验证,当 $n=2$,$x=q_1$,$y=q_2$ 时,式(10.7)与式(10.1)完全一样。

另一种更有趣的解释是将 MLE 视为一个期望值。事实上,令 $\mathcal{B}$ 为一个随机联盟——N 的一个随机子集。我们通过如下假设来界定这一随机化过程:对于每个 $j \in N$,事件 $A_j: j \in \mathcal{B}$ 有概率 q_j,且这些事件 A_j 是独立的。在这些假设下,很容易验证,对于一个给定的 $S \subset N$,

$$\text{Prob}\{\mathcal{B}=S\} = \prod_{j \in S} q_j \prod_{j \notin S} 1 - q_j \qquad (10.8)$$

这意味着:

$$f(q_1,\cdots,q_n) = E[v(\mathcal{B})]$$

其中,$E[\cdot]$ 表示期望值。这一解释的更详细内容可以参见 BenDov 和 Shilony(1985)。

10.3 与权力指数间的关系

令 f 为博弈 v 的 MLE。对于任意 $j \in N$,我们可以写出如下偏导:

$$\frac{\partial f}{\partial q_j} = \sum_{\substack{S \subset N \\ j \in S}} \prod_{\substack{i \in S \\ i \neq j}} q_i \prod_{i \notin S} (1-q_i) v(S) - \sum_{\substack{S \subset N \\ j \notin S}} \prod_{i \in S} q_i \prod_{\substack{i \notin S \\ i \neq j}} (1-q_i) v(S)$$

(10.9)

上式可以重新写为：

$$f_j(q_1,\cdots,q_n) = \sum_{\substack{S \subset N \\ j \notin S}} \prod_{i \in S} q_i \prod_{\substack{i \notin S \\ i \neq j}} (1-q_i) [v(S \cup \{j\}) - v(S)]$$

(10.10)

(f 的下标表示微分)。

接下来，假设 $(q_1,\cdots,q_n)$ 在立方体的主对角线上（即所有 q_i 有相同的值 r）。这样可得：

$$f_j(r,\cdots,r) = \sum_{\substack{S \subset N \\ j \notin S}} r^s (1-r)^{n-s-1} [v(S \cup \{j\}) - v(S)]$$

(10.11)

将上式对 r 积分，可以得到：

$$\int_0^1 f_j(r,\cdots,r) dr = \sum_{\substack{S \subset N \\ j \notin S}} \int_0^1 r^s (1-r)^{n-s-1} dr [v(S \cup \{j\}) - v(S)]$$

这一表达式右侧的积分是一个有名的定积分（贝塔函数）。因此：

$$\int_0^1 f_j(r,\cdots,r) dr = \sum_{\substack{S \subset N \\ j \notin S}} \frac{s!(n-s-1)!}{n!} [v(S \cup \{j\}) - v(S)]$$

而这就是沙普利值或权力指数。因此，值 ϕ 由下式给出：

$$\phi_j[v] = \int_0^1 f_j(r,\cdots,r) dr$$

(10.12)

换句话说，值可以通过沿立方体主对角线对 MLE 的梯度进行积分而得到。

由上述分析可以马上得到对模型的以下改进和修正方向：

（a）在主对角线外对勒贝格（Lebesgue）测度之外的其他测度积分。

（b）在 $(0,\cdots,0)$ 到 $(1,\cdots,1)$ 间的其他曲线上积分。

（c）在某些固定的点上，如 $\left(\frac{1}{2},\cdots,\frac{1}{2}\right)$ 处，计算梯度。

(d) 在 Q_n 的更高维子集中进行积分——或许可以在主对角线的某些邻域上积分。

需要指出的是，(c)——在立方体的中点计算梯度——将使我们得到班扎夫-科尔曼指数（Owen，1975b）。在整个立方体中就 n 维勒贝格测度进行积分同样可以得到班扎夫-科尔曼指数。对（a）的讨论可以参见 Dubey、Neyman 和 Weber（1981）对半值的研究。在复合博弈中，(b) 可能会是有益的；参见第 10.4 节以及 Grofman 和 Owen（1984）。

例子 令 v 为四人尖端博弈（apex game）——获胜联盟为 $\{1,2\}$、$\{1,3\}$、$\{1,4\}$ 以及所有三人和四人联盟的简单博弈。如果我们令 $q=(w,x,y,z)$，则 MLE 为：

$$\begin{aligned}f(w,x,y,z)=&wx(1-y)(1-z)+wy(1-x)(1-z)\\&+wz(1-x)(1-y)+wxy(1-z)+wxz(1-y)\\&+wyz(1-x)+xyz(1-w)+wxyz\end{aligned}$$

对上式进行简化可得：

$$f(x,y,z,w)=wx+wy+wz-wxy-wxz-wyz+xyz$$

因此，偏导 f_1（或 f_w）为：

$$f_1=x+y+z-xy-xz-yz$$

在对角线上，由上式可得：

$$f_1(r,r,r,r)=3r-3r^2$$

因此，由式（10.12）可得：

$$\phi_1=\int_0^1(3r-3r^2)dr=\frac{1}{2}$$

类似地，

$$f_2=w-wy-wz+yz$$

或者

$$f_2(r,r,r,r)=r-r^2$$

并且

$$\phi_2=\int_0^1(r-r^2)dr=\frac{1}{6}$$

由博弈的对称性,得沙普利值为 $\left(\frac{1}{2}, \frac{1}{6}, \frac{1}{6}, \frac{1}{6}\right)$,正如我们所熟知的那样。

我们也可通过在中点处计算偏导来得到班扎夫-科尔曼指数。事实上,$f_1\left(\frac{1}{2}, \frac{1}{2}, \frac{1}{2}, \frac{1}{2}\right) = \frac{3}{4}$,而 $f_2\left(\frac{1}{2}, \frac{1}{2}, \frac{1}{2}, \frac{1}{2}\right) = \frac{1}{4}$,由此可以解得班扎夫-科尔曼指数为 $\left(\frac{3}{4}, \frac{1}{4}, \frac{1}{4}, \frac{1}{4}\right)$,同样是我们所熟知的结果。

10.4 测度博弈中的应用

N 上的测度是一个定义于 2^N 上的可加的非负集函数。由于 N 是有限的,我们可以以权重向量 $(w_1, w_2, \cdots, w_n)$ 的方式来定义 μ,$w_i = \mu(\{i\})$。这里,我们考虑形如 $v = h \circ \mu$ 的博弈,μ 为一个测度,而 h 为一个性质良好的(如单调的)博弈。(更一般地,μ 可以是一个矢值测度。然而,μ 的分量的数量应当比博弈中参与人的数量要小很多。)

再次考虑式(10.10)。使用概率性解释,我们可以将其重新表述为

$$f_j(q_1, \cdots, q_n) = E\left[v(\mathcal{B} \cup \{j\}) - v(\mathcal{B})\right] \tag{10.13}$$

其中,像之前一样,$\mathcal{B}$ 是一个由概率 q_i(i 属于 $\mathcal{B}$ 的概率)定义的 $N - \{j\}$ 的随机子集;这些概率是相互独立的。

接下来,由于 $v = h \circ \mu$,因此简化可得:

$$f_j = E\left[h(Z_j + w_j) - h(Z_j)\right] \tag{10.14}$$

其中,Z_j 为随机变量 $\mu(\mathcal{B})$。

相应地,注意我们可以把 Z_j 按如下形式写出:

$$Z_j = \sum_{i \neq j} Y_i$$

其中,Y_i 在 $i \in \mathcal{B}$ 时等于 w_i,而在其他情况下为 0,很容易发现:

$$E[Y_i] = q_i w_i \text{ 且 } \sigma^2(Y_i) = q_i(1 - q_i) w_i^2$$

因此(由 Y_i 的独立性可知):

$$E[Z_j] = \sum_{i \neq j} q_i w_i \tag{10.15}$$

$$\sigma^2[Z_j] = \sum_{i \neq j} q_i(1-q_i) w_i^2 \tag{10.16}$$

在主对角线的所有点上，因此式（10.15）和式（10.16）简化为：

$$E[Z_j] = r \sum_{i \neq j} w_i \tag{10.17}$$

$$\sigma^2[Z_j] = r(1-r) \sum_{i \neq j} w_i^2 \tag{10.18}$$

当然，随机变量 Z_j 的实际分布通常可以是非常复杂的。在现实中，有两种情形值得研究：

(a) 如果 w_j 是相等的（且在这种情形下可能会被假设为1），则 Z_j 是服从参数 $n-1$ 和 r 定义的二项分布。

(b) 如果 n 很大，且 w_j 中没有哪个值比其他值大很多，则可以通过中心极限定理认为 Z_j（近似）是正态分布的。

(a) 可能仅在某些特定情形下是有意义的。(b) 的近似正态性才是最有用的。例如，考虑总统选举团。从 51 人博弈的角度来看，总统选举团由与各州和哥伦比亚特区（按字母顺序）相对应的权重向量 $w=(9,3,7,\cdots,6,11,3)$ 所定义。博弈方程 v 为 $v=h°\mu$，其中，μ 为由向量 w 所决定的测度，且

$$h(t) = \begin{cases} 1 & \text{如果 } t > 269.5 \\ 0 & \text{如果 } t \leq 269.5 \end{cases}$$

式（10.14）现在变为：

$$f_j = \text{Prob}\{269.5 - w_j < Z_j \leq 269.5\} \tag{10.19}$$

很容易验证：

$$\sum_{i \in N} w_i = 538, \quad \sum_{i \in N} w_i^2 = 9\,606$$

因此，由式（10.17）和式（10.18），Z_j 的期望为 $(538-w_j)r$，而方差为 $(9\,606-w_j^2)r(1-r)$。如果我们能够假设 Z_j 是正态分布的，则 f 就是一个具有相应期望和方差的正态分布随机变量位于 $269.5-w_j$ 和 269.5 之间的概率。这里的期望和方差都取决于 r，而现在有必要在 r 从 0 变为 1 的过程中进行（数值）积分。这一积分将给出我们想要的值 $\phi_j[v]$。

Owen（1975a）将这些结果与值本身进行了比较（针对 1970 年的分配结果）；而误差是非常小的。最近，Kemperman（1982）进行了式（10.12）的积分，并使用了一个更加复杂的误差分析来得到式（10.19）。他的计算结果与值本身之间是非常接近的。

10.5 组合博弈

令 v 是一个参与人集合为 $N=\{1,2,\cdots,n\}$ 的博弈。对于每个 $j\in N$，令 w_j 是参与人集合为 M_j 的博弈。对于所有 $S\subset M_j$，该博弈满足：

$$0\leq w_j(S)\leq w_j(M_j)=1 \tag{10.20}$$

而 M_j 则被假设为两两不相交的，其并集为：

$$M^*=\bigcup_{j=1}^n M_j$$

现在，我们可以定义一个博弈 u——组合博弈——于参与人集合 M^* 之上。我们将该博弈写作 $u=v[w_1,w_2,\cdots,w_n]$。根据我们的设定，对于每个 $T\subset M^*$，

$$u(T)=\sum_{S\subset N}\prod_{j\in S}w_j(T_j)\prod_{j\notin S}(1-w_j(T_j))v(S) \tag{10.21}$$

其中，$T_j=T\cap M_j$。式（10.21）和式（10.1）明显是非常相似的。此外，注意到，如果每个博弈 w_j 都是简单的，$w_j(S)$ 等于 0 或 1，则式（10.21）可以简化为：

$$u(T)=v(\{j\,|\,w_j(T_j)=1\}) \tag{10.22}$$

因此，在这种情形下，我们得到了 Owen（1964）和 Shapley（1964）所讨论的简单博弈的标准复合。我们称 u 为组合或复合博弈，v 为商博弈（quotient game），而 w_j 为子博弈。我们将用 (i,j) 来表示子博弈 j 中的第 i 个参与人。

子博弈 w_j 的 MLE g_j 是 m_j 个变量 x_{ij}（固定 j）的函数。我们有 $g_j:Q_{M_j}\to[0,1]$，且函数 $(g_1,\cdots,g_n)$ 的 n 元组可以视为一个矢值函数 $\mathbf{g}_j:\times_j Q_{M_j}\to[0,1]^n$，或者等价地，$\mathbf{g}_j:Q_{M^*}\to Q_n$。下面，令 f 为 v 的 MLE。显然，$f:Q_n\to R$，而对于复合函数也有 $f\circ\mathbf{g}:Q_{M^*}\to R$。

因为集合 M_j 是不相交的，很容易验证 $h=f\circ\mathbf{g}$ 也是多重线性的。

因此，h 是参与人集合为 M^* 的某些博弈的 MLE。这样，h 就是复合博弈 u 的 MLE。因此，复合博弈对应于复合的 MLE。

因此，我们得到：

$$h(x_{11},\cdots,x_{mn}) = f(q_1, q_2, \cdots, q_n) \tag{10.23}$$

其中

$$q_j = g_j(x_{1j},\cdots,x_{mj}) \tag{10.24}$$

并且

$$\frac{\partial h}{\partial x_{ij}} = \frac{\partial f}{\partial q_j}\frac{\partial g_j}{\partial x_{ij}} \tag{10.25}$$

使用符号 $h_{ij} = \partial h/\partial x_{ij}$，$g_{ij} = \partial g_j/\partial x_{ij}$，并设定 $x_{ij} = r$，我们可以得到：

$$h_{ij}(r,r,\cdots,r) = f_j(y_1,\cdots,y_n)g_{ij}(r,\cdots,r) \tag{10.26}$$

其中，

$$y_k = g_k(r,\cdots,r) \tag{10.27}$$

这样，式（10.12）变为：

$$\phi_{ij}[u] = \int_0^1 f_j(y_1,\cdots,y_n)g_{ij}(r,\cdots,r)dr \tag{10.28}$$

在很多情形下，特别是当博弈对称时，我们主要关心的是子博弈中的参与人的值的加总。这样我们得到：

$$\sum_{M_j}\phi_{ij}[u] = \int_0^1 f_j(y_1,\cdots,y_n)\left\{\sum_{M_j}g_{ij}(r,\cdots,r)\right\}dr \tag{10.29}$$

然而，注意到，由式（10.27）可得：

$$\frac{dy_j}{dr} = \sum_{M_j}g_{ij}(r,\cdots,r) \tag{10.30}$$

因此，

$$\sum_{M_j}\phi_{ij}[u] = \int_0^1 f_j(y_1,\cdots,y_n)\frac{dy_j}{dr}dr \tag{10.31}$$

我们发现，式（10.31）对应于多重线性展开 f 的梯度的积分，但不是沿着主对角线 $q_j = r$，而是沿着更复杂的路径：

$$q_j = y_j(r) = g_j(r, r, \cdots, r) \tag{10.32}$$

然而，因为 $w_j(\emptyset)=0$，$w_j(M_j)=1$，这样就有 $y_j(0)=0$，$y_j(1)=1$。因此，路径式（10.32）由原点延伸至点 $(1,1,\cdots,1)$。

对于上述讨论，参见 Owen（1982，pp. 209-211）对加拿大宪法中《维多利亚修正程序》（但未通过）的博弈的讨论。

一个很重要的情形是所有的 w_j 都是对称多数博弈，在这些博弈中任意一个有 a_j 个（在 m_j 个参与人中）成员的联盟将获胜。在这种情形下，

$$y_j = 1 - B(m_j, a_j - 1, r) \tag{10.33}$$

其中 $B(\cdot,\cdot,\cdot)$ 代表二项分布的累计分布函数——在进行 m_j 次成功率为 r 的尝试时，成功次数不超过 $a_j - 1$ 的概率。对于很大的 m_j 的值，这一概率近似地等于正态分布，因此式（10.32）可以由下式替代：

$$y_j = \Phi\left(\frac{rm_j - a_j + \frac{1}{2}}{\sqrt{r(1-r)m_j}}\right) \tag{10.34}$$

其中，Φ 表示（累计）正态分布函数。

Owen（1975a）用这种技巧来近似地计算总统选举博弈的值。在这种方法下，很难估计误差，但这一误差应该与总统选举团（51 个参与人）博弈中的误差有相同的级数。

10.6　一般化

作为一种计算值的技巧，MLE 方法在逻辑上类似于非原子博弈的对角线方法（Aumann and Shapley，1974）。这一方法的应用可以参见 Billera、Heath 和 Ranaan（1978）以及 Diaz 和 Owen（1979）。

然而，将 MLE 调整至适合于不存在单边支付的博弈的尝试并不是很成功。参见 Owen（1972a，1981）。

10.7　例子：双边垄断

考虑一个具有如下形式的博弈：

$$v(S)=\min\{\mu_1(S),\mu_2(S)\} \tag{10.35}$$

其中，μ_k ($k=1,2$) 是有限集 N 的两个测度。我们假设它们分别取决于两个权重向量 $(x_1,\cdots,x_n)$ 和 $(y_1,\cdots,y_n)$。

设想参与人有 x_i 只右脚鞋和 y_i 只左脚鞋；每一双鞋的价值是 1 美元，但不成对的鞋子是没有价值的。因此，$v(S)$ 等于 S 可以成功实现配对的次数。

不失一般性地，假设 $N=M\cup L$，$M\cap L=\varnothing$；对于所有 $i\in L$，$x_i=0$，而对于所有 $i\in M$，$y_i=0$。事实上，如果任意参与人的 x_i 和 y_i 均是正的，他可以凑得 $\min(x_i,y_i)$ 双鞋，并直接得到这一效用。剩下的鞋子必然是同一类型的，而他可以拿着这些鞋子加入联盟。因此，我们的假设等价于对特征方程的标准化。因此，M 的成员只有右脚鞋；L 的成员只有左脚鞋。

设定：

$$a=\sum_M x_i \tag{10.36}$$

$$b=\sum_L y_i \tag{10.37}$$

$$c=\sum_M x_i^2 \tag{10.38}$$

$$d=\sum_L y_i^2 \tag{10.39}$$

对这一博弈的精确分析将是非常复杂的。然而，我们可以按如下过程进行一个近似的分析。

如果我们假设 $a\geq b$（即右脚鞋的数量至少和左脚鞋一样多），则 $V(N)=b$，因此每一只左脚鞋都可以产生 1 单位效用。唯一要讨论的问题是对这一左脚鞋（的持有者）所能获得的效用 s_L 的分配。

由式（10.35），我们注意到：

$$\frac{\partial v}{\partial \mu_2}=\begin{cases}1 & \text{如果 } \mu_2<\mu_1 \\ 0 & \text{如果 } \mu_2>\mu_1\end{cases}$$

注意到 MLE 为：

$$f(q_1,\cdots,q_n)=E[\max\{\mu_1(\mathcal{B}),\mu_2(\mathcal{B})\}] \tag{10.40}$$

这里的 $\mathcal{B}$ 在上文中已经讨论过。左脚鞋在 f 增量中的份额应该近似地等于：

$$\frac{1}{b}\sum_L f_j \cong \text{Prob}\{\mu_1(\beta) > \mu_2(\beta)\}$$

或者，等价地，

$$\frac{1}{b}\sum_L f_j = \text{Prob}\{Z_2 - Z_1 < 0\}$$

其中，$Z_k = \mu_k(\beta)(k=1,2)$。

下面，对于 $q_i = r$ 的对角线，可以验证：

$$E[Z_1] = ra, \qquad E[Z_2] = rb$$
$$\sigma^2(Z_1) = r(1-r)c, \qquad \sigma^2(Z_2) = r(1-r)d$$

因此，差值 $Y = Z_2 - Z_1$ 的期望和方差为：

$$E[Y] = r(b-a) \tag{10.41}$$
$$\sigma^2(Y) = r(1-r)(c+d) \tag{10.42}$$

如果 Y 近似服从正态分布，则

$$\text{Prob}(Y<0) \cong \Phi\left(\frac{a-b}{\sqrt{c+d}}\sqrt{\frac{r}{1-r}}\right)$$

或者

$$\text{Prob}(Y<0) \cong \Phi\left(\alpha\sqrt{\frac{r}{1-r}}\right) \tag{10.43}$$

其中，

$$\alpha = \frac{a-b}{\sqrt{c+d}} \tag{10.44}$$

而 Φ 为正态分布函数。

因此，由式（10.12）可以得到：

$$s_L = \frac{1}{b}\sum_L \phi_j[v] \cong \int_0^1 \Phi\left(\alpha\sqrt{\frac{r}{1-r}}\right)dr$$

或者

$$s_L \cong \frac{1}{\sqrt{2\pi}}\int_0^1 \int_{-\infty}^{\alpha\sqrt{r/1-r}} e^{-x^2/2}dx\,dr \tag{10.45}$$

一些冗长的研究表明，当 $\alpha \geq 0$ 时，式（10.45）可以简化为：

$$s_L \cong \frac{1}{2} + \frac{\alpha \Phi(-\alpha)}{2\Psi(\alpha)} \tag{10.46}$$

其中，Ψ 为正态分布的概率密度函数。

当 α 取很大的值时（对应于近似的完全竞争），我们可以进一步使用如下渐近展开：

$$\Phi(-\alpha) \sim \Psi(\alpha)\left(\frac{1}{\alpha} - \frac{1}{\alpha^3} - \cdots\right) \tag{10.47}$$

因此式（10.46）进一步简化为：

$$s_L \cong 1 - \frac{1}{2\alpha^2} \tag{10.48}$$

或者

$$s_L \cong 1 - \frac{c+d}{2(a-b)^2} \tag{10.49}$$

因此，当 α 很大时，市场中短缺的一方将得到效用的最大一部分。然而，即使 α 是较小的，短缺方也有决定性的优势：当 $\alpha = 0.3562$ 时，由式（10.46）可得 $s_L \cong 0.6717$。

判断式（10.46）的近似在一般性条件下是否合理似乎是困难的。然而，设想对于所有的 M 有 $x_i = 1$，而对于所有的 L 有 $y_i = 1$。因此，每个参与人正好只有一只鞋。在这一特殊情形下，Shapley（1967）的研究使我们可以得到如下值：

$$s_L = \frac{1}{2} + \frac{a-b}{2b}\sum_{k=1}^{b}\frac{a!\,b!}{(a+k)!\,(b-k)!} \tag{10.50}$$

当 $a = 101$，$b = 96$ 时，由式（10.50）可得 $s_L = 0.66346$。

此外，我们将进一步得到 $c = a = 101$，$d = b = 96$，进而 $\alpha = 5/\sqrt{197} = 0.3562$，而正如上文所提到的，式（10.46）的结果为 $s_L \cong 0.6717$。这一计算只存在 1% 的误差，我们觉得这是比较合理的。因此，式（10.46）似乎通常都将是一个有用的结论。

参考文献

Aumann, R. J., and L. S. Shapley. *Values of Non-Atomic Games*. Princeton University Press, 1974.

Ben-Dov, Y., and Y. Shilony. "Power and Importance in a Theory of Lobbying." *Behav. Sci.* 27, 69–76 (1985).

Billera, L., D. Heath, and J. Ranaan. "Internal Telephone Billing Rates." *Op. Res.* 27, 956–965 (1978).

Diaz, H., and G. Owen. "Fair Subsidies for Urban Transportation Systems." In *Applied Game Theory*, ed. S. Brams, A. Schotter, and G. Schwödiauer, Physika-Verlag, 1979, pp. 325–333.

Dubey, P., A. Neyman, and R. J. Weber. "Value Theory without Efficiency." *Math. Op. Res.* 6, 120–128 (1981).

Grofman, B., and G. Owen. "Coalitions and Power in Political Situations." In *Coalitions and Collective Action*, ed. M. J. Holler, Physika-Verlag, 1984, pp. 137–144.

Kemperman, R. H. "Asymptotic Expansions for the Shapley Index of Power." University of Rochester, Dept. of Statistics, 1982.

Owen, G. "Tensor Composition of Non-Negative Games." In *Ann. Math. Study* 52, ed. M. Dresher, L. S. Shapley, and A. W. Tucker, Princeton, 1964, pp. 307–326.

"Multilinear Extensions of Games." *Man. Sci.* 18, 64–79 (1972).

"Values of Games without Side Payments." *Int. J. Game Thy.* 1, 93–109 (1972a).

"Evaluation of a Presidential Election Game." *Amer. Poli. Sci. Rev.* 69, 947–953 (1975a).

"Multilinear Extensions and the Banzhaf Value." *Nav. Res. Log. Quart.* 22, 741–752 (1975b).

"Values of Market Games without Side Payments." *Rev. Acad. Col. Cienc. Exa.*, 69, 5–24.

Game Theory, second edition. Academic Press, 1982.

Shapley, L. S. "A Value for n-Person Games." In *Ann. Math. Study* 28, ed. H. W. Kuhn and A. W. Tucker, 1953, pp. 307-317.

"Solutions of Compound Simple Games." In *Ann. Math. Study* 52, ed. M. Dresher, L. S. Shapley, and A. W. Tucker, 1964, pp. 327-337.

"The Value of the Game as a Tool in Theoretical Economics." RAND Corp. Report P-2658, 1967.

第 3 部分

联　盟

第 11 章 联盟的值*

莫迪凯·库尔茨

11.1 具有联盟结构的博弈的解

仅仅在最近，研究才正式开始考察联盟的结构。联盟结构已经隐含在 von Neumann-Morgenstern（1944）解中；由于它的内在与外在稳定性，这个解分离出产生最终支付的稳定联盟结构。与此相对比的是针对核的广泛研究。在这些核中，"阻塞"仅仅是接受或反对分配提案的一个标

---

* 本研究完成于加利福尼亚州斯坦福大学社会科学数学研究院，受到来自美国国家科学基金会 IST-85-21838 的资助。很荣幸能为向劳埃德·沙普利 65 岁生日致敬的一书贡献一章内容。他为理论的发展提供了意义深远的启示。

作者感谢约翰·希勒斯（John Hillas）对本章较早一个版本的评论。

准；任意核配置中都没有隐含特定的联盟结构。对配分函数（partition function）形式的博弈的研究［例如，可参见 Thrall 和 Lucas (1963)］是对联盟结构的限制进行更明确研究的一个途径。或许联盟结构的核得到很好研究的博弈是"中央分配博弈"（central assignment game）［例如，可参见 Shapley 和 Shubik (1972)；Kaneko (1982)；Quinzii (1984)］。这些博弈包含了"婚姻博弈"（Gale and Shapley, 1962）这一特例，并且与许多不同形式的"职业匹配模型"［例如，可参见 Crawford 和 Knoer (1981)；Kelso 和 Crawford (1982)；Roth (1984a, b)］有着紧密联系。在这些博弈中，联盟结构的核的非空性是一个重要结论。这一结论将在第 11.3 节阐述。

对各种谈判集的研究所采用的方法推动了对联盟结构的研究。这些文献给出了联盟结构的一个明确定义，并针对这些结构，而不是大型联盟，提出了相应的解概念［例如，可参见 Aumann 和 Maschler (1964) 或 Davis 和 Maschler (1967)］。这些理论发展将联盟结构的后续研究提上日程。为了展开这一研究，令 $N=\{1, 2, \cdots, n\}$ 为参与人集合，并令 (N, v) 为一个特征方程形式的博弈。联盟结构 $\mathcal{B} = \{B_1, B_2, \cdots, B_m\}$ 定义为参与人集合 N 或 v 的全集的有限配分。[1]因此，这一研究通常包含了以下三个方面：

（ⅰ）我们首先将 (N, v) 拓展至一个具备联盟结构的博弈。这要求我们界定支付向量和所能形成的联盟所要面临的限制。我们不太严格地用符号 $(N, v, \mathcal{B})$ 来表示这些博弈。

（ⅱ）其次，在定义了 (N, v) 的拓展之后，我们接下来将合作博弈的解概念拓展至博弈 $(N, v, \mathcal{B})$。

（ⅲ）最后，研究联盟结构的稳定性。为了进行这一研究，需要界定一个联盟形成博弈 Γ_v，并界定作为 Γ_v 的解的稳定结构。

Aumann 和 Dréze (1974) 的一篇重要的论文针对下述 6 个解概念完成了上述研究的第（ⅰ）项和第（ⅱ）项：冯·诺依曼-摩根斯坦解、核、谈判集、核仁、内核以及沙普利值。在 Aumann 和 Dréze (1974) 之后，大部分研究都关注具备联盟结构的博弈［我们用符号 $(N, v, \mathcal{B})$ 表示］的核与沙普利值。大部分关于联盟结构的核的后续研究关注商品和税收方面的应用（Dréze and Greenberg, 1980；Greenberg, 1979a, b, 1980, 1983；Greenberg and Weber, 1982, 1985, 1986；Guesnerie and Oddou, 1979, 1981；Ichiishi, 1981；

Pauly,1967,1970；Wooders，1978，1980）。此外，Shenoy（1978，1979）试图通过提出联盟结构的两个稳定性标准而在奥曼-德雷兹（Aumann-Dréze）的研究上更进一步。特别地，令 θ 表示博弈 $(N, v, \mathcal{B})$ 的一个解概念，并令 $x^{\theta}=x^{\theta}(N, v, \mathcal{B})$ 表示 $\mathcal{B}$ 和 θ 下的参与人的支付向量。下面，令 $(x^{\theta}, \mathcal{B}^1)$ 和 $(y^{\theta}, \mathcal{B}^2)$ 为两个这样的对。Shenoy（1979）以如下表述形式定义了一个占优关系：

如果存在一个联盟 $S \in \mathcal{B}^1$ 使得 $x_i^{\theta} > y_i^{\theta}$，$i \in S$，则 $(x^{\theta}, \mathcal{B}^1)$ 占优于 $(y^{\theta}, \mathcal{B}^2)$。

相对于这个占优关系，Shenoy（1979）将核与"动态解"视为对 $(x^{\theta}, \mathcal{B})$ 在联盟结构和支付中的两个稳定标准。这一构造的重要之处在于，博弈 $(N, v, \mathcal{B})$ 在固定的 $\mathcal{B}$ 下所采用的解概念 θ 与可变的联盟形成博弈中所采用的核或动态解这两个概念可能是有差异的。

Owen（1977）以及 Hart 和 Kurz（1983，1984）所做出的学术贡献代表了超越 Aumann-Dréze（1974）值概念的联盟结构的值的主要进展。下一节的主要任务是对这两个值概念进行阐述。

11.2 联盟结构的值

为了阐述之前讨论的两个值概念，我们先给出一个正式的框架，之后，我们将进行讨论。

令 U 为一个有限集，它是参与人的全集［我们遵循 Shapley（1953）的方法］。博弈 v 是一个定义在 U 的所有子集上，并满足 $v(\varnothing)=0$ 的实函数。如果对于所有 $S \subset N$，$v(S)=v(S \cap N)$，则集合是 v 的载体；我们只考虑具有有限载体的博弈。我们称 $v(S)$ 为 S 的价值。N 上的所有博弈的集合以 G^N 表示。

联盟结构 $\mathcal{B}$ 是一个 U 的有限配分 $\mathcal{B}=\{B_1, B_2, \cdots, B_m\}$（即 $\bigcup_{k=1}^{m} B_k = U$，且当 $k \neq j$ 时 $B_k \cap B_j = \varnothing$）。对于 N 的一个子集（在某些博弈中通常取一个载体），令 $\mathcal{B}_N$ 表示 $\mathcal{B}$ 对 N 的限制；即 $\mathcal{B}_N = \{B_k \cap N \mid k=1, 2, \cdots, m\}$ 为一个 N 的配分（空集 $B_k \cap N$ 将被舍去）。有时我们不区分符号 $\mathcal{B}$ 和 $\mathcal{B}_N$。

11.2.1 奥曼-德雷兹值

给定 N 和 $\mathcal{B}$，Aumann 和 Dréze（1974）定义"$\mathcal{B}$ 值"为定义在

具备有限载体 N 的所有博弈的集合上,并满足下述公理的函数 $\phi_{\mathscr{B}}$:

公理 11.1（相对有效性） 对于所有 k,

$$(\phi_{\mathscr{B}} v)(B_k) = v(B_k), \qquad B_k \in \mathscr{B} \tag{11.1}$$

公理 11.2（对称性） 对于所有 $\mathscr{B}$ 固定不变的 N 的排列 π,

$$(\phi_{\mathscr{B}}(\pi v))(S) = (\phi_{\mathscr{B}} v)(\pi S) \tag{11.2}$$

公理 11.3（可加性）

$$\phi_{\mathscr{B}}(v+w) = \phi_{\mathscr{B}} v + \phi_{\mathscr{B}} w \tag{11.3}$$

公理 11.4（多余参与人条件） 如果 i 是一个多余参与人,则

$$(\phi_{\mathscr{B}} v)(i) = 0 \tag{11.4}$$

显然,当 $\mathscr{B} = \{N\}$ 时,$\phi_{\mathscr{B}} = \phi$。这里（$\phi v$）$= \text{Sh} v$,而后者表示 Shapley（1953）所提出的沙普利值。

对于每个 $S \subset N$,令 $(v|S)(T) = v(T)$ 表示针对所有 $T \subset S$ 所定义的 S 上的博弈 $v|S$。

定理 11.1 固定 N 和 $\mathscr{B} = \{B_1, B_2, \cdots, B_m\}$。存在一个唯一的奥曼-德雷兹值（$\mathscr{B}$ 值）。对于所有 $k = 1, \cdots, m$ 和所有的 $i \in B_k$,该值为:

$$(\phi_{\mathscr{B}} v)(i) = (\text{Sh}(v \mid B_k))(i) \tag{11.5}$$

评论: 式（11.5）是说博弈（N, v）的值 $\phi_{\mathscr{B}}$ 的 B_k 所受的限制是博弈（B_k, $v \mid B_k$）的沙普利值。换句话说,具有联盟结构 $\mathscr{B}$ 的博弈的值有"受限性质":值所受的限制是受限博弈的值。这一性质的一个很重要的引申是 $\phi_{\mathscr{B}}$ 可以通过分别计算每个 k 的 $\text{Sh}(v|B_k)$ 来得到。

证明: 式（11.5）所定义的运算符满足式（11.1）~式（11.4）,因此至少存在一个 $\mathscr{B}$ 值。我们必须证明这个值是唯一的。对于每个非空集合 $T \subset N$,定义 T——致同意博弈 v_T 为:

$$v_T(S) = \begin{cases} 1 & \text{如果 } S \supset T \\ 0 & \text{其他} \end{cases}$$

使用标准的分析程序可知,博弈 v_T 构成了 G^N 的一个基;因此,每个 N 上的博弈是博弈 v_T 的线性组合。根据可加性公理,如果 $\mathscr{B}$ 在所有形如 αv_T 的博弈上均是唯一的,则它是唯一的。这里 α 是一个常数。

第 11 章 联盟的值

考虑一个形如 αv_T 的博弈。由式 (11.4) 可知只要 $i \notin T$，$(\phi_{\mathscr{B}}(\alpha v_T))(i)=0$。由式 (11.2) 可知，如果 i 和 j 都在 T 中，并且都在 $\mathscr{B}$ 的 B_k 中，则

$$(\phi_{\mathscr{B}}(\alpha v_T))(i) = (\phi_{\mathscr{B}}(\alpha v_T))(j)$$

因此，由式 (11.1) 可知，如果 $i \in B_k$，则

$$(\phi_{\mathscr{B}}(\alpha v_T))(i) = \begin{cases} \alpha/|T| & \text{如果 } T \subset B_k \\ 0 & \text{其他} \end{cases}$$

这就决定了 $\phi_{\mathscr{B}}(\alpha v_T)$，并完成了证明。

显然，奥曼-德雷兹值 $\phi_{\mathscr{B}}$ 是很容易计算的。在这一值概念下，任意参与人的支付不依赖于他对其所属联盟外的其他联盟的贡献。也就是说，对于任意 $i \in B_k$，$(\phi_{\mathscr{B}} v)(i)$ 不取决于 $v(S)$，$S \not\subset B_k$，或 i 对任意 S 的贡献，$S \not\subset B_k$。显然，这一结论成立的主要原因是公理 11.1。这一结论仅在奥曼-德雷兹值下成立，在其他解概念下并不成立。它与公理 11.1 下联盟谈判将如何展开的奥曼-德雷兹解释形成强烈对立。在 pp.231-232 上他们解释说：

> 尽管联盟结构的含义是很清晰的，但联盟结构这一思想需要进一步澄清。一方面，参与人都受到"构建组成结构 $\mathscr{B}$ 的联盟 $B_1,\cdots,B_m$"的约束。另一方面，对其他联盟的考虑，包括那些"穿过"B_k 的联盟，绝不能排除在分析之外。这些联盟的作用是像核与冯•诺依曼-摩根斯坦解的定义那样作为占优联盟，或者像谈判集和与它有关的解概念的定义那样作为反对联盟；核仁和内核的定义涉及了这些联盟的过度存在。这引起了如下问题：结构 $\mathscr{B}$ 的"约束"到底意味着什么？

> 与联盟结构有关的研究通常涉及如下博弈场景：参与人考虑形成联盟 $B_1,\cdots,B_m$；我们可以认为这些参与人准备参加 m 个不同集团的商业午餐，每个 B_k 构成一个集团。在午餐过程中，给定联盟 $B_1,\cdots,B_m$ 将会形成这一假设，他们商议支付的分配问题。在这种谈判中，可以非常合理地认为每个联盟会以其成员在 B_k 外的机会为基础来进行支付分配。这一谈判当然可能会破裂，并且从未有人宣称这些参与人一定会取得成功。我们所说的仅仅是，如果结构 $\mathscr{B}$ 形成，则 B_k 应当根据所考虑的特定解概念来分配支付。

> 人们倾向于认为奥曼-德雷兹解释并不是普遍成立的，并且如果现

实的联盟谈判是联盟结构值中的重要元素，那么公理 11.1 在很多情形下都不大可能成立。这正是 Owen（1977）的 CS 值的核心观点，而它由 Hart 和 Kurz（1983，1984）进一步提炼和简化。这个值比 Aumann 和 Dréze（1974）值更加复杂；在这里，我们依据 Hart 和 Kurz（1983）的研究进行阐述。

11.2.2　CS 值

联盟结构值（coalition structure value，CS 值）是一个赋予每个具有有限载体的博弈 v、每个联盟结构 $\mathcal{B}$，以及每个参与人 $i \in U$ 一个实数 $\phi^i(v, \mathcal{B})$ 的运算符 ϕ。等价地，可以视 $\phi(v, \mathcal{B})$ 为一个 U 上的满足如下定义的（有限）可加测度：

$$\phi(v, \mathcal{B})(S) = \sum_{i \in S} \phi^i(v, \mathcal{B}) \qquad 对于 S \subset U$$

我们将引入关于 ϕ 的以下公理（假设对于所有博弈 v 和 v' 以及所有联盟结构 $\mathcal{B}$ 和 $\mathcal{B}'$ 都成立）。

公理 11.5（载体） 令 N 为 v 的一个载体。则

（ⅰ）$\phi(v, \mathcal{B})(N) \equiv \sum_{i \in N} \phi^i(v, \mathcal{B}) = v(N)$。

（ⅱ）如果 $\mathcal{B}_N = \mathcal{B}'_N$，则 $\phi(v, \mathcal{B}) = \phi(v, \mathcal{B}')$。

公理 11.6（对称性） 令 π 为参与人的排列。则

$$\phi(\pi v, \pi \mathcal{B}) = \pi \phi(v, \mathcal{B})$$

公理 11.7（可加性）

$$\phi(v + v', \mathcal{B}) = \phi(v, \mathcal{B}) + \phi(v', \mathcal{B})$$

给定一个博弈 v 和一个联盟结构 $\mathcal{B} = \{B_1, B_2, \cdots, B_m\}$，如果

$$v\left(\bigcup_{k \in K} B_k\right) = \sum_{k \in K} v(B_k)$$

对所有的 $\{1, 2, \cdots, m\}$ 子集 K 都成立，则称联盟间的博弈是非实质性的；即受限于 $\mathcal{B}$ 所产生的域内的 v 是可加的。

公理 11.8（非实质性博弈） 如果 v 和 $\mathcal{B} = \{B_1, B_2, \cdots, B_m\}$ 使得联盟间的博弈是非实质性的，则

$$\phi(v, \mathcal{B})(B_k) = v(B_k) \qquad 对于所有 k = 1, 2, \cdots, m$$

下面，我们对这四个公理进行讨论。载体公理实际上包含三个部分。

第 11 章 联盟的值

如果 i 是博弈 v 的一个多余参与人 [即 $U \setminus \{i\}$ 是 v 的一个载体，或者等价地，对于所有 $S \subset U$ 有 $v(S \cup \{i\}) = v(S)$]，则他在所有联盟结构中的值为 0。此外，如果这个 i 从一个 B_k "移向"另一个，这并不影响任何人的值。最后，对于所有的联盟结构，这个值都是有效的。

CS 值的有效性是一个很重要的性质。这与 Aumann 和 Dréze (1974) 的方法中，每个联盟 $B_k \in \mathcal{B}$ 只得到其价值 [即 $v(B_k)$] 有明显的不同。这里的含义是联盟形成的目的不在于得到它们的价值，而在于在与其他参与人就如何分配所能获取的最大收益 [即大型联盟的价值；在超可加博弈中，它不小于 $\sum_{k=1}^{m} v(B_k)$] 进行协商时占据更好的谈判地位。$v(N)$ 被假设为将在参与人之间分配，因此所有的合谋或联盟的形成都是在明确这一事实的基础上完成的。当所有成员都承诺像一个统一的单位那样与他人谈判时，联盟 B 就形成了。[2]

上述分析进一步澄清了公理 11.8 的含义：当联盟间的博弈具有非实质性时，每个联盟只得到其自身的价值，并且没有任何可供谈判的剩余。其他两个结论的含义则是非常直观的。

尽管定理 11.2 指出这些公理刻画了欧文的值，这些公理与欧文的公理在公理 11.8 上存在显著差异。与这里公理 11.8 相对应的欧文的公理 A3 假设对于所有博弈 v 和所有联盟结构 $\mathcal{B}$，每个 $\mathcal{B}$ 中的联盟 B_k 的值仅取决于 v 对 $\mathcal{B}$（所产生的域）的限制。相反，Hart 和 Kurz (1983，1984) 假设这仅对非实质性博弈成立；在这种博弈中，更容易说明这一假设的合理性。当联盟合并可以产生剩余时，联盟间的谈判问题就出现了。因为（联盟间的）非实质性博弈中没有这种剩余，不存在需要分配的对象，因此每个联盟得到其自身的价值。令人吃惊的是这一条件与公理 11.5～公理 11.7 相结合，意味着欧文的公理 A3 的成立。

定理 11.2　满足公理 11.5～公理 11.8 的唯一的 CS 值 ϕ 就是欧文所提出的值。

令 N 为一个参与人的有限集合，而 $\mathcal{B} = \{B_1, B_2, \cdots, B_m\}$ 为一个联盟结构。如果对于所有 $k = 1, 2, \cdots, m$ 和所有 $i, j \in B_k$，N 的所有在 i 和 j 之间的元素也都属于 B_k，则 N 上的一个完备的（线性）排序与 $\mathcal{B}$ 是一致的。与 $\mathcal{B}$ 一致的（或者给定 $\mathcal{B}$）N 上的随机排序是一个随机变量，该随机变量的取值为以相等概率 [即每一个的概率为 $(m! b_1! b_2! \cdots b_n!)^{-1}$，其中 b_k 是 $B_k \cap N$ 中元素的个数] 出现的与 $\mathcal{B}$ 一致的 N 上的排序。我们的解释如下：参与人随机地到达，但在同一个联盟的所有成员之间依次进行。这等同于先将联盟按随机顺序排列，然后再将每个联盟内的成员随机排列。

命题 11.1 满足公理 11.5～公理 11.8 的唯一的 CS 值 ϕ 为：

$$\phi^i(v,\mathscr{B}) = E[v(\mathscr{P}^i \cup \{i\}) - v(\mathscr{P}^i)] \tag{11.6}$$

其中，E 为与 $\mathscr{B}$ 一致的 v 的载体 N 上的全部随机排序的期望，而 $\mathscr{P}^i$ 表示排在 i 之前的参与人的（随机）集合。

我们将同时证明定理 11.2 和命题 11.1。尽管主要的证明过程是标准的，但使用更弱的公理 11.8 需要一些额外的工作。

定理 11.2 和命题 11.1 的证明：很容易验证式（11.6）所给出的运算符满足公理 11.5～公理 11.7；至于公理 11.8，令 i_k 为 B_k 的一个随机排序的第一个成员；所有 B_k 的其他成员排在 i_k 之后意味着：

$$\sum_{j \in B_k} [v(\mathscr{P}^j \cup \{j\}) - v(\mathscr{P}^j)] = v(\mathscr{P}^{i_k} \cup B_k) - v(\mathscr{P}^{i_k})$$

而对于联盟间的非实质性博弈，等号右边等于 $v(B_k)$（因为 $\mathscr{P}^{i_k}$ 是 B 的并集）。因此，式（11.6）同时满足全部四个公理。

为了完成证明，我们需要验证唯一性，即公理 11.5～公理 11.8 决定了 ϕ。公理 11.7（可加性）意味着仅仅检查基础博弈就足够了。基础博弈是具有如下形式的博弈 v：

$$v(S) = \begin{cases} c & \text{如果 } S \supset R \\ 0 & \text{其他} \end{cases}$$

其中，c 是一个固定常数，而 $R \subset U$ 是一个固定的有限非空集。

令 $R_k = R \cap B_k$，并不失一般性地假设，对于 $k=1,2,\cdots,l$（其中 $1 \leq l \leq m$），R_k 是非空的。令 $\rho = \max_k |R_k|$[3]，并对于 $k=1,2,\cdots,l$，令 R'_k 为使得 $|R'_k| = \rho$ 且 $R'_k \supset R_k$ 的参与人的不相交的集合（这里，我们使用了 U 是一个无限集这一事实）。令 $R' = \bigcup_{k=1}^{m} R'_k$，$\mathscr{B}' = \{R'_1, R'_2, \cdots, R'_l, U \setminus R'\}$，且

$$v'(S) = \begin{cases} c & \text{如果 } S \supset R' \\ 0 & \text{其他} \end{cases}$$

考虑 $\phi(v', \mathscr{B}')$。所有 R' 外的参与人得到 0，而所有 R' 中的参与人都是相同的（因为对于所有 $1 \leq k \leq l$，R'_k 都有相同的规模 ρ）。公理 11.5 和公理 11.6 意味着，对于所有 $i \in R'$，

$$\phi^j(v', \mathscr{B}') = \frac{c}{|R'|} = \frac{c}{\rho l}$$

因此，对于所有 $1 \leq k \leq l$，

$$\phi(v', \mathscr{B}')(R'_k) = \frac{c}{l}$$

接下来，考虑 $\phi(v-v', \mathscr{B}')$。因为根据是否有 $K \supset \{1,2,\cdots,l\}$，$(v-v')(\bigcup_{k \in K} R'_k)$ 要么等于 $c-c=0$，要么等于 $0-0=0$，它是一个联盟间的非实质性博弈。因此，根据公理 11.8 可知，对于所有 $1 \leq k \leq l$，

$$\phi(v-v', \mathscr{B}')(R'_k) = (v-v')(R'_k) = 0$$

这样，公理 11.7 意味着：

$$\phi(v, \mathscr{B}')(R'_k) = \phi(v', \mathscr{B}')(R'_k) + \phi(v-v', \mathscr{B}')(R'_k)$$
$$= \frac{c}{l} + 0 = \frac{c}{l}$$

但 R 是 v 的一个载体，并且 $\mathscr{B}_R = \mathscr{B}'_R$；因此，对于所有 $1 \leq k \leq l$ 有（公理 11.5）：

$$\phi(v, \mathscr{B})(R_k) = \phi(v, \mathscr{B}')(R_k) = \phi(v, \mathscr{B}')(R'_k) = \frac{c}{l}$$

最后，相同 R_k 中参与人的对称性使我们得到：

$$\phi^i(v, \mathscr{B}) = \begin{cases} \dfrac{c}{l|R_k|} & \text{如果 } i \in R \cap B_k \equiv R_k \\ 0 & \text{其他} \end{cases}$$

而这意味着 ϕ 的唯一性。证明完毕。

评论：从证明中对公理 11.8 的使用可以清楚地看到，它可以替换为下面的稍弱的公理 11.8′。

公理 11.8′（多余博弈） 如果对于所有 $K \subset \{1,2,\cdots,m\}$，$v(\bigcup_{k \in K})(B_k) = 0$，则对于所有 $k = 1,2,\cdots,m$ 都有 $\phi(v, \mathscr{B})(B_k) = 0$。

公理 11.9 和公理 11.9′ 也可以用来替换公理 11.8。

公理 11.9（虚拟联盟） 如果对于所有 $K \subset \{1,2,\cdots,m\}$，$B_l$ 使得

$$v\Big(\bigcup_{k \in K} B_k \cup B_l\Big) = v\Big(\bigcup_{k \in K} B_k\Big) + v(B_l)$$

则 $\phi(v, \mathscr{B})(B_l) = v(B_l)$。

公理 11.9'（多余联盟） 如果对于所有 $K \subset \{1,2,\cdots,m\}$，$B_l$ 使得

$$v(\bigcup_{k \in K} B_k \bigcup B_l) = v(\bigcup_{k \in K} B_k)$$

则 $\phi(v, \mathscr{B})(B_l) = 0$。

显然，公理 11.9（公理 11.9'）可以引申出公理 11.8（公理 11.8'）；然而，与公理 11.5~公理 11.7 相结合后，它们都是等价的。

对于一个具有有限载体 N 的博弈 (N, v)，我们之前将 $\mathrm{Sh}v$ 定义为它的沙普利值；即 $\mathrm{Sh}^i v$ 是参与人 i 的值，而对于 $S \subset U$，$(\mathrm{Sh}v)(S) = \sum_{i \in S} \mathrm{Sh}^i_v$。

推论 11.1 对于所有 $B_k \in \mathscr{B}$，

$$\phi(v, \mathscr{B})(B_k) = (\mathrm{Sh}v_{\mathscr{B}})(B_k)$$

其中，$(v_{\mathscr{B}}, \mathscr{B})$ 是约束于 $\mathscr{B}$ 所生成的域内的博弈（即每个 $B_k \in \mathscr{B}$ 是一个"参与人"）。

证明：由式（11.6）可以直接实现证明。证明完毕。

因此，$\mathscr{B}$ 中每个联盟的总的 CS 值正好是由 $\mathscr{B}$ 中联盟（的代表）所参与的博弈的沙普利值。注意到，如果希望 CS 值能够满足多余参与人公理（即加入多余参与人并不改变值），我们需要将联盟结构中的每个联盟视为一个独立于构成该联盟的参与人数量的"代表"！注意到公理 11.5（ⅱ）意味着只有 v 的一个载体 N 的配分需要被界定。

另一个有益的符号表示是：如果对于任意集合 $S = \{i_1, i_2, \cdots, i_S\}$，$\mathscr{B}_S = \{\{i_1\}, \{i_2\}, \cdots, \{i_S\}\}$ [即 S 的配分为单元集（单个参与人所组成的集合）]，则我们将其写作 $\mathscr{B}_S = \langle S \rangle$；反过来，$\mathscr{B}_S = \{S\}$ 意味着所有 S 的成员都位于同一个联盟内。

推论 11.2 令 N 为 v 的一个载体，则

$$\phi(v, \{N\}) = \phi(v, \langle N \rangle) = \mathrm{Sh}v$$

证明：由式（11.6）可以完成证明。证明完毕。

CS 值如何与联盟间（即 $\mathscr{B}$ 的元素）和每个联盟内部的谈判过程相关？根据推论 11.1，前者通过用单个参与人来替换每个 $B_k \in \mathscr{B}$，并取替换后的"联盟间的博弈"的沙普利值来获得。

下面，考虑一个联盟 $B_k \in \mathscr{B}$。这个联盟的成员应该如何就他们得到的总收益 $\phi(v, \mathscr{B})(B_k)$ 进行分配？在这一过程中，必须考虑到他们的"相对权力"，而一种度量办法是考虑他们在联盟 B_k 崩溃后所能得

到的结果。例如，假设 $N=\{1,2,3\}$，且 $\mathcal{B}_N=\{\{1,2\},\{3\}\}$。联盟 $\{1,2\}$ 得到 $\phi(v,\mathcal{B})(\{1,2\})$；对于 $i=1$ 和 $i=2$，如果联盟成员未能就这一收益的分配达成一致，并导致了联盟的瓦解，他们将得到 $\phi(v,\langle N\rangle)(\{i\})$。这可以作为"协议"集合对应于 $\phi(v_\mathcal{B})(\{1,2\})$ 的所有分配方案的二人谈判问题的"谈判破裂点"。根据 Nash（1950）解，每个 $i=1,2$ 将得到：

$$\phi(v,\langle N\rangle)(\{i\})+\frac{1}{2}\big[\phi(v,\mathcal{B})(\{1,2\})-\phi(v,\langle N\rangle)(\{1,2\})\big]$$

这一结果表明，对于 $i=1,2$，这一支付正好就是 $\phi(v,\mathcal{B})(\{i\})$！

如果 B_k 包含了两个以上的参与人，则结果会怎样？人们可能会选择纳什解的 n 人拓展（Harsanyi，1977）来进行分析，但这并不完全令人满意。其原因有二。首先，不仅是单元集，所有的可能子联盟 B_k 都应该纳入考察的范围。其次，在研究 B_k 内的谈判时所使用的解概念最好与研究联盟间谈判时所采用的解概念一样。此即我们应当寻求的一致性。

为了正式展开这一讨论，假设 v、$\mathcal{B}=\{B_1,B_2,\cdots,B_m\}$ 和 $B_k\in\mathcal{B}$ 都是给定的。对于所有的 $S\subset B_k$，定义 B_k 上的一个新的博弈 w_k 为：

$$w_k(S)=\phi(v,\mathcal{B}|S)(S) \tag{11.7}$$

其中，$\mathcal{B}|S$ 是通过将 $\mathcal{B}$ 中的 B_k 替换为 S 和 $B_k\setminus S$ 而得到的联盟结构；即

$$\mathcal{B}|S=\{B_1,\cdots,B_{k-1},S,B_k\setminus S,B_{k+1},\cdots,B_m\} \tag{11.8}$$

注意到 $w_k(\varnothing)=0$；因此 w_k 确实是一个博弈，并且无论 v 如何，w_k 都有一个有限的载体。

定理 11.6（一致性） 给定一个博弈 v 和一个联盟结构 $\mathcal{B}=\{B_1,B_2,\cdots,B_m\}$，有如下等式成立：

$$\phi^i(v,\mathcal{B})=\phi(w_k,\langle B_k\rangle)(\{i\})$$

其中，$i\in B_k\in\mathcal{B}$，且 w_k 由式（11.7）和式（11.8）给出。

这一结论说明 CS 值具有如下一致性性质：联盟内的谈判程序可以由联盟间的谈判程序引申而来。的确，由于 $S\in\mathcal{B}|S$，且 $\{i\}\in\langle B_k\rangle$，$w_k(S)$ 和 $\phi(w_k,\langle B_k\rangle)(\{i\})$ 都是相应联盟结构下联盟的 CS 值；它们无论如何都不依赖于联盟之间的支付分配。

在式（11.8）中，对于 $S \subset B_k$，通过将 B_k 替换为 S 和 $B_k \setminus S$ 来定义 $\mathcal{B}\mid S$。通过这一操作，我们假设 S 的补集中的成员"始终聚集在一起"。另一种可能性是，当 S"离开"时，B_k 中的其余部分将分裂为单个个体（单元集）。在这种情形中，我们将定义 $\mathcal{B}\mid S$ 为：

$$\mathcal{B}\mid S = \{B_1, \cdots, B_{k-1}, S, \{j_1\}, \cdots, \{j_t\} B_{k+1}, \cdots, B_m\} \quad (11.9)$$

其中，$B_k \setminus S = \{j_1, j_2, \cdots, j_t\}$。这使得我们可以通过式（11.7）得到一个 B_k 上的新博弈 w_k，而我们可以得到如下结论。

定理 11.7（一致性） 即使 $\mathcal{B}\mid S$ 由式（11.9）给出而不是由式（11.8）给出，定理 11.6 也成立。

这意味着 CS 值所满足的一致性性质与 w_k 的定义方式无关；尽管式（11.8）和式（11.9）定义了两个不同的博弈 w_k，但定理（11.7）表明它们的值是一致的。在考虑到含糊不清的"补集行为"这一问题时，这一额外的性质是特别重要的：当一个联盟进行整体决策时，它的补集是像一个联盟一样行动还是采取个体行动？在 CS 值这一情形下，补集的行动方式是无关紧要的！

定理 11.6 和定理 11.7 的证明：这一证明的关键在于验证，对于所有 $B_k \in \mathcal{B}$ 和 $i \in B_k$，由 $\phi^i(v, \mathcal{B}) = \phi(w_k, \langle B_k \rangle)(\{i\})$ 所给出的 $\phi(v, \mathcal{B})$ 满足公理 11.5～公理 11.8。这一过程涉及标准化的证明。

11.3 联盟结构的稳定性

联盟结构的稳定性这一问题几乎等同于为何联盟结构会形成。一些原因已经包含在之前对奥曼-德雷兹值和 CS 值的讨论中。然而，这两个概念就联盟结构为何形成这一问题给出了两个极其不同的解释。奥曼和德雷兹视联盟结构 $\mathcal{B}$ 为使得每个联盟 $B_k \in \mathcal{B}$ 实际地形成、运行，并产生相应的联盟支付 $v(B_k)$。在这个意义上，奥曼-德雷兹联盟是实现其潜在支付 $v(B_k)$ 的经济实体。给定这一前提，B_k 的成员仅在他们之间就 $v(B_k)$ 的分配进行谈判。欧文、哈特和库尔茨的观点则在于，最终形成的经济实体是总体 N 的联盟，而联盟结构 $\mathcal{B}$ 的意义仅仅在于充当提升个体成员支付的一种谈判工具。在此基础上，谈判存在于每个联盟 B_k 中的个体参与人之间，以及所有联盟 $\{B_1, B_2, \cdots, B_m\}$ 之间。

这些观察为超可加性的作用提供了许多暗示。Aumann 和 Dréze

(1974，pp. 232 - 234）建议将 (N, v) 的超可加性视为联盟结构 $\mathcal{B}$ 形成的最强有力的解释。研究满足 Aumann 和 Dréze（1974）公理 11.5 的联盟结构形成的问题还提出了其他的"原因"，其中包括司法约束、地理和空间约束以及沟通障碍。在所有这些情形中，对博弈的恰当的公式化描述将很容易揭示出，参与人总体所形成的联盟不会（或不能够）表现得像满足 Aumann 和 Dréze（1974）公理 11.5 的某些联盟结构 $\mathcal{B}$ 那样好。在经济环境下，非超可加性的出现将是令人困惑的。我们可以通过一个例子来说明这一问题。

在 Guesnerie 和 Oddou（1979，1981）的公共品博弈中存在着如下假设：作为一种制度性约束，只要作为税收联合体的联盟成立，就无法歧视其成员，并只能向所有成员以单一的税率征税。这样，很明显，在一个存在公共品异质性需求（产生于异质性偏好、地理差异和其他原因）的社会中，在成员内部实施差异化税收的联盟结构 $\mathcal{B}$ 下，各联盟税收能力总额所能支持的公共品配置结果并不包含于基于社会整体的税收能力所能实现的效用支付的集合中。显然，这是一个非超可加的博弈。然而，我们可以提出一个偏向于超可加性的反对意见。给定税收联合体来自社会整体所组建的联盟，我们可以认为"非歧视性税收"是一种能为参与人带来显著效用的道德与政治原则。因此，当我们在博弈中假设一个税收联合体、税率以及公共品的产出构成都是共同决定时，博弈是超可加的。事实上，可以按如下方式理解总体联盟：它选择联盟结构 $\mathcal{B}$，并赋予其每个成员以"区域"征税和生产区域公共品的权力。

在我们的观点中，真正的问题在于选择一个有效的建模策略。从制度的角度来说，之前的讨论并不是一个严肃的分析。显然，社会存在太多的冲突，而我们根本不清楚是否能够相应地产生一个能解决我们所有社会问题的制度性安排。此外，这也不是一个可管理的研究议程。有很多著名的有说服力的观点来论证为何支付必须建立在一般性原则上，并且一旦建立就将很难改变。在给定一项制度的前提下，模型化盖内里-奥德多（Guesnerie-Oddou）税收和公共品问题的一个很自然的办法就是他们实际采用的方法——非超可加博弈。

如果对现实的良好描述将引向满足奥曼和德雷兹公理 11.5 的联盟结构 $\{B_1, B_2, \cdots, B_n\}$ 的形成，那么在这些情形下，CS 值就不再是一个好的解。然而，只要博弈是超可加的，那么相应的论述就将更偏向于支持 CS 值，而不是奥曼-德雷兹值。

这将我们带回到稳定性问题上。为了理解稳定性这一问题，注意到，在定义了诸如 $\phi_\mathcal{B}$ 或 $\phi(v,\mathcal{B})$ 这些值概念的基础上，我们可以引入一个联盟形成的博弈 Γ，它的解能够确定稳定的联盟结构。在与 $\phi_\mathcal{B}$ 相关联的基础上，Shenoy（1979）研究了这种博弈的核与动态解。Hart 和 Kurz（1983，1984）则在与 $\phi(v,\mathcal{B})$ 相关联的基础上研究了这类博弈的核与强均衡。尽管这些研究揭示了许多不同类型博弈的有趣的稳定性性质，但并没有提出全局稳定性定理。针对每一个稳定性概念，现有研究都发现了不稳定的反例的存在。我们将简要地对部分结论进行评述。

11.3.1 与 $\phi_\mathcal{B}$ 相关的稳定性

正如我们在第 11.1 节所指出的，Shenoy（1979）定义了一个联盟结构间的占优关系，而在与值 $\phi_\mathcal{B}$ 的关联上，读者可以用 $\phi_\mathcal{B}$ 来确定 x^θ。下面，给定这种关联，谢诺伊（Shenoy）引入了稳定性的如下表述。

定义（核） 如果 $\mathcal{B}$ 没有被其他联盟结构占优，则称它是核稳定的。

以下是谢诺伊所得到的部分结论。

(1) 每个三人博弈有一个与 $\phi_\mathcal{B}$ 相关联的核稳定的联盟结构。

(2) 每个简单多数博弈都有一个与 $\phi_\mathcal{B}$ 相关联的核稳定的联盟结构。

此外，Shenoy（1979，p.150）给出了一个不存在核稳定结构的四人加权多数博弈［3;2,1,1,1］的简单例子（第一个参与人的权重为 2；其余每个参与人的权重为 1）。所有 $\mathcal{B}$ 的 $\phi_\mathcal{B}$ 的列表如下：

$\mathcal{B}$	$(\phi_\mathcal{B} v)(i)$
$\{(1234)\}$	$\left(\frac{1}{2}, \frac{1}{6}, \frac{1}{6}, \frac{1}{6}\right)$
$\{(123),4\}$	$\left(\frac{2}{3}, \frac{1}{6}, \frac{1}{6}, 0\right)$
$\{(124),3\}$	$\left(\frac{2}{3}, \frac{1}{6}, 0, \frac{1}{6}\right)$
$\{(134),2\}$	$\left(\frac{2}{3}, 0, \frac{1}{6}, \frac{1}{6}\right)$
$\{(12),(34)\}$ 或 $\{(12),3,4\}$	$\left(\frac{1}{2}, \frac{1}{2}, 0, 0\right)$
$\{(13),(24)\}$ 或 $\{(13),2,4\}$	$\left(\frac{1}{2}, 0, \frac{1}{2}, 0\right)$
$\{(14),(23)\}$ 或 $\{(14),2,3\}$	$\left(\frac{1}{2}, 0, 0, \frac{1}{2}\right)$
$\{1,(234)\}$	$\left(0, \frac{1}{3}, \frac{1}{3}, \frac{1}{3}\right)$
所有其他	$(0,0,0,0)$

最小获胜联盟为（12）、（13）、（14）、（234），但包含最小获胜联盟的所有联盟结构都是被占优的。

几乎所有的研究联盟结构的核的学者都隐含地假设这种核的非空性体现着一种稳定性的结论。因此，他们认为不必像 Shenoy（1979）那样进行一个核稳定性的分析。这种判断是很直观的。联盟结构的核被 Aumann 和 Dréze（1974）定义为 $(N,v,\mathcal{B})$ 的核。它包含了对于所有 $B_k \in \mathcal{B}$，满足 $x^c(B_k)=v(B_k)$ 的未被占优的支付向量 x^c。但偏离 $\mathcal{B}$ 的每个联盟 S 将引致一个新的结构 $\mathcal{B}'$，因此，如果 S 可以阻塞 x^c，则 $\mathcal{B}'$ 通过 S 占优于 $\mathcal{B}$。因此，联盟结构的核——在非空时——等价于 Shenoy（1979）所定义的核。

11.3.2 与 $\phi(v,\mathcal{B})$ 相关的稳定性

Hart 和 Kurz（1983，1984）试图明确地对联盟形成博弈进行公式化表述，以便界定稳定的联盟结构。为了理解这一工作，回忆之前 CS 值 $\phi^i(v,\mathcal{B})$ 被解释为，当所有参与人都根据 $\mathcal{B}$ 来组织时，参与人 i 参与博弈 v 所得到的效用。基于这一点，每个参与人都可以在不同的联盟结构之间进行比较。只要没有参与人能够找到其他更好的（根据 CS 值判断）联盟结构，稳定性就得以实现。取决于其他参与人的不同反应，可以得到两个稳定性的表述。γ 模型假设，只要有一个联盟成员退出，则联盟就将分裂为单元集；而在 δ 模型中，当一个联盟成员退出后，剩余的参与人将组成一个规模稍小的联盟。

博弈 $\Gamma \equiv \Gamma(N,v)$ 和 $\Delta \equiv \Delta(N,v)$ 的标准型定义如下：

γ 模型 博弈 Γ 由如下规则组成：

参与人的集合是 N （11.10）

对于每个 $i \in N$，i 的策略集 Σ^i 为所有包含 i 的联盟 S，即

$$\Sigma^i = \{S \subset N \mid i \in S\} \quad (11.11)$$

对于每个策略的 n 元组 $\sigma=(S^1,S^2,\cdots,S^n) \in \Sigma^1 \times \Sigma^2 \times \cdots \times \Sigma^n$，以及每个 $i \in N$，参与人 i 的支付为 $\phi^i(v, \mathcal{B}_\sigma^{(\gamma)})$，其中

$$T_\sigma^i = \begin{cases} S^i & \text{如果对于所有 } j \in S^i, S^j = S^i \\ \{i\} & \text{其他} \end{cases} \quad (11.12)$$

而且 $\mathcal{B}_\sigma^{(\gamma)} = \{T_\sigma^i \mid i \in N\}$。

δ 模型　博弈 Δ 包含式（11.10）和式（11.11），并且对于每个策略的 n 元组 $\sigma=(S^1,S^2,\cdots,S^n)\in \Sigma^1\times\Sigma^2\times\cdots\times\Sigma^n$ 和每个 $i\in N$，i 的支付是 $\phi^i(v,\mathcal{B}_\sigma^{(\delta)})$，其中 $\mathcal{B}_\sigma^{(\delta)}=\{T\subset U\mid i,j\in T,$ 当且仅当 $S^i=S^j\}$。

对于一个联盟结构 $\mathcal{B}$ 和一个参与人 $i\in N$，令 $S_\mathcal{B}^i$ 为 $\mathcal{B}$ 的包含 i 的元素：$i\in S_\mathcal{B}^i\in\mathcal{B}$（这唯一地界定了 $S_\mathcal{B}^i$）；令 $\sigma_\mathcal{B}=(S_\mathcal{B}^i)_{i\in N}$。如果参与人选择 $\sigma_\mathcal{B}$，则在 Γ 和 Δ 中，联盟形成的结果显然是 $\mathcal{B}$。

定义（稳定性）　如果 $\sigma_\mathcal{B}$ 是 $\Gamma(N,v)$［或者 $\Delta(N,v)$］中的一个强均衡，即对于所有 $i\in T$，如果不存在非空的 $T\subset N$ 和 $\hat{\sigma}^i\in\Sigma^i$ 使得 $\phi^i(v,\hat{\mathcal{B}})>\phi^i(v,\mathcal{B})$，则联盟结构在博弈中是 γ 稳定的（或者 δ 是稳定的）。其中，根据式（11.12）［或者式（11.13）］，$\hat{\mathcal{B}}$ 对应于 $[(\hat{\sigma}_\mathcal{B}^i)_{i\in T},(\sigma_\mathcal{B}^j)_{j\in N\setminus T}]$。

Hart 和 Kurz（1984）对一些博弈的稳定性性质进行了分析。他们的部分结论可以归纳如下：

（1）每个三人博弈都有一个同时满足 γ 稳定和 δ 稳定的联盟结构。

（2）每个对称的四人博弈都有一个同时满足 γ 稳定和 δ 稳定的联盟结构。

（3）每个 $n\geqq 5$ 的尖端博弈（apex game）[4] 都有一个唯一的 γ 稳定的联盟结构，但没有 δ 稳定的联盟结构。

然而，Hart 和 Kurz（1984）还给出了一个在任何稳定性定义下都没有稳定联盟的单调和超可加博弈的例子。这个例子是一个十人对称的多数博弈。在这一博弈中，"获胜"需要 8 票赞成。因此，这个例子是比较复杂的，从而不在这里展现（Hart and Kurz，1984，p.257）。

对联盟结构稳定性性质的研究价值在于，当一个博弈有这样的结构时，相关的理论对何种社会组织最终会普遍存在给出了一个重要的预测。不存在稳定联盟结构的博弈可能本质上描述了不稳定的情景，从而不允许我们进行这样的预测。这是一个尚未解决的问题。

注释

［1］这仅仅是一个微小的差异。如果参与人的全集是 U，而 $N\subset U$，则对于所有 $S\subset U$，$v(S)=v(S\cap N)$，且可以定义 $B_k\subset U$，并

令 $\mathcal{B}_N = \{B_k \cap N \mid k=1,2,\cdots,m\}$ 为 N 上的联盟结构。

［2］这种承诺何时是可置信的将在下一节解答；在一个稳定的联盟中，它是自我实现的。

［3］有限集 A 的元素的数量被表示为 $|A|$。

［4］尖端博弈是包含 1 个主要参与人和 $n-1$ 个次要参与人的简单博弈。所有最小获胜联盟均包含主要参与人和 1 个或全部次要参与人。

参考文献

Aumann, R. and J. Dréze [1974], "Cooperative Games with Coalition Structures," *International Journal of Game Theory*, 3 (4), 217–237.

Aumann, R. and M. Maschler [1964], "The Bargaining Set for Cooperative Games," in *Advances in Game Theory*, Annals of Math Studies No. 52, Princeton, pp. 443–476.

Crawford, V. P. and E. M. Knoer [1981], "Job Matching with Heterogenous Firms and Workers," *Econometrica* 49, 437–450.

Davis, M. and M. Maschler [1967], "Existence of Stable Payoff Configurations for Cooperative Games," *Essays in Mathematical Economics in Honor of Oskar Morgenstern*, M. Shubik (ed.), Princeton, pp. 39–52.

Dréze, J. and J. Greenberg [1980], "Hedonic Coalitions: Optimality and Stability," *Econometrica* 48, 987–1003.

Gale, D. and L. S. Shapley [1962], "College Admissions and the Stability of Marriage," *American Mathematical Monthly* 69, 9–15.

Greenberg, J. [1979a], "Stability When Mobility Is Restricted by the Existing Coalition Structure," *Journal of Economic Theory* 21, 213–221.

[1979b], "Existence and Optimality of Equilibrium in Labour Managed Economies," *Review of Economic Studies* 144, 419–433.

[1980], "Beneficial Altruism," *Journal of Economic Theory* 22, 12–22.

[1983], "Local Public Goods with Mobility: Existence and Optimality of a General Equilibrium," *Journal of Economic Theory* 30, 17-33.

Greenberg, J. and S. Weber [1982], "Equivalence of Superadditivity and Balancedness of Tax Proportional Games," *Economics Letters* 9, 113-117.

[1985], "Multiparty Equilibria under Proportional Representation," *American Political Science Review* 79, 693-703.

[1986], "Strong Tiebout Equilibrium under Restricted Preferences Domain," *Journal of Economic Theory* 38, 101-117.

Guesnerie, R. and C. Oddou [1979], "On Economic Games Which Are Not Necessarily Superadditive," *Economics Letters* 3, 301-306.

[1981], "Second Best Taxation as a Game," *Journal of Economic Theory* 25, 67-91.

Harsanyi, J. C. [1977], *Rational Behavior and Bargaining Equilibrium in Games and Social Situations*, Cambridge: Cambridge University Press.

Hart, S. and M. Kurz [1983], "Endogenous Formation of Coalitions," *Econometrica* 51, 1047-1064.

[1984], "Stable Coalition Structures," in *Coalitions and Collective Action*, M. T. Holler (ed.), Physica-Verlag, Vienna, pp. 236-258.

Ichiishi, T. [1981], "A Social Coalitional Equilibrium Existence Theorem," *Econometrica* 49, 369-377.

Kaneko, M. [1982], "The Central Assignment Game," *Journal of Mathematical Economics* 10, 205-232.

Kelso, A. S., Jr. and V. Crawford [1982], "Job Matching Coalition Formation and Gross Substitutes," *Econometrica* 50, 1483-1504.

Nash, J. F. [1950], "The Bargaining Problem," *Econometrica* 18, 155-162.

Owen, G. [1977], "Values of Games with a Priori Unions," *Essays in Mathematical Economics and Game Theory*, R. Henn and O. Moschlin (eds.), Springer-Verlag, New York, pp. 76-88.

Pauly, Mark [1967], "Clubs, Commonality, and the Core: An Integration of Game Theory and the Theory of Public Goods," *Eco-

nomica 34, 314-324.

[1970], "Cores and Clubs," *Public Choice* 9, 53-65.

Quinzii, M. [1984], "Core and Competitive Equilibria with Indivisibilities," *International Journal of Game Theory* 13, 41-60.

Roth, A. [1984a], "Stability and Polarization of Interests in Job Matching," *Econometrica* 52, 47-59.

[1984b] "The Evolution of the Labor Market for Medical Interns and Residents: A Case Study in Game Theory," *Journal of Political Economy* 92, 991-1016.

Shapley, L. S. [1953], "A Value for n-Person Games," in *Contributions to the Theory of Games*, Vol. II, H. W. Kuhn and A. W. Tucker (eds.), Princeton: Princeton University Press, pp. 307-317.

Shapley, L. S. and M. Shubik [1972], "The Assignment Game. I : The Core," *International Journal of Game Theory* 1, 111-130.

Shenoy, P. P. [1978], "On Coalition Formation in Simple Games: A Mathematical Analysis of Caplow's and Gamson's Theories," *Journal of Mathematical Psychology* 18, 177-194.

[1979], "On Coalition Formation: A Game-Theoretic Approach," *International Journal of Game Theory* 8, 133-164.

Thrall, R. M. and W. F. Lucas [1963], "N-person Games in Partition Function Form," *Naval Research Logistics Quarterly* 10, 281-298.

von Neumann, J. and O. Morgenstern [1944], *Theory of Games and Economic Behavior*, Princeton; 3rd ed. 1953.

Wooders, M. [1978], "Equilibria, the Core, and Jurisdiction Structures in Economies with a Local Public Good," *Journal of Economic Theory* 18, 328-348.

[1980], "The Tiebout Hypothesis: Near Optimality in Local Public Good Economies," *Econometrica* 48, 1467-1485.

第 12 章　参与人与联盟连接的内生化形成：一个沙普利值的应用[*]

罗伯特·J. 奥曼和罗杰·B. 迈尔森

12.1　引言

考虑参与人集合上的如下联盟博弈 v：

$$v(S) = \begin{cases} 0 & \text{如果 } |S|=1 \\ 60 & \text{如果 } |S|=2 \\ 72 & \text{如果 } |S|=3 \end{cases} \quad (12.1)$$

其中，$|S|$ 表示 S 中的参与人人数。大部分合作解概念"预测"所有参与人的联盟 $\{1,2,3\}$ 将会形成，并且按某种恰当的方式分割 72 单位的支付。下面，假设 P_1（参与人 1）

---

[*] 罗伯特·J. 奥曼的研究于斯坦福大学的社会科学（经济学）数学研究所受到美国国家科学基金会的资助，授权号为 IST 85-21838。

罗杰·B. 迈尔森的研究受到美国国家科学基金会的资助，授权号为 SES 86-05619。

第 12 章　参与人与联盟连接的内生化形成：一个沙普利值的应用

和 P_2 碰巧在 P_3 缺席的情况下会面。他们显然会立刻把握住形成联盟 $\{1,2\}$ 的机会，并分别得到 30 单位的支付。尽管这个结果是无效率的，它还是会出现。其原因在于，如果 P_1 和 P_2 邀请 P_3 参与协商，那么他们三个将处于对等的角色，并且预期博弈的结果为 (24, 24, 24)。P_1 和 P_2 不会冒险只付给 P_3，比如说，4 单位支付（并在二人之间分配剩下的 68 单位支付），因为他们将意识到，一旦 P_3 参与了协商，所可能产生的结果就是"完全开放的"——任何事情都可能发生。

如果 P_1 和 P_2 是"碰巧"遇上的，则上述结论都将成立。但即使他们不是偶然会面的，出于协商的目的，这一博弈的参与人显然也会形成二人组，而不是在所有参与人的框架下谈判。

上述例子来自迈克尔·马施勒（Michael Maschler）［参见 Aumann 和 Dréze，(1974，p. 235)，该研究引用了大部分讨论］。由于具有对称性，马施勒的例子是非常清晰的。然而，即使在非对称的情形下，谈判的框架对结果仍然起到重要影响，因为个体参与人和参与人群体将会寻求对他们有利的谈判框架。这种寻求有利谈判框架的现象在现实世界的各个层面都很常见——从诸如公司或大学的组织内部的决策到国际谈判。政府在"承认"或忽视其他政府这一问题上的苦苦思索不是徒劳的。是否、何时以及在何种条件下与恐怖分子协商是最重要的问题之一；而在这篇论文的写作之时，困扰以色列政府的问题不是是否与它的邻国协商，而是在于这种协商所基于的框架（涉及面广泛的国际会议或者直接协商）。

马施勒的例子存在着一个 S 形生产函数方面的很自然的经济解释。由于存在安装成本，第一个参与人无法实现任何产出。两个参与人可以实现 60 单位产品。加入第三个参与人时，报酬递减开始起作用，结果三个人只能生产 72 单位产品。之前的讨论意味着这种情形下的产业组织形式将会是没有效率的。

"协商的框架"这一概念的最简单的博弈是联盟结构。它被定义为使参与人集合分解为互不相交的联盟的配分过程。一旦联盟结构形成，协商就在构成这一结构的每个联盟的内部展开；每个这样的联盟 B 在它的成员之间分配它所能获得的总支付 $v(B)$。外生给定的联盟结构或许最早在谈判集的研究背景下引入（Aumann and Maschler，1964），随后在许多其他研究背景下出现；一个一般性的讨论可以参见 Aumann 和 Dréze（1974）。内生性的联盟形成在 von Neumann-Morgenstern（1944）的稳定集的研究中就已经隐含了；对稳定集的大部分讨论都围绕那个联盟将会"形成"。然而，在冯·诺依曼-摩根斯坦的理论中，联盟结构并没有一个正式的明确的界定。最近在正式的理论框架下明确对内生的联盟结构所进行的研究可以参见 Hart 和 Kurz（1983）、Kurz（本书第 11 章）及其他。

然而，联盟结构并不足以捕捉谈判框架的细节。例如，国家或政府间的外交关系并不必然是可传递的，因此，无法通过配分来恰当地反映；因此，虽然叙利亚和以色列与美国都有外交关系，但它们之间并不存在这种关系。另一个例子是，在学术部门的工资协商中，主席的角色是很特殊的；部门内部的成员通常无法直接地相互进行协商，尽管他们的工资之间不是没有关联的。

为了对这种更为丰富的框架进行模型化，Myerson（1977）在联盟博弈中引入了合作结构（cooperation structure）[或合作图（cooperation graph）] 的概念。合作图的顶点都是参与人。对这一概念有各种不同的解释；这里，我们所采用的解释是，如果两个参与人之间能够展开有意义的直接协商，那么两个参与人之间的连接（图的一个边）存在。特别地，正常的联盟结构 $(B_1, B_2, \cdots, B_k)$（B_j 互不相交）在这一框架下可以通过如下方式来反映：当且仅当两个参与人属于同一个 B_j 时，他们之间才存在连接。[对这一合作结构概念的一般性拓展可以参见 Myerson（1980）]。

沙普利在 1953 年对联盟博弈 v 的值的定义可以解释为当参与人之间存在充分和无成本的沟通时——当联盟结构是"满的"时，以及当任意两个参与人间都存在连接时——对参与人博弈前景的评价。但如果连接不是充分的，那么参与人的博弈前景可能出现剧烈变化。考虑一个极端的例子，一个参与人 i 被完全孤立时——与其他任何参与人都没有联系——只能预期最多得到他自己的价值 $v(\{i\})$；通常，参与人与其他人的连接越多，那么他的博弈的预期支付就越高。为了把握这一直觉，Myerson（1977）将联盟博弈 v 的沙普利值拓展至任意的合作结构 g。特别地，如果 g 是所有参与人的集合 N 上的完整图形（任意两个参与人间都存在连接），则迈尔森的值与沙普利值是一致的。此外，如果合作图 g 与联盟结构 $(B_1, B_2, \cdots, B_k)$ 相对应，则 B_j 的成员 i 的迈尔森值是其作为博弈 $v \mid B_j$（v 限制在 B_j 上）的参与人所得到的沙普利值。

第12章 参与人与联盟连接的内生化形成：一个沙普利值的应用

本章提出了一个合作结构的内生化形成的模型。给定一个联盟博弈 v，参与人之间会形成什么样的连接？我们的方法与之前的内生性联盟形成的研究在以下两个方面存在着区别：第一，我们考虑的是合作图，而不是联盟结构；对于任意特定的参与人，我们将使用迈尔森值来评价一个给定的合作结构的利弊。第二，我们不使用短视的常用方法，仅关注此时此地的均衡条件。当参与人考虑与他人构建连接时，给定已经存在的结构，他不仅仅考虑这个连接是否会改善他的状况，而是进一步思考，"如果我们形成了这个新的连接，其他参与人会不会因此而构建之前对他们而言缺乏吸引力的连接？这个连接会产生什么后果？最终的结果对我是好是坏？"

在第12.2节中，我们将对迈尔森值进行评论，并通过本章开头的三人博弈来展示上述"前瞻"的推理过程。第12.3节给出了正式的定义，而后续的章节用于给出例子和反例。最后一节为对该模型各方面的讨论，特别是该模型的应用范围。

我们的研究没有提出新的定理。我们的目的是研究，在我们所选择的用于体现不同应用性场景的例子中，沙普利值和迈尔森的拓展对于合作结构而言所具备的概念内涵。

12.2 基于迈尔森值的"前瞻"

我们以对迈尔森值的评述作为本节的起点。令 v 为一个参与人集合为 N 的联盟博弈，并令 g 为一个以参与人作为顶点的图形。对于每个参与人 i，值 $\phi_i^g = \phi_i^g(v)$ 由下述公理决定。

公理 12.1 如果图 g 是通过在另一个图 h 中加入一个 i 和 j 之间的连接形成的，则 i 和 j 均分这种变化所带来的收益；即

$$\phi_i^g - \phi_i^h = \phi_j^g - \phi_j^h$$

公理 12.2 如果 S 是 g 中存在连接的组成部分，则 S 中参与人的值的总和就是 S 的价值；即

$$\sum_{i \in S} \phi_i^g(v) = v(S)$$

（图中存在连接的组成部分是一个顶点的最大集合，在该集合中，任意

两个顶点均可以由相互连接的顶点链所联系。)

迈尔森验证了,这一公理体系可以决定唯一的值。此外,他发现如果 v 是超可加的,则形成新连接的两个参与人不会因此而受损:公理 12.1 中等式的两侧始终是非负的。他同时还确立了[1]下面的计算值的实用性方法:给定 v 和 g,定义一个联盟博弈 v^g 为:

$$v^g(S) := \sum v(S_j^g) \tag{12.2}$$

其中,加总的范围是图 $g|S$(g 限制在 S 上)中存在连接的组成部分 S_j^g。这样:

$$\phi_i^g(v) = \phi_i(v^g) \tag{12.3}$$

其中,ϕ_i 表示参与人 i 的沙普利值。

我们用式(12.1)所定义的博弈 v 来进行演示。如果 P_1 和 P_2 碰巧在 P_3 缺席的情况下会面,那么图 g 可以用图 12-1 表示:

其中,只有 P_1 和 P_2 是相互连接的。这样,$\phi^g(v)=(30,30,0)$;我们之前已经发现,在这种情形中,对于 P_1 和 P_2 来说,将 P_3 引入协商是不值得的,因为那会使谈判变得完全对称,从而每人只能得到 24,而不再是 30。然而,以 P_2 为例,他可以向 P_3 发出组建连接的邀请。而这所造成的结果可以用图 12-2 来反映:

图 12-1

图 12-2

该图是不对称的;P_2 是中心位置——所有的交流必须经过他——给予了他决策上的优势。这种优势由相应的值(14,44,14)很好地体现。因此,P_2 通过组建这一新的连接获益,因此似乎他应当采取这一行动。然而,在这一新的情形中,对于 P_1 和 P_3 来说,组建连接是有利的;这样将带来图 12-3:

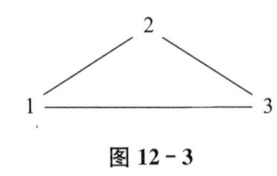

图 12-3

该图再次出现了对称的结果,而相应的支付为 (24,24,24)。因此,尽管一开始时对于 P_2 来说组建一个新连接是有益的,但进一步的分析发现这最终将会给 P_2 造成 6 单位的损失(从 30 变成 24)。因此,最初的图形,即只在 P_1 和 P_2 之间存在连接,将最终具有某种意义上的"稳定性"。

这一推理过程能够被正式地表述,并被应用于更具一般性的问题中吗?的确,如果 P_2 与 P_3 建立连接,那么 P_1 也会与 P_3 建立连接,但 P_1 是否总会这样行动?为了使这一论述具有合理性,我们必须假设 P_1 和 P_2 公开表示不会让 P_3 加入吗?如果是这样,那么在什么条件下这种协议会出现?

结果表明,论证的合理性并不必然依赖于这样的一种协议。正如我们在下一节将要看到的,上述推理在一个完全的非合作框架(至多考虑连接的形成;一旦连接形成,参与人可能达成可执行的协议)下也非常合理。

12.3 正式的模型

给定一个 n 人联盟博弈 v,构建一个如下的附属连接博弈(linking game):在博弈的开始,任何参与人之间都不存在连接。这个博弈由组成连接的参与人配对组成。组成连接的邀请根据某种确定的规则逐一出现;这个规则是共同知识,并且将被称作排序规则。为了形成一个连接,两个潜在合作方必须达成一致;一旦形成,连接不会被破坏,并且无论何时,所有参与人都知道连接邀请、接受和拒绝的全部历史(完美信息博弈)。对这个排序规则的其他要求是它引向一个有限博弈,并且在最后一个连接形成以后,$n(n-1)/2$ 个配对中的每一个都有形成一个额外连接的最终机会(就像桥梁竞标那样)。这就决定了某些合作图 g;而每个参与人 i 的支付被定义为 $\phi_i^g(v)$。

只要完美信息假设成立,允许排序规则包含随机性对后面的大部分分析就不会产生影响。然而,这却会使分析变得复杂,而在目前的研究阶段,我们将不考虑随机行动。

注意到在一个配对中,参与人决定是否建立连接的顺序是不重要的;在均衡中,不论哪个顺序(在完美信息下)都将引向与同时选择相同的结果。

在现实中,连接邀请的动因来自某个参与人,而不是某些外在的个体。因此,排序规则或许会将连接动机赋予某些特定的参与人,并通过特定途径在参与人之间传递。

因为博弈是完美信息的,它有纯策略的子博弈均衡(Selton, 1965)。[2] 每个这样的均衡都有一个唯一的合作图 g,即在博弈终结时所实现的图形。任意一个这样的 g(对于任意配对上的顺序选择)被称作 v 的自然结构(或者连接博弈的自然结果)。

可以考虑从一个外生给定的图 g 开始,而不是从不存在连接的初始位置展开。如果最终形成的博弈(对于任意排序选择)的子博弈完美均衡显示出不会有新的连接形成,则 g 是稳定的。

12.4　一个示例

我们通过式(12.1)所定义的博弈来进行说明。为了找到子博弈完美均衡,我们使用"逆向归纳法"。设想我们已经到达存在两个连接的阶段。这样,正如我们在第 12.2 节所看到的那样,对于两个没有连接的参与人而言,建立新的连接是有益的;因此,我们可以假设他们将建立新的连接。因此,可以假设两个连接的存在将不可避免地引向一个存在三个连接的图形。下面,设想现在图中只存在一个连接,比如说,P_1 和 P_2 之间存在连接(就像在图 12-1 中那样)。P_2 或许会考虑向 P_3 提出连接的邀请(就像在图 12-2 中那样),但我们刚才已经展示了,这将引向完整的图形(就像在图 12-3 中那样)。因为在图 12-3 中 P_2 的所得少于他在(12.4)中的支付,他不会采取这一行动。

最后,设想我们处于初始状态,并且不存在任何连接。在这一阶段,配对的排序就很重要[3];设想排序是 12、23、13。继续我们的逆向归纳,设想前两个配对被拒绝了。如果配对 13 也遭到拒绝,那么结果是所有人得到 0;然而,如果它被接受,则参与人支付为 (30,0,30)。因此,参与人显然会接受这一连接。逆推一步,设想配对 12——排序中的第一个配对——被拒绝了,而配对 23 现在有机会形成一个连接。当然 P_2 希望形成连接,因为如果不是这样,他就错失了组成连接的机会。然而,对于 P_3 而言,是否形成连接是无差异的,因为无论是否接受,他的支付都将是30；因此，存在一个 P_3 拒绝这一邀请的子博弈完美均衡。最后，考虑第一阶段。通过类似的分析可以发现，连接博弈有三个自然的结果，每个结果中都只存在两个参与人之间的单一连接。

上述论述，尤其是其第一部分，与第12.2节的非正式的讨论在思想上是一致的。这种正式的论述的意义在于它澄清了非正式分析背后的机制，并展示了这种论证或许可以被应用于一般性的情景中。

12.5 一些加权多数博弈

加权多数博弈在某种程度上比上一节中我们所考虑的博弈更为复杂，而我们将较少地关注细节。我们从一个相当典型的例子开始。令 v 为五人加权多数博弈 $[4;3,1,1,1,1]$（获胜至少需要4票；第一个参与人有3票，其他四个人各有1票）。如果 g 在 S 的成员上是一个完整图形，则称联盟 S 形成了（如果两个参与人都是 S 的成员，则他们连接在一起）。使用容易理解的符号，我们从各种联盟的完整图形的值的列表开始。

$\{1,1,1,1\}$ $\qquad \left[0, \frac{1}{4}, \frac{1}{4}, \frac{1}{4}, \frac{1}{4}\right]$

$\{3,1\}$ $\qquad \left[\frac{1}{2}, \frac{1}{2}, 0, 0, 0\right]$

$\{3,1,1\}$ $\qquad \left[\frac{2}{3}, \frac{1}{6}, \frac{1}{6}, 0, 0\right]$

$\{3,1,1,1\}$ $\qquad \left[\frac{3}{4}, \frac{1}{12}, \frac{1}{12}, \frac{1}{12}, 0\right]$

$\{3,1,1,1,1\}$ $\qquad \left[\frac{3}{5}, \frac{1}{10}, \frac{1}{10}, \frac{1}{10}, \frac{1}{10}\right]$

直觉上，可以想象一个包含一个大型政党和四个小型政党的议会。为了组建一个政府，大型政党只需要一个小型政党的支持。然而，为这样一个狭隘的政府而努力是很愚蠢的，因为它（这个大型政党）在这个政府中的地位相对较弱，而这个小型政党可以随意左右这个政府；它将在政府中有否决权。越多的小型政党加入政府，则大型政党对每个特定小型政党的依赖程度越低，从而能够获得更多的权力。这一过程将持续到太多的小型政党将使大型政党丧失否决权这一点；在该点上，大型政党的值下降。因此，如果只和一个小型政党组建政府，大型政党的值是 1/2；如果有两个小型政党，则这个值上升至 2/3，而在三个小型政党加入时上升至 3/4，但是，如果有四个小型政党，则该值下降至 3/5，因为在这一点上大型政党损失了它在政府中的否决权。同时，注意到在某一点上，政府中存在越少的小型政党，则已经处于政府中的小型政党的状况将越能得到改善，因为分享"战利品"的政党数量更少。

下面，我们开始考察第 12.3 节所提出的方法。可以验证，这一博弈的任意自然结果都必然是关于某些参与人的完整图形；如果一个参与人通过其他相互连接的参与人的链条与他人间接地联系在一起，则他与这个参与人之间必然也存在着直接的连接。因此，在分析中，我们将注意力只集中在"完整联盟"上——内部的所有连接都已经形成的联盟。

和之前一样，我们使用逆向归纳法。设想一个 $\{3,1,1,1\}$ 类型的联盟已经形成。如果联盟中任意的"小型"参与人与联盟外的那个小型参与人建立了连接，那么，正如之前所指出的那样，包含所有参与人的联盟将形成。这对于之前在联盟"外"和在联盟"内"的小型参与人而言都是有益的（后者的支付从 1/12 上升至 1/10）。因此，这种连接的确会形成，而鉴于 $\{3,1,1,1\}$ 最终会演变成 $\{3,1,1,1,1\}$，我们可以判断这一联盟是不稳定的。

下面，设想类型为 $\{3,1,1\}$ 的联盟已经形成。如果联盟中的任意参与人与外部的某个小型参与人建立连接，则会产生形如 $\{3,1,1,1\}$ 的联盟，而正如我们刚才所看到的，这又会进一步引起完备联盟的形成。这意味着大型参与人最终的支付是 3/5（而不是他在 $\{3,1,1\}$ 中所得到的 2/3），而小型参与人最终的支付为 1/10（而不是他们在 $\{3,1,1\}$ 中所得到的 1/6）。因此，联盟中的任何一个参与人都不会同意与联盟外的任何参与人建立连接，从而形如 $\{3,1,1\}$ 的联盟是稳定的。

下面，假设已经形成的是形如 $\{3,1\}$ 的联盟。大型参与人的确有动力与联盟外的某个小型参与人建立连接，因为这会最终引起形如 $\{3,1,1\}$ 的联盟的产生，而正如我们刚才所看到的，这个联盟是稳定的。因此，大型参与人可以将他在 $\{3,1\}$ 下的支付 1/2 提高至他在 $\{3,1,1\}$ 下所能得到的 2/3。这对于他来说显然是有益的，因此 $\{3,1\}$ 是不稳定的。

最后，设想还没有形成任何连接。如果所有小型参与人都否决了大型参与人的所有连接邀请，而是他们之间形成了连接，则最终形成

的联盟是 {1,1,1,1}，而每个小型参与人得到 1/4。此外，如果其中一个小型参与人与大型参与人建立连接，则联盟变成 {3,1}，并最终将引向联盟 {3,1,1} 的产生，而后者是稳定的。因此，如果一个小型参与人与大型参与人建立连接，那么他最终的支付为 1/6，小于他在 {1,1,1,1} 下所能得到的 1/4。因此，对子博弈完美均衡的考虑使我们得到如下结论：从初始位置（没有任何连接）开始，所有小型联盟都将拒绝大型联盟的连接，从而最终的结果是联盟 {1,1,1,1} 的形成。

这一结论在存在一个"大型"参与人和若干有相同权重的"小型"参与人的加权多数博弈中是很典型的。的确，我们可以得到如下的一般性结论。

定理 12.1 在形如 $[q;w,1,\cdots,1]$，$q>w>1$，且不存在有否决权的参与人的超可加加权多数博弈中，当且仅当最小获胜联盟上的完备图形只包括"小型"参与人时，合作结构是自然的。

该命题的证明包含着对各种情形的冗繁的讨论，从而不会在这里给出。可能存在更直接的证明方法，但我们没有实现。

如果存在两个大型参与人和许多小型参与人，比如 $[4;2,2,1,1,1]$ 或 $[6;3,3,1,1,1,1,1]$，情况可能会有所不同。在这些情形下，要么两个大型参与人连接在一起，要么一个大型参与人与其他所有小型参与人组成联盟（不是最小获胜联盟！）。对于所有的这种博弈，我们没有一个一般性的结论。

我们的最后一个例子是博弈 $[5;3,2,2,1,1]$。结果表明，存在两类自然的联盟结构：一个为形如 $\{2,2,1,1\}$ 的联盟，另一个则为形如 $\{3,2,1,1\}$ 的联盟。注意到这两个都不是最小获胜联盟。

在所有这些博弈中，某些联盟形成了；即所有的自然图形都是"内在完备"的。正如我们将在下一节所看到的那样，这不是通常会出现的情形。然而，对于简单博弈，特别是加权多数博弈，我们还没发现任何反例。

12.6 一个内部不完备的自然结构

定义 v 为如下三个投票博弈的加总：

$$v := [2;1,1,1,0] + [3;1,1,1,0] + [5;3,1,1,2]$$

即 v 是一个 P_4 为虚拟参与人的三人多数博弈、一个 P_4 为虚拟参与人的三人一致同意博弈和最小获胜联盟为 $\{1,2,3\}$ 和 $\{1,4\}$ 的四人投票博弈的加总。这些博弈的加总被定义为使得联盟 S 的值 $v(S)$ 为 S 获胜的合成博弈的个数。例如，$v(\{2,3\})=1$ 和 $v(\{1,2,4\})=2$。

该博弈的唯一的自然结构如图 12-4 所示：

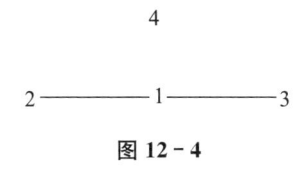

$$
\begin{array}{c}
4 \\
| \\
2 \text{——} 1 \text{——} 3
\end{array}
$$

图 12-4

即 P_1 和 P_2 及 P_3 相连接，但是 P_2 和 P_3 之间并不存在连接，并且没有参与人与 P_4 相连。这一合作结构上的博弈的迈尔森值为 $\left(\dfrac{5}{3}, \dfrac{5}{6}, \dfrac{5}{6}, 0\right)$。

该博弈的沙普利值为所有参与人的完整图形上的迈尔森值，它等于 $\left(\dfrac{5}{4}, \dfrac{3}{4}, \dfrac{3}{4}, \dfrac{1}{4}\right)$。注意到与之前所给出的自然结构下的迈尔森值相比，$P_1$、$P_2$ 和 P_3 在沙普利值下严格变差了。可以验证的是，对于任意其他的图形，要么迈尔森值等于沙普利值，要么至少有一对参与人没有连接，并且在沙普利值下的支付会严格改进。这意味着从归纳意义上来说，如果任意参与人的配对形成了不属于自然结构的连接，那么额外的连接将继续形成，直至每个参与人均得到其沙普利值。为了避免这样的结果，P_1、P_2 和 P_3 会拒绝形成任何我们所展示的两个连接之外的其他连接。

例如，考虑 P_2 和 P_3 之间建立连接的情形。此时，图形变为图 12-5：

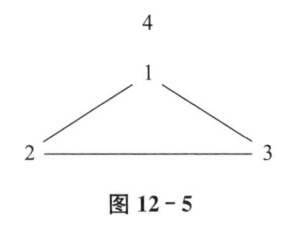

图 12-5

这个图形的值为 $(1,1,1,0)$，比 P_2 和 P_3 的沙普利值要更好，但比 P_1 的沙普利值要差。为了得到比 P_1 和 P_2 更高的支付，P_1 将有动力与 P_4 建立连接。

第 12 章　参与人与联盟连接的内生化形成：一个沙普利值的应用

直觉上说，P_1 需要 P_2 和 P_3，以便能够从一致同意博弈 $[3;1,1,1,0]$ 中得到支付。他们又希望将 P_4 排除在外，因为他在加权投票博弈 $[5;3,1,1,2]$ 中相对更强，而这个博弈的沙普利值为 $\left(\frac{7}{12},\frac{1}{12},\frac{1}{12},\frac{3}{12}\right)$。将 P_4 排除后，其余三个人就处于同样的地位了，因为他们需要组建一个获胜联盟。因此，P_1 和 P_2 每个人都预期从博弈中得到 $1/3$，比让 P_4 加入后的支付 $1/12$ 要多出 $1/4$。此外，排除 P_4 使得 P_1 的值从 $7/12$ 下降至 $1/3$，总共降低了 $1/4$，因此 P_1 将希望 P_4 加入。

此时，三人多数博弈 $[2;1,1,1,0]$ 将开始影响我们的分析。如果 P_2 和 P_3 之间没有建立连接，则 P_1 的中心地位将使他在这一博弈中有更大的影响，而他的迈尔森值为 $2/3$（而不是 $1/3$ 这一沙普利值）。这多出来的 $1/3$ 弥补了 P_1 在博弈 $[5;3,1,1,2]$ 中 $1/4$ 单位的损失，这使得他希望将 P_4 排除在外。此外，P_2 和 P_3 也因此受益，因为他们每人在博弈 $[5;3,1,1,2]$ 中多得到了 $1/4$ 的支付，而这弥补了他们在三人多数博弈中 $1/6$ 单位的损失。因此，P_2 和 P_3 有动力杜绝他们之间的连接，并且不会与 P_4 建立连接。

简要地说，P_2 和 P_3 通过孤立 P_4 而获益；但是，他们必须在联盟 $\{1,2,3\}$ 中给予 P_1 中心地位，以使他有动力保持对 P_4 的孤立；当 P_1 没有这样做时，这也能形成一个可置信的威胁。

12.7　取决于排序规则的自然结构

连接形成博弈的自然结果很可能取决于排序规则。例如，令 u 为多数博弈 $[3;1,1,1,1]$，令 $w:=[2;1,1,0,0]$，并令 $w':=[2;0,0,1,1]$。令 $v:=24u+w+w'$。如果组建的第一个连接为 $\{1,2\}$，则 $\{1,2,3\}$ 或 $\{1,2,4\}$ 都有可能形成；如果组建的第一个连接为 $\{3,4\}$，则 $\{1,3,4\}$ 或 $\{2,3,4\}$ 将形成。

这里隐含的思想与式（12.1）所定义的博弈的内涵非常相似。前两个建立连接的参与人将允许一个新的参与人加入，以便从四人多数博弈 u 中获益；但是由此所形成的联盟将不会允许第四个参与人的加入，因为第四个参与人的贡献相对于他要分走的收益要小。这个博弈与式（12.1）的博弈的差异在于，在这里，先得到连接机会的参与人将把握住这个机会,但在式(12.1)中却不是这样。

这个例子中的非唯一性的结果对于博弈的微小改动是稳健的,即存在着 v 周围的四人博弈的开邻域,使得对于这个邻域中的所有博弈,如果 P_1 和 P_2 获得了首先建立连接的机会,则自然结构如下:P_1、P_2 和 P_3 之间存在连接,但与 P_4 没有联系;但如果 P_3 和 P_4 先获得建立连接的机会,则在自然结构的图形中,P_2、P_3 和 P_4 之间相互联系,但与 P_1 没有联系。(这里,我们使用了以 2^n-1 维欧式空间界定 n 人联盟博弈集合所产生的拓扑。)

本章中的每个例子在我们所希望反映的情景中也是稳健的,即对于第 12.4 节示例的较小的开邻域中的所有博弈,自然结果将不满足帕累托最优;并且,在第 12.6 节示例的较小的开邻域中,自然结果在任意联盟上都不是完备的图形。

12.8 讨论

我们并不打算让这里所呈现的理论适用于所有的情形。这里所涵盖的情形仅局限于存在连接形成的初始时期的情形,在这个形成时期中,出于这样或那样的原因,参与人无法达成任何形式(比如与分配支付有关的或有条件的形成连接,或者不形成连接,即类似于"如果你不和布朗达成连接,我就不和亚当达成连接"的协议)的有约束力的协议。在这种初始时期后,参与人进行协商,但在此之后无法再形成新的连接。

一个例子是在没有政党占多数席位的议会民主制(意大利、德国、以色列、第五共和国时期的法国,甚至英国偶尔也符合这种特征)中组建联合政府。关键的一点在于,政府一旦形成,只能以较为剧烈的变化,如新的选举,为成本来进行调整。此外,在政府形成之前,通常无法就重大事件进行有意义的协商,因为人们并不清楚未来会发生什么。或许人们知道某些事件的某些方面,但即使这样,人们也无法对此达成有约束力的协议。即使人们进行这种尝试,这些协议也要么遭遇阻碍,要么甚至彻底破产;在很大程度上,这都不过是一种安抚选民的包装之举。

一个很重要的假设是完美信息。我们可以删除这一假设来改变我

第12章 参与人与联盟连接的内生化形成：一个沙普利值的应用

们的设定——这也是我们很希望尝试的——但如果这样，对之前的示例的分析就会非常不同。例如，考虑第12.5节一开头所讨论的博弈[4;3,1,1,1,1]。设想排序规则一开始给予了大型参与人行动的主动权。也就是说，他可以以他所希望的顺序向每一个小型参与人提出连接邀请；一旦连接形成，它就是公开的，但是现在，拒绝连接邀请是无法观测的。这是对我们这里所讨论的民主议会制中政府形成过程的一个合理描述。在这种情形下，小型参与人丧失了之前由完美信息所带给他们的优势；形如{3,1,1}的联盟的形成成为一个自然的结果。从直觉上说，仅当小型参与人认为其他小型参与人也会拒绝大型参与人的邀请时，他才会选择拒绝。当其他小型参与人已经拒绝邀请是共同知识时，这种感觉就是合理的，而在此基础上，可以通过逆向归纳来决定自己的选择。但如果拒绝邀请是无法观测的，则这种归纳就无法展开；小型参与人之间也会相互怀疑——就像在不完美信息模型中一样，相互猜疑很有可能成为一个均衡的结果。我们迫不及待地想补充的是，相互信任——所有小型参与人都拒绝了大型参与人的邀请——仍然属于一个均衡；但是与完美信息下的公开性情形不同，这不再是唯一的均衡。简要地说，秘密产生了不信任，并使其合理化。

哪个模型是"正确的"（即完美或不完美信息）是存在争议的。不用说，完美信息模型并不适合作为描述所有协商过程的一般性模型。但也可以认为不完美信息模型中的私人秘密是干扰我们对权力关系进行恰当分析的不相关噪声。此外，也可以认为，完美信息模型中的逆向归纳是一个主导分析的人为构造，并且就像在有限重复的囚徒困境中一样，模糊了我们对"真正"的权力关系的判断。另外，在博弈[4;3,1,1,1,1]中，完美信息模型对博弈结果的预测（形成小型参与人联盟）在某种程度上是非常奇怪和反直觉的。相反，人们可能会认为大型参与人比每个小型参与人都更有机会进入联盟；可以说，人们会期望他来"组建政府"。

简要地说，不存在唯一"正确的"模型。每个模型都有其合理和不合理的地方。你付了钱，然后你需要做出选择。

我们以一件逸事来总结。本章建立在1977年上半年作者之间的通信基础之上。在那一年春天，以色列举行了选举。这次选举使得右翼在该国建国近30年来第一次掌权。在选举之后，我们中的一个用这里提出的完美信息模型来预测何种政府将形成。当政府在经过大约一个月的协商之后成立时，结果是令人失望的，因为这个政府中没有伊加尔·也丁（Yigael Yadin）教授的民主变革党，而这与预测结果不符。4 个月后，也丁终于加入了政府，而这使得这个作者万分欣喜。

附录

在这里，我们将陈述并论证 Myerson（1977）的主要结论。

对于任意图 g、任意参与人集合 S，以及 S 中的任意两个参与人 j 和 k，当且仅当在 g 中存在一个由 j 至 k 的在 S 中的路径时，我们称 j 和 k 在 S 中由 g 连接。也就是说，如果存在某些参与人序列 $i_1, i_2, \cdots, i_M$ 使得 $i_1 = j$，$i_M = k$，$\{i_1, i_2, \cdots, i_M\} \subseteq S$，并且每个 (i_n, i_{n+1}) 对应于 g 中的一个连接，则 j 和 k 在 S 中是由 g 所连接的。令 S/g 表示将 S 分割至 S 中由 g 相连接的参与人的集合的配分。即

$$S/g = \{\{k \mid j \text{ 和 } k \text{ 在 } S \text{ 中由 } g \text{ 连接}\} \mid j \in S\}$$

使用这一符号，则对于任意联盟 S，式（12.2）中 v^g 的定义变为

$$v^g(S) = \sum_{T \in S/g} v(T) \tag{12A.1}$$

这样，Myerson（1977）的主要结论可以表述如下。

定理 12A.1 给定一个联盟博弈 v，当且仅当对于每个图 g 和每个参与人 i 有

$$\phi_i^g(v) = \phi_i(v^g) \tag{12A.2}$$

则对于所有图形，公理 12.1 和公理 12.2（正如第 12.2 节所表述的那样）都成立。这里，ϕ_i 表示参与人 i 的普通沙普利值。进一步，如果 v 是超可加的，并且如果 g 是通过在另一个图 h 中加入 i 和 j 的一个连接而得到的，则 $\phi_i(v^g) - \phi_i(v^h) \geq 0$，从而公理 12.1 中的差值是非负的。

证明：对于任意给定的图 g，公理 12.1 使我们得到与 g 中连接数一样多的方程，而公理 12.2 使我们得到与 g 中被连接的参与人数量一样多的方程。当 g 包含封闭的圆形连接时，这些方程中有一些是冗余的，但可以很容易论证这两个公理使我们得到与博弈中参与人数量一样多的关于值 ϕ_i^g 的独立的线性方程。因此，借助根据图中连接的数量所展开的归纳分析（从没有任何连接的图开始），我们可以论证对于所

第 12 章 参与人与联盟连接的内生化形成：一个沙普利值的应用

有的图，至多只存在一个满足公理 12.1 和公理 12.2 的值。

沙普利值（Shapley，1953）的常见公式意味着：

$$\phi_i(v^g) - \phi_j(v^g) = \sum_{S \subseteq N \setminus \{i,j\}} \frac{|S|!(|N|-|S|-2)!}{(|N|-1)!}(v^g(S \cup \{i\}) - v^g(S \cup \{j\}))$$

注意到 v^g 中联盟的价值仅仅取决于 g 中都在该联盟中的两个参与人之间的连接。因此，当 S 不包含 i 或 j 时，我们在 g 中加入或删除 i 和 j 之间的连接时，$v^g(S \cup \{i\})$ 和 $v^g(S \cup \{j\})$ 将保持不变。因此，当我们在 g 中加入或删除 i 和 j 之间的连接时，$\phi_i(v^g) - \phi_j(v^g)$ 不会发生改变。因此，式（12A.2）意味着公理 12.1 成立。

给定任意联盟 S 和图 g，令博弈 u^S 和 w^S 的定义分别为：对于所有 $T \subseteq N$，$u^S(T) = v^g(T \cap S)$ 和 $w^S(T) = v^g(T \setminus S)$。注意到 S 是 u^S 的一个载体，并且 S 中的所有参与人在 w^S 中都是虚拟参与人。进一步，如果 S 是 g 中一个被连接的组成部分，则 $v^g = u^S + w^S$。因此，如果 S 是 g 中一个被连接的组成部分，则

$$\sum_{i \in S} \phi_i(v^g) = \sum_{i \in S} \phi_i(u^S) = u^S(S) = v^g(S)$$

因此，由式（12A.2）可以得到公理 12.2。

下面，设想图 g 是通过在另一个图 h 中加入 i 和 j 的一个连接而得到的。如果 v 是超可加的，并且 $i \in S$，则 $v^g(S) \geq v^h(S)$，因为 S/g 要么与 S/h 一样，要么是比 S/h 更加粗糙的配分。此外，如果 $i \notin S$，则 $v^g(S) = v^h(S)$。因此，由沙普利值的单调性可知，如果 v 是超可加的，则 $\phi_i(v^g) \geq \phi_i(v^h)$。 证明完毕。

注释

[1] 附录给出了相关证明，而由此可以得到我们在引言部分对迈尔森值性质所做出的一些推断。

[2] 对德语和子博弈完美概念不是很熟悉的读者可以参见 Selton（1975）用英语所做的重新表述，尽管这篇文献主要是用来讨论"颤抖手"完美这一概念的（即使在完美信息博弈中，颤抖手完美均衡也只挑出了一些子博弈完美均衡）。

[3] 这对于分析过程来说重要，而不是对于结果。

参考文献

Aumann, R. J., and J. H. Dréze (1974), "Cooperative Games with Coalition Structures," *International Journal of Game Theory* 3, 217-237.

Aumann, R. J., and M. Maschler (1964), "The Bargaining Set for Cooperative Games," in Dresher, Shapley, and Tucker (1964), pp. 443-476.

Dresher, M., L. S. Shapley, and A. W. Tucker (1964), editors, *Advances in Game Theory*, Annals of Mathematics Studies No. 52, Princeton: Princeton University Press.

Hart, S., and M. Kurz (1983), "Endogenous Formation of Coalitions," *Econometrica* 51, 1047-1064.

Kuhn, H. W., and A. W. Tucker (1953), editors, *Contributions to the Theory of Games*, Volume II, Annals of Mathematics Studies No. 28, Princeton: Princeton University Press.

Myerson, R. B. (1977), "Graphs and Cooperation in Games," *Mathematics of Operations Research* 2, 225-229.

(1980), "Conference Structures and Fair Allocation Rules," *International Journal of Game Theory* 9, 169-182.

von Neumann, J., and O. Morgenstern (1944), *Theory of Games and Economic Behavior*, Princeton: Princeton University Press.

Selten, R. C. (1965), "Spieltheoretische Behandlung eines Oligopolmodells mit Nachfragetraegheit," *Zeitschrift fuer die gesamte Staatswissenschaft* 121, 301-324, 667-689.

(1975), "Reexamination of the Perfectness Concept for Equilibrium Points in Extensive Games," *International Journal of Game Theory* 4, 22-55.

Shapley, L. S. (1953), "A Value for n-Person Games," in Kuhn and Tucker (1953), pp. 307-317.

第 4 部分

大型博弈

第13章 大型有限博弈的值*

默娜·霍尔茨·伍德斯和威廉·R.赞姆

13.1 引言

竞争性均衡、核和值是经济学中广泛采用的不同的解概念，但它们以不同的思想为基础。竞争性均衡是一个基于个体最优化的非合作均衡概念。核是一个基于可以从社会中提取出何种经济个体所组成的群体所构建的合作均衡概念。值可以解释为基于个体为社会所做出的贡献而提出的公平分配概念。令人吃惊的是，在恰当的假设下，这些解概念在大型经济下（近似）

---

* 感谢来自加拿大社会科学和人文科学研究理事会（伍德斯）和美国国家科学基金会（赞姆）的资助。

是一致的。大型经济中竞争性均衡和核的（近似）一致性最早由 Edgeworth（1881）提出，并分别由 Debreu 和 Scarf（1963）以及 Aumann（1964）在复制经济和连续经济下严格证明。这些开创性的工作被拓展至更广阔的背景；Hildenbrand（1974）和 Anderson（1986）对此进行了综述。大型经济中值和竞争性均衡（因而核）的（近似）一致性最早由舒比克[1]提出，并由 Shapley（1964）在包含货币的复制经济背景下严格论证。这一开创性的研究同样被拓展至更广阔的背景；例如，可以参见 Shapley 和 Shubik（1969）、Aumann 和 Shapley（1974）、Aumann（1975）、Champsaur（1975）、Hart（1977）、Mas-Colell（1977），以及 Cheng（1981）。

这些重要的结论基于对（私人物品）（包含可分商品）交换经济[2]的研究而展开。其他的经济环境，比如不可分商品、联盟生产的可能性、享乐主义联盟以及（区域或纯）公共品都被排除在研究范围之外。在这些经济环境中，人们得到了受限的核-竞争均衡等价性［参见 Böhm（1973，1974）和 Oddou（1976，1982）在联盟生产经济下的研究，以及 Wooders（1980，1985）对包含区域公共品的经济的研究］。然而，在这些背景下，并未得到值的收敛性上的结论。[3]［非交换经济下的少数研究结果之一来自 Aumann、Gardner 和 Rosenthal（1977）。这一研究指出，林达尔（Lindahl）均衡与包含纯公共品的连续经济中的值并不一致。］

这里的综述概括了两篇论文的研究成果（Wooders and Zame，1987a，b）。这两篇论文论证了，除了纯公共品情形外，在也许包含了上面列举的所有情形的大经济环境下，值的确在一个近似的核内。我们用合作博弈框架来描述这些经济环境。尽管我们在可转移效用（TU）和不可转移效用（NTU）的设定下都得到了相应的结论，但这里我们只介绍 TU 设定下的研究。这一设定下的结论更易于描述，并且其经济机制更加直观。

为了对大型博弈进行模型描述，我们引入一个技术的概念。[4]这使我们可以基于参与人的连续性属性（而不是参与人的姓名）来描述一个参与人集合所能得到的支付。给定这一技术，我们通过确定一个参与人集合和它们的属性来描述一个博弈（这在很大程度上与通过界定一个消费者集合以及它们的初始禀赋和效用函数来描述一个交换经济一样）。在这种博弈中，如果参与人有相似的属性，那么他们几乎是可以相互替代的（正如有相似禀赋与效用函数的消费者可以相互替代一样）。如果每个参与人有很多近似替代，那么博弈是大型的。

博弈的 ϵ 核（对于 $\epsilon \geq 0$）是任何参与人集合都不可能再取得 ϵ 以上的效用改进的可得效用向量的集合。如果我们将核视为稳定结果的集合（就像合作性均衡的集合那样），那么可以很自然地将 ϵ 核视为近似稳定结果的集合。我们的主要结论是，对于大型博弈而言，值属于 ϵ 核（因此是一个近似稳定结果）（此外，当博弈规模扩大时，ϵ 趋向于 0）。

这一结论依赖于两个经济思想。第一个是如果联盟规模所带来的收益几乎可以由相对较小的联盟所实现[5]，那么小型联盟就是更有效的。这一思想所要表述的问题在于，小型联盟在效用改进上有机会和大型联盟获得几乎相同的效果。更准确地说，可由任意联盟所改进的可行支付都可以由一个小型联盟来改进。这一观察与交换经济背景下的研究非常相似（Grodal，1972；Schmeidler，1972；Vind，1972；Mas-Colell，1979；Hammond，Kaneko，and Wooders，1985）。Böhm（1973，1974）和 Wooders（1980，1985）的等价性结论也使用到了这一思想。在大型合作博弈中，这一思想的作用更加明显（Shubik and Wooders，1983a，b；Wooders，1983；Wooders and Zame，1984，1988；Kaneko and Wooders，1985，1986）。

第二个思想是小型卡特尔没有垄断权。这一思想所要表达的含义是，在一个大型博弈中，小型辛迪加从值中几乎没有获得收益（或惩罚）。更准确地说，值赋予小型辛迪加成员的支付总和几乎与将辛迪加视为一个单个个体时所赋予它的支付一样多。

13.2 博弈

一个博弈（包含单边支付的特征函数形式）是指一个对 (N, v)，其中 N 是有限集（参与人集合），而 v 是一个 N 的子集的集合 2^N 到非负实数集合 $\mathbf{R}_+$ 的函数（特征方程），$v(\emptyset) = 0$。我们通常称 N 的子集 S 为联盟；数值 $v(S)$ 是联盟 S 的价值。如果参与人集合 N 可被理解，我们经常将 N 自身作为博弈。如果对于 N 的所有不相交的子集 S 和 S' 有

$$v(S \cup S') \geq v(S) + v(S')$$

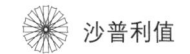

则称 v 是超可加的。

(N, v) 的一个支付是一个 $\mathbf{R}^N$ 中的向量 x；使用函数符号将是非常方便的，因此对于 $i \in N$，$x(i)$ 是 x 的第 i 个分量。如果 $x(N) \leq v(N)$ [对于每个 $S \subset N$，$x(S) = \sum_{i \in S} x(i)$]，则称 x 是可行的。

对于 $\epsilon \geq 0$，如果下述条件成立，则可行支付 x 在 (N, v) 的 ϵ 核中：

(a) $x(N) = v(N)$（帕累托最优）。

(b) 对于所有 N 的子集 S，$x(i) \geq v(S) - \epsilon |S|$，

（我们用 $|S|$ 表示 S 中元素的数量。）如果 x 在 ϵ 核中并且

(c) 对于所有 $i \in N$，$x(i) \geq v(\{i\})$（个体理性），

则称 x 在个体理性的 ϵ 核中。

当 $\epsilon = 0$ 时，ϵ 核（与个体理性的 ϵ 核相一致）就是核。

不那么正式地说，如果参与人的联盟无法保证给予参与人比 x 多出 ϵ 的支付，则一个可行的帕累托最优支付 x 属于 (N, v) 的 ϵ 核。正如沙普利和舒比克在 1966 年所指出的，如果参与人都是近似最优或满足的，或者如果存在一个组成联盟的组织成本或沟通成本（与联盟规模成一定比例），那么这一支付可以被认为是稳定的。

博弈 (N, v) 的沙普利值 $\text{Sh}(v)$ 是一个支付，其第 i 个分量为：

$$\text{Sh}(v, i) = \frac{1}{|N|} \sum_{J=0}^{|N|-1} \binom{|N|-1}{J}^{-1} \sum_{\substack{S \subset N \setminus \{i\} \\ |S| = J}} [v(S \cup \{i\}) - v(S)]$$

换句话说，$\text{Sh}(v, i)$ 是参与人 i 对 N 中联盟的平均边际贡献。沙普利值是可行的、帕累托最优的个体理性支付。它经常被理解为一种"公平的"支付，因为它使每个参与人得到自身的期望贡献。它同样还能从其他许多不同的角度来解释［例如，一个冯·诺依曼-摩根斯坦效用函数；参见 Roth（1977）和本书第 4 章］。

13.3 技术

下面，我们描述一个大型博弈框架。在这一博弈框架中，联盟的价值取决于其成员的连续属性。

令 Ω 为一个紧的度量空间。Ω 上的廓（profile）是一个从 Ω 到非负整数集合 $\mathbf{Z}_+$ 的函数，该函数的支撑集

$$\text{support}(f) = \{\omega \in \Omega : f(\omega) \neq 0\}$$

是有限的。我们用 $P(\Omega)$ 表示 Ω 上的廓的集合。注意到廓的和（以网格定义）仍是一个廓，且廓与非负整数相乘也是一个廓。如果一个廓确定性地为 0，则我们用 0 来表示。如果对于每个 $\omega \in \Omega$，$f(\omega) \leq g(\omega)$，则写作 $f \leq g$。对于 Ω 中的一个点 ω_0，令 χ_{ω_0} 表示如下定义的廓：

$$\chi_{\omega_0}(\omega) = 0 \quad \text{如果 } \omega \neq \omega_0$$
$$= 1 \quad \text{如果 } \omega = \omega_0$$

廓 f 的范数为：

$$\|f\| = \sum_{\omega \in \Omega} f(\omega)$$

（注意到这是一个有限和，因为 f 的支撑集是有限的。）

从本质上来说，廓是 Ω 中元素的一个（未排序的）列表，其中，每个元素 ω 出现的次数等于它的重数 $f(\omega)$。

技术是指对 (Ω, Λ)，其中 Ω 是一个紧的度量空间，而 $\Lambda: P(\Omega) \to \mathbf{R}_+$ 是一个具有以下性质的函数：

（ⅰ）$\Lambda(0) = 0$。

（ⅱ）$\Lambda(f+g) \geq \Lambda(f) + \Lambda(g)$（超可加性）。

（ⅲ）存在一个常数 M 使得对于每个 $\omega \in \Omega$，$f \in P(\Omega)$，$\Lambda(f+\chi_\omega) \leq \Lambda(f) + M$［我们说 M 是一个个体边际约束（individual marginal bound）］。

（ⅳ）对每个 $\epsilon > 0$，存在一个 $\delta > 0$ 使得只要 $f \in P(\Omega)$，就有 $|\Lambda(f+\chi_{\omega_1}) - \Lambda(f+\chi_{\omega_2})| < \epsilon$。其中，$\omega_1, \omega_2 \in \Omega$，$\text{dist}(\omega_1, \omega_2) < \delta$（连续性）。

对上述技术的一个解释是对于每一个可能的参与人的集合，技术包含了所有经济上的可能性。Ω 中的点给出了参与人的相关属性（禀赋、效用函数等）的完整描述。廓 f 在代表了 $f(\omega)$ 由属性 ω 所描述的参与人的集合；集合中参与人的总数正好是 $\|f\|$。数值 $\Lambda(f)$ 表示这一集合中成员从合作中可以获得的（用他们自己的资源）最大可能支付。$\Lambda(0) = 0$ 要求意味着没有包含任何参与人的集合支付为 0。超可加性有它通常的解释：由 $f+g$ 所表示的一种可能的支付可以拆解为以 f 和 g 分别代表的集合来分享这一收益。（注意到我们不要求 f 和 g

有不相交的支撑集。f 和 g 所代表的参与人的集合在任何情形下都不可能有共同成员；要求 f 和 g 有不相交的支撑集实际上是要求这两个集合中的参与人没有共同的属性。）个体边际约束的存在性意味着对社会存在很大（潜在）贡献的参与人是不存在的。Λ 的连续性意味着有相似属性的参与人是近似替代的（有相同属性的参与人是严格替代的。）

如果 Ω 是有限的，则我们经常称它的元素为类型。（注意到 Λ 的连续性在这种情形下是自动实现的，且相同类型的参与人是严格替代的。）

为了从技术 (Ω, Λ) 中得到一个博弈，我们界定一个有限集合 N 和一个函数 $\alpha: N \to \Omega$（属性函数）。我们给予每个 N 中的子集 S 一个按如下方式定义的廓 $\text{prof}(\alpha \mid S)$：

$$\text{prof}(\alpha \mid S)(\omega) = |\alpha^{-1}(\omega) \cap S|$$

换句话说，$\text{prof}(\alpha \mid S)(\omega)$ 是 S 中拥有属性 ω 的参与人的数量。我们进一步定义特征方程 $v_\alpha: 2^N \to \mathbf{R}_+$ 为：

$$v_\alpha(S) = \Lambda(\text{prof}(\alpha \mid S))$$

因此，由技术导出的博弈中的联盟 S 的价值由技术决定，并依赖于联盟中参与人的属性。很容易验证 (N, v_α) 是一个超可加博弈。

13.4 结论

在确定分析框架以后，我们可以开始陈述我们的主要结论。如果属性空间 Ω 是有限的（即包含有限数量的类型），且在每个类型下都有很多参与人，则可以很自然地认为博弈是大型的；因此，每个参与人都有很多严格替代的其他参与人。如果 Ω 不是有限的，则在每个参与人有很多近似替代时，可以将博弈自然地视为大型博弈。

定理 13.1 令 (Ω, Λ) 为一个技术。对于每个 $\epsilon > 0$，存在一个数值 $\delta(\epsilon) > 0$ 和一个具备以下性质的整数 $n(\epsilon)$：

对于任意由技术 (Ω, Λ) 导出的博弈 (N, v_α)，如果对于每个 N 中的参与人 i，N 中存在 $n(\epsilon)$ 个不同的参与人 $j_1, \cdots, j_{n(\epsilon)}$ 使得对于每个 $k = 1, \cdots, n(\epsilon)$ 有 $\text{dist}(\alpha(i), \alpha(j_k)) < \delta(\epsilon)$，则 (N, v_α) 的沙普利值在 (N, v_α) 的个体理性 ϵ 核中。

正如我们之前所提到的,定理 13.1 的证明依赖于两个经济思想。第一个经济思想是(相对)小型联盟与大型联盟相比几乎是一样有效的。

定理 13.2 令 (Ω, Λ) 为一个技术。对于每个 $\epsilon > 0$,存在一个具备如下性质的整数 $l(\epsilon)$:

对于任意由技术 (Ω, Λ) 导出的博弈 (N, v_a),如果 $x \in \mathbf{R}^N$ 是一个 (N, v_a) 的 ϵ 核外的可行的帕累托最优支付,则存在一个联盟 $S \subset N$ 使得 $|S| \leq l(\epsilon)$,$v_a(S) > x(S) + (\epsilon/2)|S|$。

非正式地说:对于任意由技术导出的博弈,任意(可行的、帕累托最优的)可以由任意联盟进行 ϵ 改进的配置均可以由小型联盟来实现 $\epsilon/2$ 改进。

第二个经济思想是,值没有为小型辛迪加带来垄断势力。虽然我们仅需要这一结论在技术背景下成立,但它对于个体博弈也是适用的,因此我们给出一个一般性的表述。

考虑不必一定具有超可加性的博弈 (N, v)。如果 S 是 N 的一个非空子集,则辛迪加博弈(syndicate game)(N_S, v_S) 的参与人集合为 $N_S = (N \setminus S) \bigcup \{\{S\}\}$,而特征方程为:

$$v_S(W) = v(W) \qquad 如果 \{S\} \notin W$$
$$ = v([W \setminus \{\{S\}\}] \bigcup S) \qquad 如果 \{S\} \in W$$

也就是说,(N_S, v_S) 是与将辛迪加 S 视为一个个体单位时结果相同的博弈。我们希望比较 $\mathrm{Sh}(v_S, \{S\})$ 和 $\sum_{i \in S} \mathrm{Sh}(v, i)$;这两者之间的差异可以体现辛迪加的势力(即形成辛迪加所产生的收益或损失)。

我们需要定义一些术语。如果对于每个 $j \in N$ 和每个 $W \subset N$,$|v(W \bigcup \{j\}) - v(W)| \leq M$,则我们称一个正数 M 是博弈 (N, v) 的个体边际约束。当 $\gamma > 0$ 时,如果对于每个 $W \subset N \setminus \{i, j\}$,$|v(W \bigcup \{i\}) - v(W \bigcup \{j\})| < \gamma$,则我们称参与人 $i, j \in N$ 间为 γ 替代。

定理 13.3 令 M 和 γ 为正数,并令 s 为正整数。存在一个具有以下性质的整数 $r(M, \gamma, s)$:

对于具有个体边际约束 M 的任意博弈 (N, v) 和满足 $|S| \leq s$ 的任意 N 中的联盟 S,如果对于每个 S 中的参与人 i,至少有 $r(M, \gamma, s)$ 个不在 S 中的参与人是 i 的 γ 替代,则

$$\left| \mathrm{Sh}(v_S, \{S\}) - \sum_{i \in S} \mathrm{Sh}(v, i) \right| \leq \frac{3}{2} |S|(|S| + 1)\gamma$$

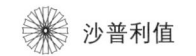

我们再一次强调，这一结果与技术框架无关。它对于每一个博弈的沙普利值都适用。因此，$r(M,\gamma,s)$ 取决于 M、γ 和 s，但与技术无关——因为并不存在唯一的这样的一个技术。给出 $r(M,\gamma,s)$ 的边界是可能的，但是这将会过于复杂。

定理 13.1 可以很容易地由定理 13.2 和定理 13.3 得到。如果 (N, v) 是一个基于技术而导出的博弈，且沙普利值不属于 ϵ 核，则可以通过某些联盟来实现对沙普利值的 ϵ 改进。根据定理 13.2，这也可以通过某些小型联盟 $B \subset N$ 来进行 $\epsilon/2$ 改进。此外，定理 13.3 指出 $\sum_{b \in B} \text{Sh}(v,b)$ 几乎就是 $\text{Sh}(v_B, \{B\})$，而个体理性意味着 $\text{Sh}(v_B, \{B\}) \geq v_B(\{B\}) = v(B)$。把这些结论放在一起可以得到一个分析上的矛盾。

定理 13.2 和定理 13.3 的证明涉及复杂的论证过程，在这里进行描述将过于冗繁。然而，定理 13.3 的证明背后的直觉可以通过一个非常简单的例子来呈现。

13.5 例子

为了揭示定理 13.3 背后的直觉性认识，我们将给出一个简单但能很好地说明问题的例子。考虑一个存在两类参与人的博弈 (N, v)。因为同类参与人是严格替代的，可以将联盟描述为一个反映类型 1 和类型 2 参与人数量的非负整数对 (x, y)。假设总共有 k 个类型 1 参与人和 l 个类型 2 参与人，而基本联盟为 $(1,0)$、$(0,1)$、$(1,1)$ 和 $(2,1)$，且 $v(1,0) = v(0,1) = 0$，$v(1,1) = 3$，$v(2,1) = 4$。其他联盟所能得到的收益仅仅是将这些联盟（最优）细分所能产生的收益。具体地，我们得到

$$v(x,y) = \begin{cases} 4y & \text{如果 } x \geq 2y \\ x+2y & \text{如果 } 2y > x \geq y \\ 3x & \text{如果 } y > x \\ 0 & \text{如果 } x = 0 \text{ 或 } y = 0 \end{cases}$$

令 $\text{Sh}(v, i)$ 为类型 i（$i=1,2$）的沙普利值，并令 $\text{Sh}(v_{(1,1)}, \{(1,1)\})$ 为辛迪加博弈 $(N_{(1,1)}, v_{(1,1)})$ 中辛迪加 $(1,1)$ 的沙普利值。我

们希望验证如果 k 和 l 都很大，则

$$\mathrm{Sh}(v_{(1,1)},\{(1,1)\}) \simeq \mathrm{Sh}(v,1)+\mathrm{Sh}(v,2)$$

我们用对沙普利值的随机排序解释来说明这一结论。为了计算 $\mathrm{Sh}(v,1)$，我们固定类型 1 中的一个参与人 A，并考虑所有 $k+l$ 个参与人的可能排序。对于每个这样的排序，我们都将给参与人 A 分配他之前所有参与人联盟的边际贡献。最后，我们加总所有的排序，并进一步除以排序的总数。等价地，我们可以考虑除 A 之外的其他 $k-1$ 个参与人和类型 2 的 l 个参与人所可能组成的全部联盟 (x,y)，并用 (x,y) 出现的概率乘以 A 对 (x,y) 所做出的边际贡献，最后加总。

注意 A 对 (x,y) 的边际贡献只依赖于参与人间的数量比较，这就使我们得到了表 13-1。表 13-2 中的数据给出了计算 $\mathrm{Sh}(v,2)$ 所必需的信息，而表 13-3 中的数据给出了计算 $\mathrm{Sh}(v_{(1,1)},\{(1,1)\})$ 所必需的信息。因此：

$$\mathrm{Sh}(v,1)=0p_1+1p_2+3p_3$$
$$\mathrm{Sh}(v,2)=4q_1+3q_1'+2q_2+0q_3$$
$$\mathrm{Sh}(v_{(1,1)},\{(1,1)\})=4r_1+3r_2+3r_3$$

表 13-1　类型 1 参与人的边际贡献

联盟 (x,y) 中的数量比较	概率	类型 1 参与人的边际贡献
$x \geq 2y$	p_1	0
$2y > x \geq y$	p_2	1
$y > x$	p_3	3

表 13-2　类型 2 参与人的边际贡献

联盟 (x,y) 中的数量比较	概率	类型 2 参与人的边际贡献
$x \geq 2y+2$	q_1	4
$x = 2y+1$	q_1'	3
$2y \geq x \geq y$	q_2	2
$y > x$	q_3	0

表 13-3 辛迪加 (1,1) 中参与人的边际贡献

联盟 (x, y) 中的数量比较	概率	辛迪加 (1,1) 中参与人的边际贡献
$x \geq 2y$	r_1	4
$2y > x \geq y$	r_2	3
$y > x$	r_3	3

为了得到我们想要的结果,注意到 p_1 是联盟 (x, y) 从 $(k-1, l)$ 中随机选出并满足 $x \geq 2y$ 的概率,q_1 是联盟从 $(k, l-1)$ 中随机选出并满足 $x \geq 2y+2$ 的概率,而 r_1 是联盟从 $(k-1, l-1)$ 中随机选出并满足 $x > 2y$ 的概率。如果 k 和 l 都很大,则 $p_1 \simeq q_1 \simeq r_1$。类似地,如果 k 和 l 都很大,则 $p_2 \simeq q_2 \simeq r_2$,$p_3 \simeq q_3 \simeq r_3$,$q'_1 \simeq 0$。这样就可以得到:

$$\mathrm{Sh}(v,1) + \mathrm{Sh}(v,2) \simeq \mathrm{Sh}(v_{(1,1)}, \{(1,1)\})$$

而这正是我们希望得到的。

注释

[1] 参见 Shapley (1964, pp. 1, 7)。

[2] Champsaur (1975) 的研究考虑了可加性的生产经济。

[3] 即使在交换经济中,值配置和竞争性配置的等价性也依赖于效用函数的可微性,并且在可微性不满足的情形下通常是不成立的[参见 Hart (1977)]。在大型博弈中,什么与可微效用函数相类似是一个有趣的问题。

[4] Wooders 和 Zame (1984,1987a,b,c) 以及 Kaneko 和 Wooders (1985,1986) 使用技术和预博弈(pregame)这两个名词来描述了与本章基本相似的模型结构。这一框架部分上是 Wooders (1983) 所确立的 NTU 框架的副产品。

[5] 这描述了包含私人品或区域性公共品的经济,但通常不包含纯公共品经济。

参考文献

R. M. Anderson, Notions of core convergence, in W. Hildenbrand and A. Mas-Colell, eds., *Contribution to Mathematical Economics*, North-Holland, Amsterdam, 1986.

R. J. Aumann, Markets with a continuum of traders, *Econometrica* 32 (1964), 39–50.

R. J. Aumann, Values of markets with a continuum of traders, *Econometrica* 43 (1975), 611–646.

R. J. Aumann, R. J. Gardner, and R. W. Rosenthal, Core and value for a public goods economy: an example, *J. Econ. Theory* 15 (1977), 363–369.

R. J. Aumann and L. S. Shapley, *Values of Non-Atomic Games*, Princeton Univ. Press, Princeton, N. J., 1974.

V. Böhm, Firms and market equilibria in a private ownership economy, *Zeitschrift fur Nationalokonomie* 33 (1973), 87–102.

V. Böhm, The core of an economy with production, *Rev. Econ. Studies* 41 (1974), 429–436.

P. Champsaur, Cooperation vs. competition, *J. Econ. Theory* 11 (1975), 394–417.

H. C. Cheng, On dual regularity and value convergence theorems, *J. Math. Econ.* 8 (1981), 37–57.

G. Debreu and H. Scarf, A limit theorem on the core of an economy, *Internat. Econ. Rev.* 4 (1963), 235–246.

F. Y. Edgeworth, *Mathematical Psychics*, London: Kegan Paul, 1881.

B. Grodal, A second remark on the core of an atomless economy, *Econometrica* 40 (1972), 581–584.

P. Hammond, M. Kaneko, and M. H. Wooders, Continuum economies with finite coalitions: core, equilibrium, and widespread externalities, *J. Econ. Theory* (forthcoming) (1988).

S. Hart, Values of non-differentiable markets with a continuum of traders, *J. Math. Econ.* 4 (1977), 103-116.

W. Hildenbrand, *Core and Equilibria of a Large Economy*, Princeton Univ. Press, Princeton, N. J. , 1974.

M. Kaneko and M. H. Wooders, Nonemptiness of the core of a game with a continuum of players and finite coalitions, Institute of Socio-Economic Planning, University of Tsukuba No. 295, 1985.

M. Kaneko and M. H. Wooders, The core of a game with a continuum of players and finite coalitions: the model and some results, *Math. Soc. Sci.* 2 (1986), 105-137.

A. Mas-Colell, Competitive and value allocations of large exchange economics, *J. Econ. Theory* 14 (1977), 419-438.

A. Mas-Colell, A refinement of the core equivalence theorem, *Econ. Lett.* 3 (1979), 307-310.

C. Oddou, Théorèmes d'existence et d'équivalence pour des économies avec production, *Econometrica* 44 (1976), 265-281.

C. Oddou, The core of a coalition production economy, *J. Math Econ* 9 (1982), 1-22.

A. E. Roth, The Shapley value as a von Neumann-Morgenstern utility, *Econometrica* 45 (1977), 657-664.

D. Schmeidler, A remark on the core of an atomless economy, *Econometrica* 40 (1972), 579-580.

L. S. Shapley, Value of large games. Ⅶ: A general exchange economy with money, Rand Memorandum RM-4248-PR, 1964.

L. S. Shapley and M. Shubik, Quasi-cores in a monetary economy with nonconvex preferences, *Econometrica* 34 (1966), 805-827.

L. S. Shapley and M. Shubik, Pure competition, coalitional power, and fair division, *Internat. Econ. Rev.* 10 (1969), 337-362.

M. Shubik and M. H. Wooders, Approximate cores of replica games and economies. Part Ⅰ: Replica games, externalities, and approximate cores, *Math. Soc. Sci.* 6 (1983a), 27-48.

M. Shubik and M. H. Wooders, Approximate cores of replica games and economies. Part Ⅱ: Set-up costs and firm formation in coalition production economics, *Math. Soc. Sci.* 6 (1983b), 285–306.

K. Vind, A third comment on the core of an atomless market, *Econometrica* 40 (1972), 585–586.

M. H. Wooders, The Tiebout Hypothesis: Near optimality in local public good economies, *Econometrica* 48 (1980), 1467–1485.

M. H. Wooders, The epsilon core of a large replica game, *J. Math. Econ.* 11 (1983), 277–300.

M. H. Wooders, A Tiebout theorem, IMA Preprint ♯128, Institute for Mathematics and Its Applications, University of Minnesota, 1985.

M. H. Wooders and W. R. Zame, Approximate cores of large games, *Econometrica* 52 (1984) 1327–1350.

M. H. Wooders and W. R. Zame, Large games: fair and stable outcomes, *J. Econ. Theory* 42 (1987a), 59–93.

M. H. Wooders and W. R. Zame, NTU values of large games, IMSSS Stanford University Technical Report No. 503, 1987b.

M. H. Wooders and W. R. Zame, Approximate cores of large games without side payments, manuscript, 1988.

第 14 章　非原子经济中的支付：一个公理性方法*

普拉迪普·杜贝和亚伯拉罕·内曼

14.1　引言

人们已经注意到，在"完全竞争"的经济设定下，不同的解会变得相互等价；即没有人能影响整体的结果。关于核与竞争性的（瓦尔拉斯）资源配置相一致的推测很早就由 Edgeworth（1881）在 1881 年提出。在过去的三十年里，他的这一观点逐渐被一系列更具一般性的研究所证实（参见 Shubik, 1959; Debreu and Scarf, 1963; Aumann, 1966; Kannai, 1970; Hildenbrand,

---

* 一些细小的调整取材于 Dubey 和 Neyman（1984）。

第 14 章 非原子经济中的支付：一个公理性方法

1974；Bewley，1973；Brown and Robinson，1975；Anderson，1978)[1]。另一个研究的主线源自最近由 Shapley（1953）所提出的博弈的值。研究发现，这一概念也与上述两个概念相一致（Shapley，1964；Aumann and Shapley，1974；Aumann，1975）。

这种等价性现象是令人震撼的，因为这些解是在完全不同的理论基础上提出的。如果我们将研究限定于平滑的、可转移的效用，那么结论将变得更强：这些解不仅是一致的，而且是唯一的（即由一个单一的支付组成）。在这里的研究中，我们的目标是在一个公理化的基础上为这种"一致性的支付"提供另一种观点。我们方法的一个结果是，通过一种分类方法得到了一个"荟萃等价"定理（"metaequivalence" theorem）：当且仅当满足我们所提出的公理时，任何解都与这一支付相一致。

可转移效用假设无疑是非常有限制性的。但它作为一般性研究的先驱是个非常不错的选择［例如，在 Aumann（1975）之前的 Aumann 和 Shapley（1974），Shapley（1969）之前的 Shapley（1953），Debreu 和 Scarf（1963）之前的 Shubik（1959）；的确，我们的方法同样可以拓展至不可转移效用（Dubey and Neyman，forthcoming）］。这里的分析将仅限于可转移效用而展开，因为它表述起来更加清晰，并且或多或少是我们所要研究的问题的核心。

令 M 表示具有可转移且可导的效用的所有非原子经济。这种经济也可以被视为一个只包含一种消费品产出的生产性经济。［参见 Aumman 和 Shapley（1974）中第 6 章的讨论。］在大部分研究中，我们都将采用这种生产性的解释。然而，通过将产出想象成"效用"，我们的所有研究内容都可以转换至交换经济的背景。

经济中的支付的决定问题（产出的最终分配）已经被人们从许多角度研究过。让我们对其中的一些研究进行一些简单的叙述。首先是基于市场出清价格（即使供给和需求相等）的竞争性支付这一经典的表述。同样有名的是核这一概念。它定义于如下条件之上：在经济中，没有任何一个联盟的成员能够改进自身所得。［参见 Aumman 和 Shapley（1974）第 6 章的历史性综述和对这些概念的详细讨论。］博弈论的其他解概念同样被应用于经济模型。包含核在内的谈判集（bargaining set）（Aumann and Maschler，1964；Geanakoplos，1978；Mas-Colell，forthcoming）仅依赖于一个更弱的稳定性：每一个"异议"（objection）都可以由一个"反异议"（counterobjection）所排除。（用这一术语来说，更不可能存在对核中支付的任何反对性意见。）接下来，是核仁（nucleolus）这一概念（Schmeidler，1969）。粗略地说，这一概念涉及的是最小化最不满意的联盟的不满程度。其中，不满程度由联盟实际所得和它可以得到的支付之间的差距来度量。最后一个概念是近期研究所关注的沙普利值（Shapley，1953；这也是本文研究的起始点）。它是一个为博弈中每个参与人赋值的映射，每个参与人得到一个号称代表着使其愿意参与博弈的支付的数字；在所有有限博弈，以及包含 M（Aumann and Shapley，1974）内经济体的许多类非原子博弈（pNA）中，它在一些可以接受的条件下是唯一的（Shapley，1953）。这个值的概念还可以从另一个互补性的视角来解释；它赋予参与人的是这个个体平均意义上能为他将加入的联盟所做出的边际贡献（在一个参与人随机排序的模型中）。

总体来说，这些解相互之间是有非常大的差异的。但惊人之处在于，在 M 上它们都是等价的。问题在于：这些解之间最关键的共同特性是什么？它们的等价性依赖于什么？为了形成我们的研究设定，我们引入一个 M 上的映射 G。它将 M 中的每一个经济 m 映射至 m 中支付的一个子集 $G(m)$。之后，我们将列出能唯一地将 G 归类为核-值-瓦尔拉斯均衡等价性的不可或缺的关于 G 的公理。最后我们发现，总共有四个公理可以帮助我们完成这一工作。

我们所要给出的定理可以被视为一个荟萃等价性定理。例如，要得到核与竞争性支付的等价性这一结论只需检查将 M 中的每个 m 映射到它的核的映射，以及将 M 中的每个 m 映射到它的竞争性支付的映射都满足我们所提出的公理。沙普利值与核和竞争性支付的对应关系也很容易得到，因为它满足更强的公理（Aumann and Shapley，1974，Chap. 1）。通常而言，某个解满足这种等价性是它满足我们公理的充要条件。

在我们的公理中，我们试图明确不仅在 M 上，而且当参与人的有限性或效用不可导时（或者两者共同成立时），这些解的性质的最小共同点。因此，这些公理是以尽可能弱的形式提出的。结果表明，它们仅在 M 上（即仅在非原子性和可导条件下）是绝对的（即揭示了解的唯一性）。除了弱公理的优美性之外，我们的研究还有实用主义方面的考虑。在这种形势下，很容易就特定的解概念来验证我们公理的正确

第 14 章 非原子经济中的支付：一个公理性方法

性，进而为等价性的讨论提供一个有效的形式。一旦一个解满足这些公理，我们定理的一个应用是，在 M 之上它与沙普利值相一致，从而必然满足沙普利值所满足的更强的公理。然而，这些更强的公理通常并不那么容易直接验证。一个例子是，M 上的核的可加性性质并不直观（实际上，在 M 外这一性质根本不成立），但可分性是很明显的。

第 14.3 节将对这些公理进行准确的表述，但我们在这里先给出一个直觉性的描述。令经济个体空间为 $[T,\mathscr{C},\mu]$。这里，T 是经济个体集合，$\mathscr{C}$ 是联盟的 σ 代数，μ 是 $[T,\mathscr{C}]$ 上的一个非原子测度。一个经济是一个可测函数对 (a,u)，其中，$a: T \to R_+^n$ 明确了 n 种原材料产品的初始禀赋，而 $u: T \times R_+^n \to R_+$ 为生产函数（也可以理解为效用）。M 是所有满足 a 和 u 的特定条件（参见第 14.2 节）的 (a,u) 所组成的集合。对于任意 M 中的 m，我们可以定义一个相应的特征方程（或博弈）$v_m: \mathscr{C} \to R_+$。该方程为每个联盟赋予这个联盟通过在成员间再分配资源所能实现的最大产出；即

$$v_m(S) = \max\left\{\int_S u(t,x(t))d\mu(t): \int_S x(t)d\mu = \int_S a(t)d\mu, \right.$$
$$\left. x: T \to R_+^n \right\}$$

$m \in M$ 中的支付可以理解为一个从 T 到 R_+ 的可积函数，并且反过来也可以由 $(T,\mathscr{C})$ 上的 μ 的绝对连续的可数可加测度来决定。然而，我们只假设它们位于 FA 这一由 $\mathscr{C}$ 到 R 的有限可加和有界的函数集中。令 $P(FA)$ 为 FA 的所有子集。这样，任意赋予经济的支付可以由一个映射 $\phi: M \to P(FA)$ 来反映。

我们将就 ϕ 提出四个公理：非实质性经济、匿名性、可分性以及连续性。我们的主要结论是存在一个，并且是唯一的映射满足这些公理：它将 m 映射至 m 的（唯一的）一致性支付。一个很容易导出的推论有助于我们注意到这一结论的荟萃等价性。给定两个解 $\phi_1: M \to P(FA)$ 和 $\phi_2: M \to P(FA)$，如果对于 M 中的所有 m，$\phi_1(m) \subset \phi_2(m)$，则称 ϕ_2 为 ϕ_1 的一个覆盖。我们的结论意味着如果解是非空值的，并拥有一个满足上述公理的覆盖，则它必定与 M 的一致性支付相一致。因此，即使通常而言，竞争性支付并不满足连续性公理，而核仁不满足可分性公理（当经济个体空间是有限的时），它们在 M 上的等价性仍然可以实现，因为核可以被视为二者的满足上述公理的覆盖。

非实质性经济公理对应于个体无意于通过合谋来增加产出的经济。的确，设想在 M 中的 m 内，每一个联盟 $S\in\mathscr{C}$ 都仅通过资源配置而实现其最大产出 $v_m(S)$，则可以预期，无论投入或是产出的交换都不会发生。而这正是这一公理所要表达的内容。

匿名性公理则是说经济个体的标识是不重要的。如果我们对这些个体进行重新标识，这会相应地将他们的支付重新标识。

这两个公理不仅在 M 上成立，而且在大多数解中都成立。

可分性公理考虑的是一个由两个相互分离、互不联系的部门组成的经济。取 M 中的 m' 和 m''。我们通过并列 m' 和 m'' 来构造经济 m。每个 m 中的个体都拥有与他在 m' 和 m'' 中相同的初始资源。然而，设想 m' 和 m'' 中的投入品之间是完全不相关的：m' 中的投入品不能用来生产 m'' 中的产品，反过来也是这样（尽管这两个经济生产同一种产品）。下面，考虑任意组成 m 的联盟 S。每个 S 中的个体均可以分别向 $m'(m'')$ 派出其代表。如果这两类代表分别最大化了 m' 和 m'' 中的产出，则他们所得到的产出之和正好等于 S 在 m 中所得到的；即对于所有的 $S\in\mathscr{C}$，$v_m(S)=v_{m'}(S)+v_{m''}(S)$。因此，本质上，$m$ 的生产过程在 m' 和 m'' 中独立地展开。我们要求在这种情况下，如果将 m' 中的一个支付与 m'' 中的一个支付合并，所得到的结果在 m 中应当是可行的。然而，我们并不排除在 m 中可以得到其他支付的可能性。从符号上来说，$\phi(m')+\phi(m'')\subset\phi(m)$。这与沙普利值的可加性公理产生了联系，但它的要求更弱，以至即使在经济是有限的情形下〔在这种情形下，可加性，即 $\phi(m)=\phi(m')+\phi(m'')$，不再成立〕，仍能应用于核。显然，它对沙普利值和竞争性支付总是成立的；的确，这些解都满足可加性。

连续性公理认为，如果两个经济间的距离很小，那么它们的支付集之间的距离同样也很小。它与距离的概念有着紧密的联系。在这里的研究中，如果两个经济有着相同的特征方程，则称两者之间的距离为 0。因此，支付仅仅依赖于特征方程；换句话说，它们仅仅像联盟的净生产那样〔如果 $v_m=v_{m'}$，则 $\phi(m)=\phi(m')$〕依赖于经济的数据 (a,u)。然而，除去这一点，我们的连续性要求是很弱的。我们在这些特征方程上选择了一个很"大"的范数（有界变差范数，bounded variation norm）和 $P(FA)$ 上的一个小的范数（有界变差范数中的豪斯多夫距离，它在 FA 内与最大范数等价）。

我们的公理性方法类似于 Aumann 和 Shapley（1974）的研究，并欢迎读者进行对比。我们从一个点对集（从 M 到 FA）的映射开始。我们并没有假设 $\phi(m)$ 是 FA 中的一个非空单元素集合，而是由演绎得到这一结论。同时，注意到我们并不要求 $\phi(m)$ 包含有效率的支付；这同样是演绎所得到的结论。如果解是单值的，则可分性转变为可加性，但在其他情形下不成立。显然，可分性比 Aumann 和 Shapley（1974）所要求的可加性要更弱。连续性与 Aumann 和 Shapley（1974）中的正值性公理存在紧密联系。最后，我们强调这些公理仅基于 M 上的博弈集合而提出。这一集合比 Aumann 和 Shapley（1974）中的一般性空间 pNA 要小很多。（它在 pNA 中的补集是开的稠密集。）因此，ϕ 的唯一性的确是个问题。（此外，存在性并不是问题：仅仅通过将 pNA 上的沙普利值局限在我们所讨论的范围内即可。）我们所提出的问题，即"非原子经济中的支付是什么？"使得有必要排除那些和 M 无关的博弈。因此，我们整章仅就 M 展开分析。每个公理都通过一个经济框架来呈现，并可以通过这一点来解释。幸运的是，尽管公理的适用范围受到我们所设定的研究范围的限制，它们仍然足以决定一个唯一的映射。

我们的研究同样为竞争性（瓦尔拉斯）均衡的本质提供了启示。这一概念的直接定义［参见下一节，以及 Aumann 和 Shapley（1974）的第 6 章］是"局部"的。这一概念以存在固定价格的完美市场中交换的个体最优模型为基础，并且只与单个给定的经济的数据 $(a,\mathbf{u})$ 有关。但由于我们的公理对其进行了概括，这些公理同样可以被视为 M 上的瓦尔拉斯对应的定义。在这里，我们需要一个经济空间，而公理描述了两个或多个市场相比较时的"全局"性质。我们的公理的实质与瓦尔拉斯的研究存在很大差异。这些公理并不包括价格的存在性。同时，我们也没有假设人们像个体最优化者那样行动。均衡或者稳定性的概率在我们的分析中也没有涉及。

我们所做的工作实际上等同于 M 上的值理论。唯一的不同在于，给定 M 上的特殊的经济结构，我们可以放宽值公理的要求，并将其他解概念纳入公理的适用范围。这反过来使我们可以探寻 M 上的等价性现象。

14.2　具备可转移、可导效用的非原子经济

让我们更准确地回顾 Auman 和 Shapley（1974）的第 6 章中的经

济模型。我们从一个测度空间 $[T,\mathscr{C},\mu]$ 开始。T 是经济个体集合，$\mathscr{C}$ 是联盟的σ代数，μ 是个体数量的测度。$[T,\mathscr{C}]$ 的波莱尔集（Borel set）被假设为与单位闭区间 $[0,1]$ 同构，μ 是有限的，σ是可加、非负和非原子可测的，并且，我们假设（不妨假设）$\mu(T)=1$。

每个经济个体 $t\in T$ 都由一个资源的初始禀赋 $a^t\in R_+^n$ 和一个生产（效用）函数 $u^t: R_+^n\to R$ 刻画。这里，R_+^n 是欧氏空间 R^n 的非负象限，而 n 是（资源）商品的种类。令 $x\in R^n$ 的第 j 个构成为 x_j，a_j^t 为经济个体 t 所拥有的第 j 种商品的数量，而 $u^t(x)$ 是他用 x 所能生产的产出量。因此，经济由函数对 (a,u) 组成，$a: T\to R_+^n$，$u: T\times R_+^n\to R$ [注意 $a(t)\equiv a^t$；$u(t, x)\equiv u^t(x)$]。

为了说明 (a,u) 所要满足的条件，我需要对表述方式和符号设定进行补充说明。对于 R_+^n 中的 x，y，如果对于所有的 $1\leq j\leq n$ 均有 $x_j=y_j(x_j\geqq y_j, x_j>y_j)$，则称 $x=y(x\geqq y, x>y)$；如果 $x\geqq y$，但不是 $x=y$，则称 $x\geq y$。令 $\|x\|=\max\{|x_j|: 1\leq j\leq n\}$。此外，注意到 R_+^n 可以被视为具有波莱尔集的可测空间。我们要求 (a,u) 满足如下几个条件：

(1) $a: T\to R_+^n$ 是可积的。

(2) $u: T\times R_+^n\to R$ 是可测的，而 $T\times R_+^n$ 则对应于乘积σ域 $\mathscr{C}\times B$，其中，B 代表 R_+^n 的波莱尔集。

(3) 当 $\|x\|\to\infty$ 时，$u(x)=o(\|x\|)$，且在 t 上可积；即对于每个 $\epsilon>0$，存在一个可积函数 $\eta: T\to R$ 使得只要 $\|x\|\geq\eta(t)$，则有 $|u^t(x)|\leq\epsilon\|x\|$。

对于绝大多数[2] $t\in T$：

(4) $a^t>0$（这里，0 同样代表 R_+^n 中的原点）。

(5) x^t 是连续递增的 [即 $x\geq y$ 意味着 $u^t(x)>u^t(y)$]。

(6) $u^t(0)=0$。

(7) 偏导 $\partial u^t/\partial x_j$ 存在，并且在 $x_j>0$ 的每一点上连续。

所有满足条件 (14.1)～条件 (14.7) 的对 (a,u) 的集合将被称作 M；即我们将经济个体的空间 $[T,\mathscr{C},\mu]$ 固定住，但改变它们的特征 (a,u)；特别地，资源商品的数量 n 可以是任意正整数 $1,2,3,\cdots$。正如我们在引言中所说的，对于每个 $m=(a,u)\in M$，我们通过下式建立一个博弈或特征方程 $v_m: \mathscr{C}\to R$

$$v_m(S) = \max\left\{\int_S u^t(x^t)d\mu(t) : x : T \to R_+^n, x(S) = a(S)\right\}$$
(14.1)

〔对于一个可积函数 $y : T \to R_+^n$，$y(S)$ 是 $\int_S y d\mu$ 的缩写。〕这一最大化的实现基本上是 Aumann 和 Perles (1965) 的主要定理。

FA 是所有从 $\mathcal{C}$ 到 R 的有限可加和有界的函数的集合，而 $P(FA)$ 是 FA 所有子集的集合。我们将通过公理来刻画一个映射 $\phi : M \to P(FA)$。我们将展示，对于任意 $m \in M$，$\phi(m)$ 是 m 中竞争性支付的集合。如果对于大部分 $t \in T$，

$$u^t(y) - p(y - a^t) \leq u^t(x^t) - p(x^t - a^t)$$

对 R_+^n 中任意 y 成立，则称 (p, x) 为一个转移效用竞争性均衡（transferable utility competitive equilibrium，t. u. c. e.），其中，$x : T \to R_+^n$ 是一个满足 $x(T) = a(T)$ 的可积函数，而 p 是 R_+^n 中的一个价格向量；相应的竞争性支付是对所有 $S \in \mathcal{C}$，定义如下的测度 $v_{p,x}$：

$$v_{p,x}(S) = \int_S [u^t(x^t) - p(x^t - a^t)]d\mu$$

如果我们令 $\phi(m)$ 表示 m 中竞争性支付的集合，则在假设条件 (14.1)～条件 (14.7) 下，$\phi(m)$ 对于任意 $m \in M$ 都是一个单元集（singleton）。〔参见 Aumann 和 Shapley (1974) 中的命题 32.3。〕

14.3 定理的表述

在这一节，我们将为四个公理和主要结论的导出做准备，并陈述相关结果。

公理 14.1（非实质性经济） 设想 M 中的 $m = (a, u)$ 使得对于每个非空集合 $S \in \mathcal{C}$，$v_m(S)$ 可以通过 $a : S \to R_+^n$ 唯一地得到〔即 $a : S \to R_+^n$ 是式 (14.1) 最优化问题的唯一解〕。则 $\phi(m)$ 仅由支付 γ 组成。对于 $S \in \mathcal{C}$，$\gamma(S) = \int_S u^t(a^t)d\mu(t)$。

令 Q_μ 为所有保留测度 μ 的 $[T, \mathcal{C}]$ 的自同构的集合；即 Q_μ 由使得对于所有 $S \in \mathcal{C}$，有 $\mu(\theta(S)) = \mu(S)$ 的双可测双射 $\theta : T \to T$ 组成。

对于 $m=(a,u)\in M$ 和 $\theta\in Q_\mu$，定义 $\theta m=(\theta a,\theta u)$ 为 $(\theta a)(t)=a(\theta(t))$，$(\theta\mu)(t,x)=\mu(\theta(t),x)$。此外，对于 $v\in BV$ 和 $\theta\in Q_\mu$，定义 $\theta v:\mathscr{C}\to R$ 为 $(\theta v)(S)=v(\theta(S))$；并且，对于 $A\subset BV$，定义 $\theta A=\{\theta v:v\in A\}$。

公理 14.2（匿名性） 对于任意 M 中的 m 和 Q_μ 中的 θ，$\phi(\theta m)=\theta\phi(m)$。

由于 $A\subset FA$ 意味着 $\theta A\subset FA$，而 $m\in M$ 意味着 $\theta m\in M$，这一公理成立。

对于可分性公理，我们需要定义两个经济的不相关和。令 $m=(a,u)$，且 $m'=(a',u')$，其中，$a:T\to R_+^l$，$a':T\to R_+^k$。令 $m\oplus m'=(a\oplus a',u\oplus u')$，其中，$(a\oplus a'):T\to R_+^{l+k}$ 和 $(u\oplus u'):T\times R_+^{l+k}\to R$ 都界定如下：

$$(a\oplus a')(t)=(a(t),a'(t))$$
$$(u\oplus u')(t,(x,y))=u(t,x)+u'(t,y)$$

[对于 $x\in R_+^l$ 和 $y\in R_+^k$，(x,y) 是前 l 个组成部分与 x 相对应、后 k 个组成部分与 y 相对应的向量 R_+^{l+k}。]注意到如果 $m\in M$ 且 $m'\in M$，则 $m\oplus m'\in M$。此外，注意到如果 $A\in P(FA)$ 且 $B\in P(FA)$，则 $A+B\in P(FA)$。这里，我们定义 $A+B=\{\alpha+\beta:\alpha\in A,\beta\in B\}$。

公理 14.3（可分性） 对于任意 M 中的 m 和 m'，$\phi(m)+\phi(m')\subset\phi(m\oplus m')$。

连续性公理是通过集函数的有界变差范数描述的。一个集函数 v 是一个使得 $v(\varnothing)=0$ 的从 $\mathscr{C}$ 到 R 的映射。如果 $T\subset S$ 意味着 $v(S)\geq v(T)$，则它被认为是单调的。两个单调集函数之间的差值被称为有界变差。令 BV 为一个所有有界变差集函数的实向量空间。对于 $v\in BV$，定义 v 的范数 $\|v\|$ 为：

$$\|v\|=\inf\{u(T)+w(T)\}$$

其中，下确界的范围是所有的使得 $v=u-w$ 的单调函数 u 和 w。

M 中的一个经济 m 的特征方程 v_m 是单调的，所以也在 BV 中。因此，我们通过 $d(m,m')=\|v_m-v_{m'}\|$ 来引入 M 上的距离 d。注意到 $FA\subset BV$。对于 $P(FA)$ 中的 A 和 B，令 $h(A,B)$ 为 A 和 B 之间的豪斯多夫距离；即 $h(A,B)=\inf\{\epsilon\in R_+:A\subset B^\epsilon$ 且 $B\subset A^\epsilon\}$，其中，A^ϵ

为集合 $\{\alpha' \in FA: \|\alpha - \alpha'\| < \epsilon,$ 对于某些 $\alpha \in A\}$，且 $\inf \emptyset = \infty$。我们现在可以提出公理 14.4。

公理 14.4（连续性） 存在一个常数 K 使得 $h(\phi(m), \phi(m')) < Kd(m, m')$。

我们的主要结论是如下定理。

定理 存在且只存在一个映射 $\phi: M \to P(FA)$ 满足公理 14.1～公理 14.4。它对每个 M 中的 m 所赋予的支付集合包含了 m 的竞争性支付。

证明与其他细节请参见 Dubey 和 Neyman（1984）。

注释

［1］这并未涵盖所有相关研究。

［2］或许除了一个 μ-多余个体集合外，这对所有个体集合都成立。

参考文献

Anderson, R. M., "An Elementary Core Equivalence Theorem," *Econometrica*, 46 (1978), 1483–1487.

Aumann, R. J., "Markets with a Continuum of Traders," *Econometrica*, 34 (1966), 1–7.

"Values of Markets with a Continuum of Traders," *Econometrica*, 43 (1975), 611–646.

Aumann, R. J. and M. Maschler, "The Bargaining Set for Cooperative Games," in *Advances in Game Theory* (M. Dresher, L. S. Shapley, and A. W. Tucker, eds.), *Annals of Mathematics Studies*, 52, Princeton: Princeton University Press, pp. 443–447, 1964.

Aumann, R. J. and M. Perles, "A Variational Problem Arising in Economics," *J. Math. Anal. Appl*, 12 (1965), 488–503.

Aumann, R. J. and L. S. Shapley, *Values of Nonatomic Games*, Princeton: Princeton University Press, 1974.

Bewley, T. F., "Edgeworth's Conjecture," *Econometrica*, 41

(1973), 425-454.

Brown, D. J. and A. Robinson, "Nonstandard Exchange Economies," *Econometrica*, 43 (1975), 41-55.

Debreu, G. and H. E. Scarf, "A Limit Theorem on the Core of an Economy," *International Economic Review*, 4 (1963), 235-269.

Dubey, P. and A. Neyman, "Payoffs in Non-Atomic Economics: An Axiomatic Approach," *Econometrica*, 52 (1984), 1129-1150.

"An Equivalence Principle for Perfectly Competitive Economies," Technical Report, forthcoming.

Edgeworth, F. Y., *Mathematical Psychics*, London: Kegan Paul, 1881.

Geanakoplos, J., "The Bargaining Set and Non-standard Analysis," Technical Report No. 1, Center on Decision and Conflict in Complex Organizations, Harvard University, 1978.

Hildenbrand, W., *Core and Equilibria of a Large Economy*, Princeton: Princeton University Press, 1974.

Kannai, Y., "Continuity Properties of the Core of a Market," *Econometrica*, 38 (1970), 791-815.

Mas-Collel, A. "An Equivalent Theorem for a Bargaining Set," forthcoming in *Journal of Mathematical Economics*.

Schmeidler, D., "The Nucleolus of a Characteristic Function Game," *SIAM J. Appl. Math.*, 17 (1969), 1163-1170.

Shapley, L. S., "A Value for n-Person Games," *Annals of Mathematics Studies*, 28 (1953), 308-317.

"Utility Comparison and the Theory of Games," in *La Decision: Aggregation et Dynamique des Ordres de Preference*, Paris: Editions du Centre National de la Recherche Scientifique, 1969, pp. 251-263.

"Values of Large Games. VII: A General Exchange Economy with Money," RM-4248, The Rand Corporation, Santa Monica, California, 1964.

Shubik, M., "Edgeworth Market Games," *Annals of Mathematics Studies*, 40 (1959), 267-278.

第 15 章　平滑非原子博弈的值：多重线性近似方法*

多夫·蒙德勒和亚伯拉罕·内曼

15.1　引言

在《非原子博弈的值》一书中，Aumann 和 Shapley（1974）将非原子博弈空间的值定义为从博弈空间到满足线性、对称性、正值性和有效性公理的有界有限可加博弈的映射。值理论的一个主题是论证在给定的博弈空间上，这些公理唯一地决定了值。其中一个被广为研究的博弈空间是 pNA，它是由非原子测度的多项式所生成的线性空间的闭包。Aumann 和 Shapley（1974）

---

* 本研究受到国家科学基金会的资助，授权号为 DMS 8705294，以及以色列-美国两国科学基金会的资助，授权号为 8400201。

中的定理 B 指出, 在 pNA 上存在一个唯一的值 ϕ, 并且 $\|\phi\|=1$。本章引入了一个以 pNA 中通过有限博弈"界定"的博弈来对 pNA 中的博弈进行近似的正规方法。这些博弈是多重线性非原子博弈, 即形如 $v=F\circ(\mu_1,\mu_2,\cdots,\mu_n)$ 的博弈 v, 其中 F 是一个多重线性函数, 而 $\mu_1,\mu_2,\cdots,\mu_n$ 是相互奇异的非原子测度。

由近似定理可以得到一些经典结论的简短证明, 例如 pNA 上奥曼-沙普利值的唯一性, 以及 pNA 上渐近值的存在性 [参见 Aumann 和 Shapley (1974) 中的定理 F]。此外, 还可以得到一些新的结论的证明, 例如 $pNA(\mu)$ 上的 μ 值的唯一性 (Monderer, 1986)。我们对 Young [1985a; 本书第 17 章] 不依赖于线性公理而界定沙普利值的工作中的 pNA 进行了一般性拓展, 并对 Young (1985b) 所描述的奥曼-沙普利价格机制进行了一般性拓展, 而这两项工作显示出了我们的方法的有用性。在最后一节中, 我们使用多重线性近似的基本思想对研究中的一个经典结论进行了基础性的证明: 维尔斯特拉斯逼近定理 (Weierstrass approximation theorem)。

15.2 准备工作

我们基本上采用了 Aumann 和 Shapley (1974) 的术语和符号。令 $(I,\mathscr{C})$ 为一个固定的标准可测空间, 即与 $([0,1],\mathscr{B})$ 同构的可测空间, 这里, $\mathscr{B}$ 表示 $[0,1]$ 中的波莱尔域。博弈是 $\mathscr{C}$ 上的实值函数 v, 满足 $v(\emptyset)=0$。如果对于 $\mathscr{C}$ 中的所有 S 和 T, $v(S\cup T)\geq v(S)$, 则博弈 v 是单调的。如果某博弈是两个单调博弈的差, 则 v 具备一个有界变差。这种博弈的变差 $\|v\|$ 为 $\|v\|=\inf\{w(I)+u(I)\}$, 其中下确界的范围是所有满足 $v=w-u$ 的单调博弈 u 和 w。所有具备有界变差的博弈的空间 BV 是一个巴拿赫代数 [参见 Aumann 和 Shapley (1974) 第 4 节]。BV 中所有有限可加博弈的空间用 FA 表示, 而 FA 中所有非原子测度的子空间用 NA 表示。由 NA 生成的闭的巴拿赫代数用 pNA 表示。等价地, pNA 是由非原子概率测度的幂所生成的 BV 的闭的线性子空间。令 Q 为 BV 的一个子集。Q 中单调博弈的集合表示为 Q^+。如果一个从 Q 到 BV 的映射满足将 Q^+ 映射至 BV^+, 则称它为正的。$(I,\mathscr{C})$ 的一个自同构是一个从 I 到其自身的 1-1 映射, 使得

第 15 章 平滑非原子博弈的值：多重线性近似方法

对于每个 $S \subseteq I$，当且仅当 $\theta(S) \in \mathscr{C}, S \in \mathscr{C}$。所有自同构的集合用 $\mathscr{G}$ 表示。每个 $\mathscr{G}$ 中的 θ 都引出一个从 BV 到其自身的线性映射 θ_*，该映射的定义为 $(\theta_* v)(S) = v(\theta S)$。如果对于所有 $\theta \in \mathscr{G}, \theta_* Q \subseteq Q$，则 BV 的子集 Q 被认为是对称的。如果 ϕ 是从对称的 BV 的子集 Q 到 BV 的映射，并满足对于每个 $\theta \in \mathscr{G}$，$\theta_* \circ \phi = \phi \circ \theta_*$，则称它是对称的。如果对于每个 $v \in Q$，$(\phi v)(I) = v(I)$，则从 BV 的子集 Q 到 BV 的映射 ϕ 是有效的。令 Q 为 BV 的对称子空间。Q 上的值是从 Q 到 FA 的线性的、正值的、有效的和对称的映射。令 Q 为 BV 的子空间。如果对于每个 $v \in Q$ 和每个 $\epsilon > 0$，存在 $v, w \in Q^+$ 使得 $v = w - u$ 且 $\|v\| \geqslant w(I) + u(I) - \epsilon$，则 Q 是内部空间。内部空间在值理论中的重要性来自 Aumann 和 Shapley（1974 的命题 4.7 和命题 4.12）。这些命题证明了，每个 BV 的内部空间到 FA 的线性的、正值的、有效的映射都是连续的，并且内部空间的闭包仍然是内部空间。这些结论对于唯一性定理的推导是非常有效的工具。非原子博弈的值理论的一个基础性结论 [参见 Aumann 和 Shapley（1974）的定理 B] 是 pNA 上的唯一值的存在性。pNA 的紧致子空间上值的唯一性来自 Aumann 和 Shapley（1974）的命题 6.1，而 pNA 上的唯一性可以通过证明 pNA 是一个内部空间来得到。

令 Π 为 $\mathscr{C}$ 的一个有限子域。Π 的所有原子的集合用 π 表示。π 的幂集 2^π 通过 Π 来自然地确定，因此参与人集合 π 上的有限博弈由方程 $w: \Pi \to R$ 确定，$w(\varnothing) = 0$。$v \in BV$ 对 Π 的限制用 v_Π 表示。有限域中的一个容许序列（admissible sequence）是 $\mathscr{C}$ 的有限子域的递增序列 $(\Pi_n)_{n=1}^\infty$，使得 $\bigcup_{n=1}^\infty \Pi_n$ 生成 $\mathscr{C}$。对于每个有限多个参与人的博弈 w，我们用 ψw 表示 w 的视为参与人集合上的测度的沙普利值。如果存在一个博弈 ϕv，使得对于每个有限域的容许序列 $(\Pi_n)_{n=1}^\infty$ 和每个 Π_1 中的 S，$\lim_{n \to \infty} \psi v_{\Pi_n}(S)$ 存在并等于 $\phi v(S)$，则博弈 v 有一个渐近值。这意味着 ϕv 是有限可加的，并且它被称为 v 的渐近值。BV 中所有具有一个渐近值的博弈的集合用 ASYMP 表示。Aumann 和 Shapley（1974）的定理 F 已经证明了，ASYMP 是 BV 的一个线性的、对称的、闭的子空间，并且为每个 v 赋予其渐近值的算子 ϕ 是 ASYMP 上范数为 1 的值。

15.3　多重线性非原子博弈和有限博弈

对于每个有限域 $\Pi \in \mathscr{C}$，我们令 π 表示 Π 的原子集。令 $G(\Pi)$ 为参与人 π 集合上的所有有限博弈的空间。π 的幂集 2^π 通过 Π 来自然地确定，因此参与人集合 π 上的有限博弈由满足 $w(\varnothing)=0$ 的方程 $w: \Pi \to R$ 确定。$G(\Pi)$ 中的所有可加性的博弈的空间由 $AG(\Pi)$ 表示。$G(\Pi)$ 的子集 H 中的所有单调性博弈的集合以 H^+ 表示。令 $w \in G(\Pi)$。定义 $G(\Pi)^+$ 中的 w^+ 和 w^- 使得 $w=w^+-w^-$ 遵循如下方式：

$$w^+(S) = \max \sum_{i=1}^{n} \max\{w(S_0 \bigcup S_1 \bigcup \cdots \bigcup S_i) \\ - w(S_0 \bigcup S_1 \bigcup \cdots \bigcup S_{i-1}), 0\}$$

其中，n 为 π 中元素的个数，$S_0=\varnothing$，并且最大值的范围在 $\{T \in n: T \subseteq S\}$ 的所有可能的排序 $S_1, S_2, \cdots, S_n$ 上。$w \in G(\Pi)$ 的变差范数由 $\|w\| = \inf\{w_2(I) + w_1(I)\}$ 给出，其中下确界的范围在所有满足 $w = w_2 - w_1$ 的 $w_1, w_2 \in G(\Pi)^+$ 上。实际上，$\|w\| = w^+(I) + w^-(I)$。令 T_Π 为从所有博弈的集合到 $G(\Pi)$ 上的映射，并由 $T_\Pi v = v_\Pi$ 给出，其中，v_Π 是 v 对 Π 的限制。注意到 T_Π 是线性的、有效的、正值的，并且对于每个 $v \in BV$，$\|T_\Pi v\| \leq \|v\|$。

博弈 v 的一个载体是 $\mathscr{C}$ 中的一个集合 I'，使得对于每个 $S \in \mathscr{C}$，$v(S) = v(S \bigcap I')$。令 λ 为 NA 中的概率测度。pNA 中所有博弈 v 的集合如果满足每个 λ 的载体都是 v 的载体这一性质，则以 $pNA(\lambda)$ 表示。等价地，$pNA(\lambda)$ 是由 $NA(\lambda)$ 生成的闭代数，其中 $NA(\lambda)$ 表示在 λ 上绝对连续的 NA 中的所有测度空间。

给定一个非原子概率测度 λ 和包含原子集 $\pi = \{S_1, S_2, \cdots, S_n\} (1 \leq i < j \leq n \Rightarrow S_i \neq S_j)$ 的有限域 $\Pi \in \mathscr{C}$，令 λ 对 S_i 的约束为 $\lambda_{S_i} = \lambda_i$，$1 \leq i \leq n$。令 $ML(\lambda, \Pi)$ 为形如 $v = F \circ (\lambda_1, \lambda_2, \cdots, \lambda_n)$ 的所有博弈 v 的集合，其中 F 是一个 $\prod_{i=1}^{n}[0, \lambda(S_i)]$ 上——向量测度 $(\lambda_1, \lambda_2, \cdots, \lambda_n)$ 的范围——的多重线性函数 [参见 Mirman 和 Tauman (1981) 以及本书第 10 章]。注意到 $ML(\lambda, \Pi)$ 是博弈的线性空间，并且每个博弈 $v \in ML(\lambda, \Pi)$ 是 λ_i 中的一个多项式；因此，$ML(\lambda, \Pi) \subset pNA(\lambda) \subset pNA$。此外，注意到，对于每个 $u, v \in ML(\lambda, \Pi)$，当且仅当 $T_\Pi u =$

$T_\Pi v$，$u=v$。也就是说，T_Π 是 $ML(\lambda,\Pi)$ 上的 1-1 映射。令 $G_\lambda(\Pi)$ 为 $G(\Pi)$ 中所有满足如下形式的博弈 w 的集合：只要 $\lambda(S\Delta T)=0$，$w(S)=w(T)$，即每个 π 中对于 λ 来说是一个空集的原子是 w 的一个多余参与人。$G_\lambda(\Pi)$ 中所有可加博弈的空间用 $AG_\lambda(\Pi)$ 表示。对于每个 $G_\lambda(\Pi)$ 中的博弈 w，存在一个唯一的博弈 $v \in ML(\lambda,\Pi)$ 满足 $T_\Pi v=w$ [对于所有 $S \in \Pi$，取 F 为满足 $F(\lambda_1(S),\lambda_2(S),\cdots,\lambda_n(S))=w(S)$ 的多重线性函数]。因此，从 $ML(\lambda,\Pi)$ 到 $G_\lambda(\Pi)$ 的映射 T_Π 有一个逆映射 $T^\lambda: G_\lambda(\Pi) \to ML(\lambda,\Pi)$。此外，当且仅当 $T_\Pi v \in G_\lambda(\Pi)^+$，$v \in ML(\lambda,\Pi)^+$。因此，$T^\lambda$ 也是正的。因此，T_Π 和 T^λ 都是线性的、正值的、有效的算子。令 $v \in ML(\lambda,\Pi)$，并设定 $w=T_\Pi v$。因为 $\|w\|=w^+(I)+w^-(I)$ 且 $w=w^+-w^-$，我们有 $v=T^\lambda(w^+)-T^\lambda(w^-)$，而这意味着：

$$\|v\| \leq T^\lambda(w^+)(I)+T^\lambda(w^-)(I)$$
$$=w^+(I)+w^-(I)$$
$$=\|w\|=\|T_\Pi v\|$$

因为同时有 $\|T_\Pi v\| \leq \|v\|$，我们得到 T_Π，进而 T^λ，都是等距映射。最后，因为我们已经证明了 $\|v\|=T^\lambda(w^+)(I)+T^\lambda(w^-)(I)$，$ML(\lambda,\Pi)$ 是一个内部空间。

在上述论述基础上，下述命题成立。

命题 15.1

（ⅰ）$ML(\lambda,\Pi) \subset pNA(\lambda)$。

（ⅱ）$T_\Pi: ML(\lambda,\Pi) \to G_\lambda(\Pi)$ 是一个线性的、有效的、正值的等距映射。

（ⅲ）$T^\lambda: G_\lambda(\Pi) \to ML(\lambda,\Pi)$ 是一个线性的、有效的、正值的等距映射。

（ⅳ）$T_\Pi \circ T^\lambda$ 是 $G_\lambda(\Pi)$ 上的恒等映射，而 $T^\lambda \circ T_\Pi$ 是 $ML(\lambda,\Pi)$ 上的恒等映射。

（ⅴ）$ML(\lambda,\Pi)$ 是内部空间。此外，每个 $v \in ML(\lambda,\Pi)$ 都是 $ML(\lambda,\Pi)$ 中满足 $\|v\|=v_1(I)+v_2(I)$ 的两个单调博弈 v_1 和 v_2 的差。

注意到 T^λ 将 $AG_\lambda(\Pi)$ 映射入 $NA \cap ML(\lambda,\Pi)$。因此，对于每个函数 $f: ML(\lambda,\Pi) \to NA \cap ML(\lambda,\Pi)$，存在一个唯一的方程 g：

$G_\lambda(\Pi) \to AG_\lambda(\Pi)$ 使得图 15.1 成立：

$$\begin{array}{ccc} ML(\lambda,\Pi) & \xrightarrow{f} & NA\cap ML(\lambda,\Pi) \\ {\scriptstyle T^\lambda}\uparrow & & \downarrow{\scriptstyle T_\Pi} \\ G_\lambda(\Pi) & \xrightarrow{g} & AG_\lambda(\Pi) \end{array}$$

图 15.1

即 $g = T_\Pi \circ f \circ T^\lambda$。

由（iv），我们还可以得到，对于每个 $g: G_\lambda(\Pi) \to AG_\lambda(\Pi)$，存在一个唯一的 $f: ML(\lambda,\Pi) \to NA \cap ML(\lambda,\Pi)$ 使得图 15.1 成立，即 $f = T^\lambda \circ g \circ T_\Pi$。或者说，$f$ 是使得图 15.2 成立的唯一的函数

$$\begin{array}{ccc} ML(\lambda,\Pi) & \xrightarrow{f} & NA\cap ML(\lambda,\Pi) \\ {\scriptstyle T_\Pi}\uparrow & & \downarrow{\scriptstyle T^\lambda} \\ G_\lambda(\Pi) & \xrightarrow{g} & AG_\lambda(\Pi) \end{array}$$

图 15.2

令 ϕ 表示 pNA 上的奥曼-沙普利值，并令 ψ 表示有限博弈的沙普利值。很容易验证 ϕ 将 $ML(\lambda,\Pi)$ 映射入 $NA \cap ML(\lambda,\Pi)$，ψ 将 $G_\lambda(\Pi)$ 映射入 $AG_\lambda(\Pi)$，并且当 $f=\phi$ 且 $g=\psi$ 时，图 15.1 和图 15.2 成立 [例如，使用 Owen（1972）以及 Aumann 和 Shapley（1974，p.166）上的注释]。这为我们提供了一个导出唯一性定理的非常有效的工具。

命题 15.2 令 $\hat\phi: pNA \to FA$ 为一个将 $ML(\lambda,\Pi)$ 映射入 $NA \cap ML(\lambda,\Pi)$ 的函数，其中 λ 为一个非原子概率测度，且 $\Pi \subset \mathscr{C}$ 是一个有限域。定义 $\hat\psi: G_\lambda(\Pi) \to AG_\lambda(\Pi)$ 使得在 $f=\hat\phi$，$g=\hat\psi$ 下图 15.1 成立。这样，如果 $\hat\psi$ 是 $G_\lambda(\Pi)$ 上的沙普利值，则 $\hat\phi$ 等于 $ML(\lambda,\Pi)$ 上的奥曼-沙普利值。

给定任意有限域 $\Pi \subset \mathscr{C}$ 和非原子测度 λ，令 E_Π^λ 表示从 $pNA(\lambda)$ 到 $ML(\lambda,\Pi)$ 的映射，并且 $E_\Pi^\lambda v = T^\lambda(T_\Pi v)$。注意到 E_Π^λ 是一个到 $ML(\lambda,\Pi)$ 上的线性的、有效的、正值的投影，并且 $\|E_\Pi^\lambda\|=1$。特别地，图 15.3 成立（其中，i 表示恒等映射）：

第 15 章　平滑非原子博弈的值：多重线性近似方法

$$
\begin{array}{ccc}
p\mathrm{NA}(\lambda) & \xrightarrow{T_\Pi} & G_\lambda(\Pi) \\
{\scriptstyle E_\Pi^\lambda}\Big\downarrow & & \Big\downarrow{\scriptstyle T^\lambda} \\
ML(\lambda,\Pi) & \xrightarrow{i} & ML(\lambda,\Pi)
\end{array}
$$

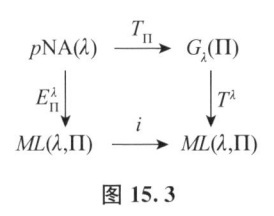

图 15.3

15.4　近似定理

我们从一个在任何赋范代数 $(X,\|\ \|)$ 下都成立的不等式开始；即对于每个 $x,y \in X$，$\|xy\| \leq \|x\|\|y\|$。令 $(x_1,x_2,\cdots,x_n)$ 为 X 中的固定元素。对于每个 $J=(j_1,j_2,\cdots,j_k) \in \{1,2,\cdots,n\}^k$，令 $x(J)$ 表示幂 $\prod_{i=1}^k x_{j_i} = x_{j_1},x_{j_2},\cdots,x_{j_k}$。这样就有：

$$(x_1+x_2+\cdots+x_n)^k = \sum_{J\in(1,2\cdots,n)^k} x(J)$$

令 D 为所有使得对于每个 $1\leq i<m\leq k$，$j_i \neq j_m$ 的集合 $J \in \{1,2,\cdots,n\}^k$，并令 B 为所有不在 D 中的集合 $J \in \{1,2,\cdots,n\}^k$。

引理 15.1　对于每个赋范代数中的 $x_1,x_2,\cdots,x_n$，以及每个 $k>1$，下式成立：

$$\left\|\sum_{J\in B} x(J)\right\| = \left\|\left(\sum_{i=1}^n x_i\right)^k - \sum_{J\in D} x(J)\right\|$$
$$\leq \binom{k}{2}(\max_{i=1,\cdots,n}\|x_i\|)\left(\sum_{i=1}^n \|x_i\|\right)^{k-1}$$

证明：对于每个 $1\leq l\leq n$，令

$$B_l = \{J \in B : \exists\, 1\leq i<m\leq k, \text{满足 } j_i=j_m=l\}$$

这样，$B = \bigcup_{l=1}^n B_l$。对于每个 $1\leq i<m\leq k$，令 $B_l^{i,m} = \{J \in B_l : j_i = j_m = l\}$。则

$$\left\|\sum_{J\in B_l^{i,m}} x(J)\right\| \leq \|x_l\|^2 \left\|\sum_{i=1}^n x_i\right\|^{k-2}$$

因此，

$$\left\| \sum_{J \in B_l} x(J) \right\| \le \binom{k}{2} \| x_l \|^2 \left\| \sum_{i=1}^n x_i \right\|^{k-2}$$

因此，

$$\left\| \sum_{J \in B} x(J) \right\| \le \sum_{l=1}^n \left\| \sum_{J \in B_l} x(J) \right\| \le \binom{k}{2} \left\| \sum_{i=1}^n x_i \right\|^{k-2} \sum_{l=1}^n \| x_l \|^2$$

因为

$$\sum_{l=1}^n \| x_l \|^2 \le (\max_{i=1,\cdots,n} \| x_i \|) \sum_{i=1}^n \| x_i \|$$

以及

$$\left\| \sum_{i=1}^n x_i \right\|^{k-2} \le (\sum_{i=1}^n \| x_i \|)^{k-2}$$

这就得到了结论。证明完毕。

定理 15.1 令 $(\Pi_n)_{n=1}^\infty$ 为一个有限域的容许序列。这样，对于每个 $v \in pNA(\lambda)$，$\lim_{n\to\infty} E_{\Pi_n}^\lambda v = v$（在有限变差范数中）。

证明： 因为所有的算子 $E_{\Pi_\pi}^\lambda$ 都是线性的，且范数为 1，包含所有的 $E_{\Pi_\pi}^\lambda v \xrightarrow[n \to \infty]{} v$ 的博弈 $v \in pNA(\lambda)$ 的空间 Q 是 $pNA(\lambda)$ 的一个闭的子空间。令 γ 为 $ML(\lambda, \Pi_m)$ 中的一个概率测度。我们将证明对于每个 $k \ge 1$，$\gamma^k \in Q$。

因为对于每个 $n > m$，$ML(\lambda, \Pi_m) \subseteq ML(\lambda, \Pi_n)$，且对于每个 $n > m$，$\gamma \in ML(\lambda, \Pi_n)$，因此对于每个 $n > m$，$E_{\Pi_n}^\lambda \gamma = \gamma$。这证明了 $k = 1$ 的情形。当 $k > 1$ 时，对于每个 $n > m$ 和每个 $J = (A_1, A_2, \cdots, A_k) \in \pi_n^k$，令 $\gamma(J) = \prod_{i=1}^k \gamma_{A_i}$，其中 γ_A 表示 γ 对 A 的限制。显然，对于每个 $1 \le i < j \le k$，只要 $A_i \ne A_j$，则 $\gamma(J) \in ML(\lambda, \Pi_n)$。因为 $\gamma = \sum_{A \in \pi_n} \gamma_A$，并且 γ 是标准可测空间上的一个非原子的概率测度，我们可以使用引理 15.1 证明，存在使得下式成立的 $u_n \in ML(\lambda, \Pi_n)$：

$$\| \gamma^k - u_n \| \le \binom{k}{2} (\max_{A \in \pi_n} \| \gamma_A \|)(\sum_{A \in \pi_n} \| \gamma_A \|)^{k-1}$$

$$= \binom{k}{2} \max_{A \in \pi_n} \gamma(A) \xrightarrow[n \to \infty]{} 0$$

显然，对于每个 $n>m$，$u_n \in Q$（因为对于每个 $p \geq n$，$E_{\Pi_p}^{\lambda} u_n = u_n$）。因此，对于每个 $k \geq 1$，$\gamma^k \in Q$。

最后，由于 $\bigcup_{n=1}^{\infty} \Pi_n$ 在 $\mathscr{C}$ 中是紧致的，这样 $NA \cap (\bigcup_{n=1}^{\infty} ML(\lambda, \Pi_n))$ 在所有在 λ 上连续的测度空间中都是紧致的；并且，由于 $pNA(\lambda)$ 是一个巴拿赫代数，它是由 $NA \cap (\bigcup_{n=1}^{\infty} ML(\lambda, \Pi_n))$ 生成的闭代数。这就完成了证明。证明完毕。

15.5　内部性

令 λ 为 NA 中的概率测度，并令 $(\Pi_n)_{n=1}^{\infty}$ 为一个有限域的容许序列。由（Ⅴ）可知，对于每个 $n \geq 1$，$ML(\lambda, \Pi_n)$ 是一个内部空间。由于对于每个 $n>m$，$ML(\lambda, \Pi_n) \supseteq ML(\lambda, \Pi_m)$，$\bigcup_{n=1}^{\infty} ML(\lambda, \Pi_n)$ 是一个线性空间；因为内部空间的并集是内部空间（如果它是线性的），$\bigcup_{n=1}^{\infty} ML(\lambda, \Pi_n)$ 是一个内部空间〔此外，对于每个 $\bigcup_{n=1}^{\infty} ML(\lambda, \Pi_n)$ 中的 v，存在 $u, w \in (\bigcup_{n=1}^{\infty} ML(\lambda, \Pi_n))^+$ 使得 $v = w - u$，$\|v\| = w(I) + u(I)$〕。定理 15.1 意味着 $pNA(\lambda)$ 是 $\bigcup_{n=1}^{\infty} ML(\lambda, \Pi_n)$ 的闭包，因此，由 Aumann 和 Shapley (1974) 的命题 4.12 可知，$pNA(\lambda)$ 是内部空间。又或者，对于每个 $v \in pNA(\lambda)$ 和每个 $\epsilon > 0$，构造一个 $ML(\lambda, \Pi_{n_k})$（n_k 是一个递增序列）中的博弈 $(v_k)_{k=1}^{\infty}$ 使得对于每个 $k \geq 1$，$\|v - v_k\| < \epsilon 2^{-k-1}$。令 $v_0 = 0$。对于每个 $k \geq 1$，令 $v_k - v_{k-1} = w_k - u_k$，其中 u_k 和 w_k 都是满足 $\|v_k - v_{k-1}\| = w_k(I) + u_k(I)$ 的 $ML(\lambda, \Pi_{n_k})$ 中的单调博弈。令 $w = \sum_{k=1}^{\infty} w_k$，$u = \sum_{k=1}^{\infty} u_k$。这样，$u, w \in pNA(\lambda)^+$〔因为对于每个 $k > 1$，$u_k(I) + w_k(I) < \epsilon 2^{-k} + \epsilon 2^{-(k+1)}$〕，$v = w - u$ 并且

$$u(I) + w(I) = \sum_{k=1}^{\infty} (u_k(I) + w_k(I))$$
$$= u_1(I) + w_1(I) + \sum_{k=2}^{\infty} (u_k(I) + w_k(I)) \leq \|v\| + \epsilon$$

因为 $pNA = \bigcup_{\lambda} pNA(\lambda)$，它也是内部空间。

15.6 值的唯一性

pNA 上奥曼-沙普利值的唯一性是前一节所证明的 pNA 的内部性的主要结果。尽管 $pNA(\lambda)$ 上的 λ 值的唯一性并不仅仅取决于这里所观察到的内部性,它也可以用我们本节所采用的方法来得到。

令 λ 为一个非原子概率测度。如果对于每个满足 $\theta_*\lambda=\lambda$ 的自同构, $\theta_*Q \subseteq Q$, 则博弈的集合 Q 是对称的。令 Q 为一个博弈的对称集合。如果对于每个保持 λ 的自同构 θ, $\theta_* \circ \phi = \phi \circ \theta_*$, 一个从 Q 至 BV 的映射 ϕ 是对称的。如果只要 S 是 v 的一个载体,就有 $\phi v(S^c)=0$, 则它满足虚拟参与人公理。

定理 15.2 [Monderer (1986)] 存在一个唯一的 λ 对称正值有效算子 $\phi: pNA(\lambda) \to FA$ 满足虚拟参与人公理。它是 pNA 上的奥曼-沙普利值 ϕ 对 $pNA(\lambda)$ 的限制。

证明: 令 $\Pi \in \mathscr{C}$ 为对于每两个原子 $A, B \in \pi$, $\lambda(A)=\lambda(B)=1/\#\pi$ 的有限域。注意到对于每个 $v \in ML(\lambda,\Pi)$ 和每个的保持测度 λ, 并且对于每个 $S \in \pi$ 满足 $\theta S=S$ 的自同构, $\theta_* v=v$。因此,通过对 Aumann 和 Shapley (1974 的命题 6.1) 的证明进行微小的调整(使用 $\hat{\phi}$ 的 λ 对称性),我们可以得到,对于每个 $v \in ML(\lambda,\Pi)$, $\hat{\phi}v$ 是测度 λ_A 的线性组合, $A \in \pi$。因此, $\hat{\phi}v \in NA \cap ML(\lambda,\Pi)$。令 $\hat{\psi}: G_\lambda(\Pi) \to AG_\lambda(\Pi)$ 为使图 15.4 成立的函数:

$$\begin{array}{ccc} ML(\lambda,\Pi) & \xrightarrow{\hat{\phi}} & NA \cap ML(\lambda,\Pi) \\ {\scriptstyle T^\lambda}\downarrow & & \downarrow{\scriptstyle T_\Pi} \\ G_\lambda(\Pi) & \xrightarrow{\hat{\psi}} & AG_\lambda(\Pi) \end{array}$$

图 15.4

注意到 $\hat{\psi}$ 满足 $G_\lambda(\Pi)$ 上的沙普利值公理,因此,由命题 15.2 可知, $\hat{\phi}=\phi$ 在 $ML(\lambda,\Pi)$ 上。因此,在 $\bigcup_{n=1}^{\infty} ML(\lambda,\Pi_n)$ 上 $\hat{\phi}=\phi$, 其中 $(\Pi_n)_{n=1}^{\infty}$ 是对于每个 Π_n 的原子 A 满足 $\lambda(A)=1/\#\pi$ 的有限域的所有容许系列。也就是说, $\hat{\phi}$ 和 ϕ 在 $pNA(\lambda)$ 的一个紧致子集上是一致的。因

为 $pNA(\lambda)$ 是内部空间且 $\hat{\phi}$ 是线性的和正值的，$\hat{\phi}$ 是连续的，从而在所有的 $pNA(\lambda)$ 上与 ϕ 都是一致的。证明完毕。

15.7　pNA 上的渐近值

在这一节里，我们将证明在 pNA 上存在渐近值。我们将说明每个 $v \in pNA$ 的渐近值均等于它的奥曼-沙普利值。令 $v \in pNA$，$(\Pi_n)_{n=1}^{\infty}$ 为有限域的一个容许序列，并令 $T \in \Pi_1$。我们需要证明：

$$\lim_{m\to\infty}(\psi v_{\Pi_m}(T) - \phi v(T)) = 0$$

注意到存在一个概率测度 $\lambda \in NA$ 使得 $v \in pNA(\lambda)$。此外，注意到对于每个 $u \in ML(\lambda, \Pi_n)$，$\psi v_{\Pi_n}(S) = \phi u(S)$ 对于每个 $S \in \Pi_n$ 都成立。特别地，$\psi u_{\Pi_n}(T) = \phi u(T)$。最后，$E_{\Pi_m}^{\lambda}$ 将 $pNA(\lambda)$ 映射至 $ML(\lambda, \Pi_m)$。因此：

$$|\psi v_{\Pi_m}(T) - \phi v(T)| \leq |\psi v_{\Pi_m}(T) - \phi(E_{\Pi_m}^{\lambda}v)_{\Pi_m}(T)|$$
$$+ |\phi(E_{\Pi_m}^{\lambda}v)(T) - \phi v(T)|$$

因为对于每个 $w \in BV$，$\|w_{\Pi_m}\| \leq \|w\|$，且 $\|\psi\| = \|\phi\| = 1$，我们可以从近似定理得到：

$$|\psi v_{\Pi_m}(T) - \phi v(T)| \leq 2\|v - E_{\Pi_m}^{\lambda}v\| \xrightarrow[m\to\infty]{} 0$$

15.8　不借助线性公理而对奥曼-沙普利值的刻画

pNA 上的奥曼-沙普利值 ϕ 是从 pNA 到 FA 的唯一的线性的、正值的、有效的和对称的映射。结果表明，这个值满足一些附加的性质，例如连续性，对于每个 $\mu \in NA$，$\phi\mu = \mu$，以及更强的正值性。一个正值性的更强表述将被称为强正值性：令 $Q \subseteq BV$。对于每个 $S' \subseteq S$ 和 $\mathscr{C}$ 中的 T，如果只要 $u, v \in Q$，且下式成立时有 $\bar{\phi}v(S) \geq \bar{\phi}u(S)$，则映射 $\bar{\phi}: Q \to FA$ 是强正值的。

$$v(T \cup S') - v(T) \geq u(T \cup S') - u(T)$$

强正值性是值的一个令人满意的性质，并且 pNA 上的值以及其他已知的正常的值都满足这一性质。下述定理指出，强正值性和连续性可以取代刻画 pNA 上的值时所使用的正值性和线性性质。

定理 15.3 任意从 pNA 到 FA 的对称的、有效的、强正值的和连续的映射都是奥曼-沙普利值。

证明：令 $\hat{\phi}: pNA \to FA$ 为一个满足定理条件的映射。令 ϕ 表示 pNA 上的奥曼-沙普利值。为了证明 $\hat{\phi} = \phi$，需要证明它们在 $pNA(\lambda)$ 上，对于每个概率测度 $\lambda \in NA$ 而言都是一致的。下面，令 λ 为任意一个固定的 NA 中的测度。因为 $\hat{\phi}$ 和 ϕ 都是连续的，可以证明对于每个有限域 $\Pi \subset \mathscr{C}$，在 $ML(\lambda, \Pi)$ 上 $\hat{\phi} = \phi$。因为 $\hat{\phi}$ 是对称的，它将 $ML(\lambda, \Pi)$ 映射入 $NA \cap ML(\lambda, \Pi)$（在第 15.6 节定理的证明中，我们已经论证了一个类似的结论）。令 $\hat{\psi}: G_\lambda(\Pi) \to AG_\lambda(\Pi)$ 为使图 15.4 成立的函数。显然，$\hat{\psi}$ 是一个对称且有效的映射。我们将证明：

$$\hat{\psi} u(A) \geq \hat{\psi} w(A) \tag{15.1}$$

对于每个在任意 $S \in \Pi$ 上满足下面不等式的 Π 的原子 A 都成立：

$$u(S \cup A) - u(S) \geq w(S \cup A) - w(S) \tag{15.2}$$

因此，$\hat{\psi}$ 是强正值的，而根据扬的描述［参见 Young (1985) 定理 2］，它就是沙普利值 ψ。据此，在 $ML(\lambda, \Pi)$ 上有 $\hat{\phi} = \phi$。

下面，令 $u, w \in ML(\lambda, \Pi)$ 满足式 (15.2)。注意到对于每个 $v \in G_\lambda(\Pi)$ 和每个 $R \in \mathscr{C}$，

$$T^\lambda v(R) = \sum_{S \in \Pi} v(S) \Big[\prod_{B \in \pi; B \subseteq S} \lambda^B(R)\Big] \Big[\prod_{B \in \pi; B \subseteq S^c} (1 - \lambda^B(R))\Big]$$

其中，当 $\lambda(B) > 0$ 时，$\lambda^B(R) = \lambda(R \cap B)/\lambda(B)$，而当 $\lambda(B) = 0$ 时，$\lambda^B(R) = 0$。因此，对于每个 $A' \in \mathscr{C}$，$A' \subseteq A$，

$$T^\lambda v(R \cup A') - T^\lambda v(R) = (\lambda^A(R \cup A') - \lambda^A(R))$$
$$\sum_{T \in \Pi; A \subseteq T^c} \Big[\prod_{B \in \pi; B \subseteq T} K^B(R)\Big] \cdot \Big[\prod_{B \in \pi; B \subseteq T^c; B \neq A} (1 - \lambda^B(R))\Big] (v(T \cup A) - v(T))$$

因此，式 (15.2) 意味着，对于每个 $A' \subseteq A$ 和每个 $\mathscr{C}$ 中的 R，

$$T^\lambda u(R \bigcup A') - T^\lambda u(R) \geq T^\lambda w(R \bigcup A') - T^\lambda w(R)$$

因此，根据 $\hat{\phi}$ 的强正值性，可以判断：

$$\hat{\phi}u(A) = \hat{\phi}(T^\lambda u)(A) \geq \hat{\phi}(T^\lambda w)(A) = \hat{\phi}w(A)$$

证明完毕。

推论 15.1 任意从 $pNA(\lambda)$ 到 FA 的 λ 对称的、有效的、强正值的、连续的映射均是奥曼-沙普利值。

证明： 令 $\hat{\phi}: pNA(\lambda) \to FA$ 为满足定理条件的影射。正如定理 15.3 的证明中所指出的，我们能证明，在每个原子 $A \in \pi$ 上满足 $\lambda(A) = 1/|\pi|$ 的每个 $ML(\lambda, \Pi)$ 上，$\hat{\phi} = \phi$。

因为对于每个概率测度 $\lambda \in NA^+$，存在一个有限域的容许序列满足上述性质，本推论的证明可以通过 $\hat{\phi}$ 的连续性实现。证明完毕。

15.9　$pNA\infty$ 上值的界定

对于任意两个博弈 u 和 v，如果 $v - u$ 是一个单调博弈，则称 $v \geq u$。注意到，当且仅当对于每个 $S, T \in \mathscr{C}$，$v(T \bigcup S) - v(T) \geq u(T \bigcup S) - u(T)$，$v \geq u$。此外，注意到对于任意两个可加博弈 μ 和 γ，当且仅当 $\mu \geq \gamma$，有 $\mu \geq \gamma$。存在 $\mu \in NA^+$ 使得 $-\mu \leq v \leq \mu$ 的所有博弈 v 的集合用 AC_∞ 表示。AC_∞ 是包含 NA 的 BV 的对称子空间。对于每个 $v \in AC_\infty$，令

$$\|v\|_\infty = \inf\{\mu(I): \mu \in NA^+, -\mu \leq v \leq \mu\} + \max\{|v(S)|: S \in \mathscr{C}\}$$

很容易证明 $(AC_\infty, \|\ \|_\infty)$ 是一个巴拿赫代数，并且在 AC_∞ 上 $\|\ \| \leq \|\ \|_\infty$。此外，对于 $\mu \in NA$，$\|\mu\|_\infty \leq 2\|\mu\|$，这意味着在 NA 上，这两个范数是相等的。

引理 15.2 令 $Q \supseteq NA$ 为 AC_∞ 的一个子空间，并令 $\bar{\phi}: Q \to FA$ 为对于每个 $u \in Q$ 和每个 $\mu \in NA$ 满足 $\bar{\phi}(v + \mu) = \bar{\phi}(v) + \mu$ 的正值映射。对于每个 $u, v \in Q$，$\|\bar{\phi}v - \bar{\phi}u\| \leq \|v - u\|_\infty$。

证明： 对于每个使得 $-\mu \leq v - u \leq \mu$ 的 $\mu \in NA^+$，有 $u - \mu \leq$

$v \leq u + \mu$。因此，由 $\bar{\phi}$ 的性质可知，$\bar{\phi}u - \mu \leq \bar{\phi}v \leq \bar{\phi}u + \mu$。因此，$-\mu \leq \bar{\phi}v - \bar{\phi}u \leq \mu$，而这意味着 $\|\bar{\phi}v - \bar{\phi}u\| \leq \mu(I)$。因为最后一个不等号对于所有满足 $-\mu \leq v - u \leq \mu$ 的 μ 都是成立的，可以得到 $\|\bar{\phi}v - \bar{\phi}u\| \leq \|v - u\|_\infty$。证明完毕。

令 pNA_∞ 为由 NA 生成的 $\|\ \|_\infty$-闭代数。pNA_∞ 是一个包含 NA 和任意博弈 $v = F \circ (\mu_1, \cdots, \mu_n)$ 的 pNA 的 $\|\ \|$-紧致子空间。其中，$\mu_i \in NA$，而 F 在 $(\mu_1, \cdots, \mu_n)$ 上是连续可微的。

定理 15.4 存在一个 pNA_∞ 上的唯一的值。它是 pNA 上的奥曼-沙普利值对 pNA_∞ 的限制。

证明：令 $\hat{\phi}$ 为 pNA_∞ 上的一个值。因为 $\hat{\phi}$ 是对称的和有效的，对于每个 $\mu \in NA$，$\hat{\phi}\mu = \mu$。因为 $\hat{\phi}$ 是线性的，之前的引理意味着它是 $\|\ \|_\infty$-连续的。由 Aumann 和 Shapley（1974，p.54 注释 2）可知，$\hat{\phi}$ 与奥曼-沙普利值在由 NA 所生成的代数上是一致的。由于 $\hat{\phi}$ 和奥曼-沙普利值都是 $\|\ \|_\infty$-连续的，它们在所有的 pNA_∞ 上都是一致的。证明完毕。

下面我们在不依赖于线性公理和正值性公理的基础上界定 pNA_∞ 上的值。这两个公理将被替换为强正值公理。我们不需要任何连续性假设（与前一章类似的结论相比）。注意到因为引理 15.1 在任何赋范代数中都是成立的，我们可以模仿定理 15.1 的证明得到结论，对于每个概率测度 $\lambda \in NA$、每个有限域的容许序列以及每个 $v \in pNA_\infty(\lambda)$，$\lim_{n \to \infty} E^\lambda_{\Pi_n} v = v$（在 $\|\ \|_\infty$ 范数中，其中 $pNA_\infty(\lambda)$ 是由 $NA(\lambda)$ 生成的 $\|\ \|_\infty$ 闭代数。因此，对于每个 $v \in pNA_\infty$ 和每个 $\mu \in NA$，如果 $\hat{\phi}: pNA_\infty \to FA$ 是对称的、有效的、正值的映射，并满足 $\hat{\phi}(v + \mu) = \hat{\phi}(v) + \hat{\phi}(\mu)$，则它与 ϕ（奥曼-沙普利值）在一个 pNA_∞ 的 $\|\ \|_\infty$-紧致子空间上是一致的，并且（根据本章的引理）是 $\|\ \|_\infty$ 连续的；因此，它与 ϕ 在 pNA_∞ 上是一致的。正如之前所称，我们得到了一个更强的结论。

定理 15.5 任意从 pNA_∞ 到 FA 的对称的、有效的、强正值的映射都是奥曼-沙普利值。

证明：令 $\hat{\phi}: pNA_\infty \to FA$ 为一个对称的、有效的、强正值的映射。正如我们所提到的，这足以证明对于所有 $v \in pNA_\infty$ 和所有 $\mu \in NA$，$\hat{\phi}(v + \mu) = \hat{\phi}(v) + \mu$。

令 $v \in pNA_\infty$。$G(\mu) = \hat{\phi}(v+\mu) - \hat{\phi}(v)$ 是一个从 NA 至 FA 的强正值映射。因此，对于所有 $S \in \mathscr{C}$，$G(\mu)(S) = G(\mu_S)(S)$。由于 $(\mu_S)_{S^c} = 0_{S^c}$ 且 $G(0) = 0$，$G(\mu_S)(S^c) = G(0)(S^c) = 0$。因此，根据有效性公理，$G(\mu_S(S)) = \mu(S)$。因此，$\hat{\phi}(v+\mu) = \hat{\phi}(v) + \mu$。证明完毕。

15.10 成本分摊上的应用

一个成本问题是一个序偶 (f,a)，其中，$a \in R_{++}^n$ 且 f 是 $D_a = \{x \in R_+^n: 0 \le x \le a\}$ 上的一个实值函数，满足 $f(0) = 0$。对于每个 $x \in D_a$，$f(x)$ 被解释为生产商品或服务束 $x = (x_1, \cdots, x_n)$ 的成本，而 a 被解释为实际产出数量的向量。

令 $n \ge 1$。所有 $a \in R_{++}^n$ 且 f 是 D_a 上的连续可微函数的成本问题 (f,a) 的集合用 $\mathscr{F}_n$ 表示。令 $\mathscr{F} = \bigcup_{n=1}^\infty \mathscr{F}_n$。一个价格机制是对于每个 $(f,a) \in \mathscr{F}_n$，使得 $\psi(f,a) \in R^n$ 的函数 $\psi: \mathscr{F} \to \bigcup_{n=1}^\infty R^n$。$\psi(f,a)$ 的第 i 个坐标将用 $\psi_i(f,a)$ 表示。

如果对于每个 $n \ge 1$ 和每个 $(f,a) \in \mathscr{F}_n$，下式成立，则价格机制 ψ 是成本分摊的：

$$\sum_{i=1}^n \psi_i(f,a) a_i = f(a) \tag{15.3}$$

令 $m \ge n \ge 1$，并令 $\pi = (S_1, S_2, \cdots, S_n)$ 为 $\{1,2,\cdots,m\}$ 的一个有序配分。对于每个 $x \in R^m$ 和每个 $1 \le i \le n$，定义 $\pi^*: R^m \to R^n$ 为 $\pi_i^*(x) = \sum_{j \in S_i} x_j$。

如果对于每个 $m \ge n \ge 1$，每个 $b \in R_{++}^m$，每个 $\{1,2,\cdots,m\}$ 的有序配分 $\pi = (S_1, S_2, \cdots, S_n)$，以及每个 $(f, \pi^*(b)) \in \mathscr{F}_n$，有

$$\psi_i(f \circ \pi_*^* b) = \psi_j(f, \pi^*(b)) \tag{15.4}$$

对于每个 $1 \le j \le n$ 和每个 $i \in S_j$ 成立，则价格机制 ψ 是一致的。

对于每个 $x, y \in R^n$，定义 $x * y = (x_1 y_1, \cdots, x_n y_n)$，并且，对于每个 $\lambda \in R_{++}^n$，定义 $\lambda^{-1} = (1/\lambda_1, \cdots, 1/\lambda_n)$。此外，对于每个 R^n 上的函数 f，在所有的 $x \in R^n$ 上定义 $(\lambda * f)(x) = f(\lambda * x)$。

如果对于所有 $\lambda, a \in R_{++}^n$，以及 $(f,a) \in \mathscr{F}_n$，有

$$\psi(\lambda * f, \lambda^{-1} * a) = \lambda * \psi(f,a) \tag{15.5}$$

则价格机制 ψ 在重新标准化下是不变的（rescaling invariant）。

如果对于每个 $n \geq 1$，每个 $(f,a),(g,a) \in \mathscr{F}_n$ 和每个 $1 \leq i \leq n$，有

$$\frac{\partial f}{\partial x_i}(x) \geq \frac{\partial g}{\partial x_i}(x) \ \forall \, x \in D_a \Rightarrow \psi_i(f,a) \geq \psi_i(g,a) \tag{15.6}$$

则价格机制 ψ 是强单调的。

奥曼-沙普利价格机制在 Billera 和 Heath（1981）以及 Mirman 和 Tauman（1981）中定义为，对于每个 $n \geq 1$，每个 $(f,a) \in \mathscr{F}_n$ 和每个 $1 \leq i \leq n$，有

$$\phi_i(f,a) = \int_0^1 \frac{\partial f}{\partial x_i}(ta) dt$$

定理 15.6 在 $\mathscr{F}$ 上，存在一个唯一的价格满足成本分摊、一致性、在重新标准化下的不变性以及强单调性。这个价格是奥曼-沙普利价格机制。

定理 15.6 是对 Young（1985）的结论的一般性拓展。Young（1985）证明了奥曼-沙普利价格机制是唯一具有成本分摊、强单调性和加总不变性的价格机制。其中，加总不变性是指价格机制在线性变换下是协变的。下面的例子说明了即使在成本分摊公理下，一致性和重新标准化下的不变性都比加总不变性更弱。

例 15.1 对于每个 $n \geq 1$，每个 $a \in R_{++}^n$，每个 $(f,a) \in \mathscr{F}_n$ 以及每个 $1 \leq j \leq n$，定义 $s_j^a(f) = \max_{x \in D_a} \partial f / \partial x_j(x)$。定义只要 $\sum_{j=1}^n a_j s_j^a(f) \neq 0$，就有

$$\psi_i(f,a) = s_i^a(f) f(a) \Big/ \sum_{j=1}^n a_j s_j^a(f)$$

并且，在其他情形下有

$$\psi_i(f,a) = \phi_i(f,a)$$

很容易验证 ψ 具有成本分摊、一致性和在重新标准化下的不变性，但不具有加总不变性。

定理 15.6 的证明：我们从一些定义开始。令 $n \geq 1$。所有 $\{1,\cdots,$

第15章 平滑非原子博弈的值：多重线性近似方法

$n\}$ 上的博弈都用 $G(n)$ 表示。令 $a \in R^n_+$。所有 $\mathscr{F}$ 中的 (f,a) 都以 $\mathscr{F}(a)$ 表示。满足 f 是 D_a 上的一个多重线性函数的所有 $(f,a) \in \mathscr{F}(a)$ 的集合都用 $ML(a)$ 表示。令 $T^a : \mathscr{F}(a) \to G(n)$ 的定义如下：对于每个 $S \subseteq \{1,\cdots,n\}$，有

$$T^a(f,a)(S) = f(1_S * a)$$

其中，$(1_S)_i = 1$，$\forall i \in S$，且 $(1_S)_i = 0$，$\forall i \notin S$。

很容易验证 T^a 对 $ML(a)$ 的限制是一个 $G(n)$ 上的 1-1 函数。令 $T^{-a} : G(n) \to ML(a)$ 为 $T^a_{|ML(a)}$ 的逆函数。我们现在开始进行证明。

令 ψ 为在 $\mathscr{F}$ 上满足成本分摊、一致性、在重新标准化下的不变性以及强单调性的价格机制。对于每个 $n \geq 1$ 和每个 $a \in R^n_{++}$，定义 $\psi^a : G(n) \to R^n$ 使得下述图形成立

$$\begin{array}{ccc} ML(a) & \xrightarrow{a*\psi} & R^n \\ T^{-a} \uparrow & & \downarrow i \\ G(n) & \xrightarrow{\psi^a} & R^n \end{array}$$

其中，i 是 R^n 的恒等映射，并且 $(a * \psi)(f,a) = a * (\psi(f,a))$。

由于 ψ 满足成本分摊、一致性、在重新标准化下的不变性以及强单调性，ψ^a 是有效的、对称的和强正值的。因此，由 Young (1985a) 可知，ψ^a 是沙普利值。因此，根据 Owen (1972)，在 $ML(a)$ 上，ψ 与奥曼-沙普利价格机制 ϕ 相一致。因此，我们证明了 ψ 和 ϕ 在 $\bigcup_{n\geq 1,\, a \in R^n_{++}} ML(a)$ 上一致。

下面，令 $n \geq 1$，并令 $a \in R^n_{++}$。我们证明在 $\mathscr{F}(a)$ 上 $\psi = \phi$。对于每个 $k \geq 1$，令 $\pi(k) = (S_1,\cdots,S_n)$ 为 $\{1,2,\cdots,kn\}$ 的有序配分，其中，对于每个 $1 \leq p \leq n$ 有

$$S_p = \{(p-1)k+1, (p-1)k+2, \cdots, pk\}$$

此外，定义 $a(k) = (a_1(k), a_2(k), \cdots, a_{kn}(k))$，其中，对于每个 $j \in S_p$，$a_j(k) = a_p/k$；并令 $f(k) = f \circ \pi(k)$。

由于 ψ 是一致的，对于每个 $1 \leq p \leq n$ 和每个 $j \in S_p$，

$$\psi_j(f(k), a(k)) = \psi_p(f,a) \tag{15.7}$$

对于每个固定的 $m \geq 1$ 和每个 $b \in R^m_{++}$，所有 $g(0) = 0$ 的 D_b 上的连续可微函数 g 的空间 $C^1_0(D_b)$ 是一个赋范代数，其范数为：

$$\|g\| = \max_{x \in D_b} |g(x)| + \sum_{l=1}^{m} \max_{x \in D_b} \left|\frac{\partial g}{\partial x_l}(x)\right| b_l$$

并且在 0 处消去的多项式在 $C_0^1(D_b)$ 中是紧致的。注意到映射 $f \to f(k)$ 是从 $C_0^1(D_a)$ 到 $C_0^1(D_{a(k)})$ 中的线性同构。

令 $f \in C_0^1(D_a)$，$\epsilon > 0$。令 g 为 D_a 上的一个多项式，满足 $g(0) = 0$，$\|f - g\| < \epsilon$。将引理 15.1 应用于 $C_0^1(D_{a(k)})$，我们得到，对于一个足够大的 k，存在 $D_{a(k)}$ 上的多重线性函数 γ 使得 $\|\gamma - g(k)\| < \epsilon$。由于 $\|g(k) - f(k)\| < \|g - f\|$，因此

$$\|\gamma - f(k)\| < 2\epsilon \tag{15.8}$$

令 L 为 $C_0^1(D_{a(k)})$ 中的线性函数，其形式由下式给出：

$$L(z) = \sum_{l=1}^{kn} \max_{x \in D_{a(k)}} \left|\frac{\partial(\gamma - f(k))}{\partial x_l}(x)\right| z_l \tag{15.9}$$

由于 $\gamma + L$ 和 $\gamma - L$ 都是 $D_{a(k)}$ 上的线性函数，有

$$\psi(\gamma \pm L, a(k)) = \phi(\gamma \pm L, a(k)) \tag{15.10}$$

由式 (15.9) 可知，对于每个 $1 \leq l \leq kn$，在 $D_{a(k)}$ 上有

$$\frac{\partial(\gamma - L)}{\partial x_l} \leq \frac{\partial f(k)}{\partial x_l} \leq \frac{\partial(\gamma + L)}{\partial x_l}$$

因此，由式 (15.10)、ψ 和 ϕ 的一致性以及 ϕ 的线性性质可得，

$$a_p |\psi_p(f,a) - \phi_p(f,a)| = \left|\sum_{l \in S_p} a_l(k)(\psi_l(f(k),a(k)) - \phi_l(f(k),a(k)))\right|$$
$$\leq \sum_{l \in S_p} \phi_l(2L, a(k)) a_l(k) \leq 4\epsilon$$

因此，对于每个 $1 \leq p \leq n$ 和每个 $\epsilon > 0$，

$$a_p |\psi_p(f,a) - \phi_p(f,a)| < 4\epsilon$$

由于 $a_p > 0$，因此 $\psi(f, a) = \phi(f, a)$。证明完毕。

15.11 伯恩斯坦多项式

令 f 为一个 $[0,1]$ 上的连续函数。伯恩斯坦定理指出，在 $[0,1]$

上多项式序列 $(B_n(t))_{n\geq 1}$ 一致收敛于 $f(t)$，其中

$$B_n(t) = \sum_{k=0}^{n} \binom{n}{k} t^k (1-t)^{n-k} f(k/n)$$

很容易验证，对于连续可微函数 f，定理的证明是充分的。下面，令 f 为一个 $[0,1]$ 上的连续可微函数。对于每个 $n>1$，定义 $D_n = \{x \in R^n : 0 \leq x_i \leq 1 \forall 1 \leq i \leq n\}$ 上的 f_n 为 $f_n(x) = f((x_1 + x_2 + \cdots + x_n)/n)$。令 g_n 为 D_n 上的多重线性函数，并且它在 D_n 的顶点 1_S 上的值是 $f_n(1_S)$，$S \subseteq \{1,2,\cdots,n\}$。

令 $\epsilon > 0$，并令 n 为一个只要 $|t_2 - t_1| \leq 1/n$，就使得 $|f'(t_2) - f'(t_1)| < \epsilon$ 成立的足够大的整数。我们将证明：

$$| g_n(x) - f_n(x) | \leq \epsilon \, \forall \, x \in D_n \tag{15.11}$$

在最后一个不等式中代入 $x = (t,t,\cdots,t)$ 即可实现对定理的证明。

下面，我们证明式（15.11）。对于每个 $x \in D_n$，令 $N(x)$ 为满足 $0 < x_i < 1$ 的下标 i 的个数。显然，$0 \leq N(x) \leq n$。我们将通过 k 上的归纳证明：

$$| g_n(x) - f_n(x) | \leq k\epsilon/n$$

其中，$N(x) = k$。

对于满足 $N(x) = 0$ 的 $x \in D_n$，$x = 1_S$ 对于某些 $S \subseteq \{1,2,\cdots,n\}$ 成立，因此 $g_n(x) = f_n(x)$。假设我们的结论已经在 $0 \leq k < n$ 上得到了证明。下面，我们对 $k+1$ 的情形进行证明。令 $x \in D_n$ 满足 $N(x) = k+1$。令 $l \in \{1,2,\cdots,n\}$ 满足 $0 < x_l < 1$。由于 g_n 是一个多重线性函数，因此：

$$g_n(x) = x_l g_n(z^1) + (1-x_l) g_n(z^0)$$

其中，$z^0 = (x_1, \cdots, x_{l-1}, 0, x_{l+1}, \cdots, x_n)$，$z^1 = (x_1, \cdots, x_{l-1}, 1, x_{l+1}, \cdots, x_n)$。

注意到对于 $i = 0, 1$，$N(z^i) = k$，因此，由归纳假设可知：

$$| g_n(z^i) - f_n(z^i) | \leq k\epsilon/n$$

因此，

$$| g_n(x) - f_n(x) | \leq k\epsilon/n + [x_l(f_n(z^1) - f_n(x)) - (1-x_l)(f_n(x) - f_n(z^0))]$$

由中值定理可知

$$(f_n(z^1) - f_n(x)) = f'(a)((1-x_l)/n)$$

并且

$$(f_n(x) - f_n(z^0)) = f'(b)(x_l/n)$$

其中，$|a-b| \leq 1/n$。因此，

$$|g_n(x) - f_n(x)| \leq k\epsilon/n + (x_l(1-x_l))\epsilon/n \leq (k+1)\epsilon/n$$

因为 $x_l(1-x_l) \leq 1$。证明完毕。

参考文献

Aumann, R. J., and Shapley, L. S., *Values of Non-Atomic Games*, Princeton University Press, Princeton NJ, 1974.

Billera, L. J. and Heath, D. C, *Allocation of Shared Costs: A Set of Axioms Yielding a Unique Procedure*, Math. Oper. Res. 7 (1981), 32–39.

Mirman, L. J. and Tauman, Y., *Demand Compatible Equitable Cost Sharing Prices*, Math. Oper. Res. 7 (1981), 40–56.

Monderer, D., *Measure-Based Values of Nonatomic Games*, Math. Oper. Res. 11 (1986), 321–335.

Owen, G., *Multilinear Extensions of Games*, Manag. Sci. 18 (1972), 64–79.

Young, H. P., *Monotonic Solutions of Cooperative Games*, Int. J. Game Th. 14 (1985a), 65–72.

Young, H. P., "Producer Incentives in Cost Allocation", *Econometrica* 53 (1985b), 757–765.

第 16 章 不可微的 TU 市场：值

让-弗朗索瓦·默滕斯

摘 要

在没有可微性或内部性等其他限制的前提下，私人生产的 TU 经济被证明存在一个 Mertens（1988）所定义的值。在给出具体公式的基础上，对于一个只取决于均衡时的净交易集合的概率分布，这个值被描述为核的重心。

16.1 引言

在可转移效用市场中，在去除可微性

假设并允许私人生产（作为去除奥曼-皮尔斯假设和单调性假设的第一步）的基础上，我们证明了值的存在性，并给出了它的公式。在可微性假设下，奥曼和沙普利的研究得到了与核等价的结果。在不可微情形下，则需要使用 Mertens（1988）所构造的更有效的值概念。特别地，在可微情形下，对称性公理仅在"一阶"意义上起作用——相比于强大数定律——而在不可微情形下，它在"二阶"意义上——相比于中心极限定理——被充分地使用。但与中心极限定理所不同的是，这里没有要求正态分布。的确，正如 Hart（1980）的研究所展示的，与这些问题相关的公式仅满足一个受限的对称性性质（并且并没有由这一性质所界定），因此无法得到任何值。替代性地，Mertens（1988）得到了由对称性唯一地界定的一个柯西分布。在我们的市场情景下，尽管其初始定义在效用空间中，但基于这种柯西分布的平均值脱离了效用空间，并更自然地出现在价格和商品的线性空间中，从而表现为核的重心。

16.2 模型

（1）一个交易者的非原子概率空间 $(T, \mathscr{C}, \mu)$ 是给定的。

（2）消费集为 $\mathbf{R}_+^n$，并给定了一个伯莱尔测度的效用函数 $u: T \times \mathbf{R}_+^n \to \mathbf{R}_+$，使得对于每个 t，$u_t(0)=0$，并且 u_t 是单调的（即非递减的）和上半连续的。

（3）奥曼-皮尔斯假设：在 t 上，$u_t(x)$ 是 $o(\|x\|)$ 可积的；即 $\forall \epsilon > 0$，$\exists \eta(t) \in L_1(\mu)$：$\forall x \in \mathbf{R}_+^n$，$\|x\| \geq \|\eta\| \Rightarrow u_t(x) \leq \epsilon \cdot \|x\|$。

（4）生产对应 Y_t 是给定的——一个 $T \times \mathbf{R}^n$ 的伯莱尔子集——使得对于所有 t，$Y_t \cap \mathbf{R}_+^n \neq \varnothing$，并且 $\int Y_t \mu(dt)$ 是闭的并且与 $\mathbf{R}_+^n$ 有一个有界非空交集。

评论 16.1 就像成本分摊问题那样，效用函数可以是如下类型：如果 $x \geq d_t$，则 $u_t(x)=1$；在其他情况下则为 0，这里，个体需求被视为是给定的。

评论 16.2 初始配置被置于生产集中，并且没有必要假设自由处置，因为我们的效用是单调的。私人生产集代表了每个交易者自身的生产率；联盟生产集在不改变整个分析的本质（一致性上的损失）的前提下是无法引入的。它们也可以被视为一般消费集的代理：我们可以将交易人 t 的消费集定义为他的包含交易效用 $\max_{\text{prod}\in Y_t} u_t(\text{trade} + \text{prod})$ 的可行交易集 $\mathbf{R}_+^n - Y_t$，进而将我们的模型简化为一个具有一般消费集而没有生产的模型。（这种简化在一个"不完全市场"设定下也仍然可行；在这种不完全市场中，某些商品，如自身的闲暇时间，无法买卖，因此交易被限制在一个 $\mathbf{R}_+^n$ 的子空间 V 上。）使用目前这个公式的唯一原因是它使我们可以对生产进行更细致的处理，就像成本分摊问题所要求的那样，并且，它使我们可以使用需求侧的现有结论 (Aumann and Perles, 1965; Aumann and Shapley, 1974)，而不需要重新构建这些理论。

评论 16.3 与 $\mathbf{R}_+^n$ 相交的 Y_t 是使模型具有合理性的最起码的要求——参与人至少有一个能够获得效用的自主行动。从个体理性和合作理论的适用性来说，它也是最基本的设定。另一个条件同样是非常弱的；它保证了，对于至少一个严格正的价格向量 p，可以得到 $\int \sup_{y\in Y_t}\langle p, y\rangle\mu(dt) < 1$；

我们使用符号 Y 而不是 $\int Y_t\mu(dt)$，并在 $Y \cap \mathbf{R}_+^n$ 中固定 y_0。我们先论证 $\forall M$，$X_M = Y \cap (-(M,M,M,\cdots) + \mathbf{R}_+^n)$ 是有界的。如果不是这样，选择该集合的满足 $\|y_k\| \to \infty$ 的 y_k。提取一个使得 $y_k/\|y_k\|$ 收敛的序列 y_∞。因为下界的存在，我们有 $y_\infty \in \mathbf{R}_+^n$。根据 Y 的凸性（李雅普诺夫定理），连接 y_0 至 y_k 的线段属于该集合，并且它们收敛于从 y_0 开始并指向 y_∞ 的射线。由封闭性可知，这一射线属于这个集合；因此 $Y \cap \mathbf{R}_+^n$ 是无界的，因为 y_0 在它之中，并且 $y_\infty \geq 0$。X_M 的紧致性意味着 $X_M - \mathbf{R}_+^n$ 的封闭性，因此也可以得到 $(Y - \mathbf{R}_+^n) \cap (-(M,M,M,\cdots) + \mathbf{R}_+^n)$ 和 $Y - \mathbf{R}_+^n$ 的封闭性。

下面，选择使得 $Y \cap \{x \in \mathbf{R}_+^n \mid \sum x_i \geq K\} = \emptyset$ 的足够大的 K（可能因为 $Y \cap \mathbf{R}_+^n$ 是有界的）。两个集合都是闭的和凸的，并且，从上面的分析可知，我们得到了两者之间的最小距离（即在无限上这一距离将是无限的），从而都是严格正的。因此，两个集合都是严格可分的：我们有一个线性函数 p，使得 $\min_{x\geq 0;\sum x_i\geq K}\langle p, y\rangle > \sup_{y\in Y}\langle p, y\rangle$。其中，左边的这一项是有下界的，而这意味着 $p \in \mathbf{R}_+^n$；因此，因为 $Y \cap \mathbf{R}_+^n \neq \emptyset$，右边的这一项是非负的；左边这一项的严格正值性意味着 p

严格为正。这样，通过标准化可以使得右边的这一项<1。

最后，很容易验证，对于任意具有非空积分 $Y(y_0 \in Y)$ 的可测对应 Y_t 以及任意线性函数 p，有 $\int \sup_{y \in Y_t} \langle p, y \rangle \mu(dt) = \sup_{y \in Y} \langle p, y \rangle$。令 y_t 为从 Y_t 选出的可积项，并令 $Y_t^n = \{y \in Y_t \mid \|y - y_t\| \leq n\}$。任意来自 Y_t^n 的可测选择都是可积的，并且 $\sup \langle p, Y_t^n \rangle$ 单调收敛于 $\sup \langle p, Y_t \rangle$。因为存在来自 Y_t^n 的可测选择 y_t^n，使得 $\langle p, y_t^n \rangle \geq \sup \langle p, Y_t^n \rangle - \epsilon$，我们可以得到所需的结论。特别地，任意来自 $Y_t \cap \mathbf{R}_+^n$ 的可测选择均是可积的。

此外，这还意味着闭集 $Y - \mathbf{R}_+^n$ 等于 $\int (Y_t - \mathbf{R}_+^n) \mu(dt)$。令 z_t 表示来自 $Y_t - \mathbf{R}_+^n$ 的一个可积选择。存在来自 Y_t 的可测选择 y_t 使得 $y_t \geq z_t$。因此，y_t^- 是可积的。因为 $\langle p, y_t \rangle$ 被可积函数 $\sup_{y \in Y_t} \langle p, y \rangle$ 所主导，并且由于 p 是严格为正的，因此可以得到 y_t 的可积性。因此，我们的论断就成立了。

评论 16.4 一个奥曼-皮尔斯假设的等价表述是要求对于某些（并且接下来对每一个）初始资源 ω 的严格正的向量，由再分配所能得到的效用向量的集合在 L_1 中（一致可积）是相对弱紧的；如果 u 是凹的，则它是弱紧的。

假设 u_t 满足奥曼-皮尔斯假设。这样，对于 $\|x\| \geq f_\epsilon(t)$，$u_t(x) \leq \epsilon \|x\|$；因此，由单调性可知，对于所有 x，$u_t(x) \leq \epsilon \max(\|x\|, f_\epsilon(t))$，其中 $f_\epsilon(t)$ 是可积的。因此，对于每个再分配 x_t 和所有的 $\lambda > 0$，我们有

$$\int_{u_t(x_t) \geq \lambda} u_t(x_t) \mu(dt) \leq \epsilon \int \|x_t\| \mu(dt) + \int_{\{\epsilon f_\epsilon(t) \geq \lambda\}} \epsilon f_\epsilon(t) \mu(dt)$$

$$= \epsilon \|\omega\| + \int_{\{\epsilon f_\epsilon(t) \geq \lambda\}} \epsilon f_\epsilon(t) \mu(dt)$$

（为方便起见，$\|x\| = \sum |x_i|$）。

因此，对于任意 $\delta > 0$ 和任意 ω，我们可以首先选择足够小的 $\epsilon > 0$ 使得 $\epsilon \|\omega\| \leq \delta/2$。接下来，给定这个 ϵ，选择足够大的 λ 使得 $\int_{\{\epsilon f_\epsilon(t) \geq \lambda\}} \epsilon f_\epsilon(t) \mu(dt) \leq \delta/2$，因为 $\epsilon f_\epsilon(t)$ 是可积的。

因此，我们得到 $\int_{\{u_t(x_t) \geq \lambda\}} u_t(x_t) \mu(dt) \leq \delta$。这就证明了 $\{u_t(x_t) \mid$

$x_t \geq 0, \int x_t \leq \omega\}$ 的一致可积性，根据邓福德-佩蒂斯准则，这等价于它在 L_1 中的相对弱紧性。

反过来，如果这个集合 H 对于某些严格正的 ω_0 是一致可积的，则根据德·拉·瓦莱-普桑准则，在 $\mathbf{R}_+$ 上存在一个凸的连续函数 F 使得 $F(0) = 0$，$F(x)/x \geq 1$，$\lim F(x)/x = +\infty$，并且对于所有 λ，$\sup\{\int F(|u_t|)\mu(dt) \mid u_t \in \lambda H\} < +\infty$。令对于 $\lambda > 0, v_t(x) = F(\lambda u_t(x))$。这样，我们有

$$H(\omega) = \sup\{\int v_t(x_t)\mu(dt) \mid \int x_t \mu(dt) \leq \omega, x_t \geq 0\}$$

在某些内部的 ω_0 上是有限的。它对于所有的 $\omega \geq 0$ 都是非负的，并且，根据李雅普诺夫定理，它是凹的，进而它对于所有的 $\omega \geq 0$ 都是有限的，并且显然是单调的。凹性进一步意味着 $H(\omega) \leq A + \langle p, \omega \rangle$，其中 p 属于 H 的超梯度（例如，在 ω_0 处）；选择 $B > \max_i p_i$，这样就得到 $H(\omega) \leq A + B\|\omega\|$。因此，对于所有可积的 x_t 和所有 $\omega \geq \int x_t \mu(dt)$，我们有

$$\int v_t(x_t)\mu(dt) \leq A + B\sum \omega_i$$

即对于所有可积的 x_t，

$$\int [v_t(x_t) - B\sum_i x_t^i]\mu(dt) \leq A$$

换句话说，函数 $g(t) = \sup_{x \geq 0} v_t(x) - B\sum_i x^i$ 是可积的，并且，对于所有 t 和 x，$v_t \leq g(t) + B\sum x^i$，或者 $u_t(x) \leq (1/\lambda)F^{-1}[g(t) + B\|x\|]$。这个不等式显然意味着奥曼-皮尔斯条件。这是可以进一步证明的。考虑 $\lambda = 1$ 的公式，修正 g 和 F 以便使得 $B = 1$。

例如，我们可以选择一个更小的 F 来满足当 $x \to \infty$ 时，$xF'(x)/F(x) \to 1$。这样，对于某些 c 和所有的 x 以及所有的 $\lambda \geq 1$，$F(\lambda x) \leq \lambda^c F(x)$。下面，选择一个凸的单调函数 H，满足 $H(0) = 0$，$H(x)/x \geq 1$，$\lim_{x \to \infty} H(x)/x = +\infty$，并且 $\lim H(F^{-1}(x))/x = 0$。这样，对于 $y = F^{-1}(x)$ 和 $\lambda \geq 1$，

$$\frac{H(\lambda F^{-1}(x))}{x} = \frac{H(\lambda y)}{F(y)} \leq \lambda^c \frac{H(\lambda y)}{F(\lambda y)}$$

$$= \lambda^c \frac{H(F^{-1}(z))}{z}$$

其中，$z = F(\lambda y)$。

因此，

$$\lim_{x \to \infty} \frac{H(\lambda F^{-1}(x))}{x} = 0 \quad 对于所有 \lambda > 0$$

因此，对于所有 $\epsilon > 0$，$H[\epsilon^{-1} F^{-1}(x)] - \epsilon x$ 达到了一个有限最大值 $h(\epsilon)$。进一步地，H 的凸性意味着 $H(A/\epsilon)$ 对于 ϵ 是凸的；因此，$h(\epsilon)$ 是 ϵ 的凸的递减函数，并且是这类函数的上确界。这样，对于 $\alpha = g(t) + \|x\|$，

$$H[\epsilon^{-1} u_t(x)] - \epsilon \|x\| \leq H[\epsilon^{-1} F^{-1}(g(t) + \|x\|)] - \epsilon \|x\|$$
$$= H[\epsilon^{-1} F^{-1}(\alpha)] - \epsilon \alpha + \epsilon g(t)$$

因此，

$$\sup_{x \geq 0} H\left[\frac{1}{\epsilon} u_t(x)\right] - \epsilon \|x\| \leq \sup_{\alpha \geq g(t)} \left[H\left(\frac{1}{\epsilon} F^{-1}(\alpha)\right) - \epsilon \alpha + \epsilon g(t)\right]$$
$$\leq \epsilon g(t) + \sup_{\alpha \geq 0}\left[H\left(\frac{1}{\epsilon} F^{-1}(\alpha)\right) - \epsilon \alpha\right]$$
$$\leq h(\epsilon) + \epsilon g(t)$$

因此，令 $H^{-1} = U$，我们得到：

$$u_t(x) \leq \epsilon U[h(\epsilon) + \epsilon(g(t) + \|x\|)]$$
对于所有 $t, x \geq 0, \epsilon > 0$

因此 U 是一个满足 $U(0) = 0 = \lim_{x \to \infty} U(x)/x$ 的递增的凹的李普希茨函数，h 是一个凸的递减函数，而 g 是一个正的可积函数。

因此，我们得到了比奥曼-皮尔斯条件更为准确的 $u_t(x)$ 的边界；它们仅仅涉及单变量函数 $h(\epsilon)$ 和 $g(t)$（以及 U），而不是双变量函数 $f_\epsilon(t)$。

唯一剩下的工作就是证明，如果 u 是凹的，则 $H = \{u_t(x_t) \mid \int x_t \mu(dt) \leq \omega\}$ 是 L_1 中的弱闭集。因为 H 是凸的，可以很充分地证明强封闭性。接下来，考虑一个序列 $x_t^n \geq 0$ 服从 $\int x_t^n \mu(dt) \leq \omega$，且 $u_t(x_t^n)$ 在 L_1 中收敛于某个 $f(t)$。提取一个子序列，我们还可以假设

$u_t(x_t^n) \to f(t)$ 几乎处处成立。根据 Hildenbrand 和 Mertens（1971），存在一个测度函数，服从 μ 几乎处处成立。x_t 是 x_t^n 的一个极限点［因此 $u_t(x_t) \to f(t)$］，并服从 $\int x_t \mu(dt) \le \omega$。因此 $f \in H$，而这样我们的论断就得到了证明。

这一界定过程明显去除了奥曼-皮尔斯条件，并且"解释"了为什么这对于特征函数计算中的所有相关最大值的有限性及达到来说是一个自然的条件。（对于这里的最后一点，在非凹的 u_t 的情形中，李雅普诺夫定理的应用仍然是必要的。）在 NTU 框架下，它还使我们得到了乘以某些正的 λ_t 后满足奥曼-皮尔斯条件的函数 u_t 的一个简单的界定。面对这种乘法运算，这些函数满足：

$$\lim_{r \to \infty} \frac{1}{r} \sup_{\|x\|=r} \sup_t u_t(x) = 0$$

如果 $\lambda_t u_t(x) \le U(g(t) + \|x\|) \le U(g(t)) + U(\|x\|)$（$U$ 的凹性），则

$$\frac{\lambda_t}{1+U(g(t))} u_t(x) \le 1 + U(\|x\|)$$

因此，通过将 $\lambda_t/[1+U(g(t))]$ 作为一个正的乘数，这就确定了我们的条件。反过来，令 $h(r) = \sup_{\|x\|=r} \sup_t u_t(x)$。如果 $h(r)/r$ 收敛于 0，则由单调性可知，h 的凹化 U 也满足 $U(r)/r \to 0$，并且对于所有 t 和 x，有 $u_t(x) \le U(\|x\|)$，而这意味着奥曼-皮尔斯条件。

此外，对于这样的 u，$\lambda_t u_t(x)$ 满足奥曼-皮尔斯条件的前提是，令 $v_t(\alpha) = \sup_{x \ge 0}[\alpha u_t(x) - \|x\|]$［$v_t$ 是凸的、单调的，满足 $v_t(0) = 0$，甚至有 $v'_t(0) = 0$ 和 $\sup_t v_t < +\infty$］，对于所有 $K \ge 0$，$\int v_t(K\lambda_t)\mu(dt) < +\infty$。

16.3 特征函数

定义 令

$$u(\chi,\alpha) = \sup\left\{\int \chi(t)u_t(x(t))\mu(dt) \,\Big|\, \int \chi(t)x(t)\mu(dt) = \alpha, x(t) \ge 0\right\}$$

引理 16.1

(a) 达到 $u(\chi,\alpha)$ 的定义中的上确界；

(b) 在具有 NA 拓扑 [或者 $\sigma(L_\infty(\mu),L_1(\mu))$ 拓扑] 的所有 $\chi \geq 0$ 的空间与 $\mathbf{R}_+^n$ 的幂上，u 是单调的、正值的、一次齐次的、凹的和连续的。

证明：这基本上来自 Aumann 和 Shapley（1974，第 Ⅵ 章；以下简称"A. S."）以及 Aumann 和 Perles（1965）。

先注意到 u_t 的凹化变换 u_t^* 可以实现，它也满足我们的假设，并且它是连续的（A. S.，36.2——u 的上半连续性对于这一证明是充分的）。类似地，由（A. S.，36.1）可以得到引理 16.1 中的 (a)，而 (A. S.，36.3) 意味着将 u 替换为 u^* 时，$u(\chi,\alpha)$ 不会受到影响。因此，我们可以假设 u 是凹的和连续的。注意到，若我们将 u 替换为一个（在 t 和 x 上）一致近似，则可以充分证明 (b)。因此，先将 $\epsilon \sum_i x_i/(x_i+1)$ 添加至每个 u_t，这样 u_t 就是严格凹的和严格单调的。在需要的时候，可以将它们替换为一个一致平滑以便满足 A. S. 的可微性假设。通过一个直观的众所周知的计算可以得到凹性：如果 x^i 在 χ^i、α^i 处达到了最大值，则对于 $\lambda^i \geq 0$，$\lambda^1 + \lambda^2 = 1$，令

$$\chi(t)=\lambda^1\chi^1(t)+\lambda^2\chi^2(t),\quad \alpha=\lambda^1\alpha^1+\lambda^2\alpha^2$$

且

$$x(t)=\frac{\lambda^1\chi^1(t)x^1(t)+\lambda^2\chi^2(t)x^2(t)}{\chi(t)}$$

（我们只关心 t：$\chi(t)>0$）。这样，$\int \chi(t)x(t)\mu(dt)=\alpha$，$x(t)\geq 0$，并且，由 u_t 的凹性可知，

$$u_t(x(t)) \geq \frac{\lambda^1\chi^1(t)u_t(x^1(t))+\lambda^2\chi^2(t)u_t(x^2(t))}{\chi(t)}$$

因此

$$\int \chi(t)u_t(x(t))\mu(dt) \geq \lambda^1 u(\chi^1,\alpha^1)+\lambda^2 u(\chi^2,\alpha^2)$$

正一次齐次性是很明显的，而单调性来自正值性和凹性（例如，就像

第 16 章 不可微的 TU 市场：值

A.S. 的引理 39.9 那样）。

至于连续性，我们应先注意到可以充分证明每个自变量上的连续性。在紧凸多面体上的连续凹函数的空间中，点式收敛意味着一致收敛（例如，在各面上进行归纳）。因此，如果在 NA 拓扑中 $\chi_\beta \to \chi$，$u(\chi_\beta, \alpha)$ 在每个单纯形 $\{\alpha \mid \sum \alpha_i \leq M\}$（在 χ 上连续）上仍然一致收敛于 $u(\chi, \alpha)$。因此，如果在这个单纯形中也有 $\alpha_n \to \alpha$，则可以得到 $u(\chi_\beta, \alpha_n) \to u(\chi, \alpha)$。$u(\chi, \cdot)$ 在 α 上的连续性可以由 A.S. 的命题 37.13 得到（将 $\chi d\mu$ 替换为 $d\mu$，并使用 $S=I$）。对于固定的 α 我们可以假设 $\alpha > 0$，并忽略其他坐标。为了得到上半连续性，使用 A.S. 的命题 36.4，并将 S 替换为 χ_0。选择任意的一个 $y(t) \in \mathbf{R}_+^n$，使得对于某些 χ，$\int \chi(t) y(t) \mu(dt) = \alpha$。将 A.S. 的命题 36.4 的结果对 $y(s)$ 而不是 x 积分可得：

$$u(\chi, \alpha) \leq \langle p, \alpha \rangle + \int \chi(t) f(t) \mu(dt) \quad \text{对于所有 } \alpha \text{ 及 } \chi$$

其中，$f(t) = u_t(x(t)) - \langle p, x(t) \rangle$，而 x 在 (χ_0, α_0) 处达到最大值。因此 $f(t) \geq 0$，并且，根据奥曼-皮尔斯条件，x_t 在 u 上是可积的，因为 p 是严格正的。由此可以进一步得到 f 是可积的，因此右边是 $\sigma(L_\infty(\mu), L_1(\mu))$ 连续的，并且处处位于 u 的上方。因为在 χ_0 处该式取等号，因此在任意 χ_0 上，$u(\chi, \alpha)$ 是上半连续的。$\sigma(L_\infty(\mu), L_1(\mu))$ 下半连续性则可以直接得到：令 (χ, α) 处的最大值在 x_t 处得到。对于某些很大的常数 M，将 x_t 替换为 $(x_t, (M, M, M, \cdot))$。这样，它就是可积的，并且在 (χ, α) 处肯定可行，而且在该处近似取得最大值。下面，令 $v_t(x)$ 为满足我们的假设的有限类型效用函数，使得处处都有 $v_t \leq u_t$，并且逼近于 $u_t(x_t)$。由 v_t 得到的函数 v 处处都在 u 的下方，并且在 (χ, α) 处近似等于 u。因为 v_t 是有限类型的，v 是在 $L_1(\mu)$ 中的有限多个测度上的 χ 的积分的连续函数，从而是 $\sigma(L_\infty(\mu), L_1(\mu))$ 连续的。因此，我们得到了下半连续性。这样就完成了引理 16.1 的证明。证明完毕。

对于所有 $\chi \geq 0$，χ 是有界的，令

$$V_\chi = \int [\chi_t Y_t] d\mu(t) = \int Y_t (\chi_t d\mu(t))$$

$$V_\chi = \left\{ \int \chi_t y_t d\mu(t) \mid \text{来自 } Y_t \text{ 的可积选择 } y_t \right\}$$

此外，令 $\underline{Y}_\chi$（或 $\overline{Y}_\chi$）表示 $\underline{V}_\chi \cap \mathbf{R}_+^n$（或 $\overline{V}_\chi \cap \mathbf{R}_+^n$）。

引理 16.2 $\underline{V}_\chi$（或 $\underline{Y}_\chi$）在 V_χ（或 Y_χ）中是稠密的：对于任意来自 Y_t 的 $(\chi_t d\mu(t))$ 可积选择 y_t，存在一个来自 Y_t 并在 $L_1(\chi_t d\mu_t)$ 中收敛于 y 的 μ 可积选择的序列 y_t^n，使得当 $\int \chi_t y_t d\mu(t) \geq 0$ 时，$\int \chi_t y_t^n d\mu_t \geq 0$。

证明：令 y_t 表示一个 Y 的 $(\chi(t)d\mu(t))$ 可积选择。令 $A_n = \{t \mid \chi_t \geq 1/n \text{ 且 } \|y_t\| \leq n\}$，并令 $\nu(B) = \left(\int_B \chi_t d\mu_t, \int_B \chi_t y_t d\mu_t \right)$。令 z_t 表示来自 $Y_t \cap \mathbf{R}_+^n$ 的一个可测选择：z_t 是可积的（第 16.2 节的评论 16.3）。我们希望论证，$\forall \theta < 1, \exists n, \exists C \subseteq A_n$ 服从 $\nu(C) = \theta \nu(I)$。如果我们令 $\bar{y}_t = y_t I_C + z_t(1 - I_C)$，则 $\bar{y}_t$ 将是来自 Y_t 的一个可积选择，因为 y_t 在 A_n 上是可积的。此外，如果 $\int y_t \chi_t d\mu_t \geq 0$，则 $\int \bar{y}_t \chi_t d\mu_t \geq \nu(C) = \theta \int \chi_t y_t d\mu_t \geq 0$；并且 $\int |\bar{y}_t - y_t| \chi_t d\mu_t = \int_{T \setminus C} |z_t - y_t| \chi_t d\mu_t$ 可以任意小，因为被积项是可积的（$\chi_t d\mu_t$），并且 $T \setminus C$ 的测度可以是任意小的。因此，引理将成立。我们将证明，对于任意非原子向量测度 ν 和任意递增至 I 的序列 A_n，上述论证都是成立的。出于这一目的，我们可以将 ν 的每个坐标分为正的部分和负的部分，并对它们标准化；因此，我们可以进一步假设 ν 是一个非原子概率向量。此外，如果 ν 的某一个坐标可以写成其他坐标的线性组合，则不失一般性地，这个坐标可以删除：ν 是满维的。因此，由凸性和 $1/2$ 周围的对称性可知，$\left(\frac{1}{2}, \frac{1}{2}, \cdots, \frac{1}{2} \right)$ 是一个内点；再一次使用凸性可知，$(\theta, \theta, \cdots, \theta)(0 < \theta < 1)$ 是一个内点。

因此，令 $(z_i)_{i=0}^n$ 表示将 θ 包含于其内部的一个小的单纯形的顶点，$z_i = v(B_i)$。令 $z_{i,k} = \nu(B_i \cap A_k)$：$z_{i,k} \to z_i$，因此，对于 $k \geq k_0$，θ 是 $z_{i,k}$ 的一个凸组合。根据李雅普诺夫定理，这意味着 $\exists C \subseteq A_{k_0}$，$\nu(C) = \theta$。这就证明了引理。证明完毕。

推论 16.1 令 $\overline{V}_\chi$ 表示 V_χ 的闭包。$\underline{V}_\chi$ 在 $\overline{V}_\chi$ 中是稠密的。

定义

$$w(\chi, x) = \sup\{\mu(\chi, \alpha) \mid \alpha \in V_\chi + x, \alpha \geq 0\} \quad (\sup \emptyset = -\infty)$$

$$v(\chi) = w(\chi, 0)$$
$$\bar{v}(\chi) = \sup\nolimits_{\alpha \in V_\chi \cap \mathbf{R}_+^n = Y_\chi} u(\chi, \alpha)$$

推论 16.2

(1) $0 \leq v \leq \bar{v}$。

(2) w、v 和 $\bar{v}$ 都是凹的、正一次齐次的，并且是单调的。

证明： 不等式的成立是很明显的。$w(\chi_1 + \chi_2, x_1 + x_2) \geq w(\chi_1, x_1) + w(\chi_2, x_2)$ 来自 $V_{\chi_1} + V_{\chi_2} = V_{\chi_1 + \chi_2}$（参见附录中的引理 16A.1），并且 $u(\chi_1 + \chi_2, \alpha_1 + \alpha_2) \geq u(\chi_1, \alpha_1) + u(\chi_2, \alpha_2)$（引理 16.1）。正一次齐次性可以类似地得到。

我们只使用附录中引理 16A.1 的 $Y_{\chi_1 + \chi_2} \supseteq Y_{\chi_1} + Y_{\chi_2}$。由它可以得到 $V_{\chi_1} + V_{\chi_2} \subseteq V_{\chi_1 + \chi_2}$；因此 $\bar{V}_{\chi_1} + \bar{V}_{\chi_2} \subseteq \bar{V}_{\chi_1 + \chi_2}$，进而可以得到 $\bar{v}$ 的凹性。

注意到 $w(\chi_1, x_1) > -\infty$，并且 $\chi_2 \geq \chi_1$，$x_2 \geq x_1$ 意味着 $w(\chi_2, x_2) > -\infty$（因此两者都大于等于 0）。因此，沿着从点 1 至点 2 和更远的整个半射线，函数 w 是凹的，并且大于等于 0。它必然是单调的，因此 w 是单调的［因为当 $w(\chi_1, x_1) = -\infty$ 时无须证明］。同样的论证也适用于 $\bar{v}$。这就完成了对推论 16.2 的证明。证明完毕。

推论 16.3 对于 $\chi \geq \epsilon > 0$，有 $v(\chi) = \bar{v}(\chi)$。

证明： 由附录中引理 16A.2 的证明可以直接得到。

引理 16.3 令 ν 为一个非原子向量测度，$\sigma = \sum_i |\nu_i|$。对于任意向量测度 $\boldsymbol{\mu}$，用 $R(\boldsymbol{\mu})$ 表示 $\boldsymbol{\mu}$ 的值域 $\{\boldsymbol{\mu}(C) \mid C \in \mathscr{C}\}$，并且，对于任意 $f \in L_1(\sigma)$，令 $f \cdot \nu$ 表示向量测度 $(f \cdot \nu)(C) = \int_C f d\nu$。这样，对于任意向量 x，$f \in L_1(\sigma)$ 的集合服从 $R(f \cdot \nu)$ 与 $\{\lambda x \mid \lambda > 1\}$ 的交集在 $L_1(\sigma)$ 中是弱开的。

证明： 只有 $x \neq 0$ 是我们所关心的。这样，令 f_0 在集合中；即 $\exists C: \int_C f_0 d\nu = (1+\epsilon) x$。如果 f_α 收敛于 f_0，则 $f_\alpha \cdot I_C$ 收敛于 $f_0 \cdot I_C$，并且 $R(f_\alpha I_C \cdot \nu) \subseteq R(f_\alpha \cdot \nu)$。因为我们可以假设对于 $t \in C$，$f_0(t) \neq 0$，我们可以假设 C 是整个空间，并且处处都有 $f_0 \neq 0$。接下来，我们可以用 $f_0 \cdot \nu$ 来替换 ν，用 f_α/f_0 来替换 f_α，并将问题简化为 $f_0 = 1$ 的情形。此外，注意到向量空间 V 由包含所有 $R(f_\alpha \cdot \nu)$ 的 $R(\nu)$ 所覆盖。［如果 λ 是一个在 V 上成 0 的线性泛函，测度 $\sum \lambda_i \nu_i$ 为 0，从而它对 σ 的拉冬-尼克狄姆导数 $\sum \lambda_i g_i (g_i = d\nu_i/d\sigma)$，几乎必

然是 0；因此对于任意 S，$\sum \lambda_i \int_S f_\alpha \cdot g_i d\sigma$ 为 0。] 这样，不失一般性地，我们可以假设 $R(v)$ 是满维的：x 是 $R(v)$ 的一个内点［根据凸性（李雅普诺夫）和 $v\left(\frac{1}{2}\right)$ 附近的对称性］。因为对于每个 $v(S) \in R(v)$，有 $v(S) = \lim[(f_\alpha \cdot v)(S)]$（$f_\alpha$ 趋向于 1），$R(f_\alpha \cdot v)$ 的凸性意味着对于所有足够大的 α，$x \in R(f_\alpha \cdot v)$。而这就证明了引理。证明完毕。

命题 A v 在 $(L_\infty(\mu))^+$ 上是 $\sigma(L_\infty(\mu), L_1(\mu))$ 下半连续的。

证明：我们论证在 χ_0 处的下半连续性。令 $\alpha = \int \chi_0(t) y(t) \mu(dt)$ 使得 $u(\chi_0, \alpha)$ 近似于 $v(\chi)$，其中 y_t 是 Y_t 的一个可积选择（相比于推论 16.1 和 v 的定义）。我们已经证明了在集合 Y_t 中加入自由处置不会影响 v，并且，很明显，缩小集合 Y_t 只会使 v 减小。因此，我们可以假设对于所有 t，$Y_t = \{y_t, 0\}$。根据引理 16.3，χ_0 的邻域内的任意联盟 χ 的生产集 $R(\chi \cdot y \cdot \mu)$ 将包含 $(1-\epsilon)\alpha$。因此，在这个邻域内，$v(\chi) \geq u(\chi, (1-\epsilon)\alpha)$。根据引理 16.1，

$$u(\chi, (1-\epsilon)\alpha) \geq u((1-\epsilon)\chi, (1-\epsilon)\alpha) = (1-\epsilon)u(\chi, \alpha)$$

并且，对于 χ_0 的邻域内的 χ，$u(\chi, \alpha)$ 逼近于 $u(\chi_0, \alpha)$，而后者逼近于 $v(\chi_0)$，从而可以完成证明。证明完毕。

命题 B 在每一个有界不为 0 的 χ_0 上，$\bar{v} = v$，并且在 χ_0 处是一个 $\{\chi \mid 0 \leq \chi \leq M\}$ 上的 $\sigma(L_\infty(\mu), L_1(\mu))$ 上半连续函数。

证明：根据推论 16.3，我们需要证明任意 $\{\chi \mid 0 \leq \chi \leq 1, \bar{v}(\chi) \geq \alpha\}$ 的弱*闭包中的有界不为 0 的 χ_∞ 属于这个集合。由推论 16.2 可知，这些集合是凸的，因此可以考虑它们的 $\tau(L_\infty, L_1)$ 闭包。因为麦基拓扑在 $\{\chi \mid 0 \leq \chi \leq 1\}$ 上与依测度收敛的拓扑一致，我们必须证明，如果 $\chi_i \to \chi_\infty$ 在 μ 测度中，$0 \leq \chi_i \leq 1$，则 $\limsup \bar{v}(\chi_i) \leq \bar{v}(\chi_\infty)$。

我们可以先提取一个 χ_i 的子序列使得 $\bar{v}(\chi_i)$ 收敛［至之前的 $\limsup \bar{v}(\chi_i)$］。接下来，我们可以进一步提取一个 μ（几乎处处收敛于 χ_∞）的子序列 χ_i（通过一个空集上的变换甚至可以处处收敛）。

下面，令 $\tilde{\chi}_i(t) = \sup_{j \geq i} \chi_j(t)$。$\tilde{\chi}_i$ 构成了一个理想的递减至 χ_∞ 的值函数序列。这样，$\tilde{\chi}_i \geq \chi_i$，因此 $\bar{v}$ 的单调性（推论 16.2）意味着 $\bar{v}(\tilde{\chi}_i) \geq \bar{v}(\chi_i)$，并且类似地，$\bar{v}(\tilde{\chi}_i)$ 是递减的，并且 $\bar{v}(\tilde{\chi}_i) \geq$

第16章 不可微的TU市场：值

$\bar{v}(\chi_\infty)$；我们可以进一步假设初始的序列 χ_i 是递减的。效用是单调的，因此对于 v 的计算，假设 Y_t 的自由处置不会使我们的分析产生任何一般性的损失。我们的假设在修正的 Y 上也是成立的。

我们先沿主对角线将长度为 $\epsilon > 0$ 的向量 ϵ 加入每个生产集 Y_t，并令 V_χ^ϵ 表示相应的联盟生产集。我们有 $V_\chi^\epsilon = V_\chi + \epsilon \int \chi d\mu$。因此，如果 $v \in \cap_{\epsilon>0} V_\chi^\epsilon$，则 $v \in \bar{V}_\chi$。因此 $\cap_{\epsilon>0} \bar{Y}_\chi^\epsilon = \bar{Y}_\chi$。

此外，因为 Y_1 是紧致的，Y_1^ϵ 也是紧致的，并且 $\bar{Y}_\chi^\epsilon$ 都是紧致的。由此可知，在豪斯多夫拓扑中 $\bar{Y}_\chi^\epsilon$ 递减至 $\bar{Y}_\chi$。

进一步地，连续的 $u(\chi, \cdot)$ 在紧致集合上是一致连续的，因此 $\bar{v}^\epsilon(\chi)$ 递减至 $\bar{v}(\chi)$。因此，可以很充分地证明 $\bar{v}^\epsilon$ 的上半连续性。我们可以假设对于某些 $\epsilon > 0$，$\epsilon \in Y_t$ 对所有的 t 都成立。由此可以得到，在这一假设下，对于所有的 χ，Y_χ 在 $\bar{Y}_\chi$ 中是紧致的，从而处处都有 $\bar{v} = v$。

进一步地，$u(\chi, \alpha)$ 的连续性意味着，当 $\chi_i \to \chi$ 时，在 R^n 的有界子集上，$u(\chi_i, \cdot)$ 一致收敛于 $u(\chi, \cdot)$。因此，为了证明 $v(\chi_i) \to v(\chi)$，可以证明在豪斯多夫拓扑中，对于递减序列 χ_i（即 $\cap_i \bar{Y}_{\chi_i} \subseteq \bar{Y}_\chi$ 的序列），$Y_{\chi_i} \to Y_\chi$。最后，因为我们的 χ_i 是下有界的，我们只需要证明 $\cap_i Y_{\chi_i} \subseteq \bar{V}_\chi$。如果不是这样，选择 $y \in (\cap_i Y_{\chi_i}) \backslash \bar{V}_\chi$。我们有 $\epsilon \mu(\chi)$ 在 Y_χ 中，从而 $\epsilon \mu(\chi)$ 在所有的 Y_{χ_i} 中，并且 Y_{χ_i} 都是凸的，所以，对于足够小的 $\delta > 0$，我们可以将 y 替换为 $(1-\delta)y + \delta \cdot \epsilon \mu(\chi)$，并仍然保留原有的性质：我们可以假设 y 在正象限的内部。此外，用 C_M 表示 y 和 $\{z \mid z \geq 0, \sum z_i = M\}$ 的凸壳：对于充分大的 M，$C_M \cap \bar{V}_\chi = \varnothing$；如果不是这样，我们将有 $(y + \mathbf{R}_+^n) \cap \bar{V}_\chi \neq \varnothing$，从而 $y \in \bar{V}_\chi$。这样，就像第16.2节的评论16.3中那样，对于一个分离泛函 λ，我们可以得到：

$$\lambda_i > 0 \quad \forall i \quad 及 \quad \sup_{z \in \bar{V}_\chi} \sum \lambda_i z_i < \sum \lambda_i y_i$$

注意到对于 $\chi \geq \epsilon > 0$，$\sup_{z \in V_1} \langle \lambda, z \rangle = \epsilon^{-1} \sup_{z \in V_\epsilon} \langle \lambda, z \rangle \leq \epsilon^{-1} \sup_{z \in V_\chi} \langle \lambda, z \rangle < \infty$。

令 y_t^ϵ 为来自 Y_t 的可积选择，使得 $\epsilon + \int \langle \lambda, y_t^\epsilon \rangle \mu dt \geq \int \sup_{y \in Y_t} \langle \lambda,$

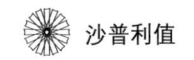

$y\rangle\mu dt$（相比于第 16.2 节的评论 16.3）。则 $0 \leq \chi(t) \leq 1$ 意味着 $\sup_{z \in V_\chi}\langle \lambda, z\rangle - \langle \lambda, \int \chi(t)y^\epsilon(t)\mu(dt)\rangle \leq \epsilon$。选择 ϵ 使得 $\sup_{z \in \bar{V}_\chi}\langle \lambda, z\rangle + \epsilon < \langle \lambda, y\rangle$；这样有

$$\langle \lambda, y\rangle \leq \sup_{z \in V_{\chi_i}}\langle \lambda, z\rangle \leq \langle \lambda, \int \chi_i(t)y^\epsilon(t)\mu(dt)\rangle + \epsilon$$

因此，在递减序列 χ_i 上取极限，我们得到 [由于 $y^\epsilon(t)$ 是可积的]：

$$\langle \lambda, y\rangle \leq \langle \lambda, \int \chi(t)y^\epsilon(t)\mu(dt)\rangle + \epsilon \leq \sup_{z \in V_\chi}\langle \lambda, z\rangle + \epsilon$$

这与我们之前的不等式是矛盾的。证明完毕。

定理 16.1 v 和 $\bar{v}$ 都是单调的、正一次齐次的、凹的，并且在每个有界不为 0 的 χ_0 处，它们是一致的，并且是 $\sigma(L_\infty(\mu), L_1(\mu))$ 连续的。在这些点上，可以到达 v，并且 v 处处 $\sigma(L_\infty(\mu), L_1(\mu))$ 下半连续。

证明： 函数 v 的到达性是因为，在这些 χ 处，由附录中的引理 16A.2 可得 $V_\chi = \underline{V}_\chi = \bar{V}_\chi$。除了在命题 B 中 M 可以取 $+\infty$ 外（这一点可以由稍后的结论得到，并且在那之前不会被使用），剩余部分我们之前已经进行了证明。证明完毕。

16.4 核

本节基本上是 S. Hart（1977a，b）对经典方法的改进以及对奥曼和沙普利理论的发扬 [此外，参见 P. Dubey（1975）对包含生产的有限类型情形的讨论]。

命题 16.1 令

$$\tilde{v}(\chi) = \lim_{\tau \geq 0} \frac{v(t+\tau\chi) - v(t)}{\tau}$$

[任意 $t > 0, \chi \in B(T, \mathscr{C})$]。这样：

(a) 极限总是存在，并且与 t 无关。对于 $B(T, \mathscr{C})$ 的有界集合，它是一致的，并且 $t \geq t_0 > 0$。

(b) $\tilde{v}$ 是 $L_1(\mu)$ 中有限多个测度的李普西茨函数；它是单调的、

凹的，并且对于 $b \geq 0$ 满足 $\tilde{v}(a \cdot 1 + b \cdot \chi) = av(1) + b\tilde{v}(\chi)$。

(c) $\tilde{v}(\chi) = \min\{\nu(\chi) \mid \nu \in 核(v)\} \forall \chi \in B(T, \mathscr{C})$，并且，在 $B^+(T, \mathscr{C})$ 上，$\tilde{v} \geq \bar{v}$。

(d) 核(v) 是 $L_1(\mu)$ 的有限维的紧凸集。

评论：

(1) 核(v) 是定义在 $\mathscr{C}$ 上并满足 $\varphi(S) \geq v(S) \forall S \in \mathscr{C}, \varphi(T) = v(T)$ 的所有可加集函数 φ 的集合。

(2) 正如在前面的段落中所展示的那样，特征函数 v 的界定中存在一定的随意性——$\bar{v}$ 或者 $\underline{v}$ 的上半连续的正则化都是较好的选择。但是，v 肯定是最保守的选择，从而可以产生最大的核和最小的函数 $\tilde{v}$。命题 16.1（b）意味着 $\tilde{v}$ 是 $\sigma(L_\infty(\mu), L_1(\mu))$ 连续的，并且在 $B^+(T, \mathscr{C})$ 上比 $\bar{v}$ 更大；它甚至要比它的上半连续的正则化结果更大。因此［再一次根据（c）］，任意核中的元素都比它的正则化要更大，甚至在所有的 $\chi \geq 0$ 上都将会更大。

因此，核的定义与这种随意性之间是完全无关的，并且出于相同的原因，$\tilde{v}$ 的定义也是这样。因此，正如我们将要看到的，沙普利值也是这样。

证明： 核的有限维将只在命题 16.4 中进行证明。根据（c），这将说明 $\tilde{v}$ 是有限多个测度的函数，甚至是李普西茨函数。这个结论也可以从 Mertens（1988，定理 2）的一般性结论中得到。下面，我们对剩余部分进行证明。

(a) ［参见 Mertens（1980）命题 11，p.550。］由一次齐次性可以得到：

$$\frac{v(t + \tau\chi) - v(t)}{\tau} = \frac{v(1 + \epsilon\chi) - v(1)}{\epsilon} \quad 及 \epsilon = \frac{\tau}{t} \leq \frac{\tau}{t_0}$$

因此，可以充分证明 $v(1 + \epsilon\chi) - v(1)/\epsilon$ 一致收敛于 $B(T, \mathscr{C})$ 的有界子集。注意到凹性意味着，对于 $\epsilon < \epsilon_0$ 和 $\|\chi\| \leq \epsilon_0^{-1}$，这个比例是 ϵ 的一个递增函数，而由此可以证明收敛性。根据定理 16.1，这个比率在 L_∞ 的 $\sigma(L_\infty, L_1)$ 紧子集上是 $\sigma(L_\infty, L_1)$ 连续的。因此，如果我们证明了极限 $\tilde{v}$ 在这个有界子集上是 $\sigma(L_\infty, L_1)$ 上半连续的，则根据迪尼定理，可以得到收敛的一致性。这个证明可以进一步由（c）和核(v) $\subseteq L_1(\mu)$（d）得到，而在这两点得到证明之前，我们不会使用到这一收

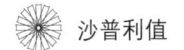

敛一致性。

（b）作为这类方程的极限，$\tilde{v}$ 是凹的和单调的，而不等式在 Mertens (1980) 之后的 Mertens (1988) 中得到了证明。

（d）令 ν 为 v 的核中的一个元素。v 的单调性意味着 $\nu \geq 0$；因为 $\nu(T) < \infty$，这意味着 ν 是有界的。令 S_i 为一个联盟的递增序列，满足 $\mu(S_i)$ 收敛于 $\mu(T)$。根据定理 16.1，$v(S_i)$ 收敛于 $v(T)$。因此，$\nu(S_i) \geq v(S_i)$ 意味着 $\nu(S_i) \geq v(T) = \nu(T)$。$\nu$ 的正值性和 $S_i \subseteq S_{i+1}$ 保证了极限的存在性；它还意味着 $\nu(S_i) \leq \nu(T)$。因此，$\nu(S_i)$ 收敛于 $\nu(T)$。这说明 ν 是可数、可加的测度，并且对于 μ 是绝对连续的。因此核$(v) \subseteq L_1(\mu)$（拉冬-尼克狄姆定理）。弱紧性和凸性来自我们刚刚证明的事实，即它可以被定义为满足我们的弱不等式的 L_∞ 的 L_∞^* 对偶中的 ν——涉及 $\sigma(L_\infty^*, L_\infty)$ 连续的线性泛函；它们还来自它在 L_∞^* 中的有界性[一个碰巧包含在 L_1 中的 $\sigma(L_\infty^*, L_\infty)$ 紧凸集显然是 $\sigma(L_1, L_\infty)$ 紧凸的]。

（c）v 的凹性和一次齐次性意味着 $v(1 + \epsilon\chi) \geq v(1) + \epsilon v(\chi)$；因此对于所有 $\chi \geq 0$，$\tilde{v}(\chi) \geq v(\chi)$。对于 $\nu \in$ 核(v)，ν 是连续的，并且 v 在任意 $\chi \geq 0$ 处下半连续（$\sigma(L_\infty, L_1)$）（以上关于 ν，而定理 16.1 关于 v），并且对于这一拓扑（李雅普诺夫），指示函数在所有的 $0 \leq \chi \leq 1$ 集合中是稠密的；对于 $0 \leq \chi \leq 1$，不等式 $\nu(S) \geq v(S)$ 在极限 $\nu(\chi) \geq v(\chi)$ 上得到，进而，根据齐次性，该结论对于所有 $\chi \geq 0$ 都成立。因此：

$$\nu(\chi) = \frac{\nu(1 + \epsilon\chi) - \nu(1)}{\epsilon}$$

$$\geq \frac{v(1 + \epsilon\chi) - v(1)}{\epsilon} \quad \text{对于} \chi \text{及} \|\chi\| \leq \epsilon^{-1}$$

[因为 $\nu(1) = v(1)$]。取极限得到，对于所有 χ，$\nu(\chi) \geq \tilde{v}(\chi)$。因此 $\min\{\nu \in$ 核$(v)\} \geq \tilde{v}$。

为了证明等号的成立，考虑一个固定的 χ_0。在被 χ_0 和常数所覆盖的空间上，定义 ν 为 $\nu(\chi_0) = \tilde{v}(\chi_0)$，$\nu(1) = v(1)$。对于 $b \geq 0$，我们有 $\tilde{v}(a \cdot 1 + b \cdot \chi_0) = av(1) + b\tilde{v}(\chi_0) = \nu(a \cdot 1 + b \cdot \chi_0)$，因此 $\tilde{v}$ 的凹性意味着 $\tilde{v}(a \cdot 1 - b \cdot \chi_0) \leq \nu(a \cdot 1 - b \cdot \chi_0)$：在由 χ_0 和常数所生成的整个平面上，有 $\nu \geq \tilde{v}$。因为在 $B(T, \mathscr{C})$ 上 $\tilde{v}$ 是凹的和正一

次齐次的,由哈恩-巴拿赫定理可以得到处处满足相同不等式的所有 $B(T,\mathscr{C})$ 上的 ν 的线性展开。特别地,$\nu(S) \geq \tilde{v}(S) \geq v(S)$,因此 ν 对 $\mathscr{C}$ 的限制对应于 v 的核中的一个测度 $\bar{\nu}$ [参见(d)]。根据线性性质,两者在所有的阶梯函数上是一致的,而我们已经证明了 $\bar{\nu}$ 是单调的,并且 ν 的单调性来自对于所有的 $\chi \geq 0$,$\nu(\chi) \geq \tilde{v}(\chi) \geq 0$。因为它们在阶梯函数上是一致的,并且都是单调的,$\nu$ 和 $\bar{\nu}$ 处处一致。因此,我们所构造的 ν 是 核(v) 中的一个测度,满足 $\nu(\chi_0) = \tilde{v}(\chi_0)$。这证明了等式的成立。最后,根据定理 16.1,$\tilde{v}(\chi) \geq v(\chi)$ 对 $\chi \geq 0$ 成立意味着对于下有界的 χ,$\tilde{v}(\chi) \geq \bar{v}(\chi)$;因此,对于 $\chi \geq 0$,$\epsilon > 0$,并且对于任意 $\nu \in $ 核(v),我们得到 $\nu(\chi + \epsilon) \geq \tilde{v}(\chi + \epsilon) \geq \bar{v}(\chi + \epsilon) \geq \bar{v}(\chi)$ (最后一个不等式来自单调性)。因此,$\nu(\chi) \geq \bar{v}(\chi)$(令 ϵ 趋向于 0)。因此,$\tilde{v}(\chi) = \min\{\nu(\chi) \mid v \in $ 核$(v)\} \geq \bar{v}(\chi)$。这就结束了对(c)和定理的证明。证明完毕。

评论:上述论证同样完成了对定理 16.1 的证明:唯一剩下的问题是论证在所有的下有界的 χ 上 $\bar{v}$ 的上半连续性[这将意味着 v 的上半连续性,因为处处都有 $v \leq \bar{v}$,并且在这些 χ 上,$v(\chi) = \bar{v}(\chi)$]。命题 16.1(c)和(d)意味着在 1 处的上半连续($\sigma(L_\infty(\mu), L_1(\mu))$),因为对于 $\nu \in $ 核(v),$\nu(1) = v(1) = \tilde{v}(1)$。因此,$\tilde{v} \geq \bar{v}$ 和 $\tilde{v}(1) = v(1)$ 意味着 $\bar{v}$ 在 1 处的上半连续性。然而,如果对于某些有界不为 0 的 $\chi_0(t)$,我们将测度 $\mu(dt)$ 替换为测度 $\chi_0(t)\mu(dt)$,则新的经济将(根据附录的引理 16A.2)满足我们经济的所有性质,并且有特征函数 $w(\chi) = \bar{v}(\chi \cdot \chi_0)$。因此,在 $\chi = 1$ 处 $\bar{v}(\chi \cdot \chi_0)$ 是上半连续的。然而,如果 χ_a 使 $\sigma(L_\infty, L_1)$ 收敛于 χ_0,则 χ_a/χ_0 使 $\sigma(L_\infty, L_1)$ 收敛于 1,因为 χ_0 有界不为 0 [出于相同的原因,我们不必区分 $\sigma(L_\infty(\chi_0 \cdot \mu), L_1(\chi_0 \cdot \mu))$ 和 $\sigma(L_\infty(\mu), L_1(\mu))$]。因此,$\bar{v}(\chi_a) = \bar{v}((\chi_a/\chi_0) \cdot \chi_0)$ 有一个 $\limsup \leq \bar{v}(1 \cdot \chi_0)$:$\bar{v}$ 在任意有界不为 0 的 χ_0 上是上半连续的。

下面,我们转向对核(v)的描述:核等价性定理。我们先需要一些定义。

定义

(1) 一个可行的计划(对于一个联盟 χ_t)是一个序偶 (y_t, x_t) 积分至 $\mathbf{R}_+^n$ 的 $(\chi_t d\mu(t))$ 可积函数,使得对于所有 t,$x_t \in \mathbf{R}_+^n$,$y_t \in Y_t$,并且使得 $\int \chi_t x_t \mu(dt) = \int \chi_t y_t \mu(dt)$,而后者被称为对应产出。总

联盟 T 的一个可行计划将被简称为一个可行计划。

(2) 一个价格体系是一个 $\mathbf{R}^n$ 上的（非负）线性泛函 p。

(3) 一个可转移效用竞争性均衡（transferable utility competitive equilibrium，t. u. c. e.）包含了一个可行计划 (y, x) 以及一个价格体系 p 使得 $\mu(dt)$ 几乎处处 $u_t(x_t) - \langle p_t, x_t \rangle = \sup_{x \in \mathbf{R}^n_+} (u(x) - \langle p, x \rangle)$ 且 $\langle p, y_t \rangle = \sup_{y \in Y_t} \langle p, y \rangle$。（注意到即使没有进行假设，$p \geq 0$ 也会成立。）

(4) 一个有效计划是一个使得 $\int u_t(x_t) \mu(dt) = v(T)$（即为最大的）的可行计划 (y, x)。有效产出是有效计划的产出。

(5) 对应于某些 t. u. c. e. (y, x, p) 的竞争性支付（competitive payoff，c. p.）是支付函数 $h_p(t) = u_t(x_t) - \langle p, x_t \rangle + \langle p, y_t \rangle$。

(6) 竞争性价格集合 P 是从某些 t. u. c. e. 产生的价格向量集合。

命题 16.2

(a) 对应于一个 t. u. c. e. (y, x, p) 的 c. p, h_p 仅取决于 p，并且由下式给出：

$$h_p(t) = \sup_{x \in \mathbf{R}^n_+} [u_t(x) - \langle p, x \rangle] + \sup_{y \in Y_t} \langle p, y \rangle$$

我们可以在任意 p 上使用这一公式来定义 h_p。

(b) 对于任意线性泛函 p 和任意 $\chi \geq 0$，设定 $h_p(\chi) = \int \chi(t) h_p(t) \mu(dt)$（注意到被积项大于等于 0）。$h_p$ 是凸的，并且对于所有 p、χ 和 x，$\langle p, x \rangle + h_p(\chi) \geq w(\chi, x)$。当且仅当 $h_p(T) \leq v(T)$——当且仅当 $h_p \in$ 核(v)——有 $p \in P$。

(c) 当且仅当 p 是一个竞争性价格且 (y, x) 是一个有效计划，(y, x, p) 是一个 t. u. c. e.。

证明：从 t. u. c. e. 的定义可知，(a) 是非常明显的。很明显，$h_p \geq 0$（选择 $x = y \in Y_t \bigcap \mathbf{R}^n_+$），并且是凸的。

(b) 对于 $p \in P$ 和作为 t. u. c. e. 的 (p, y, x)，我们有

$$h_p(T) = \int_T h_p(t) \mu(dt)$$
$$= \int_T u_t(x_t) \mu(dt) - \langle p, \int_T (x_t - y_t) \mu(dt) \rangle$$
$$= \int_T u_t(x_t) \mu(dt) \leq v(T)$$

因为可行性意味着 $\int (x_t - y_t) \mu(dt) = 0$ 和最后一个不等式（v 的定

义)。对于这个不等式，令 y_t 表示一个生产计划，并令 x_t 为近似产生 $w(\chi,x)$ 的 χ 的消费计划。这样，对 $\chi_t h_p(t) \geq \chi_t u_t(x_t) - \langle p, \chi_t(x_t - y_t) \rangle$ 积分得到 $h_p(\chi) \geq u(\chi,\alpha) - \langle p, \alpha - y \rangle$，其中，$\alpha = \int \chi_t x_t$，$y = \int \chi_t y_t$。因此，$\alpha = y + x \geq 0$，$y \in Y_\chi$。因为它们都是最优的选择结果，我们得到 $h_p(\chi) \geq w(\chi,x) - \langle p,x \rangle$。最后，与（c）一起将可以得到 $h_p(T) \leq v(T) \Rightarrow p \in P$。

(c) 一个 t.u.c.e. (p,y,x) 的 (y,x) 的有效性来自（b），而这意味着：

$$v(T) \leq \int_T h_p(t)\mu(dt) = \int_T u_t(x_t)\mu(dt) \leq v(T)(参考前文)$$

反过来，假设 (y,x) 是一个有效计划（根据定理 16.1 是存在的），并且 $h_p(T) \leq v(T)$。对 $h_p(t) \geq u_t(x_t) - \langle p,x_t \rangle + \langle p,y_t \rangle$ 的两边同时积分可以在两边同时得到 $v(T)$：对于 $h_p(T)$，这是因为 $v(T) \geq h_p(T)$，而对于右边各项，这是因为 $\int (x_t - y_t)\mu(dt) = 0$（可行性）和 $\int u_t(x_t)\mu(dt) = v(T)$（有效性）。因此，可以得到等式处处成立，并且 (p,y,x) 是一个 t.u.c.e.。证明完毕。

命题 16.3 用 E 表示由 $(Y_1 - \mathbf{R}_+^n) \cap \mathbf{R}_+^n$ 所覆盖的子空间，并忽略某些交易者的空集。这样，对于某些 $\mathbf{R}_+^n$ 的子空间 V：

(a) $V \cap \mathbf{R}_+^n = V^+ = E^+ = E \cap \mathbf{R}_+^n$（注意到 E^+ 是 $\mathbf{R}_+^n$ 的一个面）（因此 $E \subseteq V$）。

(b) 对于任意理想联盟 $\chi_t \geq 0$，每个 χ_t 的可行计划 (y_t, x_t) 可以在一个 $(\chi_t \mu(dt))$ 可除集上进行修正，以便得到处处 $y_t \in \tilde{Y}_t = Y_t \cap V$ 和 $x_t \in E^+$。

(c) 存在价格体系的一个有限序列 p_i，这个价格体系使得 V 是 0 的集合，并且对于所有的 t，$\tilde{Y}_t$ 是 p^i 下的 Y_t 中的字典式最大化变量的集合，而 E^+ 是它们在 $\mathbf{R}_+^n$ 中的字典式最大化者（或连接点等）的集合。

(d) $\int \tilde{Y}_t \mu(dt) - E^+$ 是 V 中 0 的一个邻域。

(e) E、E^+ 和 V 由（a）～（d）唯一地决定。更为准确地说，（d）意味着 V 是满足（b）的最小空间，即使仅仅对于所有参与人的联盟 T

来说，即 $\chi_t = 1$。

(f) 对于 $(x, x') \in \mathbf{R}_+^n$、$x \in E$ 和与 E 正交的 x'，令 $\tilde{u}_t(x, x') = u_t(x, 0)$。这样，经济 $\widetilde{\mathscr{C}} = (\widetilde{Y}_t, \tilde{u})$ 满足我们的假设，并且拥有与初始经济 $\mathscr{C} = (Y, u)$ 相同的可行计划和特征函数 v。

证明：用 V^0 表示 $\mathbf{R}^n$。如果 0 不是 $Y_1 - \mathbf{R}_+^n$ 在 V^0 中的内点，那么它是可分离的：存在 $Y_1 - \mathbf{R}_+^n$ 上的一个小于等于 0 的非零线性泛函 p_1。令 $V^1 = \{x \in V^0 \mid \langle p_1, x \rangle = 0\}$。$p_1$ 是一个正的线性泛函，因为它是非零的，并且在 $Y_1 - \mathbf{R}_+^n$ 上有下界。因此，在 $(Y_1 - \mathbf{R}_+^n) \bigcap \mathbf{R}_+^n$ 上，p_1 应当既是正的，又是负的，从而在被这个子集覆盖的子空间 E（$E \subset V^1$）上为 0。由第 16.2 节评论 16.3 可知，$\sup_{y \in Y_1} \langle p_1, y \rangle = \int \sup_{y \in Y_t} \langle p_1, y \rangle \mu(dt)$，并且，因为被积项处处大于等于 0（因为 Y_t 与 $\mathbf{R}_+^n$ 相交并且 $p_1 \geq 0$），p_1 在 Y_1 上为负意味着 μ 几乎处处有 $\sup_{y \in Y_t} \langle p_1, y \rangle = 0$。忽略剩余的集合。因此，对于一个理想联盟 χ_t 的任意可行计划 (y_t, x_t)，我们有 $\langle p_1, y_t \rangle \leq 0$ 和 $\langle p_1, x_t \rangle \geq 0$（因为 $p_1 \geq 0$，$x_t \geq 0$）；因此可行性——$\int \chi_t y_t \mu(dt) = \int \chi_t x_t \mu(dt)$——表明，$(\chi_t \mu(dt))$ 几乎处处有 $\langle p_1, y_t \rangle = \langle p_1, x_t \rangle = 0$。在例外集上，将 x_t 设定为 0，并将 y_t 替换为某些来自 $Y_t \bigcap \mathbf{R}_+^n$ 的可测选择。这样，处处都有 $\langle p_1, y_t \rangle = \langle p_1, x_t \rangle = 0$（因为处处有 $\sup_{y \in Y_t} \langle p_1, y \rangle = 0$）：任意可行计划可以通过在一个可除集上进行修正来产生一个 y_t 和 x_t 处处在 V^1 中的可行计划。因此，设定 $Y_t^1 = Y_t \bigcap V^1$。这样，对于所有 t，$Y_t^1 \bigcap \mathbf{R}_+^n = Y_t \bigcap \mathbf{R}_+^n = \emptyset$，因为在 $\mathbf{R}_+^n$ 上 $p_1 \geq 0$，而在 Y_t 上 $p_1 \leq 0$，像之前那样再次使用第 16.2 节评论 16.3 可以得到 $\int Y_t^1 \mu(dt) = Y_1 \bigcap V^1$，从而是闭的。因此，将 Y_t 替换为 Y_t^1 可以保留所有我们的假设和所有的可行计划。

因此，只要 0 不是在 V^k 中 $Y_1^k - V_+^k$ 的一个内点，则继续用一个 V^k 上的线性泛函 p_{k+1} [在 V_+^k（$= V^k \bigcap \mathbf{R}_+^n$）上大于等于 0，从而可以像 $\mathbf{R}^n$ 上的一个价格系统 p_{k+1} 那样进行拓展] 来将其分离，并分别构造 V^k 和 Y_t^k 的新的子空间 V^{k+1} 和 Y_t^{k+1}。每一步，V 的维度都减少 1，因此在有限次重复后，我们将得到一个子空间 V、一个价格系统的有限序列 p_i 以及 Y_t 的子集 $\widetilde{Y}_t$。对于这些结果，(b)、(c) 和 (d) 已经在 V^+ 而不是 E^+ 下得到了证明 [(d) 是停止这一重复过程的标准]。注意到

(a) 指出 $V^+ = E^+$，而（b）也暗示了（f），其原因在于我们已经证明了 $\widetilde{\mathscr{C}}$ 满足我们的所有假设，并且拥有和 $\mathscr{C}$ 一样的可行计划，因为（b）意味着对于任意可行计划，$\widetilde{u}_t(x_t) = u_t(x_t)$。因此，我们只需证明 $V^+ = E^+$ 和（e）。因为 $\widetilde{\mathscr{C}}$ 拥有和 $\mathscr{C}$ 一样的可行计划，我们有 $\widetilde{Y}_1 \cap \mathbf{R}_+^n = Y_1 \cap \mathbf{R}_+^n$。因此 E 仍然是被 $(\widetilde{Y}_1 - \mathbf{R}_+^n) \cap \mathbf{R}_+^n$ 覆盖的向量空间。特别地，任意这个集合中的向量都位于 E^+ 中，所以这个集合仍然与 $(\widetilde{Y}_1 - E^+) \cap E^+$ 一样。我们还证明了 $E \subseteq V^1$，所以归纳可知 $E \subseteq V$。因为 $E^+ \subseteq V^+ \subseteq \mathbf{R}_+^n$，这说明这个集合仍然等于 $(\widetilde{Y}_1 - V^+) \cap V^+$。但 $\widetilde{Y}_1 - V^+$ 是 V 中 0 的一个邻域（这是停止准则），所以可以得知 $(\widetilde{Y}_1 - E^+) \cap E^+$ 与 V^+ 的交集是 V^+ 中 0 的一个邻域。此外，E^+ 是 V^+ 中 0 的一个邻域，而两者都是锥体，因此等号成立。

剩下的工作是证明（e）。对于 E 和 E^+，这显然成立。根据（d），存在来自 $\widetilde{Y}_t$ 的可积选择 y_t^i，它的积分构成了一个在其内部包含 E^+ 的一个点 $x(x = \sum \alpha_i \int y^i d\mu, \alpha_i > 0, \sum \alpha_i = 1)$ 的满维单纯形的顶点。根据某个形式的李雅普诺夫定理（Mertens, 1981），存在来自 $\bigcup_i \{y_t^i\}$ 的可测选择 z_t^j 的有限集合使得 $\int z^j d\mu = x \, \forall j$，并且它们的某些凸组合一致逼近 $\sum \alpha^i y^i$。因为 $\alpha_i > 0$，这表明，对于所有 t，z_t^j 和 y_t^i 覆盖了相同的仿射空间。因为 z^j 是来自 $\widetilde{Y}$ 的可积选择，并满足 $\int z^j d\mu \in E^+$，任意满足（b）的空间 $\widetilde{V}$ 均包含几乎全部的 z_t^j，进而包含几乎全部的 y_t^i，并包含全部的积分 $\int y_t^i \mu(dt)$。因为这些积分覆盖了一个 V 中的满维单纯形，$\widetilde{V}$ 将包含 V。我们已经展示了任意满足（b）的空间均包含每一个满足（d）的空间，因此（e）成立。

这就完成了对命题 16.3 的证明。证明完毕。

注意到这种对可行空间 V 的界定胆完全不依赖于集合 Y_t 中异常值的形式。在第 16.2 节评论 16.3 中，我们已经发现，$Y_1 - \mathbf{R}_+^n$ 仍然是闭的，而 $Y_t - \mathbf{R}_+^n$ 的积分、它们的凸化的积分（根据李雅普诺夫定理）以及它们的闭凸壳（根据积分的封闭性）也都是这样。V 仅仅通过（甚至是由此生成的锥体）$Y_1 - \mathbf{R}_+^n$ 来构造，所以即使被它们的闭凸壳所替代（甚至是由它们所生成的锥体所替代，因为它们的积分是由 $Y_1 - \mathbf{R}_+^n$

生成的锥体；因此，到目前为止都是在凸锥体上积分，而 V 也不取决于 μ，仅仅取决于它自己的空集），它也不会有任何变化。

此外，注意到 $\mathscr{C}$ 和 $\widetilde{\mathscr{C}}$ 有相同的有效计划和有效产出。

命题 16.4

(a) v 的核是经济 $\widetilde{\mathscr{C}}$ 的竞争性支付的集合。

(b) 用 A 表示有效产出的集合：$A = \{\alpha \mid \alpha$ 是 $u(1, \alpha)$ 在 Y_1 上的最大化变量$\}$ 是紧凸的，并且是 E^+ 的子集；当且仅当对于某些 $\alpha \in A$ 时，y 是一个可行生产计划而 x 是 α 的一个有效再分配，(y, x) 是一个有效计划。

(c) $\widetilde{\mathscr{C}}$ 的竞争性价格的集合是 V 上的线性泛函 p 的紧凸集——或者，等价地，$\mathbf{R}^n$ 上的价格体系 p——使得某些 $\alpha \in A$（甚至每个这样的 α）在 $\widetilde{Y}_1$ 上最大化 $\langle p, y \rangle$，且在 $V^+ (= E^+)$ 上最大化 $u(1, x) - \langle p, x \rangle$；即 p 是 $u(1, x)$ 的"超梯度"和一个 $\alpha \in A$ 处的 $\widetilde{Y}_1$ 的支撑超平面。

(d) 等价地，P 可以被界定为 V 上的 $w(1, x)$ 在 $x = 0$ 处的超梯度的集合。

(e) $w(\chi, x)$ $(x \in V)$ 在 $(1, 0)$ 处的超梯度的集合就是 $p \in P$ 的泛函 $h_p(\chi) + \langle p, x \rangle$ 的集合。

证明：(a) 我们已经知道（命题 16.2）竞争性支付在核中。根据命题 16.1，核(v) 是 $L_1(\mu)$ 的一个子集。因此，令 $c(t)$ 为核的一个元素，并将 $\int c(t) \chi(t) \mu(dt)$ 写作 $c(\chi)$。对于 $x \in V$，令 $F(x) = \sup_{\chi \geq 0}[w(\chi, x) - c(\chi)]$。显然，$F$ 是单调的、凹的，并且是正一次齐次的，因为 w 是这样的（第 16.3 节推论 16.2；凸集的投射是凸集）。进一步地，由命题 16.3 (d)，在 V 中 0 的邻域里有 $w(1, x) > -\infty$。因此，在这个邻域里 $F(x) > -\infty$，并且，由齐次性可知，在 V 上也有 $F(x) > -\infty$。最后，根据命题 16.1 (c) c 在核中意味着 $F(0) = 0$。这表明，对于 $x \in V$，$F(x) < +\infty$；因为 $F(-x) > -\infty$，根据凹性，由 $F(x) = +\infty$ 可以得到 $F(0) = +\infty$。因此，F 在 V 上是实值的。因此，根据分离定理，存在 V 上的一个线性泛函 p 使得在 V 上 $F(x) \leq \langle p, x \rangle$。$F$ 是单调的，所以 $p \geq 0$（即对于 $x \in E^+ = V^+$，$\langle p, x \rangle \geq 0$）。这表明，在有必要时，$p$ 可以拓展为一个 $\mathbf{R}^n$ 上的价格系统[从而得到 (c) 中的"等价性"]。由此可以进一步得到，对于所有 $\chi \geq 0$，$w(\chi, x) \leq \langle p, x \rangle + c(\chi)$；即对于所有 $\alpha \in E^+$ 和 $y \in V_\chi$，有 $u(\chi, \alpha) +$

第 16 章 不可微的 TU 市场：值

$\langle p, y - \alpha \rangle \leq c(\chi)$。因此，对于所有来自 E^+ 的可积选择 x_t 和来自 $\widetilde{Y}_t$ 的 y_t，

$$\int \chi_t [u_t(x_t) + \langle p, y_t - x_t \rangle - c(t)] \mu(dt) \leq 0$$

对于所有 χ_t 成立；因此，对于所有可积的 x_t 和 y_t，

$$c(t) \geq u_t(x_t) - \langle p, x_t \rangle + \langle p, y_t \rangle \quad \mu \text{ 几乎处处如此}$$

因此，

$$c(t) \geq \sup_{x \in E^+}[u_t(x) - \langle p, x \rangle] + \sup_{y \in \widetilde{Y}_t}\langle p, y \rangle = h_p(t)$$

μ 几乎处处如此

并且，c 的可行性 $[c(T) = v(T)]$ 和 $h_p(T) \geq v(T)$ [命题 16.2 (b)] 表明处处都有 $c(t) = h_p(t)$，并且 $h_p(T) = v(T)$。因此，根据命题 16.2 (b)，$p \in P$。

我们已经证明了 (a)，而 (b) 的成立是很明显的，而 (c) 可以很容易通过 t. u. c. e. 定义的积分来得到 [对于"甚至每个这样的 α"，我们可以用，例如，命题 16.2 (c) 来得到]。由此可以立刻得到 P 的封闭性和凸性，而 P 在 V 的对偶中（显然不在 $\mathbf{R}^n$ 的对偶中）的有界性（进而紧致性）来自 $u(1, \alpha) - \langle p, \alpha \rangle \geq u(1, 0) - \langle p, 0 \rangle = 0$（根据最大化）以及

$$\langle p, \alpha \rangle = \max\{\langle p, y \rangle \mid y \in \widetilde{Y}_1\}$$
$$= \max\{\langle p, y \rangle \mid y \in \widetilde{Y}_1 - E^+\}$$

（最后一个等式是因为我们已经证明了 p 在 E^+ 上必须是非负的）；因此：

$$\max\{\langle p, y \rangle \mid y \in \widetilde{Y}_1 - E^+, p \in P\} \leq u(1, \alpha) = v(T) < +\infty$$

之所以可以得到 P 的有界性是因为 $\widetilde{Y}_1 - E^+$ 是 V 中 0 的一个邻域 [命题 16.3 (d)]。

至于 (e)，注意到对于任意 $w(\chi, x)$ 在 $(1, 0)$ 处的超梯度 $c(\chi) + \langle p, x \rangle$，$c(\chi)$ 必须是 $\chi = 1$ 处 $v(\chi) = w(\chi, 0)$ 的超梯度——c 必须在核中。因此，我们可以使用 (a) 的证明，在这个证明中我们从 $c \in$ 核 (v) 和 $w(\chi, x) \leq c(\chi) + \langle p, x \rangle$ 得到了 $c = h_p$ 和 $p \in P$：任意超梯度都有我们想要的形式。逆命题则可以由命题 16.2 (b) 得到。

最后，考虑 (d)，(e) 表明所有 $p \in P$ 都是超梯度。反过来，令 p 为 $w(1,x)$ 在 0 处的一个超梯度：即使经济被允许与拍卖人在价格 p 上进行交易，结果也不可能比 $w(1,0) = v(T)$ 更好。因此，如果参与人都在个体行动上被允许按这种方式来交易，进而得到 $h_p(t)$，他们总体上来说不会比 $v(T)$ 更好：$h_p(T) \leq v(T)$，因此，根据命题 16.2 (b)，$p \in P$。

定义 用 X 表示向量测度 $\xi = (\xi_0, \tilde{\xi})$ 的集合，其中，ξ_0 为实值的，而 $\tilde{\xi}$ 是 V-值的，它们分别针对有效计划 (x,y) 由 $\xi_0(S) = \int_S u_t(x_t)\mu(dt)$ 和 $\tilde{\xi}(S) = \int_S (y_t - x_t)\mu(dt)$ 得到。此外，对于 $\xi \in X$，令 $[p,\xi] = \xi_0 + \langle p, \tilde{\xi} \rangle$，$p$ 在 V 的对偶中。

定义 $F: V \to \mathbf{R}$ 为 $F(v) = \min_{p \in P} \langle p, v \rangle$。

推论

(a) $h_p = [p,\xi]$ 是紧致凸集 P 上的一个仿射函数，它与 $\xi \in X$ 无关。

(b) 核 $(v) = \{h_p \mid p \in P\}$ 是一个有限维的紧凸集。

(c) 对于任意 $\xi \in X$ 和所有的 χ，$\tilde{v}(\chi) = \xi_0(\chi) + F(\tilde{\xi}(\chi))$。

证明：(a) 是对命题 16.2 (a) 和 (c) 的重新表述 {仿射性来自 $[p,\xi]$ 的定义，而紧致性和凸性来自命题 4 (c)}；(b) 来自 (a) 和命题 16.4 (a)；类似地，(c) 来自 (a)、(b) 和命题 16.1 (c)。

评论：

(1) 通过 (b)，可以完成命题 16.1 的证明。

(2) 在"字典式价格系统"$(p_1, p_2, p_3, \cdots; p)$下，命题 16.3 (c) 允许我们将命题 16.4 解释为一个初始经济 $\mathscr{C}$ 的等价性定理，其中，p_i 来自命题 16.3 (c)，而 p 来自命题 16.4。这些无限价格不仅可以解释为消费者所认为的不可能实现的生产目标——但在模型中是可以实现的生产目标，例如，因为技术进步使得生产可以在未来或者另一种自然状态下实现——还可以理解为阻止生产者采用使消费者位于他们的消费集合之外的生产计划的约束（具有"零排放"形式：$\langle p_i, y \rangle \geq 0$）。（想想对核能发电所施加的安全管制，以及在哈里斯堡事故后所有的清理工作。）替代性地，可以将 V 解释为一个"不完全市场"限制。最后，注意到在很多情形中，较高但有限的价格将是充分的，而无限价格只是为了使证明更方便。

(3) 因为 V 的维度可能比它的正象限 $V^+ = E^+$ 要高，研究限制于 V 的市场 $\tilde{\xi}$ 同样是描述初级投入和中间品的种类大于最终消费品的情形的一种方法。

16.5 值

定义 对于 $\tilde{\xi} = (\xi_0, \xi) \in X$，定义 ξ 的值域为球：

$$R_\xi = \{\xi(S) \mid S \in G\} = \frac{1}{2}\{\xi(\chi) \mid \|\chi\| \leqslant 1\}$$

[使用李雅普诺夫定理，以及 ξ 的总质量为 0 这一事实（$\int (y-x)d\mu = 0$）]。R_ξ 是在有效计划 ξ 下的净交易集合。

下一个定理中的值的相关概念由 Mertens（1988）定义。如果不使用这个概念，则结论是对 Hart（1980）的回顾。

定理

(a) 令 $P^* = \int p(z)dC(z)$，其中 $p(z)$ 表示 P 上 $\langle p, z \rangle$ 的最小化变量，而 $dC(z)$ 表示包含傅里叶变换 $\exp(-N(q))$ 的 $\mathbf{R}^n$ 上的分布，其中伪范数 N 是球 R_ξ 的支撑函数；即 $N(q) = \|\langle q, \xi \rangle\| = \sup_{z \in R_\xi}\langle q, z \rangle$。这样，$P^*$ 是 P 的一个良好定义的紧凸子集，与 $\xi \in X$ 无关。

(b) 对于任意 $p \in P^*$，博弈 v 有一个由 $\phi(v) = h_p$ 给定的值 $\phi(v)$。

证明：我们从（b）开始。注意到特征函数的拓展 $w(\chi)$ 对于理想的不满足有界不为 0 的集合函数 χ 而言并不一定是良好定义的。最差的情况是，它可能是在 $v(\chi)$（它是下半连续的）和上半连续的 $\bar{v}$ 的正则化之间的任意数值，并且[第 16.4 节命题 16.1（b）、(c)]，这要小于 $\tilde{v}(\chi)$。 因此，照字面含义来说，我们不能使用如 Mertens（1988）所定义的算子"ϕ_3"。我们要么使用那篇论文第 4 节的一般性拓展（例如，第 4.3 节中的算子 ψ），或者注意到对 ϕ_3 的定义域进行一个细微的调整就足以包含我们的博弈。我们使用第二个途径，这能够更好地解释我们所面临的问题是多么微不足道，并且在解决真实的特征函数[是 $v(S)$ 还是 $\bar{v}(S)$？]的不确定上有更好的表现。

注意到所有关于 w 的设定都支持常值函数。因此，对于任意设定和任意 $\tau > 0$，

$$\frac{v(t+\tau\chi)-v(t)}{\tau} \le \frac{w(t+\tau\chi)-w(t)}{\tau} \le \frac{\tilde{v}(t+\tau\chi)-\tilde{v}(t)}{\tau}$$

让我们论证：

$$\int_0^1 \frac{v[1 \wedge (t+\tau\chi)^+] - v(t)}{\tau} dt$$

在 $B(T, C)$ 的有界子集上一致收敛于 $\tilde{v}(\chi)$。这将同样意味着关于 $\tilde{v}$ 而不是 v 的相应论述，对于随意设定的 w 都成立（一致收敛性独立于 w 的选择）。这表明，正如 Mertens（1980，命题 11）所注意到的，由勒贝格控制收敛定理可知，这来自第 16.4 节命题 16.1（a），因为被积项以 $\|\chi\| \cdot v(1)$ 为界（上述引用中的命题 16.4）。

可以立即检查的是，一旦任意界定 v 的拓展 w——w 在 v 的 DNA 上半连续和 DNA 下半连续之间——积分后都产生相同的 ϕ_3，则 Mertens（1988）的整个第一节的分析都可以完成。这里，我们的研究甚至包含了更多内容，因为我们证明了非对称情形下的收敛性，但是只有对称性的情形—— $\int_0^1 [w(t+\tau\chi) - w(t-\tau\chi)]/(2\tau)dt$ 收敛至 $\frac{1}{2}[\tilde{v}(\chi) - \tilde{v}(-\chi)]$——是必要的。

因为 $\frac{1}{2}[\tilde{v}(\chi) - \tilde{v}(-\chi)]$ 是有限多个测度的函数［第 16.4 节推论（c）］，Mertens（1988）的第 2 节（定理 2）意味着博弈有一个值，并且独立于 v 的设定［例如，是 $v(S)$ 还是 $\tilde{v}(S)$？］。这个值 $\phi(v)$ 通过以一个特定的柯西分布对 $\frac{1}{2}[\tilde{v}(\chi) - \tilde{v}(-\chi)]$ 的梯度的平均来得到。这个分布是对称的，并且对于这个分布，$\tilde{v}$ 是几乎处处存在的［使用如下事实：$\tilde{v}$ 要么是凹的，要么是有限多个测度的李普西茨函数；这个李普西茨情形被称为拉德马赫定理，并在前面引用的文献的定理 2 中被再次证明］，所以，$\phi(v)$ 可以等价地得到梯度是 $\tilde{v}$ 的柯西均值。

根据第 16.4 节的推论，我们有 $\tilde{v}(\chi) = \xi_0(\chi) + F(\xi(\chi))$，其中，$F(z) = \min_{p \in P} \langle p, z \rangle = \langle p(z), z \rangle$，而 $p(z)$ 是在紧凸集合 P 中有非空紧凸值的上半连续对应（因此，P^* 是 P 的一个紧凸子集）。

第 16 章 不可微的 TU 市场：值

通过基本的计算可知，F 在 z 处 z' 方向上的方向导数 $F_z(z')$ 为：

$$Fz(z') = \min_{q \in p(z)} \langle q, z' \rangle$$

因此，在 Mertens（1988）第 2 节的符号中（在我们之前所提到的限制下），

$$D_x(\tilde{\chi}) = \lim_{\tau \to 0} \frac{\tilde{v}(\chi + \tau\tilde{\chi}) - \tilde{v}(\chi)}{\tau} = \xi_0(\tilde{\chi}) + \lim_{q \in p(\xi(\chi))} \langle q, \xi(\tilde{\chi}) \rangle$$

根据定理 2（在上述引文中），我们可得：

$$[\phi(v)](\tilde{\chi}) = \xi_0(\tilde{\chi}) + \int F_z(\xi(\tilde{\chi})) dC(z)$$

其中，C 是 $B(T,C)$ 上具有傅里叶变换 $\exp(-\|\mu\|)$ 的圆柱体概率下 $\xi(\chi)$ 的分布。因此 C 的傅里叶变换为：

$$\int \exp(i\langle q, z \rangle) dC(z) = \int \exp i(\langle q, \xi \rangle)(\chi) d\chi$$
$$= \exp(-\|\langle q, \xi \rangle\|)$$
$$= \exp(-N(q))$$

Mertens（1988）中定理 2 的证明表明，对于任意由 $R(\xi)$ 所覆盖的空间中的 z'，在 z' 方向上，F 有 $dC(z)$ 几乎处处有两边的方向导数；即 $F_z(z') + F_z(-z') = 0$，或者 $\langle p(z), z' \rangle$ 是 $C(dz)$ 几乎处处单值的。因此，$C(dz)$ 几乎处处有 $F_z(z') = \langle p(z), z' \rangle$，进而有 $[\phi(v)](\tilde{\chi}) = \xi_0(\tilde{\chi}) + \langle \int p(z) dC(z), \xi(\tilde{\chi}) \rangle$，而这证明了（b）。

为了证明（a），我们只需要证明 P^* 独立于 $\tilde{\xi} \in X$。我们知道 P 是一个 V 的对偶中按常规定义的紧凸集。用 A 表示定义在 P 上的所有仿射实值函数的向量空间，并令 $P' = A/\mathbf{R}$ 为由常值函数子空间所得到的商数。P' 可以由被 P 所覆盖的仿射子空间的对偶界定。任意 V 值测度 $\tilde{\xi} \in X$ 都可以引致一个 V 值测度 $h: p \to [p, \tilde{\xi}] = h_p$，而后者是独立于 $\tilde{\xi} \in X$ 的（第 16.4 节推论）。对于 $z \in V$，集合 $p(z)$ 仅仅取决于可以被视为 P' 的一个元素的 z，从而只有 $C(dz)$ 在 P' 上的像分布与 P^* 的计算有关。然而，这是 A 上 $h(\chi)$ 的分布在 P' 中的标准像，其中 χ 具有 $B(T,C)$ 上的圆柱体概率。因此，它是标准的；从而证明（a）。

附录

令 U_t 表示一个可积对应（即具有一个可积选择的可测图形）。令 $V_\chi = \int \chi(t) U_t d\mu(t)$（$\chi \geq 0$ 是有界可测的）。

引理 16A.1 $\forall \chi\ V_\chi$ 是凸的，非空的，并且 $V_{\lambda_1\chi_1+\lambda_2\chi_2} = \lambda_1 V_{\chi_1} + \lambda_2 V_{\chi_2}$（$\lambda_i \in \mathbf{R}_+$）。

证明： 应先注意到 $V_\chi \neq \emptyset$，因为 U_t 是可积的。$V_{\lambda\chi} = \lambda V_\chi$ 和 $V_{\chi_1+\chi_2} \subseteq V_{\chi_1} + V_{\chi_2}$ 都可以很容易地从定义得到。对于反向的包含关系，令 $v = v_1 + v_2$，$v_i \in V_{\chi_i}$，且

$$v_i = \int \chi_i(t) y_i(t) d\mu(t),\ \chi_i(t) y_i(t) \in L_1(\mu),\ y_i(t) \in U_t$$

我们希望论证 $v = \int (\chi_1(t) + \chi_2(t)) y(t) d\mu(t)$，其中 $(\chi_1(t) + \chi_2(t)) y(t) \in L_1(\mu)$，$y(t) \in \{y_1(t), y_2(t)\}$。因此，令 $\sigma(t) = \chi_1(t) / [\chi_1(t) + \chi_2(t)]$ [如果 $\chi_1(t) = \chi_2(t)$，则它等于 $1/2$]，并令 $z_i(t) = (\chi_1(t) + \chi_2(t)) y_i(t)$。我们有 $\sigma(t) z_1(t)$ 和 $(1-\sigma(t)) z_2(t)$ 是 μ 可积的，并且我们寻找一个 μ 可积的 $z(t) \in \{z_1(t), z_2(t)\}$，满足：

$$\int z_t d\mu(t) = \int [\sigma(t) z_1(t) + (1-\sigma(t)) z_2(t)] d\mu(t)$$

在 $\left\{\sigma \leq \frac{1}{2}\right\}$ 上可以很充分地构造这个结果。在补集上，改变两个下标 1 和 2 的顺序。这样，我们有 $z_2(t)$ 是 μ 可积的，而我们寻找一个可测集 A 使得 $I_A z_1(t)$ 是 μ 可积的，并且

$$\int [I_A z_1(t) + I_{A^c} z_2(t)] d\mu(t) = \int [\sigma(t) z_1(t) + (1-\sigma(t)) z_2(t)] d\mu(t)$$

或者，因为 $z_2(t)$ 是 μ 可积的，

$$\int_A (z_1(t) - z_2(t)) d\mu(t) = \int \sigma(t) [z_1(t) - z_2(t)] d\mu(t)$$

其中，$I_A(z_1(t) - z_2(t))$ 是 μ 可积的。不失一般性地，我们还可以假

设处都有 $\sigma(t) > 0$（在补集上，$A = \emptyset$）。我们有 $\sigma(t)[z_1(t) - z_2(t)]$ 是 μ 可积的，因此我们用 ν 表示向量测度 ($\sigma(t)[z_1(t) - z_2(t)]^+ d\mu(t)$, $\sigma(t)[z_1(t) - z_2(t)]^- d\mu(t)$)，并令 $f(t) = 1/\sigma(t)$ (≥ 2)。

这样，我们的问题如下：给定一个非负非原子向量测度 ν 和一个可测函数 $f(t) \geq 2$，找到一个可测集合 A 使得 $\int_A f(t) d\nu(t) = \nu(I)$ [ν 是非负且有界的，因此这将自动保证 $I_A(z_1(t) - z_2(t))$ 的 μ 可积性]。令 $I_n = \{n \leq f < n+1\}$ ($n = 2, 3, 4, \cdots$)，并使用李雅普诺夫定理来选择 $A_n \subseteq I_n$，以便使得 $\int_{A_n} f(t) d\nu(t) = \nu(I_n)$。这样，根据单调收敛定理，$A = \cup_n A_n$ 满足我们的要求。这就证明了我们的公式。在同样的公式中，通过 $\chi_1 = \chi_2$ 和 $\lambda_1 + \lambda_2 = 1$ 可以验证 V_χ 的凸性。证明完毕。

对于下一个引理，当以下条件成立时，称一个集合 Ξ 为一个阿基米德锥体：

(1) 它是一个有阿基米德性质—— $\forall \chi_1, \chi_2 \in \Xi, \exists \chi_3 \in \Xi, \exists n: n\chi_1 = \chi_2 + \chi_3$——的阿贝尔半群（即被赋予了一个结合和交换加法）；

(2) 它被乘以了正实数，这个正实数满足 $(\lambda\mu)(\chi) = \lambda(\mu\chi), 1 \cdot \chi = \chi, (\lambda + \mu)\chi = \lambda\chi + \mu\chi, \lambda(\chi_1 + \chi_2) = \lambda\chi_1 + \lambda\chi_2 (\lambda, \mu \in \mathbf{R}_+, \chi, \chi_i \in \Xi)$。

评论：集合 $\Xi = \{\chi \in B(I, C) \mid \inf \chi > 0\}$ 是一个阿基米德锥体。$\mathbf{R}^n$ 的凸子集也构成了一个锥体（不一定是阿基米德锥体）。

引理 16A.2 令 Ξ 表示一个阿基米德锥体，并且 $\forall \chi \in \Xi$，令 V_χ 表示 $\mathbf{R}^n$ 的一个子集，使得（"线性"）$V_{\lambda_1\chi_1 + \lambda_2\chi_2} = \lambda_1 V_{\chi_1} + \lambda_2 V_{\chi_2}$。这样：

(a) 所有的集合 V_χ 都是凸的。

(b) $(V_\chi \neq \emptyset \; \forall \chi \in \Xi) \bullet \equiv \bullet (\exists \chi \in \Xi: V_\chi \neq \emptyset)$。

(c) $(V_\chi$ 是闭集 $\forall \chi \in \Xi) \bullet \equiv \bullet (\exists \chi \in \Xi: V_\chi$ 是闭集)。

证明：

令 $\chi_1 = \chi_2 = \chi$，$\lambda_1 + \lambda_2 = 1$，可以得到（a）。

(b) 成立，因为如果不是这样，令 $V_{\chi_1} \neq \emptyset$，$V_{\chi_2} = \emptyset$，并选择 n 和 χ_3 使得 $n\chi_1 = \chi_2 + \chi_3$。我们可以得到 $\emptyset \neq nV_{\chi_1} = V_{n\chi_1} = V_{\chi_2} + V_{\chi_3} = \emptyset + V_{\chi_3}$，而这是不可能的。

如果 $\exists \chi \in \Xi: V_\chi = \emptyset$，则根据（b），（c）显然成立。因此，我

们可以假设 V_{χ_0} 是闭的和非空的。这样，我们知道，因为（a）和（b），所有集合 V_χ 都是非空凸集合，从而有一个维度 d_χ。线性和阿基米德性质意味着，$d_{\chi_1}=d_{\chi_2} \forall \chi_1, \chi_2 \in \Xi$：对于某些 $d \geq 0$，所有 V_χ 都是 d 维凸集合。

我们通过 d 上的归纳来证明（c）。显然，当 $d=0$ 时不存在任何问题，因为 0 维凸集是点，从而是闭的。因此我们可以假设在所有的 $d < d_0$ 上，（c）得到了证明。

我们先论证可以进一步假设 $d_0 = n$。如果不是这样，对于每个 χ，令 v_χ 表示 0 由 V_χ 生成的 d_0 维仿射空间上的投射。因为所有这些子空间都是平行的（d_0 独立于 χ），因此 v_χ 线性取决于 χ。因此，$\widetilde{V}_\chi = V_\chi - v_\chi$ 是另一个线性对应，其值在 $\mathbf{R}^n$ 的一个固定的 d_0 维子空间中，并且拥有和 V_χ 一样的封闭性。因此，就值在 d_0 维空间的 $\widetilde{V}_\chi$ 来进行证明是充分的。

简短地说，我们可以假设每个 V_χ 都是 $\mathbf{R}^n$ 中的一个满维凸集合，并且对于所有维数 $d < n$ 的对应 V_χ，（c）得到了证明。

为了进行归纳，我们引入一些概念和符号：

(1) $\overline{V}_\chi$ 是 V_χ 的闭包。

(2) ϕ_χ 是 V_χ（和 $\overline{V}_\chi$）的支撑函数：$\phi_\chi(p) = \sup_{v \in V_\chi} \langle p, v \rangle = \sup_{v \in \overline{V}_\chi} \langle p, v \rangle$。这样：

(a) ϕ 在 $\mathbf{R} \cup \{+\infty\}$ 中有值。

(b) $\forall \chi$，ϕ_χ 在 p 上是凸的、正一次齐次的。

(c) 由线性可知 [使用 $0 \cdot (+\infty) = 0$]，$\phi_{\lambda_1 \chi_1 + \lambda_2 \chi_2} = \lambda_1 \phi_{\chi_1} + \lambda_2 \phi_{\chi_2}$。

(d) 最后一个等式和阿基米德性质意味着凸锥 $\overline{\overline{\Pi}} = \{p \mid \phi_\chi(p) < +\infty\}$ 独立于 χ。

(3) $F_{p,\chi} = \{v \in V_\chi \mid \langle p, v \rangle = \phi_\chi(p)\}$；$\overline{F}_{p,\chi} = \{v \in \overline{V}_\chi \mid \langle p, v \rangle = \phi_\chi(p)\}$。显然，对于每个 p，V_χ 中 χ 上的线性转移至了 $F_{p,\chi}$。

(4) $\Pi = \{p \mid F_{p,\chi} \neq \varnothing\}$；$\overline{\Pi}_\chi = \{p \mid \overline{F}_{p,\chi} \neq \varnothing\}$ [根据 (b) 和 $F_{p,\chi}$ 的线性性质，Π 独立于 χ 的选择]。

我们的第一步是证明论断 16A.1。

论断 16A.1 对于 $p \neq 0$，$F_{p,\chi} \neq \varnothing \Rightarrow F_{p,\chi} = \overline{F}_{p,\chi}$（即 $p \in \Pi \Rightarrow F_{p,\chi} = \overline{F}_{p,\chi}$）。

证明： 由归纳假设，对于 $p \neq 0$，$F_{p,\chi}$ 是闭的，因为 F_{p,χ_0} 是闭的，

而且不是满维的。因此，我们只需要证明，对于 $p\in\Pi$，$F_{p,\chi}$ 和 $\overline{F}_{p,\chi}$ 有相同的支撑函数。令 $\psi_{p,\chi}(q)=\sup_{y\in F_{p,\chi}}\langle q,y\rangle$，$\overline{\psi}_{p,\chi}(q)=\sup_{y\in \overline{F}_{p,\chi}}\langle q,y\rangle$；$\overline{\psi}\geq \psi$，并且，对于 $p\in\Pi$，两者在 $\mathbf{R}\bigcup\{+\infty\}$ 中都有值。进一步，由 $F_{p,\chi}$ 的线性有 $\psi_{p,\lambda_1\chi_1+\lambda_2\chi_2}=\lambda_1\psi_{p,\chi_1}+\lambda_2\psi_{p,\chi_2}$，并且 $\overline{\psi}_{p,\lambda_1\chi_1+\lambda_2\chi_2}\geq \lambda_1\overline{\psi}_{p,\chi_1}+\lambda_2\overline{\psi}_{p,\chi_2}$，因为 V 的线性意味着 $\overline{V}_{\lambda_1\chi_1+\lambda_2\chi_2}\supseteq \lambda_1\overline{V}_{\chi_1}+\lambda_2\overline{V}_{\chi_2}$，进而 $\overline{F}_{p,\lambda_1\chi_1+\lambda_2\chi_2}\supseteq \lambda_1\overline{F}_{p,\chi_2}+\lambda_2\overline{F}_{p,\chi_2}$。

这先说明了，$\psi_{p,\chi}(q)<\infty$ 对于某些 χ 成立意味着对于所有 χ，$\psi_{p,\chi}(q)<\infty$，并且，如果我们针对这种序偶 (p,q) 设定 $h_{p,q}(\chi)=\overline{\psi}_{p,\chi}(q)-\psi_{p,\chi}(q)$，则 $h_{p,q}$ 在 χ 上是非负的、凹的和正一次齐次的。进一步地，$V_{\chi_0}=\overline{V}_{\chi_0}$ 意味着 $h_{p,q}(\chi_0)=0$。对于任意的 χ，选择 n 和 $\tilde{\chi}$ 使得 $n\chi_0=\chi+\tilde{\chi}$，并考虑 $f(\theta)=h_{p,q}(\chi+\theta\tilde{\chi})$；$f$ 是一个 $\theta\geq 0$ 的非负凹函数，满足 $f(1)=0$。因此，对于所有的 θ，$f(\theta)=0$；即对于所有 χ，$(\theta=0)$ $h_{p,q}(\chi)=0$。

因此，对于 $p\in\Pi$，我们论证了对于所有 $\chi\in\Xi$，要么 $\psi_{p,\chi}(q)<\infty$，进而 $\overline{\psi}_{p,\chi}(q)=\psi_{p,\chi}(q)$，要么 $\psi_{p,\chi}(q)=+\infty$，进而也有 $\overline{\psi}_{p,\chi}(q)=\psi_{p,\chi}(q)$。因此，对于 $p\in\Pi$，$F_{p,\chi}$ 和 $\overline{F}_{p,\chi}$ 的确有相同的支撑函数，从而是相等的。这证明了论断 16A.1。

为了完成归纳，进而证明引理 16A.2，只需要再证明 $p\notin \Pi\Rightarrow\overline{F}_{p,\chi}=F_{p,\chi}=\varnothing$，进而得到，$\forall \chi$，$F_{p,\chi}=\overline{F}_{p,\chi}$ $\forall p\neq 0$，从而 $V_\chi=\overline{V}_\chi$（V_χ 是凸的）。因此，我们提出论断 16A.2。

论断 16A.2 $F_{p,\chi}=\varnothing\Rightarrow \overline{F}_{p,\chi}=\varnothing$（即 $\overline{\Pi}_\chi=\Pi$）。

证明：我们从一个子引理开始论断 16A.2 的证明。

子引理 令 C_k 表示一个 R^n 中的闭凸集的递减序列，满足 $\bigcap_k C_k=\varnothing$。这样，$\exists q:\inf_{c\in C_k}\langle q,c\rangle \xrightarrow[k\to\infty]{}+\infty$。

证明：这个引理应该是众所周知的。例如，我们对 q 取 C_k 的渐近锥体交集的极的相对内部的任意元素。为了保证证明的完整，我们给出一个简单的对子引理的直接证明。

令 $\phi_k(q)=\inf\{\langle q,c\rangle \mid c\in C_k\}$。$\phi_k$ 随 k 递增，并且在 q 上是凹的和正一次齐次的；它的值在 $\mathbf{R}\bigcup\{-\infty\}$ 中。如果这个子引理不成立，那么就有 $\phi=\lim_{k\to\infty}\phi_k<+\infty$，而 ϕ 也是凹的和正一次齐次的。令 $D=\{(\alpha,q)\in \mathbf{R}\times \mathbf{R}^n\mid \alpha\leq \phi(q)\}$，并令 $\overline{D}$ 表示 D 的闭包。我断言 ϕ

在凸锥 $V=\{q \mid \phi(q)>-\infty\}$ 的相对内部的任意 $\bar{q}$ 上是上半连续的。否则，就将存在一个收敛于 $\bar{q}$ 的序列 q_i 满足 $\lim\phi(q_i) > \phi(\bar{q}) >-\infty$。因此，我们可以假设对于所有 i（即 $q_i \in V$），$\phi(q_i)>-\infty$。因此，因为 $\bar{q}$ 在 V 的相对内部，凹函数在它们定义域内部的连续性将使我们得到一个矛盾的结果。

这种上半连续性意味着 $\exists \alpha_0$ 使得 $(\alpha_0, \bar{q}) \notin \bar{D}$。用 (λ, x) 表示将 $(\alpha_0, \bar{q})$ 从 $\bar{D}$ 严格分离的线性泛函。我们有 $v = \lambda\alpha_0 + \langle \bar{q}, x \rangle > \lambda\alpha + \langle q, x \rangle \ \forall (\alpha, q): \alpha \leq \phi(q)$。由此可以立刻［从 $\alpha \leq \phi(q)$］得到 $\lambda \geq 0$，而由严格不等式可以得到 $\lambda \neq 0$（否则令 $q = \bar{q}$）。因此，通过重新标准化，我们可以假设 $\lambda = 1$。因此，通过改变 x 的符号，我们得到 $\phi(q) - \langle q, x \rangle$ 是有上界的（以 v 为界）；因为它是正一次齐次的，我们可以得到 0 是上界：$\exists x: \forall k, \forall q, \phi(q) \leq \langle q, x \rangle$；换句话说，因为 C_k 是闭凸的，$x \in C_k$：集合 C_k 有一个非空交集。这就证明了子引理。

下面我们证明论断 16A.2。

论断 16A.2 的证明：如果我们的论断不成立，令 $\|\bar{p}\|=1$，$\bar{v} \in F_{\bar{p}, \bar{\chi}}$，$\psi(\chi) = \phi_\chi(\bar{p})$，并且 $F_{\bar{p}, \chi} = \emptyset \ \forall \chi \in \Xi$。选择 $\epsilon > 0$ 和 $\chi_1 \in \Xi$（阿基米德性质）使得 $\bar{\chi} = \epsilon \chi_0 + \chi_1$。这样就有 $\emptyset = F_{\bar{p}, \chi_0} = \bar{F}_{\bar{p}, \chi_0}$，所以如果我们令 $C_\delta^i = \{v \in V_{\chi_i} \mid \langle \bar{p}, v \rangle \geq \psi(\chi_i) - \delta\}$，则 C_δ^0 构成了一个具有空交集的闭凸集的递减序列。因此，根据子引理，$\exists \bar{q}$：$\inf_{v \in C_\delta^0} \langle \bar{q}, v \rangle \xrightarrow[\delta \to 0]{} +\infty$（并且 $\|\bar{q}\|=1$）。

下面，选择 $v \in V_{\bar{\chi}}$ 使得 $\|v - \bar{v}\| \leq \eta$，$v = \epsilon v_0 + v_1$，$v_i \in V_{\chi_i}$。这样

$$\epsilon \langle \bar{p}, v_0 \rangle + \langle \bar{p}, v_1 \rangle = \langle \bar{p}, v \rangle \geq \langle \bar{p}, \bar{v} \rangle - \eta = \psi(\bar{\chi}) - \eta$$
$$= \epsilon \psi(\chi_0) + \psi(\chi_1) - \eta$$

并且，因为 $\langle \bar{p}, v_i \rangle \leq \psi(\chi_i)$，可以得到 $\langle \bar{p}, v_0 \rangle \geq \psi(\chi_0) - \eta \epsilon^{-1}$ 和 $\langle \bar{p}, v_1 \rangle \geq \psi(\chi_1) - \eta$。

特别地，给定 η_0 和 δ，选择 $\eta = \min(\eta_0, \epsilon\delta, 1)$。这样，存在 $v_0 \in C_\delta^0$ 和 $v_1 \in C_\eta^1$ 使得 $\|(\epsilon v_0 + v_1) - \bar{v}\| \leq 1$。

如果我们选择了足够小的 δ 使得 $\inf_{v \in C_\delta^0} \langle \bar{q}, v \rangle \geq M\epsilon^{-1}$，则 $M + \langle \bar{q}, v_1 \rangle - \langle \bar{q}, \bar{v} \rangle \leq 1$（即 $\langle \bar{q}, v_1 \rangle \leq \langle \bar{q}, \bar{v} \rangle + 1 - M$）。因此，$\inf_{v \in C_\eta^1} \langle \bar{q}, v \rangle = -\infty$。特别地，我们可以选择 $v_i^1 \in V_{\chi_1}$ 使得 $\langle \bar{q}, v_i^1 \rangle \leq -i^2$，并且 $\langle \bar{q},

$v_i^1\rangle \to \psi(\chi_1)$。

下面，选择 n 和 χ_2 使得 $n\chi_0 = \chi_1 + \chi_2$（阿基米德性质），并选择一个 $v_i^2 \in V_{\chi_2}$ 满足 $\langle \bar{q}, v_i^2 \rangle \le i$ 和 $\langle \bar{p}, v_i^2 \rangle \to \psi(\chi_2)$。这样，对于 $v_i = (1/n)[v_i^1 + v_i^2]$，可以得到 $v_i \in V_{\chi_0}$，$\langle \bar{q}, v_i \rangle \to -\infty$，且 $\langle \bar{p}, v_i \rangle \to \psi(\chi_0)$ $(= [\psi(\chi_1) + \psi(\chi_2)]/n)$，而这与 $\bar{q}$ 的定义相矛盾。这就证明了论断 16A.2，进而证明了引理 16A.2。

参考文献

Aumann, R. J. (1965), "Integrals of set-valued functions," *Journal of Mathematical Analysis and Applications*, **12**, 1–12.

——(1975), "Values of markets with a continuum of traders," *Econometrica*, **43** (4), 611–646.

Aumann, R. J. and M. Perles (1965), "A variational problem arising in economics," *Journal of Mathematical Analysis and Applications*, **11**, 488–503.

Aumann, R. J. and L. S. Shapley (1974), *Values of Non-Atomic Games*, Princeton: Princeton University Press.

Champsaur, P. (1975), "Cooperation versus Competition," *Journal of Economic Theory*, **11** (3), 394–417.

Debreu, G. (1966), "Integration of correspondences," *Proceedings of the Fifth Berkeley Symposium on Mathematical Statistics and Probability*, pp. 351–372.

Dubey, P. (1975), Ph. D. Thesis.

Hart, S. (1977a), "Asymptotic value of games with a continuum of players," *Journal of Mathematical Economics*, **4**, 57–80.

——(1977b), "Values of non-differentiable markets with a continuum of traders," *Journal of Mathematical Economics*, **4**, 103–116.

——(1980), "Measure-based values of market games," *Mathematics of Operations Research*, **5**, 197–228.

Hildenbrand, W. and J. F. Mertens (1971), "On Fatou's lemma in several dimensions," *Zeitschrift für Wahrscheinlichkeitstheorie und verwandte Gebiete*, **17**, 151-155.

Mertens, J. F. (1980), "Values and derivatives," *Mathematics of Operations Research*, **5**, 523-552.

——(1981), "On the density of the extreme points in the unit ball of spaces of type $C(K)$." CORE Discussion Paper 8123, Université Catholique de Louvain, Louvain-la-Neuve, Belgium.

——(1988), "The Shapley value in the non-differentiable case," *International Journal of Game Theory*, **17** (1), 1-65.

Taumann, Y. (1981), "Value on a class of non-differentiable market games," *International Journal of Game Theory*, **10**, 155-182.

第 5 部分

成本配置与公正分配

第 17 章　个体贡献与公正补偿*

H. P. 扬

摘　要

边际原则是说，归属于生产的每个要素的产出份额应当只取决于要素自身对产出所做出的贡献。这一性质，与对称性和有效性一起，决定了唯一的沙普利值。为了得到具有可变投入水平的平滑生产函数，一个类似的结论假定了奥曼-沙普利定价。

---

* 本研究在合约 N00014-86-K-0586 下由海军研究办公室资助。

沙普利值

17.1 引言

在完全竞争市场中，劳动者的工资等于他的边际产出。只要认同竞争性市场是经济组织的正确形式，那么边际生产力是不是一个"公正"的补偿规则就不再涉及道德判断问题。尽管如此，报酬与贡献呈现出一定的比例关系这一观点本身就包含了相当多的道德层面上的诉求，并且体现了广泛存在的、与完全竞争理论完全无关的"公正分配"观点。

在这篇论文中，我们将提出如下问题：在缺乏竞争的情形下，"根据贡献来补偿"意味着什么？当经济组织的主基调是合作而不是竞争时，边际贡献原则是如何转变成公正分配规则的？

不幸的是，将边际贡献转换为合作性的分配规则会遭遇很多困难。因为除极特殊的情形外，个体对产出的边际贡献的加总不等于总产出。如果存在来自合作的报酬递增，边际贡献的加总将大于总产出；如果存在报酬递减，则加总将小于总产出。

一种似乎无害的补救办法是计算全部要素投入的边际产出，然后根据一个共同比例进行调整，以使总产出充分分配。这种边际产出的比例原则是一些经典分配方案的基础，其中包括了成本收益分析中的"可分成本-剩余收益"方法（James and Lee，1971；Straffin and Heaney，1981）。然而，我们通过例子表明，边际产出的比例原则并没有完美地解决"加总"问题。其原因在于，该准则并不是仅仅根据要素自身的产出贡献来决定分配份额，而是用所有要素的产出贡献来决定分配。例如，如果一个要素的边际贡献上升而其他要素的边际贡献下降，分配给这个要素的报酬份额可能最终是下降的；即这个要素可能承受了来自其他要素的生产率下降的影响。

我们将论证，基本上只存在一种能够解决这一问题的合作性分配规则——沙普利值。特别地，沙普利值是具有以下三种性质的唯一的分配规则：

（ⅰ）产出被完全分配。

（ⅱ）以对称方式进入生产函数的要素得到相同的收入分配结果。

（ⅲ）要素份额只取决于该要素自身对产出的贡献。

这一结论对于所有离散要素投入的生产函数（即所有的合作博弈）都是成立的。一个在具有可变投入水平的平滑生产函数上的类似结论描述了奥曼-沙普利分配规则。从这个意义来说，可以认为沙普利值（以及连续情形下的奥曼-沙普利价格）是对纯合作问题中边际贡献的自然解释。

17.2　像合作博弈一样分配

考虑 n 个经济个体 $N=\{1,2,\cdots,n\}$。他们可以合作来生产一个单一的产品。假设该产品是完全可分的。经济个体拥有不同的技术，因此有些个体能比其他人做出更多贡献。对于每个经济个体的子集 $S\subseteq N$，令 $v(S)$ 为 S 中的经济个体通过技能整合所能实现的生产总量。假设不存在免费生产的可能性；即 $v(\emptyset)=0$。集函数 v 界定了一个固定的经济个体集合 N 上的合作博弈。分配规则（或者说，"解概念"）是一个针对固定集合 N 上每个合作博弈所定义的函数 ϕ，$\phi(v)=(a_1,\cdots,a_n)\in R^n$。这里，$a_i$ 是 i 得到的总产出的"份额"。

我们将关注满足三项性质的分配规则 ϕ。第一，产出 $v(N)$ 必须充分分配：

$$\sum \phi_i(v) = v(N) \tag{17.1}$$

该性质也被称为有效性（Shapley，1953）。

第二，每个经济个体的份额应当仅取决于他在函数中的结构性决策，而不取决于他的名字。如果对于 N 的每个排列 π，$\phi_{\pi(i)}(\pi v)=\phi_i(v)$，则我们称 ϕ 是对称的。

第三个重要的性质是每个经济个体的份额应当只取决于他自身对总产出的贡献。这立刻引出了如何精确定义"自身的贡献"这一问题。考虑下面的例子。两个经济个体，1 和 2，每个人单独工作每期可生产 2 单位产品；如果他们一起生产，则每期能够生产 10 单位产品。因此，$v(1)=v(2)=2$，$v(1,2)=10$［且 $v(\emptyset)=0$］。i 的贡献是多少？在完全合作状态（即集合 $\{1,2\}$）中，每个个体的边际贡献都是 8 个单位。然而，在非合作情形下，每个人的边际贡献仅为 2 单位。这种"边际贡献"的含义是模糊的，因为我们无法事前确定哪个联盟会实际得以形成。

打破这一僵局的一种思路由 Shapley（1953）提出。设想经济个体以随机顺序加入合作。如果经济个体 1 先到达，那么他的边际贡献记为 $v(1)-v(\varnothing)=2$ 单位。经济个体 2 随后到达，而他的边际贡献记为 $v(1,2)-v(1)=8$。在这一情形下，存在着一个最后到达的升水。为了将所有个体置于相同基础上进行考察，我们可以计算经济个体在全部的 $n!$ 种排序上的预期边际贡献。这一结果即为沙普利值：

$$\phi_i^*(v)=\sum_{S\subseteq N-i}\frac{|S|!(|N-S|-1)!}{|N|!}[v(S+i)-v(S)] \tag{17.2}$$

与假定贡献由参与人的随机排序决定不同，我们仅假设每个经济个体所得到的份额应当通过某些方式取决于他自己的贡献。在所有可能的产出水平上，对个体 i 的边际贡献的一个完整描述包含于 v 对 i 的偏导数之中，即函数 v_i 定义如下：

$$\begin{aligned}v_i(S)&=v(S+i)-v(S) &\text{如果 } i\notin S\\&=v(S)-v(S-i) &\text{如果 } i\in S\end{aligned} \tag{17.3}$$

如果 $\phi_i(v)$ 仅仅是 v_i 的函数，或者换句话说，如果对于每个 $i\in N$ 和 N 上的任意两个博弈 $v、w$，有

$$v_i\equiv w_i\Rightarrow\phi_i(v)=\phi_i(w) \tag{17.4}$$

则分配规则 ϕ 满足边际原则。

如果分配规则不满足边际原则，则它将面临严重的扭曲。因为如果一个经济个体的份额受其他经济个体贡献的影响，那么该经济个体可以因其他个体的行为而被奖励（或惩罚）。这种规则造成了合作中并不必需的个体之间的相互依赖，并可能损害个体的积极性。

考虑如下边际产出的比例原则：

$$\phi_i(v)=\left[\frac{v_i(N)}{\sum_N v_j(N)}\right]v(N) \tag{17.5}$$

这一规则并不满足边际原则，因为 $\phi_i(v)$ 依赖于 $v(N)/\sum_{j\in N}v_j(N)$，而后者包含了其他经济个体的边际贡献。这可以导致不幸的结果。我们可以用下面的例子来说明这一点。设想两个经济个体可以将他们的劳动和资源集合起来生产粮食。A 使用他自己的劳动和土地单独生产

可以得到 20 蒲式耳的年产出（除去生计需要以后），B 单独生产的年产出为 60 蒲式耳。两个人联合生产时，年产出为 100 蒲式耳（除去生存需要以后）。A 对合作生产的边际贡献是 40 蒲式耳，而 B 的边际贡献是 80 蒲式耳。因此，边际产出的比例原则意味着 A 得到的净产出是 $33\frac{1}{3}$ 蒲式耳，而 B 得到的净产出是 $66\frac{2}{3}$ 蒲式耳。下面，设想 A 的生产效率提高了；例如，A 勒紧裤腰带，每年少消费 1 蒲式耳的粮食。因此，无论 A 是单独劳动还是与 B 一起生产，他都为净产出做出了 1 蒲式耳的贡献。与此同时，假设 B 现在要么因为浪费，要么因为自我放纵，每年比过去多消费 21 蒲式耳的粮食。将两种效应合并以后，新的产出函数将变为：

$\varnothing$：0 蒲式耳

A：21 蒲式耳

B：39 蒲式耳

A、B：80 蒲式耳

A 对任意一个包含 A 的联盟的边际贡献都上升了 1 蒲式耳，而 B 的边际贡献下降了 21 蒲式耳。然而，依据边际贡献的比例原则，A 现在得到 32.8 蒲式耳，而 B 得到 47.2 蒲式耳。因此，即使 A 变得更有效率，他却因为 B 的效率下降而遭受了惩罚。

下面的结论（Young, 1985a）表明，这种不公正的结果基本上只能通过一种途径来避免。[这一结论是对 Loehman 和 Winston（1974）就一类特殊的合作博弈的研究结论的一般性拓展。]

定理 17.1 沙普利值是满足对称性的、能充分分配产出的、满足边际原则的唯一的分配规则。

证明：固定一个经济个体的集合 $N=\{1,2,\cdots,n\}$。对于每个定义于 N 上的博弈 v，显然沙普利值[式（17.2）]满足对称性（S）、完全分配（D）和边际原则（M）。

反过来，令 ϕ 为一个针对 N 上的所有博弈 v 所定义的，满足 S、D 和 M 的分配规则。我们将先论证对每个联盟的边际贡献为 0 的经济个体（即虚拟参与人）只得到 0 支付。考虑对于所有 $S \subseteq N$ 均为 0 的博弈 w。这个博弈在所有经济个体间是对称的，因此所有经济个体的分配结果相同。因为 $\sum_{i \in N} \phi_i(w) = 0$，对于所有 $i \in N$，$\phi_i(w) = 0$。下面，设想 i 是 N 上任意博弈 v 中的一个虚拟参与人。这样，v_i 在所有博弈中都是 0。因此 $v_i \equiv w_i$，从而边际原则意味着 $\phi_i(v) = \phi_i(w) = 0$。因此，在 ϕ 下，虚拟参与人的支付为 0。

下面，我们论证对于 N 上的所有博弈 v，$\phi(v)$ 必然是沙普利值。先考虑 v 为一致同意博弈的情形：对某些非空集 $R \subseteq N$，$v = v_R$，其中

$$v_R(S) = \begin{cases} 1 & \text{如果 } R \subseteq S \\ 0 & \text{如果 } R \nsubseteq S \end{cases}$$

很容易验证每个 $i \notin R$ 都是 v_R 中的虚拟参与人。因此，上述分析意味着对于所有 $i \notin R$，$\phi_i(v_R) = 0$。因为 v_R 对于所有个体 $i \in R$ 都是对称的，对称性意味着对于所有的 $i,j \in R$，$\phi_i(v_R) = \phi_j(v_R)$。这一结论，加上完全分配的要求，表明对于所有 $i \in R$，$\phi_i(v_R) = 1/|R|$。这一论证说明只要 v_R 是一个一致同意博弈，则 $\phi(v)$ 就是沙普利值。通过一个类似的过程可以论证，只要 c 是一个常数，而 v 是一个一致同意博弈，则 $\phi(cv)$ 是沙普利值。

对于一个 N 上的一般性的博弈 v，可以写出：

$$v = \sum_{\substack{R \subseteq N \\ R \neq \varnothing}} c_R v_R \tag{17.6}$$

其中，每个 v_R 都是一个一致同意博弈，而 c_R 都是实数。令 $I(v)$ 为 v 的这一表达式中非零项的最小个数。[如果 v 中各项都是 0，则 $I(v) = 0$。]对 $\phi(v)$ 为 v 的沙普利值的证明由 $I(v)$ 上的归纳而展开。我们已经在 $I(v) = 0$ 或者 $I(v) = 1$ 的情形下证明了这一结论。

下面，假设只要 v 的加总指数至多是 I，则 $\phi(v)$ 就是沙普利值，并令加总指数为 $I+1$ 的 v 的表达式为如下形式：

$$v = \sum_{k=1}^{I+1} c_{R_k} v_{R_k}, \quad \text{对于所有 } c_{R_k} \neq 0$$

令 $R = \bigcap_{k=1}^{I+1} R_k$，并选择 $i \notin R$。如果 i 是虚拟参与人，则 $\phi_i(v) = 0$，同样是 i 的沙普利值。如果 i 不是虚拟参与人，则考虑下述博弈：

$$w = \sum_{k: i \in R_k} c_{R_k} v_{R_k}$$

由于 $i \notin R$，w 的加总指数至多为 I。此外，对于所有 $S \subseteq N$，$w_i(S) = v_i(S)$，因此边际原则意味着 $\phi_i(v) = \phi_i(w)$。由归纳假设可知，

$$\phi_i(v) = \phi_i(w) = \sum_{k: i \in R_k} \frac{c_{R_k}}{|R_k|}$$

而这就是 i 的沙普利值。

剩下的工作是证明当 $i \in R = \bigcap_{k=1}^{l+1} R_k$ 时，$\phi_i(v)$ 是沙普利值。由对称性可知，对于 R 的所有成员，$\phi_i(v)$ 是一个常数 c；同样地，对于 R 的所有成员，沙普利值是某个常数 c'。由于两个配置方案的加总都是 $v(N)$，并在所有的 $i \notin R$ 之间是相等的，因此 $c = c'$。证明完毕。

如果需要只在超可加博弈的范围内进行研究，之前的证明过程可以进行如下修正。每个超可加博弈 v 可以写作 $v = u - \sum c_R v_R$，其中，所有的 $c_R > 0$，u 是超可加的，并且 $u(S)$ 只取决于 S 的基数，从而是对称的。（每个一致同意博弈 v_R 同样是超可加的。）在这一表达式中，由最小非负项数进行归纳，并注意到删除任意的 $c_R v_R$ 都得到一个超可加博弈。这一结论在基准情形 $v = u$ 中成立，因为对称性和完全分配意味着 $\phi_i(u) = u(N)/|N|$，而这就与沙普利值相一致。

17.3 奥曼-沙普利定价

在这一部分中，我们将展示一个类似的描述了奥曼-沙普利定价机制的公理集合。将一个生产单一同质性商品的企业视为一个多种资源投入的函数。令 $y = f(x_1, x_2, \cdots, x_n)$ 为每种资源 $i (i = 1, 2, \cdots, n)$ 的使用数量为 x_i 时的最大产出量。假设对于所有的 $\mathbf{x}$，$f(\mathbf{x})$ 定义在有界域 $D(\bar{\mathbf{x}}) = \{\mathbf{x} \in \mathbf{R}^n: 0 \leq \mathbf{x} \leq \bar{\mathbf{x}}\}$ 上，其中 $\bar{\mathbf{x}} > 0$。产出的目标水平是 $f(\bar{\mathbf{x}})$。假设 f 在 D 上有连续的一阶导数（应用于 D 的边界上的单边导数）。进一步假设不存在固定成本，即 $f(\mathbf{0}) = 0$。满足这些条件的序偶 $(f, \bar{\mathbf{x}})$ 将被称为可变投入生产问题。

n 种投入中的每一种应当得到多少产出？当企业出于内部记账和控制的考虑而希望将利润分配给不同投入时，这个问题就产生了。为简单起见，假设产出以销售收入来衡量，而投入以成本来衡量。企业期望将总收入 $y = f(\bar{\mathbf{x}})$ 在各种投入之间进行配置，以使得净利润可以分配至每种投入 $i = 1, 2, \cdots, n$（或构成"利润中心"的投入集合）。换句话说，企业希望找到一个单位投入的价格向量 $(p_1, \cdots, p_n)$ 使得 $\sum_{i \in N} p_i \bar{x}_i = f(\bar{\mathbf{x}})$。

定价规则是一个针对固定投入集合 $N = \{1, 2, \cdots, n\}$ 上的生产问题

$(f,\bar{\mathbf{x}})$ 所定义的,并使 $\psi_i(f,\bar{\mathbf{x}})=p_i$ 为 i 的单位价格的函数 ψ。完全分配要求:

$$\sum_{i\in N}\bar{x}_i\psi_i(f,\bar{\mathbf{x}})=f(\bar{\mathbf{x}}) \tag{17.7}$$

如果 $f(\bar{\mathbf{x}})$ 是生产所产生的总收入,而 $\bar{x}_i$ 是投入 i 的总成本,则 $\psi_i(f,\bar{\mathbf{x}})$ 可以解释为 i 的推算收入,而 $\psi_i(f,\bar{\mathbf{x}})-1$ 是 i 的推断利润率。定价规则可以部分地作为依据利润中心的推断利润所进行的补偿或奖励。或者,管理者也可以将这一规则作为内部会计方法来随时监督利润中心或部门的绩效。在这两种情形下,要求 i 的价格仅取决于 i 自身对收入或产出的贡献是非常合理的,即 $\psi_i(f,\bar{\mathbf{x}})$ 应该仅仅是偏导数 $f_i(\mathbf{x})=\partial f(\mathbf{x})/\partial x_i$ 的函数,$0\leq \mathbf{x}\leq \bar{\mathbf{x}}$(或者可能只是 i 自身的函数)。

当且仅当对于每个 $i\in N$ 和任意两个同样定义在域 $D=\{\mathbf{x}\in R^n: 0\leq \mathbf{x}\leq \bar{\mathbf{x}}\}$ 上的生产函数 f 和 g:

$$f_i(\mathbf{x})=g_i(\mathbf{x}) \text{ 对于所有 } \mathbf{x}\in D \text{ 意味着 } \psi_i(f,\bar{\mathbf{x}})=\psi_i(g,\bar{\mathbf{x}}) \tag{17.8}$$

函数 ψ 满足边际原则。

一个并不具有这种性质的方法是边际产出的比例定价规则:

$$\psi_i(f,\bar{\mathbf{x}})=\lambda f_i(\bar{\mathbf{x}}) \quad \text{其中} \lambda=\frac{f(\bar{\mathbf{x}})}{\sum_{j\in N}\bar{x}_j f_j(\bar{x})}$$

正如之前的有限情形一样,这种方法在生产函数移动时表现得并不令人满意。特别地,即使 i 的边际收益产出在所有可能的产出水平上都上升了,它也有可能使 i 的价格下降。其原因在于,i 的推算收入可能因为其对其他要素边际收益产出的依赖性而被拉低。

我们宣称,只存在一种符合完全分配要求,并满足式(17.8)的理想定价机制,即奥曼-沙普利定价:

$$\psi_i^{AS}(f,\bar{\mathbf{x}})=\int_0^1 \frac{\partial f(t\bar{\mathbf{x}})}{\partial x_i}dt \tag{17.9}$$

为了论证这一事实,我们需要使用连续性,以及一个类似于对称性的条件。一种对对称性的自然的公式化表述如下:如果 f 在要素 i 和 j 之间是对称的,即如果对于所有 $\mathbf{x},0\leq \mathbf{x}\leq \bar{\mathbf{x}}$,有

$$f(x_1,\cdots,x_i,\cdots,x_j,\cdots,x_n)=f(x_1,\cdots,x_j,\cdots,x_i,\cdots,x_n)$$

则 $\psi_i(f,x)=\psi_j(f,x)$。事实上，我们需要一个能够界定本质上相同的要素的更强的条件。考虑以两个不同单位表示但属于同一要素类型的投入。例如，令 x_1 为生产中使用的以夸脱度量的汽油，而 x_2 为以品脱度量的汽油。因此，以加仑度量的汽油使用量就为 $y=x_1/4+x_2/8$。如果每加仑汽油的价格是 p，则很自然地可以为 x_1（原书为 x，有误。——译者注）定价 $p/4$，并对 x_2 定价 $p/8$。

一般性地，定义投入要素 $x_1,\cdots,x_n$ 的线性加总为 $y_i=\sum_{j=1}^n a_{ij}x_j$，其中所有 $a_{ij}\geq 0$。令 $g(\mathbf{y})$ 为一个使用 m 种加总投入 $y_1,\cdots,y_m$ 的生产函数，每种加总投入都是投入 $x_1,\cdots,x_n$ 的线性组合。因此，$\mathbf{y}=A\mathbf{x}$，其中 A 是一个非负矩阵。考虑如下直接定义在 $\mathbf{x}$ 上的函数 $f:f(\mathbf{x})=g(A\mathbf{x})$。如果只要 $A\geq 0$，$A\bar{\mathbf{x}}=\bar{\mathbf{y}}>0$，$f=g\circ A$ 就意味着 $\psi(f,\bar{\mathbf{x}})=[\psi(g,A\bar{\mathbf{x}})]A$，则定价规则是加总不变的（aggregation invariant）。换句话说，投入的价格通过线性系统 A 分配至投入 $\mathbf{x}$。[Billera 和 Heath（1982）界定了一个类似的性质]。注意到将 A 取一个转置矩阵，则可以由加总不变性得到对称性。

对于每个 $\bar{\mathbf{x}}\in \mathbf{R}^N$，$\bar{\mathbf{x}}>0$，考虑定义在 $D=D(\bar{\mathbf{x}})$ 上的连续可微的实函数 f。该函数使得 $f(\mathbf{0})=\mathbf{0}$，其范数为：

$$\|f\|=\sup_{\mathbf{x}\in D}|f(\mathbf{x})|+\sum_{i=1}^n \sup_{\mathbf{x}\in D}\left|\frac{\partial f(\mathbf{x})}{\partial x_i}\right|$$

令 $C^1(\bar{\mathbf{x}})$ 为上述所有连续可微实函数 f 的巴拿赫空间。如果对于每个固定的 $\bar{\mathbf{x}}>0$，在 $C^1(\bar{\mathbf{x}})$ 的拓扑中如果 $\psi(f,\bar{x})$ 是 f 的连续函数，则定价规则 ψ 是连续的。

定理 17.2 奥曼-沙普利定价规则是具有连续性、加总不变性、充分分配并符合边际原则的唯一的定价规则。

证明： 读者可以验证奥曼-沙普利定价规则具有上述性质。[加总不变性可以由 Billera 和 Heath（1982）中的推论 4 得到。]

反过来，令 ψ 为一个具备上述性质的定价规则。先考虑 f 是 $x_1,\cdots,x_n$ 的多项式，且 $f(\mathbf{0})=\mathbf{0}$ 的情形。Aumann 和 Shapley（1974）证明了在这种情形下 $f(\mathbf{x})$ 可以写作：

$$f(\mathbf{x})=\sum_{k=1}^l c_k P_k(\mathbf{x}),\quad \text{其中 } P_k(\mathbf{x})=\left(\sum_{j=1}^n b_{kj}x_j\right)^{r_k} \quad (17.10)$$

对于所有 k 和 $b_{kj}\geq 0$，r_k 是一个正整数。

令 f 的加总指数 I 为满足式（17.10）形式的任意 $f(\mathbf{x})$ 中非零项的最少个数。（如果 f 的各项都是 0，令 $I=0$。）假设该定理对于多项式 f 不成立，而接下来我们要证明这会导致矛盾的结论。令 I^*（$I^* \geq 0$）为满足如下条件的最小指数：存在一个生产问题（$f, \overline{\mathbf{x}}$）使得 $\overline{\mathbf{x}} > \mathbf{0}$，$f$ 是指数为 I^* 的多项式，且 $\psi(f, \overline{\mathbf{x}}) \neq \psi^{AS}(f, \overline{\mathbf{x}})$。

如果 $I^* = 0$，则 f 的各项都为 0。令 $y = \sum_{i=1}^{n} x_i$，且 $g(y) = f(x)$。这样，g 的各项都是 0，并且，由充分分配可知，$y\phi(g, y) = g(y) = 0$。由于 $y > 0$，这表明 $\phi(g, y) = 0$。而根据加总不变性可知，对于所有 i，$\psi_i(f, \overline{\mathbf{x}}) = 0 = \psi_i^{AS}(f, \overline{\mathbf{x}})$，而这就形成了一个矛盾的结论。

下面，假设 $I^* > 0$。考虑一个具有式（17.10）形式的 f。令 J^+ 为使 x_i 在每一项 $c_k P_k(\mathbf{x})$ 中都有一个正系数 $b_{ki} > 0$ 的 i 的子集，并令 J^0 为其他 i 的集合。如果 $i \in J^0$，则通过删除 $c_k P_k(\mathbf{x})$ 中 x_i 的系数为 0 的各项，我们得到了一个指数小于 I^* 的多项式 $g(\mathbf{x})$。该多项式使得对于特定的 i，

$$g_i(x) = f_i(x) \quad 对于所有 \mathbf{x} \in D(\overline{\mathbf{x}})$$

因此，由归纳假设可知 $\psi_i(g, \overline{\mathbf{x}}) = \psi_i^{AS}(g, \overline{\mathbf{x}})$。而由边际原则可得：

$$\psi_i(f, \overline{\mathbf{x}}) = \psi_i(g, \overline{\mathbf{x}}) = \psi_i^{AS}(g, \overline{\mathbf{x}}) = \psi_i^{AS}(f, \overline{\mathbf{x}})$$

如果 J^+ 是空集，则 $\psi(f, \overline{\mathbf{x}}) = \psi^{AS}(f, \overline{\mathbf{x}})$，与假设相矛盾。如果 J^+ 只包含一个 i，则 ψ 和 ψ^{AS} 都必须满足式（17.7）这一事实表明 $\psi_i(f, \overline{\mathbf{x}}) = \psi_i^{AS}(f, \overline{\mathbf{x}})$（因为 $\overline{x}_i > 0$）。

下面，只剩下 $J^+ \geq 2$ 的情形还没讨论。不失一般性地，令 $1 \in J^+$，这样对于所有 k，$1 \leq k \leq I^*$，有 $b_{k1} > 0$。定义一个如下的总产出 y_1：

$$y_1 = x_1 + \sum_{j=2}^{n} a_{1j} x_j \quad 其中 a_{1j} = \min_{1 \leq k \leq I^*} \left\{ \frac{b_{kj}}{b_{k1}} \right\} \geq 0$$

当 $2 \leq j \leq n$ 时，令 $y_j = x_j$，并令 A 为使得 $\mathbf{y} = A\mathbf{x}$ 的非负的 $n \times n$ 矩阵。令

$$g(\mathbf{y}) = \sum_{k=1}^{I^*} c_k Q_k(\mathbf{y}) \tag{17.11}$$

其中，

$$Q_k(\mathbf{y}) = \left[b_{k_1} \, y_1 + \sum_{j=2}^{n} (b_{kj} - b_{k_1} \, a_{1j}) y_j \right]^{r_k} \quad \text{对于} \, 1 \leq k \leq I^*$$

这样就有 $g(A\mathbf{x}) = f(\mathbf{x})$。通过选择系数 a_{1j}，y_1 是式（17.11）中唯一在每一项中都有正系数的变量。由之前的论证可知，对于所有 $\bar{\mathbf{y}} > \mathbf{0}$ 和所有 i，

$$\psi_i(g, \bar{\mathbf{y}}) = \psi_i^{AS}(g, \bar{\mathbf{y}})$$

对于所有 $\bar{\mathbf{x}} > \mathbf{0}$，令 $\bar{\mathbf{y}} = A\bar{\mathbf{x}} > \mathbf{0}$，并针对 ψ 和 ψ^{AS} 由加总不变性得到：

$$\psi(f, \bar{\mathbf{x}}) = \psi(g, \bar{\mathbf{y}})A = \psi^{AS}(g, \bar{\mathbf{y}})A = \psi^{AS}(f, \bar{\mathbf{x}})$$

而这产生了矛盾。这说明对于 f 为 $C^1(\bar{\mathbf{x}})$ 中的多项式产生的所有问题 $(f, \bar{\mathbf{x}})$，ψ 就是奥曼-沙普利定价规则。由于这些多项式在 $C^1(\bar{\mathbf{x}})$ 中是密集存在的，而且 $\psi(f, \bar{\mathbf{x}})$ 和 $\psi^{AS}(f, \bar{\mathbf{x}})$ 都是在 f 上连续的，因此对于所有的 $C^1(\bar{\mathbf{x}})$ 中的 f，$\psi(f, \bar{\mathbf{x}}) = \psi^{AS}(f, \bar{\mathbf{x}})$。这就完成了定理 17.2 的证明。

通过强化边际原则，我们可以得到定理 17.2 的一些变形。一个很自然的调整是要求每个产品 i 的单位价格相对于 i 的边际贡献是单调非减的。如果对于每一个 $i \in N$，每一个正的 $\mathbf{x} \in \mathbf{R}^N$，以及每一个 $f, g \in C^1(\bar{\mathbf{x}})$，都有

$$\frac{\partial f(\mathbf{x})}{\partial x_i} \geq \frac{\partial g(\mathbf{x})}{\partial x_i} \text{ 对于所有 } \mathbf{x} \in D(\bar{\mathbf{x}}) \text{ 意味着 } \psi_i(f, \bar{\mathbf{x}}) \geq \psi_i(g, \bar{\mathbf{x}})$$

(17.12)

则称定价规则 ψ 是单调的。

如果我们用单调性假设代替边际原则，那么定理 17.2 中的连续性假设就不再需要了［参见 Young（1985b）的定理 2］。其原因在于，每个 $C^1(\bar{\mathbf{x}})$ 中的 f 都可能夹在 $C^1(\bar{\mathbf{x}})$ 的拓扑中从两侧收敛于 f 的多项式序列 $C^1(\bar{\mathbf{x}})$ 中。

边际原则可能通过另一种方式来强化，以便其能包含对称性。如果每两个有相等偏导数的投入都制定相同的价格，则我们说 ψ 满足对

称边际原则。也就是说，对于每个 $i,j\in N$，每个正的 $\bar{\mathbf{x}}\in \mathbf{R}^N$，以及每个 $f,g\in C^1(\bar{\mathbf{x}})$，有

$$\frac{\partial f(\mathbf{x})}{\partial x_i}=\frac{\partial g(\mathbf{x})}{\partial x_j} \text{ 对于所有 } \mathbf{x}\in D(\bar{\mathbf{x}}) \text{ 意味着 } \psi_i(f,\bar{\mathbf{x}})=\psi_j(g,\bar{\mathbf{x}})$$

(17.13)

对称边际原则与连续性和完全分配一起，唯一地决定了奥曼-沙普利定价的特征。证明这一点的方法与定理 17.2 的证明完全不同［参见 Young (1985b) 中的定理 1］。

最后，我们可以将式（17.12）和式（17.13）合并为如下单一条件：对于每个 $i,j\in N$、每个正的 $\bar{\mathbf{x}}\in \mathbf{R}^N$，以及每个 $f,g\in C^1(\bar{\mathbf{x}})$，有

$$\frac{\partial f(\mathbf{x})}{\partial x_i}\geq\frac{\partial g(\mathbf{x})}{\partial x_j} \text{ 对于所有 } \mathbf{x}\in D(\bar{\mathbf{x}}) \text{ 意味着 } \psi_i(f,\bar{\mathbf{x}})\geq\psi_j(g,\bar{\mathbf{x}})$$

(17.14)

这一条件使我们可以不再需要加总不变性和连续性。也就是说，式（17.14）和完全分配要求在 $C^1(\bar{\mathbf{x}})$ 上唯一地决定了奥曼-沙普利定价的特征［参见 Young (1985b) 中的定理 1］。

参考文献

R. J. Aumann and L. S. Shapley, *Values of Non-Atomic Games*, Princeton, N. J.: Princeton University Press, 1974.

L. J. Billera and D. C. Heath, "Allocation of shared costs: a set of axioms yielding a unique procedure," *Mathematics of Operations Research* 7 (1982), 32–39.

L. D. James and R. R. Lee, *Economics of Water Resources Planning*, New York: McGraw-Hill, 1971.

E. Loehman and A. Winston, "An axiomatic approach to cost allocation for public investment," *Public Finance Quarterly* (1974), 236–251.

L. S. Shapley, "A value for *n*-person games," in H. W. Kuhn and

A. W. Tucker (eds.), *Contributions to the Theory of Games*, Vol. Ⅱ, Annals of Mathematics Studies No. 28, Princeton, N. J.: Princeton University Press, 1953. (Reprinted as Chapter 2 of this volume.)

P. Straffin and J. P. Heaney, "Game theory and the Tennessee Valley Authority," *International Journal of Game Theory* 10 (1981), 35–43.

H. P. Young, "Monotonic solutions of cooperative games," *International Journal of Game Theory* 14 (1985a), 65–72.

H. P. Young, "Producer incentives in cost allocation," *Econometrica* 53 (1985b), 757–765.

第18章 奥曼-沙普利价格：一个综述

亚伊尔·陶曼

18.1 引言

奥曼和沙普利非原子博弈的值的理论最早由 Billera、Heath 和 Raanan（1978）应用于设定在用户之间公正地分摊成本以设定电话费率。Billera 和 Heath（1982）以及 Mirman 和 Tauman（1982a）将奥曼和沙普利的公理性方法从非原子的值"翻译"至具有可微成本函数的博弈上的价格机制，进而用经济学的术语对成本分摊问题上的非原子博弈的应用提供了实证性的合理性支撑。博弈论的新进展激发了成本分摊应用的平行发展。例如，Dubey、

第18章 奥曼-沙普利价格：一个综述

Neyman 和 Weber（1981）的半值理论激发了 Samet 和 Tauman（1982）对所有"半价格"机制的描述（即不一定满足收支平衡要求的价格机制），并引致了边际成本价格的公理性描述。Dubey 和 Neyman（1984）关于非原子经济的理论使 Mirman 和 Neyman（1983）受到了启发。在此基础上，Mirman 和 Neyman（1983）对长期生产技术上的成本函数上的边际成本价格进行了刻画。Young（1984）在单调性公理上对沙普利值的描述激发了他在可微成本函数上对奥曼-沙普利价格机制的描述（Younh, 1985a）。Hart 和 Mas-Colell（1987）通过位势函数方法用他们对沙普利值的描述界定了可微成本函数上的奥曼-沙普利价格。最近，Monderer 和 Neyman（本书第15章）应用欧文的多重线性展开对非原子博弈的 pNA 上的值的存在性和唯一性提供了一个简单的替代性的证明，并对奥曼-沙普利价格进行了描述。最后，Mirman 和 Neyman（1984）证明了成本分摊价格的对角线性质与 Neyman（1977）关于非原子博弈的连续值都在对角线上的结论是类似的。

然而，一些奥曼-沙普利价格理论的发展无法通过博弈论方面的平行发展来确定。其中的一些例子包括运输模型中的奥曼-沙普利价格的应用（Samet，Tauman，and Zang，1984）、包含固定成本项的成本函数上的奥曼-沙普利价格的拓展（Mirman，Samet，and Tauman，1983），以及在可竞争市场中以奥曼-沙普利价格作为可维持价格的应用（Samet，Tauman，and Zang，1985a，1986）。

本章对奥曼-沙普利价格的相关研究进行了综述。

Billera 和 Health（1982）以及 Mirman 和 Tauman（1982a）所讨论的成本分摊价格的公理性方法可以被视为平均成本定价在多产品情形下的一个拓展（Mirman et al., 1986）。令 $AC(F,\alpha)=F(\alpha)/\alpha$ 为单一产品情形下的平均成本定价，其中，F 是一个可微成本函数，而 $\alpha\neq 0$ 是一个特定的产出水平。考虑 $AC(\cdot,\cdot)$ 的如下四个性质。

（Ⅰ）成本分摊。对于每个 $\alpha>0$，$\alpha AC(F,\alpha)=F(\alpha)$。

（Ⅱ）可加性。$AC(F+G,\alpha)=AC(F,\alpha)+AC(G,\alpha)$。

（Ⅲ）单位调整。如果 $G(x)=F(\lambda x)$，则 $AC(G,\alpha)=\lambda AC(F,\lambda\alpha)$。

（Ⅳ）连续性。$AC(\cdot,\alpha)$ 在 C^1 范数上是连续的｛即如果在 $[0,\alpha]$ 上的 C^1 范数中，$F_n\to F$，则 $n\to\infty$ 时，$AC(F_n,\alpha)\to AC(F,\alpha)$｝。

上述四个单一产品情形下的平均成本定价规则的性质是多产品拓展的基础。

令 $\mathscr{F}$ 为定义在 E_+^M 的满维综合子集 C^F（即 $\alpha \in C^F$，意味着 $C_\alpha \subseteq C^F$，其中 $C_\alpha = \{x \in E_+^M \mid x \leq \alpha\}$）的某些 M 上的函数 F。$\mathscr{F}$ 上的价格机制是指一个函数 $P(\cdot,\cdot)$，该函数赋予 $\mathscr{F}$ 中的每个成本函数 F 和每个 C^F 中的满足 $\alpha \gg 0$ 的向量 α 一个价格向量，

$$P(F,\alpha) = (P_1(F,\alpha), \cdots, P_M(F,\alpha))$$

我们在 $P(\cdot,\cdot)$ 上的平均成本定价上应用上述四个性质。

公理 18.1（成本分摊） 对于每个 $F \in \mathscr{F}$ 和每个 $\alpha \in C^F$，

$$\alpha \cdot P(F,\alpha) = F(\alpha)$$

（即总成本等于总收益）。

公理 18.2（可加性） 如果 F 和 G 都在 $\mathscr{F}$ 中，且 $\alpha \in C^{F+G}$，则

$$P(F+G,\alpha) = P(F,\alpha) + P(G,\alpha)$$

其中，$C^{F+G} = C^F \cap C^G$。[如果成本分为两个部分（如管理成本和生产成本），则价格为由这两个部分分别决定的价格的加总。]

公理 18.3（单位调整） 令 F 在 $\mathscr{F}$ 中，并且 $C^F \subseteq E_+^M$。令 $\lambda_1, \cdots, \lambda_M$ 为 M 个正实数。定义 $C = \{(x_1, \cdots, x_M) \mid (\lambda_1 x_1, \cdots, \lambda_M x_M) \in C^F\}$，并且，令 G 为定义在 $C^G = C$ 上的如下函数：

$$G(x_1, \cdots, x_M) = F(\lambda_1 x_1, \cdots, \lambda_M x_M)$$

这样，对于每个 $\alpha \in C^G$ 和每个 m，$1 \leq m \leq M$，

$$P_m(G,\alpha) = \lambda_m P_m(F, (\lambda_1 \alpha_1, \cdots, \lambda_M \alpha_M))$$

（商品单位的变化应该引起价格的等价调整。）

公理 18.4'（连续性） 令 $F \in \mathscr{F}$ 定义在 C^F 上，并令 $(F_n)_{n=1}^\infty$ 为 $\mathscr{F}$ 中的一个函数序列，满足对于每个 n，$C^{F_n} = C^F$。假设在 C_α 上的 C^1 范数中，当 $n \to \infty$ 时，$F_n \to F$。这样，当 $n \to \infty$ 时，$P(F_n,\alpha) \to P(F,\alpha)$。

这一连续性公理可以由下面的正值性公理替代。

公理 18.4（正值性） 如果对于某些 $\alpha \in C^F$，$F \in \mathscr{F}$ 在 C_α 上是非递减的，则 $P(F,\alpha) \geq 0$。

为了将多产品情形与单一产品情形相联系，我们要求是"相同商品"的两个（或更多）商品应当有相同的平均成本。因为平均成本价格仅取决于成本结构，是"相同商品"意味着在生产成本中的作用相同。作为一个示例，考虑有 n 种颜色的某种特定轿车的生产。生产

$x = \sum_{m=1}^{M} x_m$ 辆轿车的成本可以通过一个形如 $F(x_1, \cdots, x_M)$ 的 M 个变量的函数 F 来体现。这里，x_m 表示第 m 种颜色的轿车的数量。然而，如果 $G(x)$ 是总共生产 x 辆轿车，而不考虑它们的颜色的成本，则

$$F(x_1, \cdots, x_M) = G\left(\sum_{m=1}^{M} x_m\right)$$

在这一情形中，我们要求蓝色轿车的平均成本与红色轿车的平均成本相等，依此类推。

公理 18.5（弱一致性） 令 $F \in \mathscr{F}$，并假设 $C^F \subseteq E_+^M$。令 C 为 E_+^1 的满足定义 $C = \{y \in E^1 \mid y = \sum_{m=1}^{M} x_m, x \in C^F\}$ 的子集，并令 G 为 C 上的一个函数，使得 $F(x_1, x_2, \cdots, x_M) = G(\sum_{m=1}^{M} x_m)$。这样，对于每个 m，$1 \leq m \leq M$，以及每个 $\alpha \in C^F$，有

$$P_m(F, \alpha) = P\left(G, \sum_{m=1}^{M} \alpha_m\right)$$

定义 令 $\mathscr{F}_0$ 为 $\mathscr{F}$ 的包含所有满足如下条件的函数 F 的子类：
(a) $F(0) = 0$；即 F 不包含固定成本项。
(b) 对于每个 $\alpha \in C^F$，F 在 C_α 上是连续可微的。

定理 18.1（Mirman and Tauman，1982a） 在 $\mathscr{F}_0$ 上，存在一个，并且只有一个价格机制 $P(\cdot, \cdot)$ 满足公理 18.1～公理 18.5。它就是奥曼-沙普利价格机制；即对于每个 $F \in \mathscr{F}_0$ 和 $\alpha \in C^F (\subseteq E_+^M)$，

$$P_m(F, \alpha) = \int_0^1 \frac{\partial F}{\partial x_m}(t\alpha) dt, \quad m = 1, \cdots, M$$

此外，如果将公理 18.4 替换为公理 18.4′，该定理仍然成立。

定理 18.1 是 Mirman 和 Tauman（1982a）的定理 1.2。在该定理基础上，奥曼-沙普利价格机制（Aumann-Shapley price mechanism，ASPM）被视为从单一产品情形向多产品情形的自然拓展。一个 ASPM 的类似的公理化方法由 Billera 和 Health（1982）独立地得到。

Billera 等（1978）首先将奥曼-沙普利价格视为 Aumann 和 Shapley（1974）所提出的非原子博弈的值理论的应用。他们提出了一个分摊服务成本的公正的电话费率。当有限数量的可以任意无限分割的商品被生产出之后，人们可以基于他们的思想来通过价格分摊成本。他们的思想可

以粗略地描述如下。假设 $F(x_1,\cdots,x_M)$ 是一个满足 $F(0)=0$ 的成本函数。变量 x_m 表示所生产的商品的非负数量。令 $\alpha=(\alpha_1,\cdots,\alpha_M)$ 为这些商品的一个数量向量。设想这些商品是摆放成堆的玉米。将这堆玉米视为一个参与人的连续统,并考虑一个如下的合作博弈 v_α:对于这堆玉米的每个子集,令 $v_\alpha(S)$ 为生产 S 的成本。该非原子博弈的奥曼-沙普利值是定义在参与人(玉米堆)空间上的测度,这一测度为每个联盟赋予它对总生产成本的贡献(即生产 α 的总成本)。第 m 种商品的 AS 价格是该商品的单位值(即该单位商品对总成本的贡献)。只要属于非原子博弈的 $pNAD$ 类,则这里所描述的博弈的值的存在性就是有保证的。此外,在这类博弈上,只有唯一的连续的值〔这可以由奥曼和沙普利的命题 43.13 和命题 44.22,以及 Neyman(1977)得到〕。使用 $pNAD$ 上值的公式,博弈 v_α 的值为第 m 种商品的每一单位所赋予的数量为:

$$P_m(F,\alpha)=\int_0^1 \frac{\partial F}{\partial x_m}(t\alpha)dt$$

而这就是第 m 种商品的奥曼-沙普利价格。

18.2 对奥曼-沙普利价格机制的其他描述

自从 Billera 和 Health(1982)以及 Mirman 和 Tauman(1982a)的研究以来,其他对 AS 定价规则的描述被陆续地提出。Samet 和 Tauman(1982)建议用两个替代性的要求来替换可加性公理。Young(1985a)提出了一个基于单调性公理的描述。Hart 和 Mas-Colell(1987)使用他们的位势函数的概念描述了 ASPM,而 Monderer 和 Neyman(本书第 15 章)使用多重拓展函数(Owen,1972)放松了扬的结论。

我们从 Samet 和 Tauman(1982)的工作开始。他们展示了可加性公理可以替换为组合公理和可分性公理。第一个公理是说如果两个商品合二为一(即一单位"新"商品分别包含一单位这两种商品),则这个新商品的价格应该是两个初始商品价格的加总。

公理 18.6(组合) 令 F 为 $C^F \subseteq E_+^k$ 上的一个函数,$k=\sum_{m=1}^M n_m$。任意的 $x \in C^F$ 的形式为 $x=(x_{11},\cdots,x_{1n_1},x_{21},\cdots,x_{2n_2},x_{M1},\cdots,$

x_{Mn_M}）。定义：

$$G(x_1,\cdots,x_M)=F(\underbrace{x_1,\cdots,x_1}_{n_1},\underbrace{x_2,\cdots,x_2}_{n_2},\underbrace{x_M,\cdots,x_M}_{n_M})$$

这样，对于每个 m，$1\leq m\leq M$，以及每个 $\alpha\in C^G$ 有

$$P_m(G,(\alpha_1,\cdots,\alpha_M))=\sum_{j=1}^{n_m}P_{m,j}(F,(\alpha_1,\cdots,\alpha_1,\alpha_2,\cdots,\alpha_2,\alpha_M,\cdots,\alpha_M))$$

第二个公理处理的情形是商品集合包含了两个独立的子集（即两类商品的生产过程是独立的）。它要求每种商品的价格只取决于该类商品所能影响的生产成本。为了正式地进行表述，我们需要引入如下的符号和概念。令 $N=(i_1,\cdots,i_n)$，其中，$i_1<i_2<\cdots<i_n$ 是 $\{1,2,\cdots,M\}$ 的子集，并令 $x\in E^M$。用 x_N 表示 E^n 中满足的元素 $x_N=(x_{i_1},\cdots,x_{i_n})$。

公理 18.7（可分性） 令 N_1 和 N_2 为分别包含元素 M_1 和 M_2 的不相交的集合，使得 $N_1\cup N_2=\{1,\cdots,M\}$。令 F、G 和 H 分别定义在 C^F、C^G 和 C^H 上，其中，$C^F\subseteq E_+^M$，$C^G\subseteq E_+^{M_1}$，并且 $C^H\subseteq E_+^{M_2}$。假设 $C^F_{N_1}=C^G$，$C^F_{N_2}=C^H$，并且，对于每个 $x\in C^F$，

$$F(x_N)=G(x_{N_1})+H(x_{N_2})$$

这样，对于每个 $\alpha\in C^F$，

$$P_{N_1}(F,\alpha)=P(G,\alpha_{N_1}) \quad 及 \quad P_{N_2}(F,\alpha)=P(H,\alpha_{N_2})$$

命题 18.1（Samet and Tauman，1982） 公理 18.6 和公理 18.7 可以导出可加性公理。

Samet 和 Tauman（1982）给出了函数定义在 E_+^M 上（对于某些 M）时的证明，但这可以直接拓展至任何定义域上的函数。

Young（1985a）引入了单调性要求，并论证了该要求、一个比弱一致性更强的条件以及成本分摊要求可以充分地界定 ASPM。

公理 18.8（单调性） 令 F 和 G 为两个 $\mathcal{F}_0$ 中满足 $C^F=C^G\subseteq E_+^M$ 的函数。令 $\alpha\in C^F$，并假设对于任意 x，$0\leq x\leq \alpha$，并且对于任意 m，$1\leq m\leq M$，$\partial F(x)/\partial x_m\geq \partial G(x)/\partial x_m$。这样，$P_m(F,\alpha)\geq P_m(G,\alpha)$。

下一个由扬所使用的公理由 Billera 和 Health（1982）引入。该公理是加总不变性要求。考虑一个定义在全集 C^G 上的函数 G。假设 $G(y_1,\cdots,y_n)$ 是生产 n 种汽油的联合成本，其中，每个类型 y_i 的数量是 M 种不同精炼等级的混合，$y_i=\sum_{m=1}^M a_{im}x_m$，其中，$a_{im}\geq 0$。令

$A=(a_{im})$，并定义：

$$F(x_1,\cdots,x_M)=G(Ax)$$

即对于所有 i，$1\leq i\leq n$，$F(x_1,\cdots,x_M)$ 是生产 $\sum_{m=1}^{M}a_{im}x_m$ 单位第 i 类汽油的成本。如果成本加总的方式与产量加总方式一样，则称价格机制满足加总不变性。我们将其正式表述如下：

公理 18.9（加总不变性） 令 $C^F\subseteq E_+^M$ 和 $C^G\subseteq E_+^n$ 分别为 F 和 G 的定义域。令 A 为一个 $n\cdot M$ 维的非负矩阵。假设 $C^G=A\cdot C^F$，并且，对于任意 $x\in C^F$，$F(x)=G(Ax)$。这样，对于任意 $\alpha\in C^F$，

$$P(F,\alpha)=(P(G,A\alpha))\cdot A$$

定理 18.2（Young，1985a） 奥曼-沙普利价格机制是 $\mathcal{F}_0$ 上满足公理 18.1（成本分摊）、公理 18.8（单调性）和公理 18.9（加总不变性）的唯一机制。

Monderer 和 Neyman（本书第 15 章）在一个比加总不变性更弱的要求下论证了扬的结论。他们的论证使用了单位调整公理以及 Mirman 和 Neyman（1983）首先提出的一致性公理。为了表述这一公理，我们需要以下符号。令 $T=(T_1,\cdots,T_n)$ 为 $\{1,\cdots,M\}$ 的一个有序配分。也就是说，T 是 $\{1,\cdots,M\}$ 的非空不相交子集的一个有序 n 元组，使得 $\bigcup_{i=1}^{n}T_i=\{1,\cdots,M\}$。有序配分 T 引出了一个映射 $T: E^n\to E^M$，其定义如下：

$$Tx=(x(T_1),x(T_2),\cdots,x(T_M))$$

其中，$x(T_i)=\sum_{j\in T_i}x_j$。

公理 18.5′（一致性） 令 $C^F\subseteq E_+^n$ 和 $C^G\subseteq E_+^M$ 分别为 F 和 G 的定义域。令 $T=(T_1,\cdots,T_n)$ 为 $\{1,\cdots,M\}$ 的一个有序配分，使得 $TC^F=C^G$。如果对于任意 $x\in C^G$，$G(x)=F(Tx)$，则对于任意 $\alpha\in C^G$，

$$P_m(G,\alpha)=P_i(F,T\alpha) \quad \text{其中 } m\in T_i$$

为了更好地理解公理 18.5′，注意到它等于如下两个要求。

公理 18.5″ 令 $C^F\subseteq E_+^{M-1}$ 和 $C^G\subseteq E_+^M$ 分别为 F 和 G 的定义域。假设 $C^F=\{y\in E_+^{M-1}\mid y=(x_1+x_2,x_3,\cdots,x_M),x\in C^G\}$，且 $G(x)=F(x_1+x_2,x_3,\cdots,x_M)$，$x\in C^G$。这样，对于任意 $\alpha\in C^G$，

$$P_1(G,\alpha)=P_2(G,\alpha)=P_1(F,(\alpha_1+\alpha_2,\alpha_3,\cdots,\alpha_M))$$

公理 18.5″与公理 18.5（弱一致性）仅存在技术性上的差异。公理 18.5 允许在单个产品的生产中将一件产品进行不相关的配分，而公理 18.5″允许在任意数量的产品生产中进行这种配分。

公理 18.10（对称性） 令 $C^F \subseteq E_+^M$ 和 $C^G \subseteq E_+^M$ 分别为 F 和 G 的定义域。令 π 为 $\{1,\cdots,M\}$ 的一个排列。对于 $x \in E^M$，令 $\pi x \in E^M$ 的定义为 $\pi x_m = x_{\pi(m)}$。假设 $C^G = \pi C^F$，且对于任意 $x \in C^F$，$F(x) = G(\pi x)$。则对于任意 $\alpha \in C^F$，

$$P(F,\alpha)=\pi P(G,\pi\alpha)$$

下述结论来自一个简单的观察。

命题 18.2 公理 18.5″及公理 18.10 与公理 18.5′等价。

注意到公理 18.9 比公理 18.5′更强，因为它意味着公理 18.5″和公理 18.10 的成立。此外，公理 18.9 意味着公理 18.3 的成立，但它并不等价于公理 18.3、公理 18.5″和公理 18.10（参见本书蒙德勒和内曼的第 15 章）。

定理 18.3（Monderer and Neyman，1987，本书第 15 章） 奥曼-沙普利价格机制是 $\mathcal{F}_0$ 上满足公理 18.1、公理 18.3、公理 18.8 和公理 18.5′的唯一机制。

另一种对 ASPM 进行描述的方法是 Hart 和 Mas-Colell（1987）所提出的位势方法。一个成本函数 $F \in \mathcal{F}_0$ 的位势是一个定义在 C^F 上的可微函数 $P^F: C^F \to E^1$，使得对于每个 $x \in C^F$，$x \nabla P^F(x) = F(x)$，其中，$\nabla P^F(x)$ 是 P^F 在 x 处的梯度。可以证明，任意成本函数 $F \in \mathcal{F}_0$ 都有一个与之相联系的唯一的位势 P^F，它的定义如下：

$$P^F(x)=\int_0^1 \frac{1}{t}F(tx)dt, \quad x \in C^F$$

此外，在 $F \in \mathcal{F}_0$ 上的所有满足成本分摊要求（公理 18.1）的价格机制中，满足函数方程 $P(F,\alpha) = \nabla P^F(\alpha)$ 的唯一的解是 ASPM。

18.3 不包含收支平衡假设的价格机制

在这一节中，我们对 Samet 和 Tauman（1982）的满足公理 18.2～公

理 18.5 的价格机制（即满足可加性、单位调整、正值性和弱一致性，但不满足成本分摊的价格机制）的描述进行评论。这一界定方法来自 Dubey 等（1981）的 pNA 上的半值。

定理 18.4（Samet and Tauman，1982） 当且仅当存在一个（[0，1]，$\mathcal{B}$）上的非负测度 μ ｛$\mathcal{B}$ 是 $[0,1]$ 的所有伯莱尔子集的集合｝使得对于每个定义域为 $C^F \subseteq E_+^M$ 的 $F \in \mathcal{F}_0$ 和每个 $\alpha \in C^F$，

$$P_m(F,\alpha) = \int_0^1 \frac{\partial F}{\partial x_m}(t\alpha) d\mu(t), \quad m = 1, \cdots, M \qquad (*)$$

$P(\cdot,\cdot)$ 是 $\mathcal{F}_0$ 的满足公理 18.2～公理 18.5 的价格机制。此外，对于一个给定的满足公理 18.2～公理 18.5 的价格机制，存在一个满足式（*）的唯一的测度 μ。换句话说，式（*）定义了从所有（[0,1]，$\mathcal{B}$）上的非负测度集合到 $\mathcal{F}_0$ 上的所有满足公理 18.2～公理 18.5 的价格机制的 1-1 映射。

如果 μ 是 [0,1] 上的勒贝格测度，则相应的价格机制是 ASPM。如果 μ 是质量集中于点 $t=1$ 的原子概率测度，则相应的价格机制是边际成本定价。下一个目标是使用定理 18.4 来界定边际成本定价规则。出于这一目的，我们引入正值性公理的一个更强的版本。

公理 18.4″ 令 $C^F \subseteq E_+^M$ 为 F 的定义域，并令 $\alpha \in C^F$。如果 F 在 α 的一个邻域中的每个 $x \leq \alpha$ 上是非减的，则 $P(F,\alpha) \geq 0$。

定理 18.5（Samet and Tauman，1982） 当且仅当存在一个常数 $c \geq 0$ 使得对于每个 $C^F \subseteq E_+^M$ 的 $F \in \mathcal{F}_0$ 和对于每个 $\alpha \in C^F$，

$$P_m(F,\alpha) = c \frac{\partial F}{\partial x_m}(x), \quad m = 1, \cdots, M$$

一个 $\mathcal{F}_0$ 上的价格机制 $P(\cdot,\cdot)$ 满足公理 18.2、公理 18.3、公理 18.4″ 和公理 18.5。

如果在公理 18.2、公理 18.3、公理 18.4″ 和公理 18.5 之外，我们还加入了一个标准化条件［例如，对于恒等函数（单变量）$H(x) = x$，$P(H,1) = 1$］，则 $c = 1$（即边际成本定价是唯一满足这些要求的价格机制）。

18.4 非可微成本函数上的奥曼-沙普利价格机制

我们已经讨论了可微函数的 $\mathcal{F}_0$ 上的各种 ASPM 的界定方法。这一

研究被拓展至不一定具有可微性的成本函数。Mirman 和 Neyman（1983）在产生于长期生产技术的 H^c 类成本函数上界定了 ASPM。这些成本函数都是非减的、一次齐次的凸函数，并且不包含固定成本项。注意到 ASPM 在一次齐次的成本函数上与边际成本价格机制是一致的。因此，在 H^c 上界定 ASPM 等价于在 H^c 上界定 MC 价格。在他们的研究中，米尔曼和内曼将价格机制的定义拓展至为每个 (F,α)，$F\in H^c$ 和 $\alpha\in C^F$，赋予一个价格集合的映射。界定价格机制的公理也相应地进行了调整。例如，可加性被替换为超可加性，即

$$\psi(F+G,\alpha)\supseteq\psi(F,\alpha)+\psi(G,\alpha)$$

在 (F,α) 的集合上，其中 $F\in H^c$，$\alpha\in C^F$，他们定义了一个特定的拓扑，并论证了 ASPM 是唯一满足可加性、一致性、连续性、单位调整和下文的标准化条件的价格机制。如果 F 是线性的，则 $\psi(F,\alpha)=\nabla F(\alpha)$。他们的工作受到 Dubey 和 Neyman（1984）在非原子经济理论中的相应研究进展的启示。

Samet 等（1984）的工作将 ASPM 应用于运输模型的成本分摊问题上。为展示这一工作的研究动机，考虑下面的例子。

例子 设想有两个目的地 A_1 和 A_2，以及两个原产地 B_1 和 B_2，而某种在原产地可以获得的特定商品将被装船运至目的地。下面的 2×2 矩阵 $C=(C_{nm})$ 反映了将 1 单位商品由原产地 n 运输至目的地 m 的运输成本：

	A_1	A_2	
B_1	$C_{11}=10$	$C_{12}=15$	$b_1=20$
B_2	$C_{21}=1\,000$	$C_{22}=1\,500$	$b_2=20$
	$x_1=20$	$x_2=20$	

每个原产地都有 20 单位可以运输的资源，并且每个目的地需要 20 单位商品。很容易验证最优解是以相应的成本 $20\times 1\,000=20\,000$ 从 B_2 向 A_1 运输 20 单位商品，并以成本 $20\times 15=300$ 从 B_1 向 A_2 运输 20 单位商品。然而，在成本分摊上，目的地 A_1 不应分得总成本 20 300 中的 20 000。

上述解是最优的，因为一旦 A_2 没有从它的最廉价的原产地获得供应，相应的惩罚要比 A_1 没有从它最廉价的原产地获得供应的惩罚高很

多。因此，A_1 应当从对它来说更加昂贵的原产地，即 B_2，获得供应，以便能够实现总体上的成本最小化。因此，目的地 A_2 补贴了 A_1。然而，这不应成为对 A_1 收取比 A_2 更高价格的理由。相反，从每个原产地到 A_1 的运输都比 A_2 更便宜，因此可以预期，每单位商品在 A_1 的定价要小于每单位商品在 A_2 的定价。

在这里，推荐使用奥曼-沙普利价格在目的地之间分摊总成本 20 300（稍后会给出这种合理性的公理性说明）。出于这个目的，我们考虑与每个可行需求向量 $x=(x_1,x_2)$，$x_1+x_2 \leq 40$，$x_1 \geq 0$ 和 $x_2 \geq 0$ 相联系的成本函数，即分别运输 x_1 和 x_2 单位商品至第一个目的地和第二个目的地的最小成本 $F(x_1,x_2)$。在这一情形中：

$$C^F = \{(x_1,x_2) \mid x_1+x_2 \leq 40, x_1 \geq 0, x_2 \geq 0\}$$

而很容易检验：

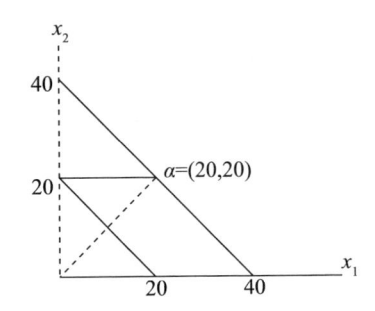

$$F(x_1,x_2) = \begin{cases} 10x_1+15x_2, & x_1 \geq 0, x_2 \geq 0, x_1+x_2 \leq 20 \\ 1\,000x_1+1\,005x_2-19\,800, & \\ & 0 \leq x_2 \leq 20, 20 \leq x_1+x_2 \leq 40 \\ 1\,000x_1+1\,500x_2-29\,700, & \\ & x_1 \geq 0, x_2 \geq 20, x_1+x_2 \leq 40 \end{cases}$$

因此，对于 $\alpha=(20,20)$，

$$\nabla F(t\alpha) = (10,15) \quad 对于 \ 0 \leq t < \frac{1}{2}$$

$$= (1\,000, 1\,005) \quad 对于 \ \frac{1}{2} < t \leq 1$$

从而奥曼-沙普利价格由下式给出：

$$P(F,\alpha)=\frac{1}{2}\binom{10}{15}+\frac{1}{2}\binom{1\,000}{1\,005}=\binom{505}{510}$$

我们所考察的一般性的运输模型包含 N 个原产地 $(B_1,\cdots,B_N)$、M 个目的地 $(A_1,\cdots,A_M)$、一个 $N\times M$ 矩阵 $C=(C_{nm})$、一个被假设为固定不变的 N 个原产地的可得资源的向量 $b=(b_1,\cdots,b_N)$（b_n 在 B_n 中），以及一个产量向量 $x=(x_1,\cdots,x_M)$。其中，C_{nm} 是从原产地 B_n 向目的地 A_m 运输一单位产品的成本；x_m 是在 A_m 处满足条件 $\sum_{m}^{M}=x_m\leq\sum_{n=1}^{N}b_n$ 的需求。令 $F(x_1,\cdots,x_M)$ 为供应 x 的最小成本。正式地，

$$F(x_1,\cdots,x_M)=\min\sum_{n,m}C_{nm}y_{nm}$$

$$\text{满足}\sum_{n=1}^{N}y_{nm}=x_m,\quad m=1,\cdots,M$$

$$\sum_{m=1}^{M}y_{nm}\leq b_n,\qquad n=1,\cdots,N$$

$$y_{nm}\geq 0$$

众所周知的是，定义在单纯形 $\{x\in E_+^M\mid \sum_{m=1}^{M}x_m\leq\sum_{n=1}^{N}b_n\}$ 上的成本函数 F 是分段线性和凸的。

由线性规划（linear programming，LP）问题所导出的成本函数是分段线性的。然而，在很多情形中，我们可以得到一个 LP 成本函数 F 和它的定义域中的一个向量使得线段 $[0,\alpha]$ 包含（F 的）纽结的连续统。例如，令

$$F(x_1,x_2)=\min y$$

$$\text{满足 }y\geq x_1,y\geq x_2 \tag{TP}$$

并令 $\alpha=(1,1)$。这样，$F(x_1,x_2)=\max(x_1,x_2)$，并且 F 在线段 $[0,\alpha]$ 上是不可微的。因此，对于这些 F 和 α，我们无法通过奥曼-沙普利公式来得到价格。幸运的是，对于 TP 成本函数或一般性拓展后的 TP 成本函数（正如稍后要展示的）来说，这并不成立。一般性拓展后的 TP 成本函数的形式如下：

$$F(x)=\min\sum_{n=1}^{N}\sum_{m=1}^{M}C_{nm}y_{nm}$$

满足 $\sum_{n=1}^{N} a_{nm} y_{nm} = x_m, \quad 1 \leq m \leq M$

$\sum_{m=1}^{M} d_{nm} y_{nm} \leq b_n, \quad 1 \leq n \leq N$

$y_{nm} \geq 0$ （WDP）

其中，对于所有的 n 和 m，a_{nm}、d_{nm} 和 C_{nm} 都是非负的。此外，我们要求在至少一个等式中 y_{nm} 有非零系数。不失一般性地，我们还假设约束矩阵的秩是 $M+N$。该 LP 问题在文献中被称为加权分配问题（weighted distribution problem，WDP），或者一般性的运输问题（Dantzig，1963，第 21 章）。第一个结论适用于所有约束条件都取等号的 WDP。我们用 WDPE 来表示这一问题。注意到一个 WDP 可以通过在不等式约束中加入松弛变量来转变成一个等价的 WDPE。因此，下面的定义适用于作为一种特殊情形的 WDP 成本函数。

定理 18.6 令 F 为一个 WDPE 成本函数。这样，F 是一个分段线性函数，并且存在有限个具有如下形式的超平面 $H_1, \cdots, H_k$

$$H_j = \left\{ x \in E^M \,\Big|\, \sum_{m=1}^{M} \lambda_m^j x_m = \beta^j \right\}$$

其中，$\lambda_m^j \geq 0$ 和 $\beta^j \geq 0$ 使得 F 在 $\bigcup_{j=1}^{k} H_j$ 外是连续可微的。

推论 如果 $F(x_1, \cdots, x_m)$ 是一个定义在 C^F 上的 WDP 成本函数，则对于每个 C^F 中的 α，F 在线段 $[0, \alpha]$ 上除有限多个点外是连续可微的。因此，奥曼-沙普利公式可以应用于任意 WDP 成本函数。

我们的下一个目标是在由所有 WDP 成本函数所覆盖的成本函数（即稍后将要定义的 $\mathscr{F}_3$）上界定 ASPM。这一界定方法使用了 Mirman 和 Tauman（1982a）在所有可微成本函数类上所采用的公理。为了表述这一结论，我们需要一些符号设定。

令 C 为 E^M 的子集，并令 $H_1, \cdots, H_k$ 为 E^M 中的 k 个超平面。每个超平面 H_j 界定了两个分别以 H_j^+ 和 H_j^- 表示的闭的半空间。我们称形如 $C \cap H_1^{\epsilon_1} \cap \cdots \cap H_k^{\epsilon_k}$ 的每个非空子集为一个区域，其中，ϵ_j 表示 $+$ 或 $-$。

定义 定义在 E^M 的一个子集 C 上的函数 F 是分段连续可微（piecewise continuously differentiable，p.c.d.）函数的前提是它是连续的，并且存在 k 个 E^M 中的超平面 $H_1, \cdots, H_k$，以及 E^M 上的 r 个连续可微的函数 $F^1, \cdots, F^r$，使得在每个 C 的区域上（由 $H_1, \cdots, H_k$ 决

定）与某些 F^j 一致，$1 \leq j \leq r$。

定义 令 $\mathscr{F}_1^M$ 为所有满足如下条件的函数 F 的族：

(a) F 被定义在 E_+^M 的满维全子集 C^F 上。

(b) $F(0)=0$。

(c) F 是 p.c.d. 的。

(d) 在 F 的定义中所涉及的超平面 $H_1,\cdots,H_k$ 都由正的泛函所定义；即

$$H_j = \{x | \lambda^j x = a^j\} \quad \text{其中} \lambda^j \neq 0, \quad j=1,\cdots,k$$

注意到当 $F+G$ 取 $C_F \bigcap C_G$ 上的具有如下定义的函数时，$\mathscr{F}_1^M$ 是一个线性空间：

$$(F+G)(x) = F(x) + G(x), \quad x \in C_f \bigcap C_G$$

下面，设定 $\mathscr{F}_1 = \bigcup_{M=1}^{\infty} \mathscr{F}_1^M$。注意到 $\mathscr{F}_1$ 包含 $\mathscr{F}_0$ 和所有的 WDP 成本函数（基于之前的推论）。特别地，所有的 TP 成本函数都在 $\mathscr{F}_1$ 中。

令 $\mathscr{F}_2^M$ 为由 $\mathscr{F}_1^M$ 中的分段线性函数所组成的线性空间，并令 $\mathscr{F}_2 = \bigcup_{M=1}^{\infty} \mathscr{F}_2^M$。我们用 $\mathscr{F}_3^M$ 表示被所有具有 M 个变量的 WDP 成本函数所覆盖的线性空间。再一次地，令 $\mathscr{F}_3 = \bigcup_{M=1}^{\infty} \mathscr{F}_3^M$。注意到 $\mathscr{F}_1 \supseteq \mathscr{F}_0$，并且 $\mathscr{F}_1 \supseteq \mathscr{F}_2 \supseteq \mathscr{F}_3$。

定理 7 （Samet et al.，1984） 对于每个空间 $\mathscr{F}_0$、$\mathscr{F}_1$、$\mathscr{F}_2$ 和 $\mathscr{F}_3$，存在一个且只有一个价格机制 $P(\cdot,\cdot)$ 服从公理 18.1～公理 18.5。它就是奥曼-沙普利价格机制；即对于每个 $F \in \mathscr{F}_i^M (i=0,1,2,3)$ 和 $a \in C^F, a \gg 0$，

$$P_m(F,a) = \int_0^1 \frac{\partial F}{\partial x_m}(t\alpha)dt, \quad m=1,\cdots,M$$

18.5 具有固定成本项的奥曼-沙普利价格的拓展

在前文中，ASPM 仅定义在没有固定成本项的成本函数上。Mirman 等（1983）将这些研究拓展至形如 $F+c$ 的成本函数类 $\mathscr{F}^{FC}$ 上，其中 $F \in \mathscr{F}_0$ [即 E_+^M 的子集 C^F 上的一个满足 $F(0)=0$ 的可微函数]，并且 c 是固定成本项，它是一个非负实数。很容易验证的是，成

本分摊、可加性和弱一致性与这种成本函数是不相容的。例如，令 x_1+x_2+c 为成本函数，并假设 $\alpha=(1,1)$。由一致性可知，两个商品的价格应当相等。但如果我们将这个成本函数分解为 x_1 和 x_2+c，并应用可加性和成本分摊公理，我们将发现第一个商品的价格仅仅覆盖了生产一单位商品的可变成本，这部分成本等于1。第二种商品的价格是 $1+c$，覆盖了全部的固定成本。这与一致性公理相冲突。Mirman 等（1983）建议将可加性公理进行调整，以便将 ASPM 拓展至 $\mathscr{F}^{FC}$。

公理 18.2′ 令 F 为 $\mathscr{F}_0$ 中一个定义在 C^F 上的函数，并令 c 为一个非负数值。这样，对于每个满足 $C^G=C^F$ 和 $G\leq F$ 的 $\mathscr{F}_0$ 中的每个 G，存在一个非负数值 c_G，使得如果 $F=\sum_{i=1}^n G_i$，则 $c=\sum_{i=1}^n c_{G_i}$，并且

$$P(F+c,\alpha)=\sum_{i=1}^n P_i(G_i+c_{G_i},\alpha)$$

即不必事先界定固定成本如何在不同的可变成本构成项之间配分。我们只要求存在一个配分的方案。

下面的公理要求，只要总可变成本 $F(\alpha)$ 中的 $G_i(\alpha)$ 至少与 $G_j(\alpha)$ 一样大，固定成本 c 中与可变成本构成项 G_i 相关的部分 c_{G_i} 应当至少与 c_{G_j} 一样大。

公理 18.11 令 $F,G_1,\cdots,G_n$ 和 c 如公理 18.2′ 所述。这样，$c_{G_i}\geq c_{G_j}$ 意味着 $G_i(\alpha)\geq G_j(\alpha)$。

定理 8（Mirman et al.，1983） 在 $\mathscr{F}^{FC}$ 上，存在唯一的满足公理 18.1、公理 18.2′、公理 18.3～公理 18.5 和公理 18.11 的价格机制 $\hat{P}(\cdot,\cdot)$。这一机制的定义如下：对于每个满足 $F(\alpha)\neq 0$ 的 (F,α)，

$$\hat{P}(F+c,\alpha)=\left(1+\frac{c}{F(\alpha)}\right)P(F,\alpha)$$

其中，$\hat{P}(F,\alpha)$ 是与 (F,α) 相对应的奥曼-沙普利价格向量；即

$$\hat{P}_m(F+c,\alpha)=\left(1+\frac{c}{F(\alpha)}\right)\int_0^1 \frac{\partial F}{\partial x_m}(t\alpha)dt,\quad m=1,\cdots,M$$

进一步的讨论还可以参见 Mirman、Tauman 和 Zang（1985b）。

18.6 作为激励相容机制的奥曼-沙普利价格机制

近些年,Schmeidler 和 Tauman(1987)考察了一个与之前描述相似的运输模型,但他们加入了一个新的特征——目的地可以自己生产它们所需要的商品(可能以比原产地更高的成本来生产)。这样,取决于所使用的成本分摊机制,它们可以通过错误地报告真实需求并自己生产(或处理)其中的差额来获利。这个模型的一个有趣的问题是界定激励相容的成本分摊机制。Schmeidler 和 Tauman(1987)论证了 ASPM 是一个激励相容的成本分摊方案。也就是说,如果 ASPM 被用来分配产品和所报告的需求的运输成本,则报告真实需求对于每个目的地来说都是一个占优策略。此外,他们还论证了,次优的拉姆齐价格机制(稍后将进行定义)以及依边际成本的比例进行成本分配的价格机制 $P(\cdot,\cdot)$ [即 $P(F,\alpha)=c\cdot\nabla F(\alpha)$,其中 c 满足 $c\cdot\nabla F(\alpha)=F(\alpha)$] 都不是激励相容的。也就是说,在这两个价格体系下,目的地的策略博弈(其中,目的地的策略是报告需求水平)的纳什均衡可能是有一些目的地不会报告它们的真实需求。

18.7 作为需求相容机制的奥曼-沙普利价格机制

我们已经展示了 ASPM 由一系列纯经济层面的公理的集合唯一地决定。这就产生了一个自然的问题:如果 ASPM 被用来对公共企业或垄断企业进行规制,那么这些价格是否与需求相容,并且在自然垄断情景下,它们是否能够阻止不必要的进入。Mirman 和 Tauman(1981,1982a)考察了包含 n 个消费者和 1 个使用 1 种投入同时生产多种商品的企业的局部均衡模型。对这个垄断企业的规制通过奥曼-沙普利价格来实现。这个研究表明,在偏好的标准价格和成本结构的弱假设下,存在一个供给决策使得相应的奥曼-沙普利价格能够引致与供给相匹配的需求。这个均衡同时取决于供给(或成本)与需求。这一结果与生产的规模报酬性质无关。在规模报酬不变的情形下,奥曼-沙普利价格与 MC 价格是一致的,并且能够得到标准的竞争性均衡。

在米尔曼-陶曼模型中，能够保证均衡存在性的成本函数 F 的假设是：(1) $F(0)=0$；(2) $\partial F/\partial x_i$ 在 $x_i>0$ 上存在并且是连续的；(3) 在 C^F 上，F 是连续且非递减的，并且，对于每个 $\alpha \in C^F$，$\alpha \in E_+^M$，线段 $\{t\alpha\}$，$0 \leq t \leq 1$，其中 F 不具备连续可微性的点只有有限多个。最后一个假设描述了如下情形：生产的方式不是无限可分的。沿着从 0 开始并在 α 结束的某些非递减路径扩大产出数量改变了生产方式的参数，并可能由此（非连续地）改变成本函数的斜率。可以很自然地假设，在每个这样的路径上，只会产生有限次变化。这意味着在每个这样的路径上只存在有限多个纽结点。假设（3）的要求甚至更弱：只有区间 $[0,\alpha]$，$\alpha \in E_+^M$，被假设为包含有限多个纽结点，而一般性的路径可能包含无限多个纽结点。对存在性的证明过程的主要困难在于在上述三个假设下证明 ASPM，$P(F,\alpha)$，在 α 上是连续的。这一结果由 Mirman 和 Tauman（1982b）给出。事实上，他们的结论更具一般性。假设对于每个 $\alpha \in E_+^M$，μ^α 是区间上满足如下定义的向量测度：

$$\mu^\alpha(S) = (\alpha_1 \lambda(S \cap [0,1]), \cdots, \alpha_M \lambda(S \cap [M-1,M]))$$

其中，$\alpha = (\alpha_1, \cdots, \alpha_M)$，$\lambda$ 是 $[0,M]$ 上的勒贝格测度，而 S 是 $[0,M]$ 上的一个伯莱尔子集。令 v_α 为定义如下的非原子博弈：

$$v_\alpha(S) = (F \cdot \mu^\alpha)(S) = F(\mu^\alpha(S))$$

区间 $[m-1,m]$ 代表第 m 种商品，而 S 是代表一个消费品数量向量 $x = \mu^\alpha(S)$ 的联盟。

定理 18.9（Mirman and Tauman，1982b） 令 $F: E_+^M \to R$ 对于每个 $\alpha \in E_{++}^M$，使得 $F \cdot \mu^\alpha \in pNAD$。这样，ASPM $P(F, \cdot)$ 在 E_{++}^M 上是连续的。

正如 Mirman、Raanan 和 Tauman（1982）所展示的，如果成本函数 F 满足上述三个假设，则对于任意 $\alpha \in C^F$，$F \cdot \mu^\alpha \in pNAD$，并且根据定理 18.9，$P(F, \cdot)$ 在 C^F 上是连续的。

Boss 和 Tillmann（1983）将 Mirman 和 Tauman（1981，1982a）的存在性结论拓展至所有满足公理 18.2～公理 18.5 的价格机制。根据定理 18.4，这些价格机制的形式为，对于某些非负测度 μ：

$$P_m(F,\alpha) = \int_0^1 \frac{\partial F}{\partial x_m}(t\alpha) d\mu(t), \quad m = 1, \cdots, M$$

他们证明了，如果被管制企业的赤字融资或者利润的分配通过事前设定的一次总付型转移支付来实现，则这些价格机制都是与需求相容的。他们关于成本结构的假设比这里给出的三个假设要强，因为他们假设成本函数在 E_+^M 上是连续可微的。

Dierker、Guesnerie 和 Neuefeind（1985）以及 Böhm（1983）分别独立地对上述存在性结论进行了重大拓展。Dierker 等（1985）在一般性的设定下证明了均衡的存在性。他们考虑了由私人部门和公共部门组成的两部门经济。私人部门的企业竞争性地行动（价格接受者），而公共部门的企业则遵循特定的定价规则（不同的企业可能面临不同的定价规则）。这些企业在固定的产出水平和投入价格下最小化它们的成本，并根据特定的定价方案设定它们的产品价格［例如，满足式（*）的价格方案或者次优价格方案］。Böhm（1983）使用了一个类似的设定，但在一般性上稍弱。他不允许模型中存在一个以上的自主定价企业，并要求公共部门企业设定收支平衡的价格。

18.8 奥曼-沙普利价格和可竞争市场理论

可竞争市场理论（Baumol，Panzar，and Willig，1982）的主要思想在于，潜在进入有自我规制效应，因此在一个只存在一家企业的自然垄断行业中，这家企业只在获取正常利润时才能生存。然而，剩下的问题在于，是否存在一个打消潜在进入者进入的动机，并使垄断者获得正常利润的价格。这个问题尤其与多产品垄断企业有关，因为潜在进入者不一定会进入所有市场，但可能进入这些市场的任意子集。这些问题引致了可维持价格理论的发展（Baumol et al.，1977；Panzar and Willig，1977）。

在何种条件下价格可以使得进入无利可图，并使得多产品自然垄断可维持，仍是一个未能被人们深入理解的问题。由于价格的可维持性显然要求产品之间没有交叉补贴的可能，可维持性的概念与文献中所讨论的非补贴性价格密切相关。这些概念包括无补贴价格（Faulhaber，1975）、匿名公平价格（Faulhaber and Levinson，1981），以及可支持性（Sharkey and Telser，1978）。一般来说，这些都是各种相关成本博弈中的核心概念，并且在界定可维持价格中起着关键作用。

考虑一家生产 M 种无限可分的商品的企业。这家企业的生产技术以一个非递减的联合成本函数 $C:E_+^M \to R$ 来体现，其中，$C(y)$ 是生产产出向量 $y \in E_+^M$ 的最小成本。令 $Q(p)$ 为反需求曲线；即对于每个 $p \in E_+^M$，

$$Q(p)=(Q_1(p),\cdots,Q_M(p))$$

表示在价格 p 下的需求量向量。

用 $N=\{1,\cdots,M\}$ 表示所有商品的集合，并令 $S \subseteq N$ 为 N 的一个子集。令 s 表示 S 中的商品数量（或 S 的基数）。这样，对于一个给定的 $S \subseteq N$，y^S [或类似地，$Q^S(p)$] 和 p^S 分别是 E_+^s 中表示 S 中的商品的数量和价格的向量。对于 $S=N$，我们去除了上标。因此，y^S 和 p^S 分别是 y 和 p 在 E_+^s 上的投射。

第一个非补贴性价格的概念由 Faulhaber（1975）以及 Faulhaber 和 Levinson（1981）提出。

定义 如果（ⅰ）$py=C(y)$，（ⅱ）对于每个 $S \subseteq N$，$p^S y^S \leq C(y^S)$，且（ⅲ）$y=Q(p)$，则价格向量 p 是无补贴的。

也就是说，如果在价格 p 下，生产整个市场需求的成本都可以由总收入来补偿，并且由商品的每个子集所产生的收益不比单独生产相应子集的成本更高，则 p 是无补贴的。因此，在一个无补贴价格向量遍及（通过管制或竞争）的市场中，为商品的任意一个子集的需求而生产不可能获利。

第二个非补贴性价格的概念由 Sharkey 和 Telser（1978）提出。

定义 如果存在一个 $p \in E_+^M$ 使得（ⅰ）$py_0=C(y_0)$，并且（ⅱ）对于任意满足 $z \leq y_0$ 的 $z \in E_+^M$，$pz \leq C(z)$，则成本函数 C 是可支持的。

Faulhaber 和 Levinson（1981）提出了第三个概念：匿名公平。

定义 如果（ⅰ）$py=C(y)$，（ⅱ）对于任意满足 $z \leq y$ 的 $z \in E_+^M$，$pz \leq C(z)$，并且（ⅲ）$y=Q(p)$，则价格向量 p 是匿名公平的。

因此，如果对于某些 $p \in E_+^M$，C 在 $Q(p)$ 处是可以由 p 所支撑的，则 p 是一个匿名公平的价格向量。此外，注意到任意匿名公平的价格向量是无补贴的。在一个匿名公平价格所遍及的市场中，以该价格生产某部分市场需求是不可能获利的。在这种情形下，只有价格下降进入才可能发生。使进入无利可图从而阻止进入的价格被称为可维持价格。

定义 如果每个三元数组 $(S,\hat{y}^S,\hat{p}^S)$ 满足（ⅰ）$\hat{p}^S \leq \bar{p}^S$，且

(ⅱ) $\hat{y}^S \leq Q^S(\hat{p}^S, \bar{y}^{N/S})$，还满足 $\hat{p}^S \hat{y}^S - C(\hat{y}^S) \leq 0$，则具有性质 $\bar{p}Q(\bar{p}) - C(Q(\bar{p})) \geq 0$ 的价格向量 $\bar{p}$ 是可维持的。这里，$Q^S(\hat{p}^S, \bar{y}^{N/S})$ 是在 S 中商品的进入价格 $\hat{p}^S$ 和 N/S 中的商品的垄断价格向量 $\bar{p}^{N/S}$ 下的商品需求向量。

条件（ⅰ）和（ⅱ）描述了进入者的行为：对于 S 中的商品，价格被限制在不超过市场中所遍及的价格的水平上［条件（ⅰ）］。在这些价格上，任何高至由在新的（更低的）S 中商品的价格 $\hat{p}^S$ 和剩余商品的现行价格 $\bar{p}^{N/S}$ 下的需求所决定的数量的商品［条件（ⅱ）］都可以销售掉。因此，如果一个潜在进入者预期无法通过降低部分或所有商品的价格而获得正的利润，则 $\bar{p}$ 就是可维持的。

令 v_C 为与成本函数 C 相对应的成本博弈。［该博弈在前一节针对 $\alpha = (1, \cdots, 1)$ 被定义为 v_α。］因此，$v_C(S) = C(z)$，其中 z 是与联盟 S 相对应的数量向量。成本 $C(\alpha)$ 的一个归属是一个价格向量 $p = (p_1, \cdots, p_M) \in E_+^M$，使得：

$$\sum_{m=1}^{M} p_m \alpha_m = C(\alpha)$$

$C(\alpha)$ 的所有归属的集合用 $P(\alpha)$ 表示。v_C 的核 $H(\alpha)$ 定义为：

$$H(\alpha) = \{p \in P(\alpha) \mid pz \leq C(z) \text{ 对于所有 } z \leq \alpha\}$$

集合 $H(\alpha)$ 与匿名公平性相关。当且仅当 $p \in H(\alpha)$，其中 $\alpha = Q(p)$ 时，价格向量 p 是匿名公平的。注意到 α 处的可支持性等价于 $H(\alpha)$ 的非空性。

Mirman、Tauman 和 Zang（1985a）给出了在奥曼-沙普利价格下，成本函数具有可支持性，以及具有匿名公平性和可维持性的奥曼-沙普利价格向量的充分条件。为了陈述他们的结论，我们需要三个假设。

假设 18.1（成本互补性） 成本函数 C 二次可微，并且

$$C_{mj} = \frac{\partial^2 C}{\partial y_m \partial y_j} \leq 0 \quad \text{在 } E_+^M \setminus \{0\} \text{ 上}$$

假设 18.2（弱总替代性） 对于 $j \in N, Q_j(\cdot)$ 在 $E_+^M \setminus \{0\}$ 上是可微的，并且对于每个 $m \neq j$，$\partial Q_j / \partial p_m \geq 0$。

关于所有商品成本互补性的假设意味着成本函数是次可加的——对自然垄断的常用定义。此外，这个假设意味着边际成本函数和平均成本函数的斜率都是负的。

假设 18.3 在低于 $\bar{p}$ 的价格下，需求缺乏弹性，即

$$\frac{\partial Q_m(p)/Q_m(p)}{\partial p_m/p_m} \geq -1 \quad \text{对于每个 } m \in N \text{ 及 } p \leq \bar{p}$$

命题 18.3 假设 C 是 E_+^M 上的非递减函数。这样，在成本互补性（假设 18.1）下，成本函数 C 可以由奥曼-沙普利价格支持。

命题 18.4 在成本互补性（假设 18.1）和需求的上半连续下，存在一个具有匿名公平性的奥曼-沙普利价格向量 $\bar{p}$；即存在 $\bar{p} \in E_+^M$，使得：

（ⅰ）$\bar{p} \in H(Q(\bar{p}))$

（ⅱ）$\bar{p}_m = \int_0^1 \frac{\partial C}{\partial y_m}(tQ(\bar{p}))dt, \quad m=1,\cdots,M$

此外，如果弱总替代性和需求缺乏弹性（假设 18.2 和假设 18.3）成立，则 $\bar{p}$ 是可维持的。

可以验证的是，假设 18.3 可以替换为 E_+^M 上的非负边际利润假设，或者 $\bar{p}$ 处的非负边际利润及利润函数的伪凹性假设（Mirman et al.，1985a）。

18.9 奥曼-沙普利价格和拉姆齐价格

在这一节，我们定义拉姆齐价格，并讨论它与奥曼-沙普利价格的关系。考虑一个一种投入（劳动）和 $M+1$ 种产出（其中一个是闲暇）的模型。假设 $\bar{L}$ 是分配给生产的劳动总量。这样

$$C(Q(p)) + R = \bar{L} \tag{*}$$

其中，$Q(p) \in E_+^M$ 是对 M 种产出的需求向量，$C(Q(p))$ 是生产 $Q(p)$ 的成本（以劳动为单位），而 R 是闲暇总量。拉姆齐问题是在产出价格上最大化一个间接社会福利函数 $v(p_1,\cdots,p_n,R)$，并服从约束式（*）和一个成本分摊（或固定利润）约束：

$$\Pi(p) = pQ(p) - C(Q(p)) = 0$$

在收入的重新分配假设下，拉姆齐价格向量 p^* 服从，对于某些 $\lambda \geq 0$，

$$p_j^* - MC_j = -\lambda(MR_j - MC_j) \quad \text{如果 } y_j^* > 0$$
$$\leq -\lambda(MR_j - MC_j) \quad \text{如果 } y_j^* = 0$$

因此，如果劳动供给弹性为 0，即只有固定数量的劳动可以用来与垄断者的产出交换，则 $MR_j=0$，并且拉姆齐价格与边际成本价格成比例。即 p^* 满足：

$$\alpha MC_j(Q_j(p^*))=p_j^*, \quad Q_j(p^*)>0$$

其中，α 由成本分摊约束决定：

$$\alpha Q(p^*)MC(Q(p^*))=C(Q(p^*))$$

进一步的讨论可以参见 Mirman 等（1986）和 Young（1985b）。

拉姆齐价格由 Frank Ramsey（1927）得名。拉姆齐建议用它来决定税收的最优方法。从那之后，经济学文献，特别是 Boiteux（1971）对拉姆齐价格进行了广泛的研究。（拉姆齐价格有时被称为拉姆齐-布瓦特价格。）根据其定义，拉姆齐价格在所有成本分摊价格中最有效，因为它最大化了消费者总福利。尽管如此，它在某些方面仍存在争议。首先是公平性的问题。例如，一个仅在紧急情况下使用电话的低收入家庭在拉姆齐价格下可能会补贴商业长途电话。其次，从实践层面来说，拉姆齐价格可能难以计算，因为它依赖于需求弹性，而后者可能是未知的。最后，拉姆齐价格通常是交叉补贴价格，因此无法维持自然垄断。即使在可分成本的情形中，它也与平均成本定价不同，而在这种情形下后者确保在不必要的进入威胁下，自然垄断仍是可维持的。[进一步的讨论可参见 Mirman 等（1986）]。尽管如此，Baumol 等（1977）论证了拉姆齐价格可以维持自然垄断。然而，为了得到这一结论，除其他条件外，他们引入了如下两个假设：一个条件是严格递减的平均成本，这意味着：

$$C(\delta y)<\delta C(y), \quad \delta>1$$

另一个条件是反射线凸性，即

$$C(\lambda y^1+(1-\lambda)y^2)\leq\lambda C(y^1)+(1-\lambda)C(y^2), \quad 0<\lambda<1$$

广义地说，这两个条件是矛盾的。因此，Baumol 等（1977）只要求 $C(\cdot)$ 的反射线凸性在由拉姆齐最优价格向量处的边际利润所界定的超平面上成立，而不是在 E_+^M 上成立。

因为可维持价格不能是交叉补贴的，而且当成本函数可分时必须等于平均成本价格，奥曼-沙普利价格似乎是维持自然垄断的更为自然的"候选者"。此外，要计算奥曼-沙普利价格，我们只需要知道成本结构和总需求。最后，作为关于奥曼-沙普利价格和拉姆齐价格的总结性评论，我们指出，与拉姆齐价格相反，奥曼-沙普利价格在策略性运输模型中是激励相容的。这一点我们在第 18.6 节中已经讨论过了。

参考文献

Aumann, R. J. and Shapley, L. S. (1974). *Values of Non-Atomic Games*. Princeton University Press, Princeton, N. J.

Baumol, W. J., Bailey, E. E., and Willig, R. D. (1977). "Weak Invisible Hand Theorems on the Sustainability of Multiproduct Natural Monopoly." *American Economic Review*, Vol. 67, pp. 350–365.

Baumol, W. J., Panzar, J. C., and Willig, R. D. (1982). *Contestable Markets and the Theory of Industry Structure*. New York: Harcourt Brace Jovanovich.

Billera, L. J. and Heath, D. C. (1982). "Allocation of Shared Costs: A Set of Axioms Yielding a Unique Procedure." *Mathematics of Operations Research*, Vol. 7, pp. 32–39.

Billera, L. J., Heath, D. C., and Raanan, J. (1978). "Internal Telephone Billing Rates—A Novel Application of Non-Atomic Game Theory," *Operations Research*, Vol. 26, pp. 956–965.

Billera, L. J., Heath, D. C., and Verrecchia, R. E. (1981). "A Unique Procedure for Allocating Common Costs from a Production Process." *Journal of Accounting Research*, Vol. 19, pp. 185–196.

Boiteux, M. (1971). "On the Management of Public Monopolies Subject to Budgetary Constraint." *Journal of Economic Theory*, Vol. 3, pp. 219–240.

Böhm, V. (1985). "Existence and Optimality of Equilibria with Price Regulation." Mimeo, Universitat Maunheim.

Bös, D. and Tillmann, G. (1983). "Cost-Axiomatic Regulatory Pricing" *Journal of Public Economics*, Vol. 22, pp. 243–256.

Dantzig, G. B. (1963). *Linear Programming and Extensions*. Princeton University Press, Princeton, N. J.

Dierker, E., Guesnerie, R., and Neuefeind, W. (1985). "General

Equilibrium When Some Firms Follow Special Pricing Rule." *Econometrica*, Vol. 53, pp. 1369–1393.

Dubey, P. and Neyman, A. (1984). Payoffs in Nonatomic Economies: "An Axiomatic Approach." *Econometrica*, Vol. 52, pp. 1129–1150.

Dubey, P., Neyman, A., and Weber, R. J. (1981). "Value Theory without Efficiency." *Mathematics of Operations Research*, Vol. 6, pp. 122–128.

Faulhaber, G. R. (1975). "Cross-Subsidization: Pricing in Public Enterprises." *American Economic Review*, Vol. 65, pp. 966–977.

Faulhaber, G. R. and Levinson, S. B. (1981). "Subsidy-Free Prices and Anonymous Equity." *American Economic Review*, Vol. 71, pp. 1083–1091.

Hart, S. and Mas-Colell, A. (1987). "Potential, Value and Consistency." Preprint.

Mirman, L. J. and Neyman, A. (1983). "Diagonality of Cost Allocation Prices." *Mathematics of Operations Research*, Vol. 9, pp. 66–74.

(1984). "Prices for Homogeneous Cost Functions." *Journal of Mathematical Economics*, Vol. 12, pp. 257–273.

Mirman, L. J., Raanan, J., and Tauman, Y. (1982). "A Sufficient Condition on f for $f \cdot \mu$ to be in $pNAD$." Journal of Mathematical Economics, *Vol. 9, pp. 251–257*.

Mirman, L. J., Samet, D., and Tauman, Y. (1983). "*An Axiomatic Approach to the Allocation of a Fixed Cost through Prices.*" Bell Journal of Economics, *Vol. 14, pp. 139–151*.

Mirman, L. J. and Tauman, Y. (1981). "*Valuer de Shapley et Repartition Equitable des Couts de Production.*" Cahiers du Seminare d'Econometrie, *Vol. 23, pp. 121–151*.

(1982a). "*Demand Compatible Equitable Cost Sharing Prices.*" Mathematics of Operations Research, *Vol. 7, pp. 40–56*.

(1982b). "*The Continuity of the Aumann-Shapley Price Mechanism.*" Journal of Mathematical Economics, *Vol. 9, pp. 235–249*.

Mirman, L. S., Tauman, Y., and Zang, I. (1985a). "*Supportability, Sustainability and Subsidy Free Prices.*" The Rand Journal of Economics, *Vol.* 16 (*Spring*), *pp.* 114-126.

(1985*b*). "*On the Use of Game Theoretic Concepts in Cost Accounting.*" Cost Allocation Methods, Principles and Applications, H. Peyton Young (Ed.), North-Holland.

(1986). "*Ramsey Prices, Average Cost Prices and Price Sustainability.*" International Journal of Industrial Organization, *Vol.* 4, *pp.* 123-140.

Neyman, A. (1977). "*Continuous Values Are Diagonal.*" Mathematics of Operations Research, *Vol.* 2, *pp.* 338-342.

Owen, G. (1972). "*Multilinear Extensions of Games.*" Management Science, *Vol.* 5, *pp.* 64-79.

Panzar, J. C. and Willig, R. D. (1977). "*Free Entry and the Sustainability of Natural Monopoly.*" Bell Journal of Economics, *Vol.* 8, *pp.* 1-22.

Ramsey, F. (1927). "*A Contribution to the Theory of Taxation.*" Economic Journal, *Vol.* 37, *pp.* 47-61.

Samet, D. and Tauman, Y. (1982). "*The Determination of Marginal Cost Prices under a Set of Axioms.*" Econometrica, *Vol.* 50, *pp.* 895-909.

Samet, D., Tauman, Y. and Zang, I. (1984). "*An Application of the Aumann-Shapley Prices to Transportation Problem.*" Mathematics of Operations Research, *Vol.* 10, *pp.* 25-42.

Schmeidler, D. and Tauman, Y. (1987). "*Non Manipulable Cost Allocation Schemes.*" OSU Discussion Paper.

Sharkey, W. W. and Telser, L. G. (1978). "*Supportable Cost Functions for the Multiproduct Firm.*" Journal of Economic Theory, *Vol.* 18, *pp.* 23-37.

Young, H. P. (1985). "*Monotonicity in Cooperative Games.*" International Journal of Game Theory, *Vol.* 13, *pp.* 65-72.

(1985*a*). "*Producer Incentives in Cost Allocation.*" Econometrica, *Vol.* 53, *pp.* 757-766.

(1985*b*). Methods and Principles of Cost Allocation: Methods, Principles, Applications. H. Peyton Young (ed.), North-Holland.

第 6 部分
NTU 博弈

第19章 效用比较和博弈论*

劳埃德·S.沙普利

1. 个体间的效用比较通常被视为确立多人行为理论的不太理想的基础。尽管如此，它很自然地——在我看来，很合适地——成了谈判理论、群体决策理论和社会福利理论中的重要的非基础性和衍生性的概念。博弈论的正式的和概念性的框架在一个广泛而统一的方法层面上受到这种理论的影响而做出相应的调整，尽管它的目的是淡化群体互动中的心理性因素以突出结构性因素——例如，互补性的物质资源、信息与控制的渠道、参与者可以选择

---

* 根据 *La Decision：Aggregation et Dynamique des Ordres de Preference*（Paris：Editions du Centre National de la Recherche Scientifique，1969），pp. 251-263 重印。这篇论文所表达的观点仅属于作者本人，而不应当理解为 RAND 公司或政府和私人研究资助者的官方观点或政策。

的威胁或其他的策略性行为等。在本章中，我将讨论两个相互关联的主题。在这两个主题下，博弈论开始创造性地涉及一些个体间效用比较的问题。

第一个主题涉及满足特定最小要求的谈判理论中的可接受的效用函数的性质。我将通过一个简单的论证来说明，尽管基数效用是可取的，但纯粹的序数效用并不具有这种性质。论证并没有排除密谋的可能。这里的论证也不需要排除概率性事件或风险。

第二个主题则涉及利用隐含于解中的个体效用的比较来求解一般性的 n 人博弈。在区分两种互补性的对比模式之后，本章将通过一个"等价性原则"引出由"可转移"情形到"不可转移情形"的对博弈的值这一概念的直接拓展。

2. 在 n 人博弈的文献中，存在着许多关于解的定性上的不同定义。这种多重性的一个解释可能来自多个独立"自由意志"（free will）下决策的模棱两可。当个体面临比单个主题的决策或者存在直接对立性利益的二人博弈所更加复杂的情形时，简单理性（效用最大化）就不再是行为的一个充分的决定因素。在博弈的解中，确定性（determinateness）（即结果的唯一性）可能是有吸引力的，但是，当人们在现实中面对不确定的多边竞争时，它却通常只能在异常简单的价格体系或者忽略实际观察到的有组织的协作（例如，市场、政党、卡特尔等）倾向时才能够实现。这种通常高度抽象的社会、政治或者经济制度是许多著名的博弈解概念的核心。

然而，在本章中，我们将仅讨论最简单的那一类解概念。这类解概念将每个博弈简化为一个支付向量，而这个解通常被称为博弈的值。从上文的讨论可知，很明显，"值"这一概念并不是一个基础坚实的博弈理论的唯一成就。因此，可以否定构建于存在一个自我一致的博弈评估方法假设上的结论（就像是本章的结论），而不必担心这必然会终结整个理论。事实上，从一些合理的视角来看，不存在任何矛盾的评估理论是无法实现的。

然而，还有一些视角认为，评估理论从根本上来说是不可或缺的。最有说服力的理论可能会将我们带回到效用理论的基础性问题上来。设想一个人预见到他将存在于某种多边博弈，例如合伙制、寡头垄断市场和政府办公室。这种前景会给他带来多少效用？

3. 在我们的第一个主题下，我们考虑一个双边协商问题。"博弈的规则"是非常简单的：如果双方达成一致，那么他们可以得到一个"协议集合" A 中的任何一个结果，但如果他们未能达成一致，那么他们必须接受"分歧点" D。 A 和 D 都通过谈判双方效用空间的笛卡儿积来构造，而这使我们的讨论仅限于实数范围内。如图 19.1 所示， A 被假设为一个连续且严格单调的曲线，其端点正对着 D。

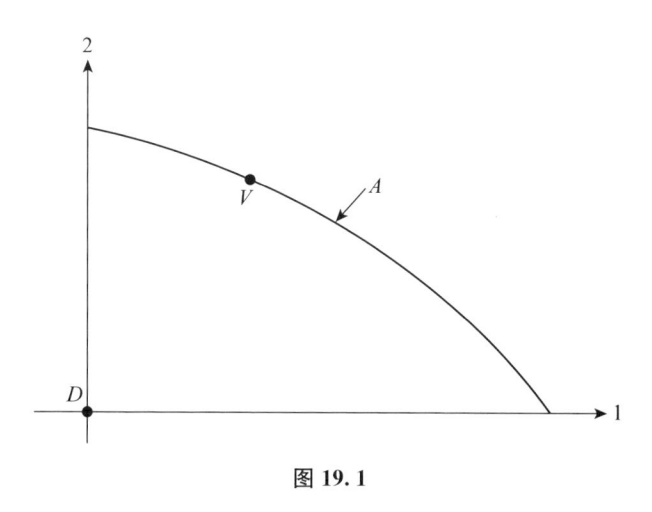

图 19.1

我们假设，存在一个合作博弈下的评估理论，使得我们至少可以解决（并预期可以解决更多）这种基础性的谈判博弈，并令 A 中的某一点 V 为博弈的解。我们进一步假设：

（Ⅰ）解仅仅依赖于联合效用空间中 (A, D) 的设定，而不依赖于谈判对象的任何非效用性的因素（例如，物理上的对称性或数量）。

（Ⅱ）当某些保序变换 G 被分别应用于这两种不同的效用单位时，解是协变的（即物理性结果是不变的）。

这些假设意味着 G 有什么样的性质？

让我们先检验序数性假设。令 G 代表实线 R 上的所有连续保序变换。我们很快就遇到了麻烦。让我们将任意一个固定 A 的端点，但会移动 V 的连续保序变换应用于第一个参与人的效用单位。结果可能会得到类似 A' 这样的曲线（见图 19.2），即 A 上的点被水平移动。然而，通过将 A' 上的点纵向移动，我们可以得到一个能够重新实现 A 的第二个参与人效用单位的变换。由于 D 点没有移动过，我们的第一个假设要求 V 是这个二次变换问题的解。然而，由于原本在 V 上的结果现在变成了 V''，我们的第二个假设表明 V'' 才是这一问题的解。由于 $V \neq$

V''，因此我们不得不认为纯粹的序数效用是不可接受的。

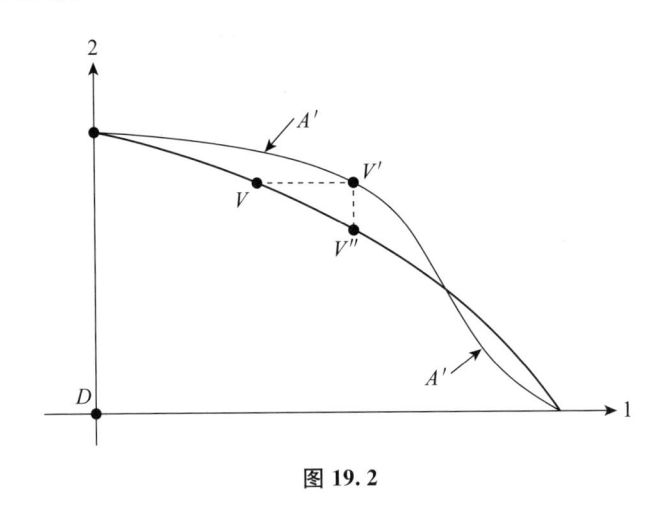

图 19.2

4. 只要 G 中的任意一个元素有两个固定不变的点，而在这两点之间的点的位置都会发生改变，那么这种矛盾就是无法避免的。的确，如果 g 是这样一个元素，我们可以调整 (A, D)，使得应用于第二个效用单位的 g^{-1} 将 A 恢复到与第一种效用单位相应的 g 所造成的位移之前，而通过这种方法，每一个 A 的内点都发生了移动。反过来，如果 G 没有包含这样的元素，那么假设（Ⅰ）和假设（Ⅱ）永远可能引起矛盾。我们称这种集合——每个元素的不动点构成凸集的集合——为不动（unwavering）集。

当然，一个完整的评估体系的建立需要一些其他的假设，而这可能会进一步限制我们可以选择的效用。尽管如此，有必要对不动集进行进一步的探讨，以便探寻假设（Ⅰ）和（Ⅱ）会迫使我们在序数效用上做出何种程度的让步（进展？）。界定常见的"基数"和"序数"效用的所有正的线性变换的集合显然是不动集的子集。但仍然存在许多其他本质上完全不同的可能性；其中，最正常的一类集合是除去 0 点外（维持现状？）在正的和负的半直线上进行线性变换。在上述讨论的背景下，我们可以将最有趣的结论表述如下：

定理 如果 G 是实线 R 上的保序变换的不动集，并且 G 是可传递的（transitive）[1]，那么存在一个 R 的连续的保序使得在新的系统中，每个 G 的元素都是一个正的线性变换。

我们的主要结论是，如果我们希望谈判博弈的值理论仅建立在效用层面的分析上,那么我们无法使用序数效用,并不得不采用基数效用,或者一些更强的理论体系。为使这一结论在直觉上更令人满意,可以认为谈判本质上体现了参与人各方的诉求强度。换句话说,参与人之间的效用差异变成了可以相互比较的。此外,效用差异在同一个个体的不同效用单位下是可以比较的。因此,直觉上说,谈判中的经历使参与人"调整"了他的评价系统——使他不再依据他想得到什么而决策,而是根据他多想得到来决策。对这样一个参与人的效用单位的非线性变换将体现出他的谈判态度的实际变化。

5.下面,我们将对第二个主题展开讨论。协商过程中参与人之间的效用比较可以分成两类。两者之间的差异在于相对方向的不同。有时,个体会将他的所得与他人的损失相比较,或者将他的损失与他人的所得相比较。因此,类似"帮我个忙!这对你来说可能是个小麻烦,但对我来说可帮了大忙了"这种比较隐含在"小……大"之中;而基于这种比较,如果这一请求得以满足,那么社会总体福利将获得改进。

在其他情形下,人们会将他的所得与他人的所得相比较,或将他的损失与他人的损失进行比较。"我比你更难受!"这句父母常说的话在谈判语言中有相对应的表述。这种比较的标准并不像之前那样完全是社会总福利,而是"公平分配"或"平等"。必须强调的是,隐含于这些概念中的效用比较并不是绝对的或者普世的,而仅仅与特定谈判位置上的现实有关,即与博弈的竞争性规则有关。在前一种效用比较中,仅仅存在合作性规则,而它意味着可行性是需要考虑的问题。

给定一个博弈和它的结果,我们可以分别对上述两种个体间的效用比较进行评价。一方面,我们可以通过其他可能的结果来度量给定博弈结果——例如,帕累托平面上附近的点,并基于可以实现但实际上未能实现的交换来进行效用比较。另一方面,我们可以针对参与人的初始机会和支付前景来度量给定的博弈结果,并在假设每个参与人"得到了他应得的"基础上进行效用比较,即结果在某种意义上是平等的。(相反,我们会说前一种效用比较是基于给定的结果是有效率的这一假设而展开的。)如果效用比较被表述为应用于参与人(基数)效用大小的权重或比例因子的集合,那么第一个权重集合将引向社会福利最大化,而第二个权重集合将引向社会利润的分配。

6.在描述了合作性多人博弈结果中个体间效用比较的两种模式的本质差异以后,我们可以来讨论它们的等价性。这是一个值理论的最核心的必要条件。

（Ⅲ）仅当存在个体效用的比例因子使得博弈结果既是公平的又是有效率的时，该结果才可以作为一个"博弈的值"。

（Ⅲ）是一个指导性的原则，而不是一个严格的假设，因为存在一些解释上的问题，特别是在"公平"的含义上是如此。然而，在继续我们的讨论之前，有必要看看这一原则是如何在一个特殊的例子（常见的二人纯谈判博弈）中起作用的。

在图 19.3 中，点 X 意味着比例为 $1:3$ 的"效率权重"，因为 X 点切线的斜率为 $-\frac{1}{3}$。（即为了使 X 能够最大化效用总和，第二个参与人的名义上的支付数值应该是原来的三倍。）同时，X 代表着比例为 $2:1$ 的"公平权重"，因为连接 D 和 X 的线段的斜率是 2。（即为了在 X 使支付在参与人之间平均地分配，第一个参与人的支付必须翻倍。）由于两种用于比较的权重并不相称，由（Ⅲ）可知，X 不可能是博弈的值。

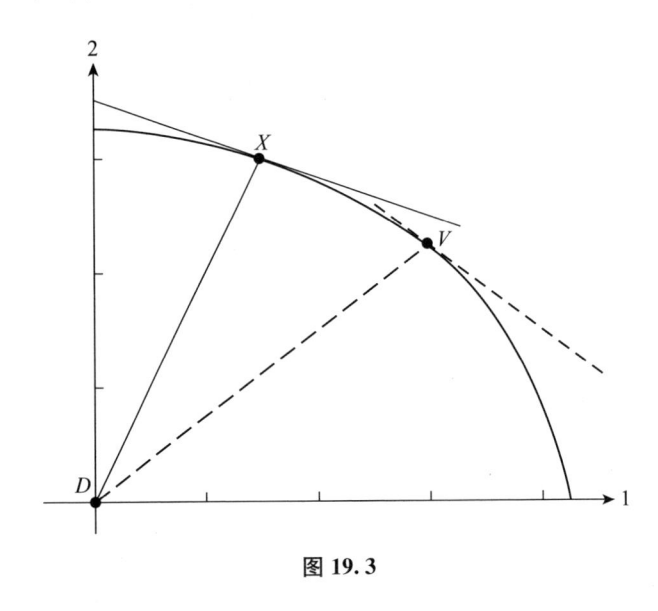

图 19.3

这类纯讨价还价博弈的一个广为人知的结论是存在一个满足（Ⅲ）的唯一的解。这个解被称为"泽森-纳什"结果，它最大化了效用所得的乘积（图中的 V 点）。相比于我们这里所给出的分析过程，还存在更坚实的理论推导过程；就我们现在所使用的方法，我们只想强调，正如我们所要展示的，它可以被拓展至一般性博弈论的更加复杂的模型，在其中策略和联盟扮演更重要的角色。

7. 在多人的、策略更加丰富的博弈场景下，我们必须对"平等"这一概念做出更加清晰的解释（在给定的比较权重的集合中）。"均等地分配"这一思想不再适用；它甚至可能不是良好定义的。

在这篇文章中，我们的研究步骤假设，在给定的交换率下，有一个可转移效用博弈的公平值的概念，以便将研究拓展至更加一般的不可转移效用情形。我们用海萨尼[2]提出，并由塞尔顿[3]公理化的包含单边支付的博弈的值来反映这一"转移值"，但我们的理论拓展所使用的方法与这个特定的选择无关。我们只要求转移值是唯一的、帕累托最优的、符合个体理性的，并且是博弈支付的连续函数。

下面，考虑一个 n 人博弈，在该博弈中，不存在直接的不受限制的可转移效用，但尽管如此，我们仍假设依据某些确定的权重因子系统，效用在个体之间仍然是可比较的。为方便起见，假设权重都是相等的。在这种情形下，有效结果最大化了效用的加总和。但哪一个是公正的结果？

第一个"候选者"是转移值。根据我们的假设，如果存在效用的单边支付，它将是公正的。然而，一般来说，转移值在不可转移博弈中不是可行的结果。当然，人们可以推断，所有具有如下形式的结果均是公正的：

$$(\phi_1-x, \phi_2-x, \cdots, \phi_n-x)$$

其中，ϕ 是转移值，而 x 足够大，以至上述结果是可行的（或次可行的）。（如果第一个参与人的支付翻倍，则这一规则将沿图 19.3 中的 DX 来选择博弈结果。）然而，"通过均等的税收来克服赤字问题"就公正分配而言是一个很值得怀疑的原则，因此我们并不坚持这一原则。替代性地，我们将只做出一个更加恰当的论断：任何使某些参与人的所得比他的转移值更多，而另一些参与人的所得少于他的转移值的结果肯定是不公正的。图 19.4 对这一点提供了图形示例。

正如我们之前所暗示的，我们将断言如果转移值是可行的，则它本身就一定是公正的。这可以视为"不相关选择原则"的一个应用：如果通过去除单边支付来限制可行集无法去除某些解，则该解所在的点仍然是一个解。[4]

读者只需要粗略地观察图 19.4 就可以发现，当且仅当博弈结果是转移值且转移值可行时，该结果才既是有效的又是公正的，就像等价

沙普利值

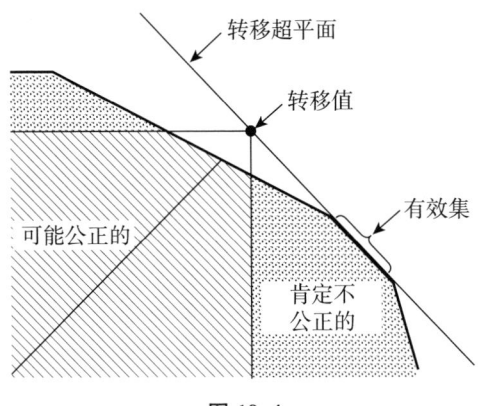

图 19.4

原理（Ⅲ）所要求的那样。为了证明这一点，只需注意到转移值和所有的有效值位于反映最大可行效用加总和的超平面上。因此，如果转移值是可行的，则它既是有效的，又是公正的，而如果它不可行，则符合有效性要求的点都在"肯定不公正的"区域。

8. 为了完成我们的分析，我们必须允许不同的权重集合。改变权重通常会移动有效点的集合，因为它改变了转移超平面的斜率。此外，它通常也会移动转移值。（在我们的假设下，第二个移动是连续的，而第一个是半连续的。）因此，我们将使用"λ 有效"和"λ 转移值"这样一些术语，其中，$(\lambda_1,\cdots,\lambda_n)$ 是不全为 0 的任意非负权重向量。

基于我们之前将可行性与有效性相联系的讨论，我们的目标是选择 λ 使得 λ 转移值是可行的，进而也是 λ 有效的。根据等价原则（Ⅲ），其他结果都不能作为非转移效用博弈的值解。

注意到即使我们令 $\sum \lambda_i = 1$，也不会丧失研究的一般性，因为比例只在最后起作用。因此，在 λ 的选择上，只有 $n-1$ 的"自由度"。此外，λ 转移值的有效性要求涉及 $n-1$ 个条件，因为转移超平面是 $n-1$ 维的。这种简单的"方程数量的确定"意味着可能存在唯一的 λ 使得 λ 转移值可行，或者在最差情况下，一个这种 λ 的 0 维集合。受此结果的鼓舞，我们提出，（Ⅲ）是充要条件，并将那个不可转移效用博弈的值定义为任意可行的 λ 转移值。在这一定义下，每个值向量 ϕ 都有一个固有的效用比较的向量 λ 与之相对。

9. 我们的基本的存在性定理指出，每个博弈（在类型上适当宽泛的博弈）有一个值。由于目前的分析远不是复杂的数学论证，我们将正式的证明（之前未发表）放在附录中。然而，在这里我们可以给出证明过程的一个简单的提纲：

对于每个 λ，我们考虑可以从 λ 有效集过渡到 λ 转移值的可能单边支付向量。我们令这个向量为 $\phi(\lambda)$。所有这样的向量的集合用 $P(\lambda)$ 表示。在定理的假设下，$P(\lambda)$ 是非空的、凸的和紧致的，并且对于 λ 是上半连续的。如果 $P(\lambda)$ 包含了 0 向量，则 $\phi(\lambda)$ 是可行的，而我们就完成了论证。在将 λ 限制在超平面 $\sum \lambda_i = 1$ 的基础上，我们定义一个从点到凸集的映射 $\lambda \rightarrow \lambda + P(\lambda)$。为了使这个映射从单纯形中的点映射至同一个单纯形的子集，我们需要进行一个拓展。在拓展后，我们应用角谷（Kakutani）不动点定理论证了该映射有一个不动点。接下来，我们使用了 λ 转移值的个体理性要求，以便保证不动点属于初始的映射，而不是拓展后的映射。在此基础上我们得到如下结论：对于至少一个 λ，$0 \in P(\lambda)$。

10. 这里所发展出的值的定义最初是希望通过在处理具有大量参与人的经济模型方面更易把握的概念来对海萨尼 1963 年的谈判值[5]进行近似。[6]之后，我们发现这一近似有它自身的价值。尽管我们采用了非常不同的方法（演绎而不是构造性的），海萨尼的研究的影响仍然是相当大的——特别是他的内在界定的效用权重这一关键思想。

这两个值有如下共同特征：（1）零权重可能会出现，而且存在性定理在一般情形下成立要求我们允许这种情况的出现。（2）非唯一解可能会出现，甚至是在不明显具有特殊性的博弈中（有三个或更多参与人）。然而，不同的解从来不会有相同的比较权重。（3）如果效用是可转移的，则解是唯一的，并且与"海萨尼-塞尔顿"值（或"修正的沙普利"值）是一致的。事实上，只要帕累托平面是超平面，或者在足够大的紧致集上与超平面一致，则唯一性成立。[7]（4）在二人博弈情形下，即使不存在可转移效用，解也"几乎总是"唯一的，并且与这种博弈的纳什合作解一致。[8]

我们没有办法判断这两个解能否互相作为对方的好的或差的近似，我们也没有找到这两者间的数值差异非常显著的坚实的例子。但我们可以断言，我们所提出的解有两个性质是另一个解所不具备的；事实上，这两者中的任意一个都可以（经过恰当的技术性调整）在我们定义的导出过程中代替等价原理（Ⅲ）：

（Ⅳ）如果两个博弈有相同的解（支付和比较权重），则任意两个

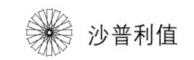

博弈的概率混合（即博弈的第一步是随机决定进行两个博弈中的哪一个）也有这个解。

（V）如果博弈调整至允许单边支付（在量上有限制或无限制），而交换率对应于与原博弈的解相联系的比较权重，则这个解仍是调整后的博弈的解。

（后一个将被视为我们之前使用的"不相关选择"条件的逆条件。）

最后，对于熟悉海萨尼模型的读者，我们将简要地描述为了得到我们所讨论的值所需要的修正。事实上，我们必须允许每个辛迪加在最大化以成员效用加总和度量的潜在支付后，以"效用凭证"来支付收益，而这个效用凭证无论将被谁获得，都必须以任意或所有成员的效用单位来书写。作为一个附加的均衡条件，人们接下来可能会要求，所有发行的凭证最终都被赎回，即在交易过程中，以与博弈权重相对应的交换率回到与凭证上姓名相一致的参与人手中。尽管这一调整的直接效应（可以用其他途径来表达）似乎使谈判博弈更加复杂，但它的好处是使得辛迪加可以在内部进行效用转移，而这就排除了一些与各种威胁相关的模型分析上的困难。

附录：存在性定理

博弈 Γ 的标准型、拓展型或特征函数型的数学表达式与我们的研究目的没有关系；我们唯一的假设是，对于所有参与人的联盟，在不存在单边支付的情形下仍然可行的支付向量的集合 F 是紧致的和凸的。令 $\Gamma(\lambda)$ 表示在同样的博弈中，将参与人 $1,2,\cdots,n$ 的支付分别乘以 λ_1, $\lambda_2,\cdots,\lambda_n$ 所得到的博弈，其中，λ 是单纯形 $\Lambda=\{\lambda\geq 0\mid \sum\lambda_i=1\}$ 中的一个点。令 $F(\lambda)$ 表示 $\Gamma(\lambda)$ 的可行集，并令 $\phi(\lambda)$ 表示 $\Gamma(\lambda)$ 的单边支付值——Γ 的 λ 转移值。我们假设 $\phi(\lambda)$ 在 λ 上是连续的、帕累托最优的和个体理性的。由后者可知，$\lambda_i=0$ 意味着 $\phi_i(\lambda)\geq 0$；这是我们的研究中个体理性的唯一作用。

定理 在我们所陈述的假设下，存在 $\lambda\in\Lambda$ 使得 $\phi(\lambda)\in F(\lambda)$。

证明： 令 $P(\lambda)$ 为使得 $\sum\pi_i=0$，并且 $\phi(\lambda)-\pi\in F(\lambda)$ 的向量 π 的集合。对于每个 $\lambda\in\Lambda$，$P(\lambda)$ 是非空的、凸的和紧致的，并且在 λ 上是上半连续的。定义集合值函数 T 为：

$$T(\lambda)=\lambda+P(\lambda)=\{\lambda+\pi\,|\,\pi\in P(\lambda)\}$$

令 A 为超平面 $\{\alpha\,|\,\sum\alpha_i=1\}$ 中的单纯形，A 足够大以至能够包含所有的 $T(\lambda)$，$\lambda\in\Lambda$，以及 Λ 本身；T 的上半连续性使得这是可能的——使 $T(\Lambda)$ 是紧致的。根据下式将 T 拓展至 A：

$$T(\alpha)=T(f(\alpha)),\quad \text{其中}\; f_i(\alpha)=\frac{\max(0,\alpha_i)}{\sum_j\max(0,\alpha_j)}$$

根据角谷不动点定理，存在一个"不动点" α^* 满足 $\alpha^*\in T(\alpha^*)$。用 λ^* 表示 $f(\alpha^*)$。先假设 $\alpha^*\ne\lambda^*$。这样，$\alpha^*\in A-\Lambda$，并且，对于某些 i 有 $\lambda_i^*=0>\alpha_i^*$。然而，$\alpha^*\in T(\lambda^*)=\lambda^*+P(\lambda^*)$，因此，对于某些 $\pi^*\in P(\lambda^*)$，$\pi_i^*<0$。由于由个体理性可知 $\phi_i(\lambda^*)\geq 0$，可行支付向量 $\phi(\lambda^*)-\pi^*\in F(\lambda^*)$ 赋予了参与人 i 一个正的收益。然而，在不存在单边支付的情形下，这是不可能的，因为在 $\Gamma(\lambda^*)$ 中，他的所有支付都是 0。我们可以得到结论 $\alpha^*=\lambda^*$；因此 $0\in P(\lambda^*)$；因此：

$$\phi(\lambda^*)\in F(\lambda^*)$$

讨论

德雷泽问沙普利

问题 给定 $\mathbf{R}^2$ 中的 (x,y) 的一个完整预序关系 $\mathcal{L}$，以及两个单调变换 $f(x)$ 和 $g(x)$，在相当一般的条件下，可以导出一个排序关系 $\underset{D}{\succsim}$ 使得 $(x,y)\underset{D}{\succsim}(x',y')\Leftrightarrow[f(x),g(y)]\underset{D}{\succsim}[f(x'),g(y')]$。你的问题在哪个方面与这个问题有所不同？

你的理论与使 $\underset{D}{\succsim}$ 存在的条件有关吗？

（如果你不愿意回答这个问题，可以随时忽略它。）

回应 我认为两个问题之间并不存在正式的关联。[我可能会通过要求单调变换形成一个群体来加入这一点，毋庸置疑的是，我们要求它们是可逆的，从而是严格单调和连续的。]

拉波波特问沙普利

问题 你认同尽管协商集很自然地由支付集决定，但缺少进一步假设时，异议点不是唯一确定的吗？

回应 我认为纳什（二人合作）解，或者不存在与之等价的固定

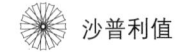

异议点的解，或许可以视为这里唯一令人满意的选择。

巴布问沙普利

问题 你研究过 G 组（不动集）吗？在条件 II 下是否被修改为单调变换而不再单独作用于这两组？

$$(x_1, x_2) \rightsquigarrow (\phi_1(x_1, x_2), \phi_2(x_1, x_2))$$

而不是：

$$(x_1, x_2) \rightsquigarrow (\psi_1(x_1), \psi_2(x_2))$$

回应 对于这一数学上非常有趣的思路，我无法马上给出评论，但我赞同这是一个值得进一步研究的问题。[之后，在交谈中，巴布提出了一些关于更高维空间的"不动"群体理论在特定的实际应用方面的可能性。]

注释

[1] 传递性等价于说 R 的任意一点的轨迹是 R 本身。即使将这一条件减弱为 R 的任意一点的轨迹在 R 中是紧致的，该定理也仍然成立。

[2] *Ann. Math. Study* 40（1959），pp. 325-355.

[3] *Ann. Math. Study* 52（1964），pp. 577-626.

[4] 在考虑这些关于"公正分配"的论断时，最好注意到它们都与假设效用可以外在地进行比较的理想状态有关。这个假设仅仅是一个权宜之计，在最终的理论中没有立足之地。它的引入仅仅是有助于揭示一种可能的内在可比性。

[5] J. C. Harsanyi, "A simplified bargaining model for the n-person cooperative game," *International Economic Review* 4（1963），pp. 194-220.

[6] 对于一个包含 $2n$ 个参与人的"埃奇沃斯"市场博弈（即双边交换经济），作者和马丁·舒比克明确地计算了作为 n 的函数的值。有趣的是，当 n 趋向于 ∞ 时，值支付（仅在正的线性变换下是协变的）和竞争性均衡支付（在任意保序变换下都是协变的）收敛于同一个极限。参见 "Pure competition, coalitional power, and fair division," *In-*

ternational Economic Review 10（1969），pp.337-362；以及 the RAND Corporation，Memorandum RM-4917-1。

［7］可以很容易证明我们目前的值是个体理性的。对于这个值，可以充分证明帕累托平面与个体理性中的超平面是一致的。据我所知，没有任何证据表明海萨尼 1963 年所提出的值必然是个体理性的（但是，参见海萨尼，之前所引的文献，p.194，脚注 4）。

［8］J. F. Nash,"Two-person cooperative games," *Econometrica* 21 (1953), pp.128-140.

第 20 章 通向纳什集之路

迈克尔·马施勒、吉列尔莫·欧文和贝扎雷·皮莱格

摘 要

一个动力系统被用于刻画纯讨价还价博弈（不一定是凸的）中的参与人的可能协商过程。在这一系统的临界点上，"纳什积"（Nash product）是稳定的。该系统的所有解的聚点（accumulation point）都是临界点。结果表明，系统的渐近稳定临界点正好就是纳什积有局部最大值的孤立临界点。

20.1 引言

J. F. Nash（1950）针对二人纯讨价还

价凸博弈提出了他的著名的解概念。他提出的解界定于一系列旨在反映直觉性认识和判断的公理上。这些公理引向了唯一的单点解，在这一位置上，"纳什积"取得最大值。Harsanyi（1959）拓展了纳什的研究，并在 n 人纯讨价还价凸博弈中得到了一个类似的解。[也可参见 Harsanyi（1977）第 10 章。]

基于泽尤森原则（Zeuthen principle），Harsanyi（1959）还提出了一个将参与人引向纳什-海萨尼点的谈判程序。[也可参见 Harsanyi（1977）第 8 章。]

近些年，在一篇优美的论文中，T. Lensberg（1981）[也可参见 Lensberg（1985）]证明了纳什-海萨尼点可以由另一个公理体系来刻画。他的主要公理是一个一致性要求（consistency requirement）。伦斯贝格（Lensberg）的公理是一个重要的贡献，因为在纳什的独立性公理和不相关选择公理可能被质疑的情形下，这些公理为纳什解提供了合理性基础。

本质上，一致性意味着，如果某些参与人聚集在一起并发现了他们在谈判解中所要得到的支付，那么他们没有动机脱离这一谈判，因为他们将要得到的支付正好就是他们的"简约型博弈"[1]的解。

如果一致性要求是一个很吸引人的概念，那么在动态地审视这些博弈时，它应该也能给我们一些指引。设想参与人在一个不是纳什谈判均衡的帕累托最优点处进行协商。在这一情形下，肯定有一些参与人——事实上，甚至是一对参与人——将意识到在他们的简约型博弈中，他们将无法实现纳什点。因此，他们将要求调整支付以降低"不公平性"。不幸的是，如果这种支付调整是同时发生的，参与人通常要么到达一个不可行点，要么到达一个非帕累托最优点。一个克服这一困难的方法是仅在正切超平面[2]内以无穷小量来调整支付。换句话说，我们应当考虑一个微分方程系统。

在本章中，我们将构造这一系统，用于描述同时性的双边支付调整，并指出，这一系统的每一个解都收敛于纳什点。

在这一研究中，我们意识到在很多情况下我们并不需要可行集是凸的。因此，我们考察了一个更具一般性的纯讨价还价博弈。在这个一般性框架下，我们无法保证纳什点的唯一性。我们将纳什集定义为使纳什点具有稳定性的个体理性和帕累托最优点的集合。通常，这一集合会包含很多点，甚至是连续的点。并且，很容易验证它对应于沙普利的 NTU 值 [参见 Shapley (1969)[3]]。在第 20.3 节中，我们将导出临界点为纳什集中的点的动力系统。我们将指出，每一个该系统解的聚点都属于纳什集。这意味着如果纳什集由离散点组成，那么每个解都收敛。

第 20.4 节用于讨论该系统的临界点的稳定性质。结果表明，纳什集中的点并不会按"相同的可能性"出现。该系统的渐近稳定点正好是纳什集中使纳什集取局部最大值的孤立点。

为了避免研究的复杂性，我们假设博弈的帕累托集是 C^1 平滑的。如果这一点不成立，且博弈是凸的，那么我们可能可以将正切超平面替换为所有的支撑超平面，并将反映我们的动力系统的微分方程替换为微分包含。如果可行集既不是平滑的也不是凸的，则如果进行一般性的拓展将没有明确的答案。但无论如何，探寻放松可行集的平滑性条件可以对我们的结论进行何种程度的拓展将是非常有趣的。

20.2 概念、定义和初步的结论

我们关心的是一个 n 人集合 N 上的纯讨价还价博弈 S，其中的一个冲突点被标准化为原点，而博弈在参与人效用空间 R^N 上的可行集[4]为 S。我们为 S 施加了如下条件：

（i）S 是全面的；即如果 $x \in S$，则 $x - R_+^N \subseteq S$。

（ii）$S \cap R_{++}^N$ 是非空的，且 $S \cap R_+^N$ 是紧集。这里，$R_{++}^N = \{x \in R^N: 对于所有 i \in N, x_i > 0\}$ 且 $R_+^N = \mathrm{cl} R_{++}^N$。

（iii）S 的东北向的边界 ∂S 可以表现为一个方程 $g(x) = 0$ 的图形，g 是一个 C^1 函数。

（iv）偏导 $p_i \equiv \partial g(x)/\partial x_i$ 在 $\partial S_+ \equiv \partial S \cap R_+^N$ 上是正的。

注意到我们并不要求 S 是凸的。

博弈 S 的纳什集定义为满足积 $V(x) \equiv x_1 x_2 \cdots x_n$ 是稳定的这一条件的 $\partial S_{++} \equiv \partial S \cap R_{++}^N$ 中的点的集合。这一集合中的点将被称为纳什点。

定理 20.1 令 x 为博弈 S 的一个纳什点，并令 $H(x)$ 为 x 处的 ∂S 的正切超平面。在这些设定下，x 是单纯形 $\Delta \equiv H(x) \cap R_+^N$ 的重心。此外，纳什点都由这一性质所刻画。因此，纳什集是博弈 S 的沙普利 NTU 值的集合。

证明：使用拉格朗日乘子法，我们使用如下系统来描述 $V(x)$ 的一个稳定点：

$$\begin{cases} \dfrac{\partial}{\partial x_i}[x_1 x_2 \cdots x_n - \lambda g(x)] = 0, & \forall i \in N \\ g(x) = 0, \quad x \in R_{++}^N \end{cases} \quad (20.1)$$

即

$$\begin{cases} \dfrac{V(x)}{x_i} - \lambda p_i(x) = 0, & \forall i \in N \\ g(x) = 0, \quad x \in R_{++}^N \end{cases} \quad (20.2)$$

因此，稳定点 x 满足：

$$p_1(x)x_1 = p_2(x)x_2 = \cdots = p_n(x)x_n, \quad x \in \partial S_{++} \quad (20.3)$$

超平面 $H(x)$ 则由下式给出：

$$\{y : p(x) \cdot y = r(x)\}, \quad 其中\ r(x) = p(x) \cdot x$$
$$p(x) = (p_1(x), p_2(x), \cdots, p_n(x)) \quad (20.4)$$

因此，Δ 的顶点为：

$$\frac{r(x)}{p_1(x)}\mathbf{e}_1, \frac{r(x)}{p_2(x)}\mathbf{e}_2, \cdots, \frac{r(x)}{p_n(x)}\mathbf{e}_n$$

其中，$\mathbf{e}_j$ 是第 j 个单位向量，$j = 1, 2, \cdots, n$。

由式（20.3）和式（20.4）得 $p_j(x)x_j$ 都等于 $r(x)/n$，因此 x 是 Δ 的重心。

反转上述论证可以得到第二部分的证明。

推论 20.1 纳什点由式（20.3）所刻画。

证明：见定理 20.1 的证明。

评论 20.1 因为 $p_i(x)$ 都是正的，且 $0 \notin \partial S$，因此如果某点上某些 x_i 是 0，则式（20.3）无法成立；因此，纳什集是闭集。

推论 20.2 如果在 S 被一个以经过 x 且与 S 正切的超平面为界的半空间所替代时，x 仍然是一个纳什点，则 x 是一个纳什点。

20.3 动力系统

设想参与人发现他们位于 ∂S_+ 中某一个不是纳什点的点 x 处。使用一致性的基本思想，我们希望描述其沿一个有望通向纳什点的路径进行调整的倾向。这一路径应当具有直觉上的合理性。

考虑一对满足 $p_i(x)x_i < p_j(x)x_j$ 的参与人 i 和 j；这样，参与人可能会按如下方式推理：在 x 点，存在一个由 $p_i(x)$ 和 $p_j(x)$ 所给出的他们效用之间的自然的交换率。因此，以"共同"效用单位来度量，j 得到了 $p_j(x)x_j$，而这要高于 $p_i(x)x_i$。因此，i 会认为 j 得到了"太多"支付；则 j 需要转移 $\epsilon(p_j(x)x_j - p_i(x)x_i)$ 单位的支付（以共同效用单位度量）。当所有的参与人 j 进行这样的支付转移时，参与人 i 实际上总共得到的支付（以共同效用单位度量）为加总项[5] $\sum \{\epsilon(p_j(x)x_j - p_i(x)x_i) : j \in N \setminus \{i\}\}$。然而，参与人只能在 ∂S 上移动，因此 ϵ 必然是一个无穷小量，而这样就使我们得到如下微分方程系统：

$$p_i(x)\dot{x}_i = \sum_{j \in N \setminus \{i\}} [p_j(x)x_j - p_i(x)x_i], \quad i = 1, 2, \cdots, n \tag{20.5}$$

这里，点符号意味着对时间求导。

注意到 $\sum \{p_i(x)\dot{x}_i : i \in N\} = 0$，因此，该方程的解在 ∂S 上。由 $p_i(x)$ 的连续性和它们的正值性可知，∂S_+ 的每一个点 x 处都至少有一个轨迹经过。

特别地，由推论 20.1 可知，这一微分方程系统的临界点正好就是纳什点。

定义 20.1 令 $x = \phi(t)$ 为式（20.5）的一个解。如果存在一个趋向于无穷的序列 (t_n) 使得：

$$\lim_{n \to \infty} \phi(t_n) = x \tag{20.6}$$

则点 x 被称为解的聚点（accumulation point）。

显然，每个纳什点都是某些解 $\phi(t)$（例如，经过该点的解）的极限点。下面的定理说明其逆命题也成立。

定理 20.2 每个经过 ∂S_+ 的式（20.5）的解 $x = \phi(t)$ 都有一个聚点；而每个聚点都是一个纳什点。

证明：令 $x = \phi(t)$ 为式（20.5）的一个解，并满足 $\phi(0) \in \partial S_+$。如果对于某个或某些 i，$\phi_i(0) = 0$，则由式（20.5）可知 $\phi(t)$ 的移动

将提高这些 i 的 ϕ_i。因此，为方便起见，我们从 $\phi(0)$ 已经位于 ∂S_{++} 内开始进行分析。我们稍后可以发现 $\phi(t)$ 将停留在 ∂S_{++} 中。

我们引入如下定义域在 ∂S_{++} 内的李亚谱诺夫函数：

$$L(x)=\ln V(x)=\sum_{j=1}^{n}\ln x_j \tag{20.7}$$

只要 $\partial(t)\in \partial S_{++}$，我们就将研究该函数在路径 $x=\partial(t)$ 上的表现。显然，由式（20.7）可得：

$$\dot{L}(x)=\sum_{j=1}^{n}\frac{\dot{x}_j}{x_j} \tag{20.8}$$

然而，由式（20.5）可知：

$$\begin{aligned}p_j(x_j)\dot{x}_j&=\sum_{\nu:\nu\neq j}(p_\nu(x)x_\nu-p_j(x)x_j)\\&=\sum_{\nu=1}^{n}p_\nu(x)x_\nu-np_j(x)x_j\end{aligned} \tag{20.9}$$

因此，

$$\frac{\dot{x}_j}{x_j}=\frac{1}{p_j(x)x_j}\sum_{\nu=1}^{n}p_\nu(x)x_\nu-n \tag{20.10}$$

从而式（20.8）可以改写为：

$$\dot{L}(x)=\sum_{j=1}^{n}\frac{1}{p_j(x)x_j}\cdot\sum_{\nu=1}^{n}p_\nu(x)x_\nu-n^2 \tag{20.11}$$

令 $H(x)$ 为 $p_\nu(x)x_\nu$ 的调和均值，并令 $A(x)$ 为 $p_\nu(x)x_\nu$ 的算术均值；使用这些符号设定，式（20.11）变为：

$$\dot{L}(x)=\frac{n}{H(x)}nA(x)-n^2=n^2\left(\frac{A(x)}{H(x)}-1\right) \tag{20.12}$$

正如我们所知道的，$A(x)\geq H(x)$，且只在所有 $p_\nu x_\nu$ 都相等的情况下，即解到达了一个纳什点时，等号才成立。因此，对于 $x=\phi(t)$，除非到达一个纳什点，否则 $L(x(t))$ 和 $V(x(t))$ 在所有时点上都将严格递增。特别地，这意味着如果 $\phi(0)\in R_{++}^N$，则对于每个 $t>0$ 都有 $\phi(t)\in R_{++}^N$，因为 $V(x)$ 在 R_{++}^N 中的点上是连续的和正的，并且在 $R_+^N\setminus R_{++}^N$ 中消失。因此，这里的讨论在整个 $t\in R_+$ 中都是适用的，并且 $\phi(t)$ 停留于紧集 ∂S_+ 中。因此，$\phi(t)$ 必然有聚点。

令 z 为其中一个聚点。剩下的工作是证明 z 是一个纳什点。如果不是这样，$p_j(z)z_j$ 并不全都相等，从而 $A(z) > H(z)$。因此[6]，在 $x = z$ 处，$\dot{L}(x) > 0$，而我们可以得到：

$$\dot{L}(z) = \epsilon > 0 \tag{20.13}$$

由连续性可知，只要 $x \in U \equiv \{x : \| x - z \| \leq r\}$，就存在 $r > 0$ 使得 $\dot{L}(x) \geq \epsilon/2$。定义：

$$h = \max_{x \in U} \sqrt{\sum_{j \in N} \left\{ \frac{1}{p_j(x)} \sum_{\nu \in N} (p_\nu(x) x_\nu - p_j(x) x_j) \right\}^2} \tag{20.14}$$

由紧致性可知，这一最大值存在，因此，由式（20.9）可得：

$$\sum_{j \in N} \dot{x}_j^2(t) \leq h^2 \quad \text{如果 } x = \phi(t) \in U \tag{20.15}$$

我们已经证明了任意进入 U 的解 $x = \phi(t)$ 只要停留在 U 中，它移动的速度就至多是 h。

令 $U' \equiv \{x : \| x - z \| < r/2\}$。因为 z 是 $x = \phi(t)$ 的一个聚点，存在一个无限序列 (t_n)，$t_n \to \infty$，使得对于所有 n 都有 $x(t_n) \in U'$。在有必要时，通过选择一个子序列，我们可以假设：

$$t_{n+1} \geq t_n + \frac{r}{2h} \tag{20.16}$$

下面，考虑时间段 $[t_n, t_{n+1}]$ 内的轨迹。如果在这一区间内 $\phi(t) \in U$，则在这一时期 $L(\phi(t))$ 至少以速率 $\epsilon/2$ 递增，因此

$$L(\phi(t_{n+1})) \geq L(\phi(t_n)) + \frac{\epsilon}{2}(t_{n+1} - t_n) \geq L(\phi(t_n)) + \frac{\epsilon r}{4h} \tag{20.17}$$

如果 $\phi(t)$ 并不始终位于 U 内，则存在一个 $\phi(t)$ 进入 U 的最终时点 t'，$t' \in [t_n, t_{n+1}]$，因此，对于 $t' \leq t \leq t_{n+1}$，$\phi(t)$ 在 U 中。而这意味着：

$$\| \phi(t_{n+1}) - \phi(t') \| \geq \| z - \phi(t') \| - \| z - \phi(t_{n+1}) \|$$
$$> r - \frac{r}{2} = \frac{r}{2} \tag{20.18}$$

因为 $x = \phi(t)$ 最多以速度 h 移动，而在 U 中，它从 $\phi(t')$ 移动至

$\phi(t_{n+1})$ 的速度至少是 $r/2h$，因此

$$t_{n+1} \geq t' + \frac{r}{2h} \tag{20.19}$$

并且，因为 $t' \leq t \leq t_{n+1}$ 时 $\dot{L}(\phi(t)) \geq \epsilon/2$，我们可以得到：

$$L(\phi(t_{n+1})) \geq L(\phi(t')) + \frac{\epsilon r}{4h} \tag{20.20}$$

而由 $L(\phi(t))$ 的单调性，我们可以再次得到式（20.17）。因此，式（20.17）始终成立，而这意味着：

$$L(\phi(t_{n+1})) \geq L(\phi(t_1)) + \frac{n\epsilon r}{4h}, \quad n=1,2,\cdots \tag{20.21}$$

这说明 $L(\phi(t))$ 是无界的。

然而，这是不可能出现的，而这一矛盾说明 z 必然是一个纳什点。

推论 20.3 如果所有纳什点都是孤立点，则每个解都收敛至一个纳什点。

证明：令 $\phi(t)$ 为一个解。令 x^* 为 $\phi(t)$ 的聚点。由定理 20.2 可知，x^* 存在，并且是一个纳什点；由于它是孤立的，存在 $r>0$ 使得没有其他纳什点位于 $\{x: \|x-x^*\| < r\}$ 内。假设 $\phi(t)$ 并不收敛于 x^*；则它必然有一些其他的聚点 z，并且 $\|z-x^*\| \geq r$。令 $W \equiv \{y: r/4 \leq \|y-x^*\| \leq 3r/4\}$。注意到 W 是紧的，并且不包含任何纳什点。因为 x^* 和 z 都是 $\phi(t)$ 的聚点，轨迹必然以趋向于无穷的次数进入邻域 $W' \equiv \{y: \|x^*-y\| < r/4\}$ 和 $W'' \equiv \{y: \|z-y\| < r/4\}$。轨迹在由 W' 至 W'' 的过程中不可能不进入 W；因此存在一个无限序列 (t_n)，$t_n \to \infty$，使得 $\phi(t_n) \in W$。因此，W 必然包含一个聚点，而依据定理 20.2，这一聚点是一个纳什点。这一矛盾说明 $\phi(t)$ 收敛于 x^*，而这就完成了证明。

20.4 渐近稳定纳什点

正如前文所述，每个到达纳什点的解都将始终停留于该点上。然而，是不是每个离孤立的纳什点足够近的解都会收敛到该点？在这一节中，我们将给出一个否定答案，并进一步描述我们的动力系统式

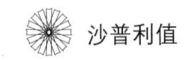

（20.5）下的渐近稳定的纳什点。

定理 20.3 令 x^* 为一个使纳什积 $V(x)$ 取得局部最大值的孤立纳什点。在动力系统式（20.5）中，这一纳什点是渐近稳定的。

证明：令 U 为 x^* 的邻域（相对于 ∂S_+）。不失一般性地，我们假设它是足够小的，这样，$V(X)$ 在闭包 $\bar{U}$ 中的 x^* 上取得唯一的最大值，且 $\bar{U}$ 只有一个纳什点。令 r 为 U 的边界 ∂U 上 $V(x)$ 的最大值。显然，$r < V(x^*)$。

考虑集合 $U' = \{y \in U: V(y) > (V(x^*) + r)/2\}$。显然，它是 x^* 的一个邻域。由定理 20.2 的证明可知，$L(x)$ 和 $V(x)$ 沿着解 $x = \phi(t)$ 递增。因此，进入 U' 的解永远不会离开 U。这证明了 x^* 在动力系统式（20.5）下是稳定的。这种解必然有聚点，且聚点都在 U 中。由定理 20.2 可知，这些点都是纳什点，从而都与 x^* 一致。这证明了任意进入 U' 的解都必然收敛于 x^*。因此，我们证明了 x^* 是渐近稳定的。

定理 20.4 令 x^* 为一个未使 $V(x)$ 取得局部最大值的孤立的纳什点。在这种情况下，在动力系统式（20.5）中，x^* 不具备稳定性。

证明：令 U 为 x^* 的一个邻域，使得在 $\bar{U}$ 的开邻域 $\tilde{U}$ 中，只有 x^* 是纳什点。令 V 为 x^* 的一个任意邻域。因为 x^* 不是局部最大值点，V 中包含了一点 x^0 满足 $V(x^0) > V(x^*)$。任意一个 $x = \phi(t)$ 在某个时点 t_0 经过 x^0 的解都将满足在 $t > t_0$ 时 $V(\phi(t)) > V(\phi(t_0))$。因此，这样的解不可能以 x^* 为聚点。然而，$\phi(t)$ 有聚点，且它们都在 $\tilde{U}$ 外；因此，$\phi(t)$ 必然在某些时点上离开 U。这说明在动力系统式（20.5）中 x^* 是不稳定的。

一个非孤立的纳什点不可能是渐近稳定的（尽管某些时候它是稳定的），因此，本章命题说明，动力系统式（20.5）的渐近稳定的临界点正好是使 $V(x)$ 取得局部最大值的孤立纳什点。

注释

[1] 如想了解更准确的定义，请参见伦斯贝格的论文。

[2] 本章将假设它是始终存在的。

[3] 在沙普利的论文中，特征方程碰巧包含凸集；然而，他的定

义本身在更具一般性的背景下也是具有合理性的。

[4] 我们将用 S 来同时表示博弈和它的可行集。

[5] 某些项可能是负的；也就是说，在参与人 i 必须进行支付转移时。

[6] 我们视 $L(x)$ 和 $\dot{L}(x)$ 为位置的函数，并由式（20.11）和式（20.12）定义。仅在经过 x 的解上，$\dot{L}(x)$ 才成为一个真正的导数。

参考文献

Harsanyi, J. C, [1956], "Approaches to the bargaining problem before and after the theory of games: A critical discussion of Zeuthen's, Hick's and Nash's theories," *Econometrica*, **24**, 144–157.

[1959], "A bargaining model for the cooperative n-person game," in: A. W. Tucker and R. D. Luce, eds., *Contributions to the theory of games* Ⅳ, *Annals of Mathematics Studies* **40**, Princeton University Press, Princeton, pp. 325–355.

[1977], *Rational Behavior and Bargaining Equilibrium in Games and Social Situations*, Cambridge University Press, Cambridge.

Lensberg, T., [1981], "The stability of the Nash solution," RM, Norwegian School of Economics and Business Administration, Bergen.

[1985], "Bargaining and Fair Allocation," in: H. P. Young, ed., *Cost Allocations: Methods, Principles, Applications*, North-Holland, pp. 101–116.

Nash, J. F., [1950], "The bargaining problem," *Econometrica*, **18**, 155–162.

Shapley, L. S., [1969], "Utility comparison and the theory of games," in: La Décision: Agrégation et Dynamique des Ordres de Préférence, Paris, Edition du CNRS, pp. 251–263. (reprinted as Chapter 19 this volume).

This is a Simplified Chinese edition of the following title published by Cambridge University Press:

The Shapley Value: Essays in Honor of Lloyd S. Shapley, 9780521021333

© Cambridge University Press 1988

This Simplified Chinese edition for the People's Republic of China (excluding Hong Kong, Macao and Taiwan) is published by arrangement with the Press Syndicate of the University of Cambridge, Cambridge, United Kingdom.

© China Renmin University Press 2020

This Simplified Chinese edition is authorized for sale in the People's Republic of China (excluding Hong Kong, Macao and Taiwan) only. Unauthorized export of this Simplified Chinese edition is a violation of the Copyright Act. No part of this publication may be reproduced or distributed by any means, or stored in a database or retrieval system, without the prior written permission of Cambridge University Press and China Renmin University Press.

Copies of this book sold without a Cambridge University Press sticker on the cover are unauthorized and illegal. 本书封面贴有 Cambridge University Press 防伪标签，无标签者不得销售。

图书在版编目（CIP）数据

沙普利值/（美）埃尔文·E.罗斯（Alvin E. Roth）编；刘小鲁译. —北京：中国人民大学出版社，2020.5
（诺贝尔经济学奖获得者丛书）
书名原文：The Shapley Value：Essays in Honor of Lloyd S. Shapley
ISBN 978-7-300-27962-6

Ⅰ. ①沙⋯ Ⅱ. ①埃⋯ ②刘⋯ Ⅲ. ①经济学—文集 Ⅳ. ①F0-53

中国版本图书馆CIP数据核字（2020）第034647号

"十三五"国家重点出版物出版规划项目
诺贝尔经济学奖获得者丛书
沙普利值
埃尔文·E.罗斯　编
刘小鲁　译
Shapuli Zhi

出版发行	中国人民大学出版社				
社　　址	北京中关村大街31号		邮政编码	100080	
电　　话	010－62511242（总编室）		010－62511770（质管部）		
	010－82501766（邮购部）		010－62514148（门市部）		
	010－62515195（发行公司）		010－62515275（盗版举报）		
网　　址	http://www.crup.com.cn				
经　　销	新华书店				
印　　刷	涿州市星河印刷有限公司				
规　　格	160 mm×235 mm　16开本		版　次	2020年5月第1版	
印　　张	22.25 插页2		印　次	2020年5月第1次印刷	
字　　数	345 000		定　价	80.00元	

版权所有　侵权必究　印装差错　负责调换